国家出版基金项目
NATIONAL PUBLICATION FOUNDATION

刘大年全集

回忆录
访谈录

十三

长江出版传媒
湖北人民出版社

编者说明

本卷分六个部分。一、访苏琐忆，主要收录刘大年先生在新中国成立后学习苏联以及参加中国科学院访苏代表团访问苏联后介绍苏联科学研究工作及其科研管理情况的文章。二、回忆，为刘大年先生撰写的回忆文章，主要是参与相关工作的回忆以及对青年时期走上献身抗日民族解放事业的道路及亲历抗战经历的回忆。三、自传与口述历史，为刘大年先生本人对自己人生经历的介绍和评论的文章。四、访谈与新闻报道，为刘大年先生接受访谈的文章和相关新闻报道。五、工作报告，为刘大年先生亲自撰写（少部分是参与撰写）的工作报告和接待日本友人的谈话记录。六、会议讲话与致辞，为刘大年先生参加学术会议的讲话与致辞。全卷所录文章既有公开发表过的，也有未刊稿，均依据不同的部分按时间排序。刘大年先生本人的作品均不再署名。第四部分访谈文章中公开发表时有明确署名的按实际署名情况署名。对于未经刘大年先生本人审阅的未刊稿，作了少量文字和标点符号等方面的技术处理。全卷收录文章篇目及分类、编辑体例均由本书主编张海鹏先生确定。需要指出的是，有关刘大年先生学术工作和社会活动的新闻报道很多，本卷仅仅辑录了访谈类中的部分篇目，多数新闻报道内容放在第十四卷中的刘大年年谱中简要交代。本卷所辑篇目，主要是为了突出刘大年先生的人生经历，特别是其学术组织工作方面的情况，为读者了解刘大年先生如何由一个爱好传统文化的知识分子走上献身抗日民族解放事业的道路，在抗战胜利后如何走上史学研究道路，在新中国成立后如何推动马克思主义史学发展和引领中国史学走向世界等经历提供鲜活的资料。

本卷由曲阜师范大学历史文化学院教授黄仁国负责编辑。

目　录

一、访苏琐忆

二、回忆

三、自传与口述历史

四、访谈与新闻报道

五、工作报告

六、会议讲话与致辞

一、访苏琐忆

纪念“九三”，感谢苏联对中国抗日战争的友谊帮助[①]

一

中国人民在战胜了内外反动派、取得了革命基本胜利的今天，来纪念“九三”这个光荣胜利的日子，除了必须感谢中国共产党、毛主席对于中国抗日民族解放战争的伟大、英明的领导；还必须感谢苏联在抗日战争中对中国的友谊帮助。

毛主席在一九三八年五月发表的《论持久战》这一名著里，曾这样写着：“今天全国人民有一种希望，认为国际力量必将逐渐增强地援助中国。这种希望不是空的；特别是苏联的存在，鼓舞了中国的抗战。空前强大的社会主义的苏联，它和中国是历来休戚相关的。苏联和一切资本主义国家的上层成分之唯利是图者根本相反，它是以援助一切弱小民族和革命战争为其职志的。中国战争之非孤立性，不但一般地建立在整个国际的援助上，而且特殊地建立在苏联的援助上。”毫无疑问，毛主席的话，是以充分的马克思列宁主义理论和一定的事实为根据的。但是如果说，在一九三八年五月以前，中国还处在抗日战争的初期，苏联援助中国的各种事实还在开始，因而毛主席的话也还带有一种科学预言的性质，那么随着抗日战争的历史发展，这个预言就全变成了铁一般的事实。

现在让我们把这些事实摘要从头举出一些；同时，也附带指出：国民党反动政府所全心全意依靠的美英帝国主义的“外援”，到底是什么东西。这样一个对照，对于我们了解苏联援助中国抗战的友谊，是有帮助的。

---

① 原载《光明日报》1951年9月2日，第1、3版。——编者注

二

早在一九三一年，日本帝国主义发动“九一八”事变，中国人民开始武装抵抗日本侵略的时候，苏联就从外交上坚决反对日本，竭力帮助中国。九月十八日事变发生，同月二十四日苏联外长李维诺夫就向日本提出警告表示“苏联在道义上，精神上，感情上完全同情中国；并愿作一切必要的帮助”。不久以后，东北的抗日游击队与义勇军，因战争不利，纷纷退入苏联国境。仅一九三二年十二月五日苏炳文一部就有二千八百余人，又避难平民二千人。苏联政府根据国际惯例，在军事人员解除武装以后，连平民一起，安置于托克斯本等地区。[①]其中，马占山、苏炳文等人，都得到苏联的帮助，先后返国。

由于苏联的提议，一九三二年十二月十二日，中苏两国又恢复了正常的外交关系。在这以前，国民党反动政府在帝国主义支持下，坚决行使反苏政策，曾使中苏邦交断绝达五年之久。这给了日本帝国主义以极好的进攻中国的机会。

到抗日战争发生以前不久，苏联又先后向国民党政府提议：中苏两国订立互不侵犯协定；由苏联借款予中国购买机器、军火；以及由中国发起，召集英、美、法、日、苏等国举行太平洋会议。[②]如果这些宝贵的提议，不是被卖国成性的国民党政府拒绝而一一付诸实行，对于限制帝国主义在中国的扩张，特别是对于限制日本的武力侵略，必能有决定性的作用。那时中国人民所受到苏联的赐予，将是不可估量的。

日本帝国主义为了灭亡全中国，一九三七年七月七日在卢沟桥发动新的军事进攻。中国在全国人民坚决反对国民党妥协，一致要求团结抗日的基础上，展开了全国规模的伟大的抗日民族解放战争。中国的抗战七月间开始，八月二十一日苏联就与国民党政府在南京订立了《中苏互不侵犯条约》，对于“将两国现有之友好关系，巩固于坚定而永久的基础之上”作了很好的规定。它所具有的实际意义，远远地超出于“互不侵犯”，即使看作是苏联

① 见曹锡珍《中苏外交史》。

② 见孙科《中苏关系》。

保证援助中国抗战的公约，也并无不可。这对于日本侵略者是一个沉重的打击。

就在缔结上述条约的同一时期，以崔可夫将军为首的大批的苏联军事专家，大批苏联空军人员和大批的汽车司机，纷纷志愿来中国服务。军事专家最多的时候曾达二百余人。另外有一百多位苏联空军勇士，包括重轰炸机大队长库里申科，战斗机大队长拉赫曼诺夫，为中国的抗战事业献出了他们的生命。除了在苏联，中国人民再也不可能找到这种友谊，找到这种援助。

一九三九年六月十六日，苏联与国民党政府签订了《中苏通商条约》。苏联援助中国抗战的许多物质，都在这个“通商条约”的名义下运到了中国。

至一九四五年八月，苏联还未到对日宣战时，又与国民党政府在莫斯科谈判一项新的中苏条约。八月十日这个条约正式签字，就是有名的《中苏友好同盟条约》。其中所规定的苏联出兵东北与战后中苏关系，都对中国人民极为有利。虽然到一九五〇年以后，它已经被毛主席与斯大林元帅亲自主持签订的《中苏友好同盟互助条约》所代替，但是它所起过的历史作用，是不可湮没的。

与此同时，美英等帝国主义国家是怎样的呢？他们与苏联所采取的是一种完全相反的政策。在“九一八”时，对于日本，他们不是反对，而是希望“共管满洲”。对于中国要求抗日的人民，他们不是同情，而是帮助蒋介石镇压与疯狂进行“围剿”。美帝国主义更用狡猾的所谓“不承认主义”，去帮助日本占领中国东北，甚至还不准中国人民进行抵抗。此外，美国又一直对日本输出汽车、石油、“废铁”及其他军用物质，尽量供给日本藉以发动战争的钱财和军火。在事实上鼓励日本向中国进攻。

抗日战争全面爆发以后，美英起初是竭力阻止中国抗战，后来又想半路压迫中国对日本投降。尤其是一九四〇年日本夺取南洋的野心已经十分明显之后，美英帝国主义为了寻找与日本妥协的途径，更加紧了这方面的活动。一九四〇年七月间，英美两国合作，由英国与日本谈判成立英日协定，经英国同意把中国这时对外的唯一交通路线滇缅路封锁三个月。对中国施以严重的压迫。同年十二月，美国又对日本发起指使蒋介石政府对日投降的秘密谈判（最后是公开谈判）。从一九四〇年十二月陆续谈到一九四一年十二月，美日两方在有关“‘蒋政府’与‘汪政府’合并”、“承认满洲国”、“中日经济提携”、“共同防共”、日本在“中国驻兵”等严重问题上，都分别获得了协议。这就是有名的“东方慕尼黑”阴谋。只是由于中国人民的一再揭发，反对——例如一九四一年五月二十五日中国共产党中央委员会发出揭发“东方慕尼黑”的宣告，以及美日在太平洋上无法解决的矛盾，才使美日灭亡中国的这一罪恶阴谋没有最后实现。

一九四一年十二月七日，日本偷袭了珍珠港。美国虽被迫起来应战，但它并没有因此放弃对日本军国主义的绥靖政策。其对于中国一面，则加紧利用蒋介石，开始布置起它的消灭中国人民力量、独占中国的计划。总而言之，对于日本是化干戈为玉帛，对中国则是化玉帛为干戈，美国此时对中日两国所采取的外交立场就是如此。

三

和外交活动的同时，苏联还对中国作了重要的物质上的帮助。

前面说过，一九三七年四月间，苏联曾提议给予中国五千万美元的信用借款，名为“机器借款”。让中国利用这笔钱向苏联买军火和机器。当时国民党政府表示它害怕革命力量，不敢同苏联接近，对于这个提议没有接受。日本军队在卢沟桥的炮声改变了这一情况。从一九三七年八月到一九四一年六月苏德战争以前，苏联除了组织各种军事与技术人员志愿来华服务以外，又以各种中国所缺乏的军用物质援助中国。其项目包括飞机、坦克、军用油类及其他军事装备。这些物质的数量，总值达四万万五千万美元（一说为三万万美元）。

帝国主义国家对于中国的所谓“经济援助”，在这个时期内，只有美国从一九三八年起，四次共借给了中国一万万七千万美元。英国一次借给了五百万镑，按照当时汇价，约合二千万美元（一说为六百万镑，合二千六百万美元），如此而已。

要是与苏联相比，美英帝国主义的所谓“援助”，不仅在数目上比起苏联来要少得多；而且还有（一）苏联的借款，是在中国抗日的第一年就开始了。这时中国出现许多新的困难，苏联在这短短一年内，对中国借款三次，共二万万五千万美元。对中国抗日起了极大的鼓舞作用。美英的借款，则是迟至一九三八年以后，即国民党政府已经表示对日消极以后。其作用显然不同。（二）苏联对中国借款不要任何抵押品。美国的借款，全是以中国的战略物质作为抵押。一九三八年二千五百万美元的借款指定以桐油归还；一九四〇年三月七日二千五百万美元的借款指定以锡归还；同年九月二十五日二千五百万美元的借款指定以稀有金属钨归还；同年十二月一日五千万美元的借款指定以钨、锑归还。也就是美国通过这些借款抢走了中国的战略物质。（三）苏联的借款不要利息、美国则利息很高。桐油借款的利息是年利四厘半，即百分之四点五。锡借款为四厘，其他借款也不少于四厘。（四）苏联充作借款的全部军火，所折算的价目，比市场价格低到八折以下。美国则颠倒过来，把中国借款抵押品的价格大大压低于市价。特别是（五）苏联借款完全是为了帮助中国抗战，出于援助中国人民的真正友谊。美英借款除了要获取经济利益，每次还有政治目的。不是为了和日本在诱降蒋介石集团的问题上勾心斗角，就是为了通过借款从蒋政府手中取得更多的特权。

一九四四年有名的反动分子孙科，曾经说过下面的一段话："外援方面，自一九三七年'七七'以后，直至一九四一年六月苏德战争以前，整整四年间，我们作战所需的物资，大都独赖苏联的援助。苏联同时更在革命精神和人类道义上寄与我们以无限的同情和鼓舞。……但是从一九四一年六月以后，苏联因为要应付希特勒自西方发动的凶暴侵略，奋起抗战，未遑东顾，对我们的援助因而稍减。此后半年间，就是由六月至十二月，太平洋战争爆发以前，我们对外的交通路线还未完全断绝，美英来援的物资，还可以源源输入，可惜那个时候，美英友邦方面，格于利害未能善用时机，积极兼顾，尽量来利用仅有的国际运输线，而日寇反乘着这个机会把我们滇越、滇缅两交通线完全切断，使盟邦无法大量援助我们。"① 孙科说这些话的用意，原是为的向美英帝国主义献媚，当然要替他们遮遮掩掩。但是他却无可隐瞒地说出了这时苏联实力援助中国与美英"经济援助"基本上是不同的这一事实。虽然国民党反动政府对于这一事实的详情，一直是竭力对中国人民隐瞒着的。

苏德战争发生后，苏联一面因为要独立抵抗德国法西斯的进攻，一面因为国民党政府在随时准备勾结德国（表面上已经绝交），投降日本、反对苏联，苏联对中国的物质援助才"因而稍减"，最后不得不完全断绝。这当然

①1944 年 7 月出版《中苏文化》月刊。

是被迫的，不是出于苏联援助中国人民的主观愿望。美国方面，在太平洋战争以后，给予蒋介石政府的“外援”，是骤然增多了。一九四二年二月七日，美国一次给蒋介石五万万美元的信用借款。连同前一个时期的总数，就成为一九五〇年十一月美国代表奥斯汀在联合国安理会上所说的“自一九三七年到日本投降时，美国给予中国的经济援助，价值六亿七千万美元”。但是后来事情证明，这五万万美元，与援助中国抗战云云，是风马牛不相及的。那完全只是美国政府要蒋介石替自己在中国打天下，向中国人民手中夺取抗日果实，所拿出的一笔小小的军火费用。这种“援助”越多，也就是美国侵略中国的血债越大，和苏联的援助中国人民，真是不可同日而语。

对于日本一面，苏联很快就与日本断绝了贸易关系。一九四一年苏联为了进一步切断德日两国间的军火运输，又下令禁止各种军火和制造军火的机器过境。

可是美国呢？它对于日本一面，是忙着大做军火生意。美国政府这时的所谓《现购自运法案》，就是一个公开向日本大规模输送军火的法案。日本不但有钱，可以“现购”，而且还有海军护航，可以“自运”。中国完全没有这些条件。所以在中日开战以后，从美国输入日本的军火有增无已。一九三七年往后的美日贸易中，军需品贸易所占的比率是，一九三七年百分之三十三点五，一九三八年百分之三十四点三，一九三九年百分之三十四点三，一九四〇年百分之三十八点七。在其他各国输入日本的军需物质中，美国所占的比例尤其惊人。以一九三八年为例，最少的如钢铁半制品，飞机及飞机零件等也占百分之五十到七十。最多的如钢铁及“废铁”、铜、金属合金等全是占百分之九十以上。汽油一项，更占日本侵华战争头三年内消耗总额四千万吨的百分之七十。美国政府通过输出这些杀人武器的结果，给美国独占资本家带来了沾满着中国人民鲜血的高额利润。在这个意义上，如果有人说：中日战争，是美国与日本合作侵略中国的战争，事实上一点也不过火。

四

我们当然不能忘记，比上面一切更重要的，还有苏联在军事上对中国的援助，特别是苏联对日本的出兵。

苏联于日本占领东北后，即在远东边境布置相当的兵力。这是为了防止日本的挑衅，但日本侵华兵力曾因此受到很大牵制。一九三一年到三三年日本在东北的正规军为五万人，一九三四到三七年增加到四十万人，一九三七到三八年为五十万人，一九三九到四一年为七十万人，一九四二到四四年增加到三十三个师、十个混成旅，号称一百万人。除了其中一部分是用来对付抗日联军，另外就是为了对付苏联，准备“北进”。

日军于一九三八年到三九年，在张鼓峰与诺门坎地区一连两次制造反苏事件，也一连两次遭到了坚决的回击。这更使日本侵略者深知苏联红军的力量不可轻侮。

一九四五年二月，在苏、英、美三国举行的雅尔塔会议上，苏联决定对日本出兵，协助中国解放东北。在《雅尔塔协定》中写着：“苏、英、美三强领袖业已议定，苏联在德国投降后三个月及欧洲战争结束时，将协助盟国对日宣战，裨以其武装军队协助中国，解放中国受日本之束缚。”这也就是前面所说过的《中苏友好同盟条约》的最初来源。同年四月五日，苏联就主动放弃四年以前对日本签订的《苏日中立协定》。八月八日，即苏军攻克柏林、德国投降，欧洲战争结束后的三个月，苏联政府即发表下面一个对日宣战声明：“希特勒德国败北投降以后，日本便是继续主张战争的唯一大国。三强——美国、英国和中国——今年七月二十六日要求日本武装力量无条件投降，已遭日本拒绝。由此可见，日本政府向苏联提出的关于调停远东战争的建议，便失去了一切根据。同盟国考虑到日本的拒绝投降，就向苏联政府提议，加入为反对日本侵略而进行的战争。以便使战争结束的时期更接近些，减少牺牲者的人数；并且容易从早恢复普遍的和平。苏联政府忠实于对自己盟邦的义务，就接受了同盟国的建议，参加今年七月二十六日同盟强国的公告。苏联政府认为采取这种政策的方针，乃是唯一的手段，足以使和平更接近些，解除各国人民进一步的牺牲与困难；并且足以使日本人民能够避免德国拒绝无条件投降以后所受的那些危险与破坏。基于上述种种苏联政府兹特声明：从明天起——从八月九日起，苏联将认为和日本处于战争状态。”

苏联这个声明，对于抗日战争具有极大的意义。一九四五年八月九日，毛主席在《关于抗战最后阶段的声明》里，曾经着重地指出：“由于苏联这一行动，对日战争的时间将大大缩短。对日战争已处在最后阶段，最后地战胜日本侵略者及其一切走狗的时间已经到来了。”毛主席在这里代表中国人民，对于苏联崇高友谊的行动，表示了热烈的欢迎。

与对日宣战同时，苏联远东的百万红军，在华西列夫斯基元帅统率之下，以雷霆万钧的威力，分三路突破日本帝国主义经营了十四年的坚固防线，进入中国东北。很快解放了长春、沈阳、龙江、承德等大中城市。苏联佗马舍夫上将指挥的太平洋舰队，也击破敌人的阻力，进抵中国海面；并解放了旅顺、大连等港口。在红军毁灭性的打击下，日寇被迫于开战的第二天即宣布无条件投降。同月十七日东北前线日军也全部停止有组织的抵抗。据苏联情报局公布：远东红军及红海军自八月九日至九月九日予日军人力及技术装备的损失是：缴获飞机九百二十五架，坦克三百四十二辆，马一万七千四百九十七匹，军火军器装备及军需仓库九百四十二所，野炮一千二百三十六门，迫击炮一千三百四十门，机枪四千八百三十挺，步枪约三万枝，无线电一百三十三部，装甲车三十五辆，汽车两千三百辆，曳引车一百二十五辆。日军官兵五十九万四千余名以及将领一百四十八名投降。日军损失仅死亡一项计官兵八万余，日军人力损失总计六十七万四千余名。日本“皇军之花”的关东军，日本侵略者的靠山，就这样被干净、彻底地歼灭了。

当一九四五年五月间希特勒已经崩溃，从而最后肯定了日本侵略者覆亡命运的时候，日本还没有准备投降，还在计划把日本迁到“满洲国”，把首都东京迁到长春，与同盟国“决战到底”。就是美国第一次在日本投下原子弹以后，美国的“军事专家”们，还估计要在欧洲战场上调运六七百万同盟国军队来围攻日本，才能把日本最后打败。但是，一经苏联出兵，日本关东军被打得落花流水，日寇以东北为巢穴进行最后挣扎的迷梦，便从根本上粉碎了。除开尽快宣布无条件投降，再也无路可走了。这就十分有力地说明：

只有由于苏联的出兵，才使日本即时宣布了无条件投降。

只有由于苏联出兵，解放中国东北，解放朝鲜，才使同盟国对日战争的日程大大缩短。

只有由于苏联出兵，解放东北，才使中国人民最后取得了抗日战争的伟大胜利。

美英帝国主义的宣传机关，对日本投降所作的种种解释，都只是一些无聊的谎言。中国人民对这是知道得很清楚的。

帝国主义国家于中国抗战期间，在军事上有何作为呢？他们首先做的一件事，就是在战争打响后不久，分别把他们在中国“留驻”了近四十年之久的武装部队撤出去。表示他们对于日本侵略军，是彬彬有礼的。

一九三八年，英、法、德等帝国主义国家之间发生了战争。英法两国被希特勒打得大败亏输，差一点自身不保。虽然他们在名义上曾对日宣战，但在远东毫无实际力量。其中只有美国，在一九四一年十二月以后，卷入了对日战争。它在作战过程中，起初是一退数千里，然后把它的一部分空军飞到了中国，最后则积极对日反攻；并在硫磺岛、冲绳岛等地的“逐岛作战”中，死伤士兵十数万，损失大小军舰百余艘。但是只要稍微分析一下，就可以知道，这与苏联的出兵，绝不能相提并论。（一）为了打败侵略者，苏联出兵是主动的；美国则是迫不得已而为之。它为了自己的侵略利益，曾力求与日本妥协而无成。（二）苏联完全是为了实践它的国际责任，与出于“解放中国受日本之束缚”的道义；美国则是为了与日本争夺整个东南亚和太平洋上的殖民地，也就是为了自己的帝国主义目的。尤其是（三）苏联对日本出兵，是要消灭日本侵略势力。美国则根本相反，是要保存日本侵略势力；并在这个基础上殖民地化日本，把日本变成美国在东方的军事基地，准备新的侵略战争。这样它当然就需要积极反攻，以便抢先占领日本。在日本投降以后，所有中国与苏联，美国与日本，以及美国、苏联与朝鲜之间发生的一切重要的事件，就是关于这一方面的充分而无可辩驳的明证。

五

上面所讲的一些，就是抗日战争中，苏联在各方面援助中国人民的基本情况。把这一些和中国当时国内和国外的其他情况综合在一起，就正如《中国共产党的三十年》里面所说：“中国的抗日战争证明：在无产阶级的正确领导下，依靠人民群众的团结奋斗，依靠人民统一战线和人民战争，帝国主义的侵略是可以打败的。这对于中国人民和全世界殖民地人民都是一个极端重要的真理。抗日战争又证明：英美帝国主义，对于殖民地半殖民地人民始终是抱着敌视态度的，只有苏联，才是世界被压迫人民的忠实援助者。苏联的援助，对于全世界人民的反帝国主义斗争的胜利，具有决定性的意义。这对于中国人民和全世界殖民地人民，同样是一个极端重要的真理。”

抗战以后，在中国完全代替了日本地位的美帝国主义，一方面已经步日本侵略者的后尘，被中国人民从大陆上驱逐出去，另一方面他们还不甘心失败。现在还正坚持武装占领中国领土台湾，坚持阻挠朝鲜的停战谈判。把侵略朝鲜的战争继续下去。在关于最后结束对日战争状态的问题上，他们正在疯狂地篡改抗日战争的历史；不承认中华人民共和国是对日作战的同盟国家；积极进行与日本片面媾和，以便重新武装日本，来扩大新的侵略战争。帝国主义是不可理喻的。中国人民要保卫自己用鲜血换来的胜利果实，就必须拿出自己的力量来，与苏联人民站在一起，对美帝国主义利用日本的阴谋坚决反对到底。我们的口号是：

中国抗日民族解放战争伟大胜利的成果神圣不可侵犯！

中苏两国人民团结的伟大力量永远无敌于天下！

学习斯大林关于基础与上层建筑的学说
——为纪念斯大林《马克思主义与语言学问题》发表两周年而作①

一

一九五〇年六月二十日，斯大林同志发表了他的《马克思主义与语言学问题》的天才著作。

斯大林关于语言学这一著作的伟大意义，绝不限于他对语言科学所作的直接贡献。正像马克思列宁主义的其他经典著作都是以新的方式说明许多理论问题一样，斯大林在这部著作中以新的方式说明了社会科学中一系列的极其重要的问题。关于基础与上层建筑，就是斯大林所发表了和重新说明了的重要的问题之一。

在马克思主义学说中，基础与上层建筑问题有极大的重要性。正确地了解什么是基础，什么是它的上层建筑，基础与上层建筑之间有什么样的相互关系，经济基础与上层建筑和生产、生产力的联系如何，就有可能揭发社会发展的客观规律性，克服对人类历史发展的各种主观、片面的见解。

早在《共产党宣言》里，马克思和恩格斯就贯彻这样一个基本思想，即每一历史时代的经济的生产以及必然从它发生的社会结构，便是这时代的政治和思想历史的基础。在《政治经济学批判》序言中，马克思更进一步为基础与上层建筑提出了定义，并阐明了它们的相互关系。马克思这样写着：“人们在自己生活底社会生产中，彼此间发生一定的，必然的，不依他们本身意志为转移的关系，即与他们当时的物质生产力发展程度相适合的生产关系。

---

① 原载《光明日报》1952年6月19—20日第3版（其中，一至四部分载19日，五至六部分载20日）；转载《新华月报》1952年7月号。——编者注

这些生产关系底总和就组成为社会底经济结构，即法律的和政治的上层建筑物所借以树立起来，而有一定的社会意识形式与其相适应的那个现实基础。物质生活底生产方式决定着社会生活，政治生活以及一般精神生活的过程。并不是人们底意识决定人们底存在，恰巧相反，正是人们底社会存在决定人们的意识。”[①] 马克思这一历史唯物主义的精义，曾为恩格斯、列宁和斯大林在他们的许多重要著作中所一再发挥，其中斯大林在《辩证唯物论与历史唯物论》这一名著里，更提供了唯物史观与社会发展规律的完整理论。他详细说明了在社会物质生活条件中，决定整个社会的面貌，社会制度的性质，以及由这一制度到另一制度的社会发展的主要力量，是物质资料的生产方式。物质资料的生产方式是生产力与生产关系两者的统一。其中生产力所表示的是人们对于他们所利用来生产物质资料的物件和自然界力量间的关系；而生产关系所表示的则是人们彼此在生产过程中所发生的关系。社会的生产方式怎样，社会本身在基本上也就会怎样，社会的思想和理论、政治观点和政治制度也就会怎样。

但是直到斯大林关于语言学的著作发表以前，并不是所有服膺马克思主义的人都已经了解了关于基础与上层建筑这一学说的完整意义。最通常见到的是把生产方式与经济基础混淆起来同一看待。按照马克思主义的解说，这两者不是对立的东西，但也不是同一个东西。生产方式是把社会的生产力和人们的生产关系都包括在内的物质资料生产过程中的统一体，而经济基础则是生产关系的总和。再一种通常见到的情形，是把经济基础归结为生产，归结为技术。我们知道，生产力的发展必然引起经济基础的变换、死亡。按照这样的观点看来，随着经济基础的变换，生产、技术也应当死亡，应当消灭。事实上，胜利了的无产阶级，只是消灭资本主义的经济基础，即资本主义社会制度，对于资本主义所创立的生产、技术，则不是加以消灭，而是要使它为新社会服务。至于像普列汉诺夫把基础与上层建筑简单地归纳为“五大公式”:（一）生产力的状况；（二）被生产力所决定的经济基础；（三）在这种经济的“基础”上面生产起来的社会政治制度；（四）半由于经济直接所决定，半由于经济上生长起来的政治制度所决定的社会中人的心理；（五）

---

① 译文据斯大林《列宁主义问题》，莫斯科中文本，735—736 页。

反映这种心理特性的意识形态。[①] 这虽然在使马克思的原意更加普及一点上有一定的意义，然而这个公式带有十分机械的性质是很明显的。在这里，既把历史唯物论的各种范畴：生产、社会生产力、社会经济结构和上层建筑等排列为层层叠叠的阶梯或阶层，又忽略了他们的统一性和在具体历史条件下的相互作用。其结果也只是为机会主义的"生产力论"提供了"根据"。

斯大林在语言学问题的著作中，则坚持了马克思、恩格斯和列宁关于基础与上层建筑的典型定义，而且继续发展了他在《辩证唯物论与历史唯物论》一书中关于生产关系的论点。即把注意力集中在生产关系构成社会的经济结构这一点上，具体指明了经济基础与生产间的区别。斯大林首先把基础和上层建筑的涵义作了明确的解释。他说："基础是社会发展到某一阶段上的社会经济制度。上层建筑是社会对于政治、法律、宗教、艺术、哲学的观点，以及适合于这些观点的政治法律等制度。"[②] 从这样的涵义出发，斯大林进一步指出：生产、生产力并不直接决定社会的政治制度、社会的思想、理论，而是经过经济基础的中介。同样地，上层建筑也不是直接反映生产中的各种变更，而是通过基础的各种变更来反映。"上层建筑反映生产力发展水平的改变不是直接发生，不是立刻发生的；而是在基础改变以后，通过在生产中的各种改变的折光，通过在基础中的各种改变来反映的"[③]。斯大林的这一解说，不但可以使我们分清楚经济基础与上层建筑间的界限，也可以分清楚生产、生产力和经济基础的界限；不但可以了解基础与上层建筑间的相互关系，而且也可以了解生产、生产力与经济基础间的关系。生产方式和经济基础不是一回事，生产、生产力与经济基础也不是一回事。生产力的发展水平决定社会经济制度的性质，最终也决定着上层建筑。但基础与上层建筑都各有其相对独立的性质。

在斯大林的指示中，我们可以清楚地懂得一个马克思主义的原理，就是马克思主义者，在分析社会制度、社会性质的时候，不是要单纯地分析生产、生产力的状况，更不是要单纯地分析它的上层建筑，而是要着重地分析社会经济基础或社会经济制度。全面地应用这一马克思主义原理，对于社会科学

---

① 普列汉诺夫：《马克思主义的根本问题》，张仲实译本，54—55 页。

② 斯大林：《马克思主义与语言学问题》，人民出版社本，1 页。

③ 同前书 8 页。

领域的工作者具有重大的方法论上的意义。当然，这不是说，可以把经济基础与上层建筑和生产、生产力完全分离来加以考察。每一种经济基础与建立在基础之上的上层建筑都是由一定的生产力水平，一定的生产发展水平所产生的。但是生产本身，以至生产力的水平，并不直接表现为生产资料所有制的特性和社会阶级结构的特性。目前资本主义各国的生产力水平早已准备成熟，可以过渡到社会主义了；但由于生产资料掌握在资产阶级手里，这里的经济制度，经济基础就是资本主义的，而不是社会主义的。这是很明显的事实。

斯大林所发展了的这一马克思主义原理，是“放之四海而皆准”的。现在我们试把它与中国历史上的个别社会制度问题——例如西周社会制度的问题联系起来加以论列。

二

按照斯大林对于基础与上层建筑的分析，人们在进行社会制度的研究中，必须弄清楚两个问题。第一个，就是生产、生产工具与经济基础的区别和相互关系问题。

大家知道，社会发展史，首先就是生产发展史；而生产的发展，又是从生产力的变更和发展，首先是从生产工具的变更和发展上开始的。生产力是生产中最活动最革命的要素。起初是生产，社会的生产力发生变更和发展起来，然后社会的经济制度也随着发生变更。因此，把了解一定时期的生产，生产工具的状况作为了解当时社会制度的一个方面，是完全必需的。

但是，近年来有些史学工作者，在讨论中国殷代是否有奴隶制度和西周是否有封建制度的论著中，却往往单纯地从生产工具上着眼，甚至单纯地从铁器的使用和发展上着眼。这种观点，会使人认为生产、生产技术与社会经济制度是没有区别的，或者是生产与生产技术发展的水平就可以直接决定社会的上层建筑。这是把马克思主义的基础与上层建筑学说运用于中国历史研究工作上所产生的一个极端，是和斯大林的指示相违反的。

历史唯物主义指出：人们在各种不同的历史阶段上有着不同的生产方式，社会的生产力只是生产方式的一个部分，不是所有的部分。因此，单拿生产力不能决定社会制度的性质。至于生产工具则只是生产力的一个重要因素；而最重要的因素，是有丰富生产经验和劳动技能而发动着生产工具并实现着物质资料生产的人。生产工具没有加上活的人类活动以前，是一件死的东西，丝毫也不能发挥生产的效能。马克思分析劳动过程时说："劳动过程的基本要素，是（一）人类的目的活动（即劳动），（二）劳动对象和（三）劳动手段。"又说："劳动过程是由人的活动，用劳动手段，在劳动对象上，引起预先企图的变化。"[①] 这就是说，在生产过程中，人的劳动与生产工具是不能分离的。同时，劳动者的工作态度在使用同样的工具时，也可以表现出强弱不同的生产力。单拿一个生产工具，怎能作为决定社会制度的唯一依据呢？这显然是讲不通的。

事实上，如果机械地来了解生产工具对社会所起的作用，那么比较高级的生产工具，就会产生出相当于它的较高形式的社会制度。可是在许多国度的社会发展史上并不是如此。例如，中国与印度的情形：中国方面，一直到抗日战争以前，据粗略的统计，把东北除外的大工厂、矿山的工人合计起来，才有九十六万余人，即工厂六十五万人，矿山二十万人左右，铁路交通约十一万人。印度方面，在同一个时期，估计有五百万工人受雇于有组织的企业，平均每日受雇的工人也有大约三百五十万人，即工厂一百五十万人，种植场一百万人，铁路七十五万人，矿山和码头二十万人。即使一般地估计中国工人曾达三百万左右，但按人口比例，也仍然比印度要少得多。工人阶级在数量上的优势，当然就是表示经济发展上的优势，首先就是表示与工人阶级相伴随的进步生产工具的优势。但当时中国是一个半封建半殖民地的社会，印度比中国还更差一些，这在生产工具上如何说明呢？中国在经过人民的革命斗争，相继取得了抗日战争、人民解放战争的胜利之后，根本推翻了帝国主义与封建主义的统治，成为一个崭新的新民主主义社会，并从此使新的生产力突飞猛进向前发展；而印度在社会性质上远落在中国后面了，这在生产工具上又将如何解释呢？并且同样的例子还可以看十月社会主义革命前的俄国和其他几个主要资本主义国家的情形。列宁分析金属的消费量很低是俄国落后的标志时曾指出："在农民解放以后半世纪中（按：指一八六一年废除农奴制度），俄国钢铁消费量增加了五倍，但俄国终究还是个异常落后

① 《资本论》，郭、王译本，第一卷，128 页和 130 页。

的国家，贫困的和半野蛮的国家，其现代生产工具的设备劣于英国四倍，劣于德国五倍，劣于美国十倍。”[①]可是我们知道，谁也不曾因此就滑稽地说道，当时俄、英、德、美各国的社会性质，有着四至十倍的差别；而是一致地认为这些国家，基本上都是资本主义社会。另外，直到一九五〇年，苏联的钢铁生产，达到了生产生铁一千九百多万吨，钢二千七百多万吨；但据一般估计，这仍然没有超过美国。大家都知道，钢铁是近代工业的核心，应该是有“决定”作用了！可是事实上，美国的社会制度一点也不比苏联进步一些，恰恰相反，苏联的社会比美国高出了一个历史时代；因为美国还是为资本主义制度统治着，而苏联却早已消灭了资本主义，确立了社会主义制度，并且正向共产主义社会迈进。这在生产工具上当然又是说不通的。

显而易见，不论是马列主义理论，也不论是历史事实，都一致反驳了那种单纯用生产工具来衡量社会制度的片面的、机械的见解。要是我们赞成那样的见解，那就必定要把生产——生产技术与经济基础之间的区别与相互联系去作各种不适当的解释；失去历史真相，也造成认识上的混乱。

如此说来，奴隶制度与封建制度的生产力，到底是由怎样的生产工具构成的呢?

斯大林在《辩证唯物主义与历史唯物主义》上有两段话，可以作为对这个问题的答复。一段是在讲述奴隶制度时，他说：“在奴隶制度下，生产关系底基础是奴隶主占有生产资料和占有生产工作者，这生产工作者便是奴隶主所能当作牲畜来买卖屠杀的奴隶。这样的生产关系在基本上是与当时的生产力状况相合的。此时人们所拥有的已经不是石器，而是金属工具。”[②]另一段是在讲述从古到今生产力发展的一般情况时，他说：“由粗笨的石器过渡到弓箭，并与此相适应而由狩猎生活过渡到驯养动物和原始畜牧；由石器过渡到金属工具（铁斧、铁口锄等等），并与此相适应而过渡到种植植物，过渡到农业；金属的制造工具继续改良，过渡到冶铁风箱、过渡到陶器生产，并与此相适应而有手工业的发展，手工业脱离农业的分立，独立手工业生产以及后来手工业工场生产的发展；由手工业生产工具过渡到机器，手工业工场生产转变为机器工业；再进而过渡到机器制，以及现代机器化工业的出

①引自《联共（布）党史》，127页。

②斯大林：《列宁主义问题》，莫斯科中文版，727页。

现，——这就是人类史上社会生产力发展的一个大致而远不完备的情景。”[①] 前后两段中，都说奴隶制是“金属工具”，在后一段中，又说封建制是“金属的制造工具继续改良，过渡到冶铁风箱”，这就明白告诉了人们：无论奴隶制与初期封建制，其生产工具可以是铁器，也可以是铁器以外的其他金属，并不是“非铁不可”。当然这种“金属的制造工具”在封建制度中不会固定起来，继续改良发展的结果，当然很快要出现打铁炉风箱，出现封建制度中期和后期的各种手工业工具，为过渡到机器准备条件，那是不用争辩的事。至于在同样的生产工具底基础上，为什么有奴隶制与初期封建制的区别？那就要看生产方式中的其他条件，特别是要看社会经济制度了。我们知道在殷代和西周，都是青铜这种金属很发达的时代，如果把它拿来和其他许多不同的重要条件联系在一起，来分别说明当时的奴隶制度与初期封建制度，应当是可以的。

诚然不错，在马克思与恩格斯所推重的莫尔甘的《古代社会》一书里面，和恩格斯的《家庭、私有财产及国家的起源》里面，在讲到由野蛮进入文明的时候，都强调铁的重要性。莫尔甘说：“铁的产生，是人类经验中最大的事件，再没有能和它等量齐观的东西，其他的一切发明和发现都相形见绌，至少是处于从属的地位。举凡锤、砧、斧、凿都是由铁制造，犁头也须用铁尖，并有铁钩。总之文明的基础可说是建筑在这一金属上面的。”[②] 但同时，他在另一处也这样说过：“就人类开始使用铁器及铜器而言，并不是完全抛弃石器不用。……不宁唯是，而且石器时代，包含有铜器时代及铁器时代，铜器时代又包含有铁器时代。因而要想很清楚的指出其各时代的分界线来，毋宁是不可能的。”[③] 恩格斯比莫尔甘说得更清楚，他先指出了“铁造成了广大面积的田野耕作，开举了广大的森林地域；他给了手工业者以坚牢而锐利的器具，不论任何石头或当时所知道的任何金属，没有一种能与之相抗”。然后紧接着又说：“所有这些，都不是一下子造成的。最初的铁往往比青铜还要柔软些。所以石器是慢慢地消灭的，不仅在喜尔得布篮歌中，而且在一〇六六年的哈斯丁之役中都还是使用石斧的。不过进步现在仍是不可抗拒

---

① 斯大林：《列宁主义问题》，莫斯科中文版，726—727 页。

② 莫尔甘：《古代社会》，中译商务本，第一册，72 页。

③ 莫尔甘前书。

地以很少的间断，并更急速的进行着……”[①] 我们细心阅读，这两段话显然不能作为单纯用铁器来衡量社会制度的根据。因为莫尔甘和恩格斯正是如此科学地一方面指出了铁的重要性；同时，另一方面却又指出了利用这一物质资料分析社会状况的灵活性。他们并没有把自己的意思限制起来，说是在其他金属（主要是青铜）工具的基础上，就一定不可以出现奴隶制度。

也诚然不错，马克思在《资本论》中分析劳动过程，以及在别处分析生产关系与生产力的相互关系时，曾强调过某种生产工具对一定社会制度的重要性。他说：“劳动资料底遗骸对于研究已经消亡的诸社会经济形态，也如动物骨骼底遗骸结构对于研究已消亡的诸种动物底躯体组织一样，有极重要的意义。各个经济时代所由以区别的不是生产什么，而是怎样生产……劳动资料不仅是人类劳动力发展底尺度，并且是劳动在其中实现的社会关系底指标。”[②] 又说：“社会关系是和生产力密切联结的。人们既获得了新的生产力，便会改变自己的生产方式，而随着生产方式底改变，即本身生活保证方式底改变，人们也就会改变自己所有一切社会关系。”手力磨坊发展到蒸汽力磨坊，是一种划时代的进步，社会性质由此改变是必然的。但是，这同样不能作为单纯用生产工具来衡量社会制度的根据，因为马克思也没有把自己的意思限制起来，说是以金属工具为基础的只能是奴隶制度，不能是封建制度；或者是以蒸汽力为基础的只能是资本主义，不能是社会主义。

著名的苏联哲学家米丁，在其《历史唯物论》一书里驳斥机械论时说：现代机械论者这样了解马克思的意思，他们以为社会经济结构的性质是直接决定于劳动工具的性质的。机械论者完全是依照呆板的“公式”来发表意见。不难看出，这样的直接从生产工具的性质来决定经济性质的见解，完全没有告诉我们以社会经济发展的质的特殊性，作为经济发展的基础的各阶级的相互关系，生产工具分配的性质以及关于阶级剥削等等的概念。其实，在这里马克思的意思是说：每一历史阶段的社会制度，是建立在一定的技术基础之上的；这一技术基础，在较早的社会历史阶段上是创造不出来的，它在某种关系上成为某一社会的特征。譬如说，蒸汽机是表示资本主义时代的特征，而不是表示早已过去的封建制度的特征。同样地，有计划的全国电气化，只

---

① 恩格斯前书，张译本，177 页。

②《资本论》，郭、王译本，129 页。——此处译文据《联共（布）党史》，160 页。

有在社会主义制度下，在一切主要的生产手段都归社会公有的条件下，才有可能实现，而在资本主义制度下，是不能完全实现的。只是在这种意义上，我们说技术基础决定着社会制度的性质，它是社会关系的指标。历史的发展不是遵照机械的公式进行的；并不是必然要“首先”发展技术，“然后”才发生技术所决定的经济制度。①

对于企图用铁器或其他生产工具（如犁、牛之类）来制定西周社会制度的见解，我们可以说同样的话。

三

依照斯大林对于基础与上层建筑的分析，人们在进行社会制度的研究中必须弄清的另一个问题，就是社会上层建筑，特别是社会思想，理论等与经济基础的关系问题。

每一个经济基础，都有适合于它的上层建筑。封建制度的基础有它自己的上层建筑，自己的政治、法律等等的观点，以及适合于这些观点的制度。资本主义的基础有它自己的上层建筑；社会主义的基础也有它自己的上层建筑。当基础发生变化和被消灭时，它的上层建筑也就会随着变化，随着被消灭。当新的基础产生后，也就会随着产生适合于新基础的新的上层建筑。因此，把了解一定时期上层建筑的状况，作为了解当时社会制度的一个方面，是可以的，也是必需的。

但是我们有些史学家，在讨论中国殷代是否有奴隶制度和周代是否有封建制度的论著中，又往往只集中注意了上层建筑；甚至只集中注意了社会理论，哲学思想等意识形态上的表现。这种观点会使人认为可以从上层建筑中寻找出经济基础，上层建筑也可以直接还原于基础。这可以说是把马克思主义的基础与上层建筑学说应用于中国历史研究上所产生的另外一个极端，也是与斯大林的指示完全相违反的。

历史唯物主义指出：社会的物质生活，社会的存在是第一性的现象，社会的精神生活是第二性的，从生的现象；社会的物质生活是不依靠于人们的

---

① 米丁：《历史唯物论》，沈译本，111—112页。

意志而存在的客观现象，而社会的精神生活是这客观现实的反映。因此，物质方面或外在条件的发展，是先于观念方面或意识形态的发展，首先是外在条件，物质方面变化着，然后相应的是意识，观念方面变化着。没有社会物质条件的先行变化，人们的思想和整个社会上层建筑的变化是难以想象的。也因此，“在考察这些变革时，必须时刻把经济生产条件方面所发生的那些可用自然科学精确眼光指明出来的物质变革，去与人们所借以意识到这个冲突并力求把它克服的那些法律的、政治的、宗教的、美术的或哲学的形式——简言之，思想形式——分别清楚。正如我们评判一个人时不能以他对于自己的揣度为根据一样，我们评判这样一个变革时代时，也不能以它的意识为根据。恰巧相反，这个意识正须从物质生活底矛盾中，从社会生产力和生产关系间现存的冲突中求得解释”[①]。这是马克思为历史唯物主义所规定的基本原理。从这里出发，我们会很清楚地知道：分析所有社会上层建筑时，可以而且必须首先了解它的经济基础；但是反过来，分析某一社会基础时，却不是首先要了解它的上层建筑。这是两件不同的事，是有密切联系而又有严格区别的两件事。

事实上，如果从上层建筑中可以寻找出社会的经济基础，社会制度；那末，作为经济的集中表现的政治，政治制度，应该首先对基础有说明的作用！然而事情并非如此。例如完全建立在奴隶制度上的古代希腊和罗马，就有各自不同的国家形式或政治制度。当时已经有君主政体和共和政体，贵族政体和民主政体的差别。君主政体是一人独裁的政权，共和政体是一切机关都要经过选举的；贵族政体是很少一部分人的政权；民主政体则是民众的政权。[②]这些差别都是在奴隶制度的基础上产生的。在新社会经济制度没有证明以前，这该从哪样的政治制度中去寻找呢？何况哲学、文学、艺术、宗教等上层建筑与政治、法律相比，又是离基础较远的，而且它们也不是由新的经济，新的基础所完全重新创造出来的。不论是哲学、文学、艺术等都不能割断历史凭空发生，是在旧社会已经具有的思想材料和观念的基础上产生的。起而代替旧基础的新经济基础，只是规定适合于这一基础的利益与需要的意识形态之新的发展方向。例如德谟克里特（De mokritos）的唯物论哲学和柏拉图

---

① 马克思：《政治经济学批判》序言。

② 见列宁《论国家》。

（Plato）的唯心论哲学是古代希腊初期的唯物论和唯心论的历史发展而来的，没有可靠的事实，只根据他们的哲学思想体系，谁也无从寻找出它们所反映的是希腊奴隶制度的繁荣情况。同样的黑格尔的唯心论哲学和费尔巴哈的唯物论哲学，是由欧洲十七——十八世纪的唯心论和唯物论历史发展而来。没有可靠的事实，只根据他们的哲学思想体系，谁也不能理解他们所反映的是德意志资本主义发展的一些情况。关于这一方面，恩格斯说过："至于说到那浮悬在更高的空中的意识形态的领域，如宗教、哲学等，那么，这些东西还带着一种史前的，从历史的时代中出现和继承下来的储藏。这各种各样的关于自然，关于人类性质，关于精灵、魔力等等的虚伪的表象，大都是消极地有着经济的基础；史前时代的低度的经济发展，把那关于自然的虚伪的表象当做了补充，有时候当做了条件甚至于原因。但是，虽然经济的必要是前进着的自然认识的主要推动力，而且永远也会是如此，但如果有人想给一切原始的愚想都归到经济的原因，那就未免迂陋了。"[①]

很明显的，不论是马克思列宁主义理论，也不论是历史事实，都一致反对了那种用上层建筑来衡量社会制度的主观、片面的见解。要是我们赞成那样的见解，就必定要歪曲基础与上层建筑的关系，造成认识上的混乱，也蒙蔽了历史的真相。

当然，不能从此便得出结论：说上层建筑不能或者不是经济基础的反映，是与基础全然无关的。如果我们在社会历史各个不同时期可以看见各种不同的社会思想、理论、观点和政治制度，在奴隶社会下遇见的是一种，在封建制度下所遇见的是另一种，那就不能从思想、理论、观点和政治制度本身求得解释，而是因为在各个不同的社会发展时期有着各种不同的社会物质生活条件。同时，也不能就此得出结论：说只有经济基础是唯一具有能动性的，上层建筑在社会生活中没有作用，不能反转来影响到社会物质生活条件的发展。我们在这里只是说到社会思想、理论、观点和政治制度的起源，只是说到社会精神生活是社会物质生活条件的反映。至于上层建筑在历史中的作用，历史唯物主义的观点不仅不否认，相反的，正是着重指出它们在社会生活和社会历史上的严重作用意义。因此，我们在这里就不是说，上层建筑在社会制度的研究中毫不重要，或者竟不需要加以讨论；而只是说从这样的分析中来寻找社会经济基础，是把

① 解放社：《马恩通信选集》，山东新华版，91—92页。

历史事实轻重倒置了。其所得的结果是根基不稳，难以信赖的。

至于中国周代发生的各种社会思想、理论等，特别是周秦之际出现的所谓“百家争鸣”那种学术高潮，毫无疑问，是当时社会生产发展水平与社会经济制度某些变动的反映。但是这种生产水平与经济制度到底是奴隶制还是封建制，就不能从那反映的本身来找到答案。因为不仅是奴隶社会内部以及由奴隶制过渡为封建制要有阶级斗争，要引起上层建筑的变动和社会思想的斗争；同时，封建制度内部以及由封建领主的统治进而为新兴地主的统治也要有阶级斗争，也要引起上层建筑的某些变动和社会思想的斗争。这两种阶级斗争、社会运动虽然性质是有区别的；其表现为前进与落后，新势力与旧势力，一个阶级与另一个阶级之间的斗争却是相同的。

四

我们说明了生产、生产工具不能决定社会制度和社会性质，也说明了上层建筑如思想、理论等等不能决定社会制度和社会性质，现在应当作出怎样的实际结论呢？

这就是应当回到斯大林的“基础是社会发展到某一阶段上的社会经济制度”这一杰出的马克思主义原理上来。这个原理昭示我们：分析社会制度、社会性质，首先就是要分析社会经济基础即社会生产关系的总和。有怎样的经济基础或生产关系，也就有怎样的社会经济制度。

依照马克思主义的解释，所谓经济基础或生产关系，原来不是别的，就是社会生产资料归谁所有，由谁支配的问题，是生产资料由全社会支配，还是由单个人、集团和阶级支配并利用去剥削其他的人、集团和阶级的问题。生产资料的所有制，就是社会生产关系的基础，也就是社会的经济基础。关于这一点，在《斯大林宪法》中叙述社会主义的经济基础有示范性的说明：“苏联之经济基础为社会主义经济关系及社会主义生产工具与生产资料所有制，此体系及所有制因铲除资本主义经济体系，废除生产工具与生产资料私有制以及消灭人对人的剥削而业经奠定。”[①] 如果我换一句话来说，明白了某一社

---

①《苏联宪法》第四条。

会的生产资料所有制，也就完全明白了这个社会的经济基础和社会性质。

再讲得具体一些，在奴隶制度下，生产关系的基础，是奴隶主占有生产资料和占有生产工作者。这生产资料包括土地、简单的生产工具以及生产工作者的生活资料等；这生产工作者，就是奴隶主所能当作牲畜来买卖屠杀的奴隶。在封建制度下，生产关系的基础是封建主占有生产资料和不完全占有生产工作者；这生产工作者便是封建主虽已不能屠杀，但仍可以买卖的农奴。当时除封建所有制度外，还存在有农民和手工业者以本身劳动为基础占有生产工具和自己私有经济的个人所有制。

我们前面提到的中国西周社会，它的经济基础或生产资料占有制，固然由于材料限制，目前还不能有最充分的说明，但以下几点是可以明显看出来的，即：（一）当时已经有了等级制度，这种等级制度是以土地所有制为基础而建立起来的。天子以土地分赐诸侯，诸侯再以之分赐大夫，这样就形成了一个土地所有者阶级；（二）直接耕种者没有土地，他们从土地所有者领得一小块土地，在这一小块土地上取得养活他们自己及其家属的最低的生活资料，而以无偿劳动替土地所有者耕种土地；（三）这些直接耕种的人们不向土地所有者领取生活资料，他们已经有了自己的家室菜园等，但土地所有者对他们保有一定的人身隶属关系。所有这类材料，散见于诗书和一些铜器的铭文里。

这样一种生产关系，我们说它表示的不是奴隶制度而是封建制度；这样一种结果，我们说是分析社会经济基础的结果，岂不都是很明显的事实！

马克思主义指出：在私有制社会里，生产关系和生产力的矛盾是社会发展的根本规律。揭露由奴隶制到封建制这一剥削形式的变换，首先是生产资料占有制的变换，就是揭露了这一特定历史阶段上的社会矛盾的性质。所以列宁特别强调地说：“由于剥削形式的变更，奴隶制度的国家变成了农奴制度的国家。这是有莫大意义的一件事实。……农民所处的地位与奴隶制度国家内奴隶所处的地位很少区别。但是此时他们这些农民毕竟有了较多的达到解放的机会，因为农奴已不认为是地主底直接私有物了。农奴可以用一部分时间在自己的一块土地上工作，他在某种程度上可以说是归自己支配，并且农奴制度因商品交换即商业关系有更大发展的可能而愈益解体，因此农奴求得解放的范围也愈益扩大。”[①] 离开了生产资料占有制的分析，就无从了解

① 列宁：《论马克思恩格斯及马克思主义》，莫斯科中文版，415 页。

列宁所说的这一莫大意义。

当然不用怀疑，在这里绝不允许对经济基础或生产关系作唯心论的理解。这种理解把经济基础与生产、社会的生产力分离开加以考察，把社会的阶级关系，人们的生产关系，看成是某种抽象的与物质生产过程无关的东西。这是说，社会生活的各方面是自然而然地存在着，生产也是自然而然地进行着的，与阶级关系无关，与社会生产的物质条件无关。这是根本不对的。依照历史唯物论的见解，生产关系就是物质的关系，是在不受人们的意志支配而参加于他们底物质生活资料生产中形成起来的。它们表示着这些人对于生产手段的关系。正因为这样，所以我们把生产关系看作社会的物质基础，看作由这些社会关系的全部总和所形成的社会经济制度。没有一定的社会生产力和生产发展的水平，就没有一定的生产关系。前者推动后者的变更，后者又反过来影响前者，加速或是延缓其发展。所以根据社会生产关系的总和来分析社会制度的时候，是包括社会的生产力水平和生产发展的水平在内的。马克思在其《雇佣劳动与资本》这一名著中叙述社会形成和发展的历史阶段时，这样写着："各个人从事生产的那些社会关系，即社会的生产诸关系，随着物质的生产手段，生产力底变化和发展而变化的。生产关系的总和，构成了社会，而且构成那处于历史发展底一定阶段上的社会——具有一定性质的社会。古代社会、封建社会、资产阶级社会都是这种生产关系的总和；而这些生产关系的每一种，同时都是表示人类历史发展中底一个特定阶段。"显而易见，谁也不会怀疑，马克思在这里讲述生产关系的总和构成社会制度的时候，是把社会的生产力除外了的。谁要离开了社会的生产力去分析生产关系，谁就不是唯物论者。

封建社会的生产资料占有制，既然就是地主对土地的所有制，为什么有人怀疑西周时代没有土地的私有？

我们说，土地私有不是封建占有制的特征。大家知道，土地的私有制不是封建社会才开始的，如古代雅典奴隶制的形成时期，奴隶主的土地私有权就已经产生。恩格斯叙述这一事实说："除了包含在商品及奴隶中的财富以外，除了货币财富以外，现在又出现了土地的财富。……土地如今可以成为出卖和抵押的商品了。当土地私有权刚一确立的时候，抵当之事也发生了（雅典）。如杂婚制与卖淫紧跟着一夫一妻制的脚迹而来一样，如今抵当也紧跟着土地私有权的脚迹而来了。”[①] 但这里有一件极为重要的事实，是人们必须弄清楚的，即不能用农民是否私有土地来衡量有没有封建的土地私有制度。严格的讲，封建制度下的农民是不能成为独立的土地私有者的（这一点，中国秦汉以后的封建社会与西欧不同）。列宁曾经坚决反对俄国资产阶级社会学者把封建农民看成独立的土地所有者的那样的见解。他说："现实中并没有土地属于这样的独立生存的农作者的事实……这只是当时的生产关系底环子之一，那些生产关系的表现如下：大土地所有者，大地主们中间分配土地和地主将这种土地赐给农民以便实行对农民的剥削；这样，土地成为自然工资了。土地给与农民以必需的生产物，使得他能够替地主生产剩余生产品；它是农民替地主执行赋役底中心对象。”[②] 分清了农民私有土地与封建土地私有制度的区别，我们就知道西周时代并不是没有封建的土地私有制。这种土地私有制的具体形式，就是封建领主的私人占有。在大小封建领主之间，土地可以抵偿别项损失，也可以相互交易。西周铜器铭文里有关于这一方面很好的记录。这样，我们说当时是封建的生产资料占有制，应当是没有疑问的。

西周时代既然出现了封建的生产关系，为什么事实上那里又还存在着奴隶制度？

我们说，一定的经济基础或生产关系的总和是一定社会制度的物质基础，这并不意味着历史上的每一个社会制度内部也都只有一种生产关系，没有什么其他的生产关系。在私有制的时期，每一历史阶段的社会中，只有两个基本对立的阶级，这是肯定的。但社会制度向前越发展，其内部的生产关系也就越复杂。因此我们又必须分别他的主导生产关系与从属的生产关系。例如解放前的旧中国，外国的资产阶级与本国的地主阶级占有生产资料，剥削中国工人、农民和广大劳动群众的关系，是主导的生产关系；但也还有中小民族资产阶级与工人阶级的关系，商人与手工业者等的关系。主导的生产关系规定了中国当时的社会是一个半封建半殖民地性质的社会，其他的关系则处于从属的地位。凡是对中国当时的社会性质作了错误论断的，都是属于不了解或不愿意了解这一主导生产关系与从属生产关系的缘故。由此可知，我们说西周时代的主要生产关系是封建制关系，并不就是否认当时有奴隶制存在，

① 恩格斯：《家庭私有财产及国家的起源》，张译本，181—182页。

②《列宁全集》卷一，译文据米丁前书，171页。

相反的，那种制度的实力必然还很强大，不过不是处于主导的地位罢了。事实上，一直到今天，奴隶制不只是历史研究的对象，奴隶所有权的残余，在现代资本主义社会中也还部分地保留着。现代资本主义的生产发展水平不知比封建社会高出了多少倍，而资产阶级还要利用这一野蛮方式进行剥削，那么在封建制度中保存大量的奴隶劳动，就正是很自然的事了。

现在我们简单些说，从西周以来中国就开始进入了封建社会。中国封建制度的经济基础或生产关系总和，就是封建主对于生产资料的所有制，它是基本上与当时的生产力状况相合的。这是中国历史为马克思列宁主义所提供的又一实证。

中国的封建制度一直延续了三千年左右，经过了秦以前的封建领主制与秦以后的封建地主制这两个不同的阶段，在这一整个历史时期内又都保持着封建生产关系体系的一切基本特征。正如毛主席同志所指出过的“如果说，秦以前的一个时代是诸侯割据称雄的封建国家，那末，自秦始皇统一中国以后，就建立了专制主义的中央集权的封建国家；同时，在某种程度上仍旧保留着封建割据的状态。”这就是中国封建制度历史的特征。

以上这些，就是我对于斯大林的基础与上层建筑学说联系中国历史的个别问题所作的一些申说。

五

不言而喻，斯大林在语言学著作中所发展了的关于马克思主义的基础与上层建筑学说，对于实际的革命活动具有更加重要的意义。

从来历史唯物主义就不只是关于阐述社会历史发展的学说，而是指导工人阶级进行实际革命斗争的理论与策略的一个重要组成部分。首先马克思就是把唯物史观的基本观点——阶级斗争的观点与无产阶级社会主义革命的理论紧相结合的。马克思说：“发现近代社会里有阶级的存在以及阶级互相间的斗争，都不能归功于我，资产阶级历史家还比我更早就指出了这阶级斗争的历史的发展，资产阶级经济学家也曾做资产阶级经济的解剖。我的新的东西，只是在于指出：（一）阶级的存在，必定是和生产上的一定的历史发展阶段结合着；（二）阶级斗争必然要走到无产阶级专政；（三）这专政又仅只是扬弃一切阶级而达到无阶级的社会的过渡。”①

斯大林在语言学著作中指出，旧基础和旧上层建筑的更替，是在社会革命过程中实现的。他以苏联的革命经验论证了这一事实：“在最近三十年中，在俄国消灭了旧的资本主义基础，建设了新的社会主义基础。同时，也就消灭了资本主义基础上的上层建筑，并建设了适合于社会主义基础的新的上层建筑。这就是说，旧的政治、法律等制度已经被新的社会主义制度所代替了。”②同时，斯大林又着重指出，基础之所以创立自己的上层建筑，就是为了要上层建筑替它服务。“上层建筑是由基础产生的，但这决不是说上层建筑只是反映基础，只是消极的，中立的，对自己基础的命运、对阶级的命运、对制度的性质漠不关心的。相反地，上层建筑一出现后，就要成为极大的积极力量，积极帮助自己基础的形成和巩固，采取一切办法帮助新制度来摧毁和消灭旧基础与旧阶级”③。不这样也是不可能的。

在这里，斯大林把马克思、恩格斯和列宁关于旧基础和旧上层建筑灭亡，及新基础和与之相适应的新上层建筑创立的思想更加具体化了。这一思想对于指导实际的革命运动有着不可估量的意义。

当旧中国的反动的国家机器——军队、法律等积极地为旧基础服务，保护着半封建、半殖民地的旧经济基础时，不消灭旧的上层建筑，不消灭蒋介石的反革命国家机器，就不可能消灭旧的社会经济制度，不可能使中国人民从帝国主义、封建主义和官僚资本主义的长期压迫、剥削下解放出来；因而也就不可能建立新的社会制度和为中国进入社会主义创造条件。在这时，中国人民就只有进行坚决的革命斗争，只有用革命手段来根本推翻蒋介石匪帮的反革命统治，即根本推翻旧的上层建筑，才能实现社会经济制度的变革。舍此别无他途。中国无产阶级的政党——中国共产党掌握了马克思列宁主义这一社会变革的科学规律，领导中国人民进行了长期、艰苦的革命斗争，终于取得了中国革命的伟大胜利。这就推动了中国社会历史的飞跃发展。反之，中国历史上的一切改良主义者，都只是在各种不同的程度上起了为旧基础服务的作用。他们是站在历史发展的反对方面的；其结果自然也是失败的。

---

①《马恩通信选集》，78页。

②《马克思主义与语言学问题》，2页。

③同前书，3页。

随着旧基础与旧上层建筑的消灭，在中国建立了新的新民主主义经济基础及与之相适应的上层建筑。由以社会主义性质的国营经济为领导的五种经济成分，构成中国新民主主义社会的经济基础。而以中国共产党为领导的人民民主专政的国家政权，作为中国人民指导思想的马克思列宁主义与中国革命相结合的毛泽东思想，符合于人民利益和为人民利益服务的道德、文学、艺术及其他观点与制度等等则构成新民主主义社会的上层建筑。

在新民主主义社会制度下，上层建筑的作用特别巨大。首先是中国共产党所领导的人民民主专政的国家，乃是建设新民主主义社会的主要工具。在中国历史上，国家从来没有执行过经济组织者和文化教育者的职能，人民的国家第一次执行了这种职能；而且其规模是无比的宏大。同时，新的社会思想、文学、艺术等等在这里也表现了从来没有过的强大的动员与组织力量。现在，进一步巩固与发展人民民主专政的国家政权，改造人们从旧社会得来的有害思想，以毛泽东思想对人民群众进行教育……这一切，就是中国建设新民主主义社会；并向社会主义社会与共产主义社会发展的决定性的条件。

把斯大林关于基础与上层建筑学说的某些重要原理应用于中国革命的实际问题和主要问题上，其意义便是如此。

学习斯大林关于经济基础与上层建筑的学说，来对伟大的中国革命与中国历史进行广泛的科学研究，在人民群众中进行系统的历史唯物主义的教育；从而发挥新的上层建筑中的积极作用，是新中国史学工作者的光荣的任务。

与斯大林的《马克思主义与语言学问题》发表的同时，两年之中，毛主席同志先后重新发表了他的《实践论》和《矛盾论》这两篇战斗性的马克思列宁主义的哲学著作。和斯大林关于语言学问题的著作一样，毛主席同志的哲学著作使马克思列宁主义在自己的发展中以新的经验、新的知识更加丰富起来。它不但结合着中国革命与中国历史的实际具体地指明了什么是正确的马克思列宁主义的科学思想方法；同时，也结合着中国革命与中国历史的实际具体地揭露了教条主义与经验主义这些违背马克思列宁主义的错误思想根源；并由此指出克服错误思想的根本道路。因此，学习毛主席同志的《实践论》和《矛盾论》，又是学习斯大林的著作与所有马克思列宁主义的必由的途径。让我们在毛主席思想的模范指导下，在学习马克思主义和进行科学研究的道路上胜利前进。

中国历史科学现状①

各位亲爱的同志、各位亲爱的朋友：请允许我在苏联史学界的中心——苏联科学院历史哲学部向大家简单地介绍一下中国历史科学的现状。

一

中国进步的知识分子应用马克思列宁主义的理论来研究中国历史，是在俄国十月革命以后开始的。毛泽东同志说过："十月革命一声炮响，给我们送来了马克思列宁主义。十月革命帮助了全世界的也帮助了中国的先进分子，用无产阶级的宇宙观作为观察国家命运的工具，重新考虑自己的问题。"在中国有悠久历史和丰富遗产的历史学，只有从与马克思主义有了接触时起，才逐渐地成为对于中国人民自求解放的斗争具有指导作用的一门科学。

马克思主义的历史学在中国的胜利和发展是经过了各种斗争而实现的。这门学问最初出现的时候，中国不仅有原来的封建主义的历史学传统，还有帝国主义侵略中国的辩护士，也有托洛茨基匪徒歪曲中国历史的各种胡说。他们一致地努力宣传着历史唯心主义，用各种不同的方式把历史研究作为辩护阶级剥削，为国内外反动统治者服务的工具。一些有正义感的旧的史学家，则在这种情形下日益逃避现实。进步的史学家们一开始，就和这些敌人进行了不调和的斗争，并在斗争中发展了自己。他们以历史唯物主义为依据，先后研究了中国社会发展史、中国人民的革命史、中国近代史、中国通史、中

① 原载《科学通报》1953年7月号，第7—9页。此文的俄译稿先在苏联《历史问题》杂志同年第5期发表；据日本同朋社同年12月出版的竹内实主编的《中国近现代史年表》记载，该文于同年5月转刊日本的《历史の诸问题》第5期。该文题注："本文系作者参加中国科学院访苏代表团访问苏联时，向苏联历史学界所作的关于中国历史科学现状的介绍。俄文译稿已在苏联《历史问题》1953年5月号中发表。"——编者注

国思想史上的一些较为重要的问题。

从马克思主义理论介绍到中国起，至中国人民取得解放战争的胜利为止，这一个时期内，中国进步的史学界的成绩，是着重解决了下列几个问题：1. 确定了马克思主义的历史唯物主义理论完全适用于中国。应用马克思主义研究中国历史之后，充分说明，中国历史正是按照从原始社会到奴隶社会、封建社会、资本主义社会的发展的规律进行的。马克思主义不但适用于西方，也适用于中国，是“放之四海而皆准”的。2. 宣传了劳动人民在历史中的地位，宣布人类社会的历史，就是劳动生产者自己的历史。在这方面所做的具体工作，是着重研究了中国历史上的农民战争，总结了农民战争的重要意义。3. 对中国封建社会的形成和它在鸦片战争以后开始走向崩溃的历史作了研究，肯定近代中国是半殖民地半封建社会，有力地驳斥了托派所散布的有关封建社会在中国早已死亡和现代中国已经是资本主义社会的一些谬论。这对于中国人民认清革命任务，进行革命斗争是有帮助的。4. 揭露了帝国主义侵略中国的本质。帝国主义侵略中国，反对中国独立的历史，是中国近代史的一面。但是这个事实，只有应用马克思主义理论研究了帝国主义列强与半殖民地半封建中国之间的经济、政治等各方面的关系之后，才被彻底地揭露出来。5. 解决了中国近代史如何分期这个根本问题。根据毛泽东同志的指示，中国近代史从鸦片战争开始，又以在1917年俄国十月革命影响之下发生的1919年的五四运动为分界线，把在此以前由资产阶级领导的旧民主主义革命和在此以后由无产阶级领导的新民主主义革命，分为两个不同的历史时期。这是中国近代史的一个根本问题。

应当指出，这些成绩的取得，是和列宁、斯大林对中国问题的指示分不开的，列宁、斯大林关于中国革命的许多重要的论文，是理解中国的历史和一切现实问题的依据。毛泽东同志的著作，对于用马克思列宁主义来研究中国历史，具有极重要的意义。在他的著作里，不但对中国近代社会历史的各项基本问题作了精辟、详尽的历史唯物主义的分析，而且对于中国古代史上的若干重要问题也作了极为扼要的说明。这些分析与说明，是把马克思列宁主义与中国的社会历史条件相结合的典型。

远在十月社会主义革命胜利以后不久，李大钊曾提到把马克思主义应用在中国的历史研究上。最先用马克思主义理论来处理古代中国的历史材料，并从事专门著述的，是现在的中国科学院院长郭沫若。陈伯达的一些关于中国现代历史的著作，阐发了毛泽东同志在这方面的思想。其他运用马克思主义来研究中国历史较有成绩的，有范文澜、吕振羽、侯外庐、翦伯赞等人。另外一些进步的史学家和翻译工作者，也陆续地翻译了马克思、恩格斯、列宁、斯大林的各种经典的历史著作。

不过直到全国解放以前，马克思主义史学界的队伍还是很小的。其中一部分人长期处在国民党反动政府的统治之下，没有写作出版的自由。那些先后进到革命根据地的历史工作者，则由于经常处在紧张的军事斗争环境里，也不可能系统地进行研究工作。但是马克思主义的历史学一开始就在中国的知识分子中产生了重要的影响，而且很快成为革命的思想战线上一支不可缺少的力量。也正因为如此，那些为国民党反动派所雇用的以及一些有成见的旧史学家，曾经以不同的理由，对新的历史学进行各种攻击。这不说明别的，正是说明马克思主义的理论与中国历史研究相结合以后，产生了强大的战斗力量。

二

1949 年中国人民解放战争取得全国胜利之后，原来被分隔在国民党统治区和解放区的两部分进行的史学工作者会师了。原来处在国民党政府黑暗统治下的其他史学工作者都获得了解放。他们一般都在整理、考证史料方面有过一些成绩，其中如陈寅恪、陈垣等在这方面有更多的贡献，而现在大家又有学习马列主义的要求，这是中国新旧史学家大团结的基础。

现在全国高等学校中，共有历史系教师 260 余人，研究生约 200 人，中国科学院近代史研究所和考古研究所，共有研究人员 30 余人，其他宣传教育机构中还有一部分非专业的历史研究者。

从 1949 年到现在，中国史学界做了一些比较重要的工作。多数史学工作者同其他岗位上的知识分子一起，进行了自我教育，自我改造的学习，对历史和历史工作的观点、态度有了改变。例如许多人由用唯心主义的观点对待历史事物，改变为学习运用历史唯物主义的观点来处理实际问题，承认有阶级的社会的历史是阶级斗争的历史，劳动人民是历史的主人；由原来的把历史研究当作“名山事业”，转变为承认研究历史必须为人民服务；由旧有的“贵古贱今”的态度，转变为注重近代史的研究；由过去的所谓欧美中心主义等错误观念，转变为尊重自己民族的历史。在史学工作者自我改造的基础上，初步改造了大学的历史教学。旧大学的历史教育是以国民党为历史“正统”的，现在这个荒谬观念被根本推翻了，而代之以革命人民的历史。旧大学的历史课程是以某些资本主义国家大学的课程为蓝本，加上这个的封建传统拼凑而成的。现在大学里一般规定了以历史唯物主义为中心的系统的课程；其中有马克思列宁主义基础、新民主主义论、政治经济学、辩证唯物主义与历史唯物主义、中国史、世界史、中国文学史、中国思想史以及原始社会与人类学通论、考古学通论等。多数史学工作者参加了当前的政治斗争与思想斗争的工作。从 1949 年批判美国白皮书开始，许多人进行了关于美帝国主义侵略中国历史的研究。这种研究说明在 1840 年的鸦片战争以后的一百多年中，美帝国主义一向是中国的侵略者，是中国人民的死敌。这对于中国人民的抗美援朝运动的展开起了一定的作用。1951 年进行了对电影《武训传》与武训的批判。武训是十九世纪中叶的一个可耻的渺小人物。他曾长期得到封建统治者和资产阶级改良主义者的赞美。对武训和《武训传》的批判，严格地划分了资产阶级改良主义思想和人民民主革命思想的界限，明确地解决了在中国近代历史上应当赞成什么和应当反对什么的问题。这一次批判，在史学工作者中正如在一般的知识分子中一样，起了很深刻的影响。与此同时，对于中国共产党党史的学习和研究，为历史研究者所特别重视。《毛泽东选集》的出版，为这种研究开辟了道路。在 1951 年中国共产党成立三十周年时，党的许多领导同志发表了有关党的历史的若干论文，包括陈伯达的《论毛泽东思想》和胡乔木的《中国共产党的三十年》。党史的资料和近三十年有关社会经济、革命斗争的资料，正在开始有系统地收集和整理。

这里还必须指出：斯大林的《马克思主义与语言学问题》这部天才著作，对中国史学界发生了极其深远的影响。其中所阐明的历史唯物主义的基本观点，极大地帮助了中国史学家来检讨研究工作中所存在的缺点和错误，并正确地进行自己的工作。对于斯大林同志的最后的伟大著作《苏联社会主义经济问题》，中国史学家们也正在认真地学习着。

近三四年来的中国历史研究上也还存在着很大的缺点，主要是一部分史学工作者存有严重的非历史主义观点。这首先表现在不恰当地对待历史人物：例如以今天的标准去衡量历史上的人物，或者不区别历史人物所具有的优良品质和我们现在社会生活中所要培养的新品质，简单地要大家向古人学习，盲目夸大历史人物的作用等。也表现为“借古说今”：例如用简单的历史类比来配合当前的政治任务。还表现为以公式主义对待历史，以生吞活剥的方法来搬运马克思列宁主义的理论等等。所以产生这些非历史主义的错误，主要是对具体的历史事实缺少科学的分析，没有真正懂得列宁所说，“马克思主义的最本质的东西、马克思主义的活的灵魂，就在于：具体地分析具体情况”这一真理。

目前在中国历史的研究工作中有一些很重要的问题没有解决。例如关于中国古代社会的历史阶段如何划分的问题，曾经多次提出讨论。争执的焦点是公元前十一世纪到前八世纪的西周社会是封建制度还是奴隶制度。有一种主张说当时是封建社会的初级阶段，另一种主张说当时是奴隶社会。再如关于某些重要的历史事件和历史人物的评价，意见也还有许多原则上的分歧。毛泽东同志早就指示我们：从孔夫子到孙中山必须得到科学的总结。这个工作现在并没有很好地进行。

中国历史学目前的基本情况就是如此。

三

按照上述情况，今天中国史学家应该做的工作很多。但是我们的主观力量很有限，不能百废俱兴，而是要求采取由近及远的方针，在今后的一定时期内做好一些最紧迫的工作。

现在摆在中国史学家面前的，显然是：1．认真地、系统地学习马克思、恩格斯、列宁、斯大林的著作，学习毛泽东同志的著作。真正学会运用马克思主义的立场、观点与方法来研究中国历史，分析中国历史中的具体问题。同时，也要学习苏联历史科学的理论，学习苏联继承民族优秀传统，把爱国主义与国际主义结合起来的理论与方法。2．着重进行中国近代史的研究，特别是要研究近三十年的历史，十年以前毛泽东同志就指出：“对于近百年的中国史，应聚集人材，分工合作地去做，克服无组织的状态。应先作经济史、政治史、军事史、文化史几个部门的分析的研究，然后才有可能作综合的研究。”十年来，虽然在这方面做了一些事情，但是作为有系统的研究并未真正开始。今后需要有组织地来推进这一工作。与研究中国近代史的同时，对于近代世界史、苏联史、亚洲史等，也应该有人去学习和研究。3. 用适当的人力研究古代史，解决目前存在着的问题，为编写新的古代史作准备。4. 中国是多民族的国家，需要有计划地去研究少数民族的历史。5. 继续改进学校中和一般社会教育中的历史教学工作，克服广大群众中历史知识贫乏的落后现象，做到有效地和具体地进行爱国主义的教育。

概括起来说，中国的马克思主义历史学的基础很薄弱，过去和现在的工作都有些成绩，但是和革命胜利发展的形势与人民革命斗争的需要相比，是大不相称的。中国史学家有责任把中国历史学的水平在现有的基础上提高一步。解放以后，苏联史学界的影响在中国日益增长，苏联史学家的每一重要成就，都给予中国史学工作者以极大的鼓舞。大家一致地表示要向苏联先进历史科学学习。我们相信，在中国史学工作者自己的努力奋斗下，提高中国历史学水平的目标将可以提早实现，而苏联史学家们的帮助，在我们实现这个目标的过程中，毫无疑问，要占有重要的地位。

中苏两国史学家的团结与合作万岁！

中苏两大国人民牢不可破的、伟大的友谊万岁！

马克思列宁主义是苏联历史科学的基础

——苏联历史科学研究工作的特点之一[①]

许多朋友们都关心这样一个问题：苏联历史科学的特点是什么？据我的体会，我认为应该首先提到的，就是苏联的历史科学是真正建筑在马克思列宁主义的基础上的。

大家都知道，今天苏联的任何一门科学，都是以马克思列宁主义——辩证唯物主义与历史唯物主义为指导思想的。同时，大家也知道，马克思列宁主义在不同的科学领域中加以应用的时候，是有自己的特点的。用历史唯物主义观点解释人类历史发展过程，阐明其中一切最根本的问题，是马克思主义的一个组成部分。这就说明历史科学只有依据马克思列宁主义，才能使一切人类社会的历史得到正确的解释；反之，如果有人以为可以把历史科学同马克思列宁主义割裂开来，那就必定是抛弃历史学的科学基础，掉到唯心主义的泥坑里，永远不能了解历史发展规律的客观性质。

苏联史学家有着丰富的运用马克思主义进行历史研究的成功的经验。这不论是从他们发表的大量历史著作或他们所介绍的工作情况中，都可以很明显地看到。

掌握唯物主义的基本观点，是苏联史学家在他们的工作中首先注意到的。他们认为把社会历史看作是社会生产发展与社会阶级斗争的历史，是马克思主义历史科学与一切唯心主义的历史学相区别的根本原则。根据这个原则，苏联史学家们很重视社会经济资料的研究，这里包括一切与社会生产关系和社会生产力的发展有关的资料。他们的意见是，经济是历史的灵魂，必须防止研究政治、文化等方面的资料与研究经济资料脱节的现象。只有占有和详细地分析了经济资料，才能说明某个社会生产发展过程，说明这个社会的经济制度和这个制度下的阶级关系与阶级斗争的历史。苏联史学家还指出：要

---

① 原载《人民日报》1953 年 8 月 11 日第 3 版。——编者注

研究经济资料并很好地加以总结，是一个非常复杂的工作。在这方面，列宁的《俄国资本主义的发展》《帝国主义是资本主义的最高阶段》和斯大林在各次党代表大会上《关于联共（布）中央工作的总结报告》等著作，是我们学习的典范。在列宁、斯大林的著作中，往往根据许多经济资料所表示出的情况，来分析某些历史上最根本的问题。

由于同样的道理，苏联学者告诉我们：对历史时期的划分，不是依据年代的远近或其他什么原则，而是以社会经济形态为基础的，即按照马克思所规定的社会历史发展过程中的五种生产方式来划分历史时期。如古代史就是指奴隶社会的历史，中世纪史就是封建社会史，近代史是资本主义社会史，现代史，则是十月社会主义革命以后的历史。历史著作的分期是这样，历史博物馆的陈列也是这样。

具体地分析具体情况，是马克思主义的著名原理，苏联史学家成功地运用了这个原理。例如对待历史人物，苏联史学家指出：必须用历史主义的观点去分析历史人物所处的时代，分析他们活动的主要方面与非主要方面，说明历史人物的活动在当时所具有的实际意义等等，然后才能呈现出这些人物的本来面目。假使我们离开了具体的历史情况，用今天的标准去衡量古人，历史上就将没有任何进步人物。苏联史学家对于彼得大帝、苏沃罗夫等历史人物的评价，是他们真正用历史主义观点对待历史人物的很好的实例。关于彼得大帝，正如斯大林说过的，拿彼得大帝与伟大的列宁相比，列宁是大海，彼得只是沧海一粟。但是这并没有否认彼得大帝是在推动俄国走向资本主义发展的道路上起过进步作用的人物。同样的，苏沃罗夫曾经迫害过俄国著名的革命家布克秋夫，但是苏沃罗夫仍不失其为民族英雄。

对于民族运动也是如此。苏联学者根据斯大林关于民族问题理论的指示，指出民族运动可能是进步的，也可能是反动的。研究民族运动的历史，必须具体地分析它是由哪个阶级领导，为了哪个阶级的利益的运动，分析和这个运动有关联的一切重要的因素，然后才能断定它在历史上所起的作用，是进步的还是反动的。例如在十九世纪前半叶哈萨克斯坦合并于俄国的过程中，一方面是这个合并消除了哈萨克在政治上被肢解的危险，保证了哈萨克人民和俄国的经济及文化的交流；另一方面，这个合并也带来了俄国地主和资产阶级对哈萨克劳动者的沉重的剥削和压迫。在这种情况之下，有一八三六年到一八三七年的伊萨达伊 · 达伊诺夫等人领导下的几个游牧部落的回教联盟的起义。苏联史学家指出：这个起义是哈萨克劳动人民反对沙皇殖民制度和哈萨克封建主的解放运动。它和被压迫的俄罗斯农民的斗争是密切结合着的，因此，它是进步的运动。与这同时，也有一八三七年到一八四七年盖涅萨勒·卡塞莫夫等人所领导的武装暴动。苏联史学家则指出：这个暴动的领导者和组织者，是哈萨克的一个封建剥削集团，其唯一目的，是要求把剥削当地劳动人民的垄断权保持在自己手里。因此，它既不是革命的，也不是进步的，这是把哈萨克人民拉向后退，巩固宗法封建制度的基础，使哈萨克斯坦脱离俄国和伟大俄罗斯劳动人民的反动运动。这两件事看来都是民族运动，而且发生在同一个地区，同一个时期，由于进行了具体的阶级分析，所得出的结论却是完全不同。

苏联史学家还有另一个特色，就是善于创造性地运用马克思主义来研究历史。苏联学者告诉我们：应用马克思列宁主义，是要真正懂得马克思列宁主义的内容和实质，不是把马克思列宁主义的个别结论和公式当作教条。他们引证斯大林同志的指示："马克思主义这一科学是不能停滞不前的，——它是在发展着和改进着。马克思主义在自己的发展中不能不以新的经验、新的知识而丰富起来，——因而它的个别公式和结论不能不随时间而改变，不能不被适应于新的历史任务的新的公式和结论所代替。马克思主义不承认绝对适应于一切时代和时期的不变的结论和公式。马克思主义是一切教条主义底敌人。"[①] 根据斯大林同志的指示，苏联史学家一方面反对胡乱地引用马克思主义的词句，另一方面善于利用马克思主义经典著作中的新思想，进行创造性的研究。他们认为正确地把马克思列宁主义理论中一切新的东西用到自己的研究工作中去，永远不使自己的理论水平停留在一个地方，是使研究成果有很高的质量和有高度创造性的保证。例如近来苏联史学家对斯大林的《马克思主义与语言学问题》和《苏联社会主义经济问题》的广泛研究和运用便是如此。他们目前正在根据斯大林著作中的思想，重新编写具有高度科学性的苏联高等学校历史教科书，修改一些专门著作。在这些教科书和著作中，要求结合着不同的具体材料把斯大林的理论加以充分地发挥。也有不少的史学家正在对斯大林关于生产力与生产关系的发展的理论，关于现代资本主义和社会主义的基本经济法则的理论等进行深入的研究。

---

①《马克思主义与语言学问题》，人民出版社版，55 页。

关于这方面，苏联学者特别指出：中国人民领袖毛泽东同志的卓越著作，对苏联科学家及其他国家先进的人们都起着巨大的作用。苏联学者正以很大的注意力研究着这些著作中的思想。苏联史学家们很重视根据毛主席著作中的论点来从事中国历史的研究。

苏联的历史科学同苏联其他科学一样，获得了今天这样光辉的成绩，达到了世界最高的水平。用不着说明，这正是苏联史学家们真正掌握了马克思列宁主义理论，并善于运用马克思列宁主义理论进行创造性的研究的结果。

怎样掌握马克思列宁主义，它有没有什么“秘诀”？苏联学者对这个问题的意见，可以归纳如下：即有高度的求知欲望，自觉地付出最大量的劳动；掌握马克思列宁主义的文献，特别是掌握马克思列宁主义的经典著作；学习运用马克思列宁主义的观点，进行独立的创造性的研究。这就是最基本的途径。这说明要真正掌握马克思列宁主义，并不是一个简单的过程，而是一个最深入地钻研马克思主义文献，钻研本门科学的复杂过程。但是马克思列宁主义这座科学宝库的大门是敞开着的，人们只要经过辛勤的努力，就能够在这里找到自己所需要的东西。

历史研究工作是革命斗争的一个组成部分

——苏联历史科学研究工作的特点之二①

没有明确目的的科学研究工作在苏联是不存在的，其他门类的科学是这样，历史科学也是这样。把历史研究工作作为革命斗争的一个组成部分，通过它来和革命的敌人作斗争，这是苏联史学研究的目的，也是苏联历史科学的一个重要特点。

我们拜访过的苏联许多著名的史学家，不管他们是哪个范围内的专家，也不管他们是壮年人或老年人，都一致地认为自己是苏维埃的战士，他们的责任是把自己的科学研究和反对各式各样的敌人相结合，同一切苏维埃的敌人进行不调和的斗争。被认为是这种结合的唯一有效方式，就是通过具体的历史事实，宣传马克思列宁主义学说，宣传共产主义。苏联史学家告诉我们：作为历史学家，只要深刻认识了社会历史发展的客观法则，不把历史美化，也不把历史丑化，就能够使历史科学在整个社会生活中发生影响，在和革命的敌人作斗争中取得胜利。

为了实现这个原则，苏联学者强调要根据列宁、斯大林的指示，把国际主义和爱国主义教育结合起来。关于这方面，他们做了很多重要工作。例如对苏联现代史进行综合性的研究，全面地说明苏维埃社会的历史是推翻旧制度，进行了伟大的社会主义改造工作，并在列宁、斯大林党的领导下胜利进行共产主义建设的第一个社会主义社会的历史。对苏联现代史的各方面则进行专题研究，分别说明伟大的社会主义建设过程；苏联国家工业化与农业集体化的实现；苏维埃的文化革命与苏维埃民主的发展；卫国战争期间苏联各族人民的英勇斗争等等。又如对苏联境内各民族的历史进行专门研究，阐述各民族历史发展中一切最根本的问题。苏联境内有五十多个民族，其中许多民族过去没有自己的历史记载，有的在十月社会主义革命以前没有文字。经

---

① 原载《人民日报》1953 年 8 月 14 日第 3 版。——编者注

过苏联史学家、考古学家们的努力，现在已经写出多种有关各加盟共和国、自治共和国形成的历史。如乌克兰史、白俄罗斯史、拉脱维亚史、雅库茨克史、布利亚蒙古史、塔吉克史、哈萨克斯坦史、吉尔吉斯史、格鲁吉亚史、中亚细亚史等等。在所有这些著作中，都强调说明列宁、斯大林民族政策的光辉成就，说明以公有制为基础的社会主义多民族国家能够把各民族的人民团结在一起，共同繁荣，共同发展；反之，以资本主义所有制为基础的多民族的资产阶级国家，必不可免地引向各族人民内部的斗争，各民族的分裂。同时，这些著作也具体指出俄罗斯人民以及俄罗斯工人阶级对其他各族人民所作的巨大帮助，通过具体事实宣传苏联境内各族人民团结合作的思想。

与进行爱国主义教育的同时，苏联学者们特别注意在自己的工作中批判资产阶级思想、揭穿资产阶级对历史的伪造。资产阶级思想在历史学中可以有各种各样的表现。如资产阶级民族主义思想和资产阶级客观主义思想，它们打着不同色彩的旗子，但是有一个共同的特点，那就是抹煞历史的阶级斗争，宣传反马克思主义观点。苏联学者的经常任务之一，是要及时地批判这种思想的实质，清除某些人思想中的资产阶级思想的残余影响。在苏联的许多历史著作中，大家都可以很清楚地看到这一点。

目前苏联史学家正在进行的一项重要工作，是编写卷帙浩繁的世界史。他们说，以往资产阶级学者写了许多关于世界史的著作，但是资产阶级学者所讲的主要是欧美的历史，对俄国、苏联及东方各国讲得很少。其目的是宣传“欧美中心”主义思想。现在，苏联学者正在编写的世界史，是要以马克思列宁主义的观点和方法研究世界各国的历史，批判资产阶级的荒谬、错误的观点，把东方和西方发展的有机联系表现出来。

苏联历史学家着重指出：目前反动的资产阶级学者正在可耻地利用历史学为侵略战争服务。资本主义国家出版了大量的伪科学著作。在那里，美国帝国主义的辩护士们，竭力宣传“世界主义”，试图从历史上证明追求世界霸权的狂妄企图是合理的。他们颂扬美国的假民主，捏造第二次世界大战和战后年代的历史，替帝国主义进行侵略战争开辟道路。苏联的历史科学有责任揭穿这些历史伪造者的丑恶面目，深刻地阐明世界民主和社会主义阵营在反对帝国主义侵略势力的斗争中所积累的历史经验，帮助人们更好地了解现在事件的本质及其发展方向。苏联科学院历史研究所一九五三年的研究计划中，就规定要在今年五月间举行关于揭露美英帝国主义伪造现代历史的讨论会，来系统地揭发美英帝国主义对第二次世界大战时期的历史和对苏联历史的无耻捏造。

研究世界人民革命斗争和世界共产主义运动的历史，也为苏联史学家所重视。他们为反对帝国主义的侵略，扩大世界人民争取和平民主斗争的影响，进行了许多研究工作。如研究资本主义国家的工人运动，殖民地半殖民地人民的解放斗争，人民民主国家的革命胜利和经济、文化建设成就的历史，世界和平民主运动高涨的历史，等等。

现在苏联史学家正在编写的中国通史，就是属于这方面的工作。这部著作的任务，是要论述中国从远古到现在的历史。它要说明中国各个社会经济形态的形成及其交替的特点，阶级斗争和人民运动在中国社会发展中的作用。它不仅要阐明伟大中国的政治和经济的发展，同时也要阐明它的文化发展。对于中国现代史部分，将要分析伟大十月社会主义革命对中国解放斗争的影响，还要揭露美帝国主义企图奴役中国人民，把中国变为殖民地的侵略政策。最后也要说明要逐步过渡到社会主义的现在的新中国的社会经济和文化改革的成就。

苏联学者特别注意到，斯大林在十九次党代表大会上的演说，认为这个演说对苏联历史科学提出了研究世界共产主义运动的历史的任务。根据斯大林的指示，有些研究单位已经在他们的计划中列入一些新的题目，如十月社会主义革命对各资本主义国家阶级斗争的影响，各资本主义国家的共产主义运动等。在这些题目中，将要科学地阐述世界共产主义运动发展的历史。

十分明显，苏联史学界正在从事的这许多科学研究，都是有极大的现实意义的。它和人们当前的实际生活有着密切的联系，不但对于帮助苏联党和政府教育人民向共产主义前进是不可缺少的，对于帮助世界人民胜利地进行争取和平民主和社会主义的斗争也是不可缺少的。

在过去，苏联史学界中有过波克罗夫斯基一派，认为政治和历史没有关系。他们反对把历史研究和现实生活相结合，主张用客观主义处理历史问题，结果只有引导到反历史主义。苏联史学家指出：和波克罗夫斯基相反，我们认为马克思列宁主义帮助人们了解过去，也了解现在，这两者是不可分割的。马克思本人总结了人类的历史经验之后，得出了科学的共产主义的结论，这对所有先进的人们有着极大的启示作用。

今天资产阶级的历史学者，在他们的作品中从来没有忽视过为资产阶级利益服务的根本目的，但是他们不敢说出这个事实，并且要矢口否认。这是由于他们的论点是建筑在虚构历史和歪曲历史真相的基础上的。资产阶级是人类历史上一个迫近死亡的最后阶级，为了本阶级的利益，不这样做是不可能的，而这样做，想逃避死亡也是不可能的。

在中国，我们碰到有些青年同志，他们怀疑历史科学在我国当前的伟大建设事业中究竟有什么作用。在我了解了苏联历史科学的目的性之后，认为可以这样解释这个问题：在革命战场上人们可以使用各种各样的武器，历史学是其中的一种，如果使用得好，就能利用它来有效地打击敌人。按照苏联史学家的说法是：历史科学在任何时候都是共产党人手中最有效的武器之一，问题是在于站在历史工作的岗位上，应该如何来提高我们掌握这门科学的能力。

批评与自我批评推动着历史科学的发展

——苏联历史科学研究工作的特点之三[①]

创造性的讨论，不同意见的争论，批评与自我批评，是推动苏维埃科学发展的巨大力量。先进的苏联历史科学也正是在这种力量推动下发展起来的。

苏联学者对于批评与自我批评的看法，并不是像有些人所错误地设想的那样，以为批评是一种惩罚的手段。完全不是这样，苏联学者认为批评是一种克服科学发展道路上的困难的手段，是克服一切和社会主义不相容的、衰老的、妨害我们迅速前进的东西的有力武器。它为科学的发展廓清道路。科学事业可以在批评与自我批评中得到发展，科学家也可以由此提高自己的水平。在这个问题上，苏联的敌人把苏联人民描写成为好斗成性的人。斯大林同志曾指出：问题完全不在于他们好斗成性，问题在于他们不愿意回到旧的道路上去。他们想更快地建设新社会，因此就要祛除一切妨害我们向共产主义前进的东西。苏联学者经常引证斯大林同志的《马克思主义与语言学问题》著作中关于没有批评与自我批评就不能发展科学的思想作为教训；并在他们的行动中充分地加以运用。

近来苏联史学界最重要的批评与自我批评的事例，是关于别克马汉诺夫写的《哈萨克苏维埃社会主义共和国历史》一书的批评。别克马汉诺夫曾在长时期内不断地歌颂十九世纪初叶的哈萨克封建苏丹盖涅萨勒·卡塞莫夫及其领导的反对哈萨克斯坦合并于俄国的运动。早在一九三九年，苏联史学家中就开始了反对这一民族主义观点的斗争。当时《哈萨克斯坦布尔什维克》杂志曾登载论文，反对关于盖涅萨勒及其运动的违反历史真实的评价。一九四七年，别克马汉诺夫又写了《十九世纪二十年代至四十年代的哈萨克斯坦》一书，对盖涅萨勒本人及其所领导的运动称颂更为厉害了。中间经过

① 原载《人民日报》1953年8月15日第3版。——编者注

几次组织讨论，有不少的人参加，但没有使他们克服资产阶级民族主义观点。

一九五〇年十二月二十六日苏联共产党中央机关报《真理报》发表了《为马克思列宁主义地阐明哈萨克斯坦的历史问题而斗争》一文，给了这种资产阶级民族主义错误思想以致命的打击。这篇文章的作者用马克思列宁主义观点分析了和盖涅萨勒及其运动有关的历史资料。指出十九世纪哈萨克合并于俄国的过程中，哈萨克封建主的权利和特权被缩小了，他们决定利用人民对沙皇殖民制度的不满，来为恢复封建主的权利而进行斗争。盖涅萨勒发动了这个运动，并由他的家族和一些封建主的乡勇组成这个运动的主力。他对人民是用恐吓和欺骗的方法，强迫他们加入自己的军队，残酷镇压那些不愿服从他的农民和牧民；而另一方面，又和沙皇的行政长官相勾结，争取承认他为汗。全部材料说明：盖涅萨勒运动既不是革命的，也不是进步的，是一个将哈萨克人民拉向后退，巩固封建宗法的基础，使中世纪汗的政权复辟，并使哈萨克斯坦脱离俄国和伟大俄罗斯劳动人民的反动运动。别克马汉诺夫在他的著作里，违反历史事实，企图把盖涅萨勒·卡塞莫夫的封建君主运动说成是民族解放斗争，把盖涅萨勒兄弟描写成为进步的，几乎是革命的人物。在这里，别克马汉诺夫忽视了封建宗法制度下的哈萨克社会中的阶级对立。他完全没有了解到哈萨克斯坦合并于俄国的深刻的进步意义，片面地把事实归结于合并以后产生的殖民制度。哈萨克劳动人民对哈萨克斯坦的合并于俄国，有着切身的利害关系。盖涅萨勒运动则阻碍了这一合并，这是和哈萨克劳动人民的利益相违反的。

苏联史学家认为：苏联的历史科学强调反殖民运动的进步性，但是封建君主的反动运动和反对殖民制度的人民运动是根本不能混为一谈的。像别克马汉诺夫的著作中所发生的错误，是作者没有懂得封建君主的民族主义实质，离开了马克思列宁主义的科学立场，用资产阶级民族主义的观点来估量历史事件的结果。

和批评别克马汉诺夫的资产阶级民族主义思想的性质相同的，还有吉尔吉斯加盟共和国的历史学家对别恩斯坦教授的历史著作的批评。别恩斯坦在他的《吉尔吉斯人民的历史》一书中，把从远古到伟大十月社会主义革命为止的吉尔吉斯人民的历史，归结为和其他民族与部落的战争、军事冲突史，归结为对于发动战争和冲突的个别历史人物的描写。特别是把所有过去领导过吉尔吉斯人和其他民族或部落的军事冲突的人物，不论战争性质如何，一律宣布为进步活动家、人民英雄。一九五二年七月和这以后，《苏维埃吉尔吉斯》报曾发表专文，严厉批评别恩斯坦的错误。指出这是资产阶级民族主义对历史不可容忍的歪曲，在历史的叙述上离开了马克思列宁主义历史科学的基本观点。

对别克马汉诺夫和别恩斯坦的错误的批评，是分别在哈萨克和吉尔吉斯共和国党中央的直接领导下进行的。其结果不但对于批判资产阶级民族主义思想，正确地运用马克思主义理论来研究历史有很大的意义，而且对于改进共和国的思想工作，也被认为有重要的作用。

斯大林同志最后的伟大著作《苏联社会主义经济问题》发表以后，苏联史学界对某些历史著作中不承认历史发展法则的客观性质的唯心论倾向和经济唯物主义倾向展开了批评。这些批评文章发表在布尔什维克杂志和其他重要刊物上，曾引起了苏联史学家很大的注意。

批评与自我批评在科学上所产生的效果是极其显著的。苏联学者告诉我们，凡是被批评的作者，有义务根据批评意见来检查自己的工作。有许许多多这样的事实：作者接受批评意见，重新付出大量劳动之后，写出了有力量的新的作品。创造性的讨论，批评与自我批评，推动了苏联历史科学的发展。

进行批评与自我批评时，苏联学者经常采用两种基本形式：一种形式是著作没有发表以前，广泛地征求意见。例如科学研究机关的研究人员，先把自己的作品提到小组上去讨论，然后在大组或本单位讨论。如果是重要的著作，还应该约请本单位以外的专家在一起讨论。根据各方面的意见反复修改以后，这个著作才能出版。他们的理由是：事前的讨论越多，观点的正确性才越大，越符合于人民利益。在这个意义上，任何人的著作都是集体性质的。另一种形式，也是苏联科学工作中开展批评与自我批评的最高形式，就是苏联科学界广泛利用的科学讨论会。这种讨论会是列入本单位的年度计划内的。例如苏联科学院历史研究所一九五三年度的科学讨论会计划中，有三月间举行的关于波罗的海沿岸各国历史讨论会，有五月间举行的《拉脱维亚史》第二卷讨论会等。又如东方学研究所今年的科学讨论会计划中，有关于东方各国土地问题的讨论会，揭发东方各国社会民主党为帝国主义的利益服务的讨论会等等。

对于如何组织批评与自我批评，苏联史学家们的经验是，组织自我批评要多做一些工作，批评只须正确指出别人的错误，自我批评则除了要承认错误，还要提出改正办法。苏联学者指出：在组织讨论时，不要害怕意见分歧，一个问题只有经过不同意见的争论，才能把性质弄得更加明确。经验也证明：要使讨论会获得结果，会议的逻辑就是作出结论。在这方面，有时也会发生这样的现象：讨论了问题而不能得到解决。但经过争论以后，往往可以为解决这些问题开辟新的途径。开好科学讨论会的重要环节是做好准备工作，把不同观点的文章公布，让大家都明白所要讨论的是什么样的问题，为什么要讨论这些问题。与此同时，苏联学者们非常强调，要对每一争论作出科学的结论，必须严格遵循科学的原则，采取实事求是的态度。

总之，严肃认真地、广泛地进行批评与自我批评，是先进的苏联历史科学和历史学家们的重要特点。它为苏联历史科学带来了光辉的成就，也推动着苏联的历史科学向新的高峰前进。毫无疑问的，我们中国的史学工作者，目前十分需要学习苏联学者的榜样，正确地开展批评与自我批评，来有效地推动中国历史科学的发展。

苏联培养科学工作干部的经验①

在我们访问苏联的过程中，有充分的机会去了解苏联科学院在培养科学工作干部方面的许多先进经验。苏联科学院学术秘书长托布契也夫院士并专门就干部培养问题与中国科学院访苏代表团进行座谈。现在就我所体解的苏联培养科学工作干部的一些经验介绍如下：

一

在苏联党和苏维埃政府的各种措施中，培养科学干部的问题向来就占有重要的地位。

苏联社会主义国民经济的发展是有计划进行的。胜利的共产主义建设事业，必须是以对自然和社会发展规律的深刻了解为其基础。同时苏维埃人民的创造性劳动又是密切地和科学及其成果的利用联系着的。因此，在苏联对于迅速发展科学，对于大规模地培养发展科学所需要的科学工作干部，就有着非常重要的意义。

远在十月社会主义革命以前，先进的俄罗斯科学家对培养新的科学干部就是特别关心的。从俄国科学的奠基者罗蒙洛索夫开始，在俄国的科学家之中，巩固地建立了一种和高等学校密切联系，直接参加培养科学工作干部的传统。随着当时科学研究的进展，曾经成长了许多世界知名的伟大俄罗斯学者，如化学中的门德列耶夫和布特列洛夫，生理学中的谢切诺夫和巴甫洛夫，数学中的洛巴切夫斯基，物理学中的波波夫和列别捷夫等等，是许多人都熟悉的。但是地主、资产阶级的政权与劳动人民群众的利益是根本不相容的，

① 原载《科学通报》1953年9月号，第14—18页；转载《新华月报》1953年10月号；收入中国科学院秘书处编《学习苏联先进科学——中国科学院访苏代表团报告汇刊》，中国科学院，1954年7月。——编者注

它阻碍了人们创造力的发展。沙皇官吏的专横摧残了年轻的科学干部，使许多俄国学者的值得注意的工作都归于失败。而那时科学研究的本身，不用说，也是与人民群众相隔绝的。

伟大的十月社会主义革命使科学真正服务于人民，也使科学的创造与科学干部的大规模培养真正成为可能。十月革命以后，列宁、斯大林本人和党与苏维埃政府对苏维埃科学的发展与繁荣所采取的许多重要措施，对培养苏维埃的科学干部所给予的高度关怀，保证了科学在苏联社会经济发展中所起的重要作用，也保证了大规模地培养科学干部能够有计划地进行。

远在1918年，当列宁在国家生产力的研究与配置方面提出了崭新的任务时，苏联科学院就面对着一个如何有计划地培养科学工作干部的问题。在那些年份里，科学院的组织还很小，差不多没有较大的研究所，只有一些博物馆和实验室。为了完成列宁、斯大林有关科学工作的指示，解决关于重建国民经济中提出的巨大科学任务，就需要有完全按照新的方式组织起来的科学院；需要新的苏维埃的科学干部。1928年，斯大林同志提出抓紧培育科学干部的新的任务；并指出：无论如何也要攻取这一座堡垒。1929年，苏联科学院与许多高等学校组织了研究生院，通过这个系统来有计划地培养科学干部。随着苏维埃科学的日益发展，1947年苏联政府又决定在科学院组织博士生院，以培养质量更高的干部——科学博士。到1951年，苏联政府进一步规定在少数高等学校和专业科学院中也开始建立博士生院。这是苏联科学不断发展和社会主义与共产主义的伟大建设事业对科学的要求不断增长的结果。

苏联培养科学干部的方针是十分明确的。首先党和苏维埃政府异常关心培养年轻的科学干部，并全力帮助他们的成长。斯大林同志对于科学工作的一个著名的指导思想，是科学的未来属于科学的青年一代。他指出，苏维埃的科学，应该是不让自己那些公认的老的领导者们自满自足地闭门幽居，以科学卫士自居，以科学垄断家自居的那个科学，是懂得老科学人员与年轻科学人员联合的思想、意义以及巨大力量的那个科学，是自愿和乐意给苏维埃的年轻人才打开一切科学门户，使他们能夺得科学高峰的那个科学，是承认将来属于科学青年的那个科学。苏联科学院规定，培养青年学术干部，是科学家们最经常最重要的任务之一。同时，苏联党和政府也异常关心用马克思列宁主义来教育科学干部。斯大林指出：我们的青年干部的培养和形成，通常都是按着个别科学部门和技术部门，按着各个专门知识来进行的。这是必要而且适当的。没有什么必要使得一位医学专家，同时又是一个物理学专家或植物学专家；反过来也是一样。但有一个科学部门的知识，却是所有一切科学部门的布尔什维克所必须具备的，这就是马克思列宁主义关于社会、社会发展规律、无产阶级革命发展规律、社会主义建设事业发展规律以及共产主义胜利的科学。那种局限于自己的专门知识，譬如说局限于数学、植物学或化学，而除了自己的专门知识以外，再也看不见其他什么东西的人，虽然他们自称为列宁主义者，也决不能视为真正列宁主义者的。列宁主义者决不能仅仅是他自己所喜爱的那门科学的专家，他同时还应当是政治家和社会活动家，积极关怀本国命运，通晓社会发展规律，善于运用这些规律，并力求成为积极参加国家政治领导工作的人。苏联科学院与高等学校中的干部教育，就是按照斯大林的指示进行的。

苏联制订培养科学干部的计划的依据，是国家工业、农业与文化发展对科学所提出的迫切要求。这就是说，培养科学干部不是孤立地进行的，它必须与国家的经济、文化发展的需要紧密联系起来。

在苏联，科学的发展是在认真的批评与自我批评的基础上进行的。在培养青年干部的全部工作中坚持实现这一条原则。

二

作为苏联主要科学中心的苏联科学院，在它的工作中，除了从事研究对于推动苏联顺利地向共产主义前进的一切重要科学问题之外，还在所有的科学领域中培养有高度质量的科学干部。在苏联科学院的组织中，有博士生院与研究生院。这是培养科学干部的基本形式。苏联科学院的研究生院与博士生院的任务，是为科学院及其分院的科学机构，为各加盟共和国的科学院和高等学校培养科学干部。

进入研究生院的研究生，是由科学院有组织地公开招考，在严格评选的基础上收纳的。投考研究生的条件有两种，一种是高等学校毕业，学业成绩和政治品质都很好，经过学校的学术委员会推荐的。一种是在高等学校毕业以后参加过实际工作，有一定工作经验而又有研究能力，经一定机构报送的。

优先权给予有实际工作经验的人。按照规定研究生一般为年龄不超过40岁的青年。考试的内容是马克思列宁主义，专业科目和外国语，并且要提交书面的学术论文。有些科学机构和研究所规定研究生的入学考试有一些补充科目。根据苏联的法律，允许参加入学考试的人，享有一个月的假期来从事准备工作。主持考试的是特别组织起来的委员会，由研究生的未来科学导师及这一专业的教授、科学博士参加。

招考研究生的时候，科学院的研究所和高等学校及有关的产业部门保持密切的联系，在报纸刊物上公开登载招生章程，接收研究生入院时又进行严格的评选。经过这许多办法来保证招收研究生的工作能够正确进行，真正选拔出对科学研究工作最有能力的人进入研究生院。

研究生学习的时间是三年，包括论文答辩的时间。前一年半主要是学习，为写作学位论文作准备，后一年半主要是写论文。

科学院的研究所都规定有本门研究生所必修的各门科目的大纲和文献目录，这是研究生学习和工作的依据。研究生应根据这些规定制订自己详细的工作计划，其中包括写作论文的理论准备与材料准备等各个方面。

研究生进入研究生院后的二三个月之内，应在科学导师的参加下拟定论文题目。选择题目时，研究生可以使自己的兴趣与本人所在的研究单位的科学题目的计划相配合，而这些题目必须具有明确的目的，有很现实的意义。研究生要在所的学术会议上报告自己所拟定的题目并进行答辩，由学术委员会加以批准。

研究生进入研究生院的一年半以内，应参加国家统一规定的考试。马克思列宁主义、本门专业课程和外国语，是考试的基本科目。例如以政治经济学为专业的研究生，就应该考辩证唯物主义与历史唯物主义、政治经济学、经济学说史和外国语。以苏联史为专业的研究生，就要考辩证唯物主义与历史唯物主义、从古代到十月社会主义革命以前的苏联史、苏维埃社会的历史和外国语。在考试中，要求研究生对于马克思主义的哲学有很高的熟练程度。

提高研究生的思想理论水平的工作，当然不只是限于通过辩证唯物主义与历史唯物主义一类的考试来进行。研究生还有机会参加一些专门的哲学讨论会、专门的理论性会议，参加研究所一般性的科学生活，在政治及科学知识普及协会上作讲演，在企业、工厂和工场中作报告等等。经过这一些办法，来不断提高研究生的思想、理论水平。

检查研究生的工作的方法，是每年举行一次鉴定。研究生应该在自己的实验室、小组或研究所的学术会议上报告自己的工作。鉴定的目的，是要深入地检查研究生和科学导师的工作，给予研究生以及时的帮助，揭露培养干部工作中存在的缺点，发现不能从事科学研究工作的人员。研究生本人每年要写工作报告，其中有些已经获得成绩的研究工作，可以在刊物上发表，或者是向有关的学术组织和社会团体作报告。

研究生的学位论文写作完成以后，先由科学导师审阅，然后在实验室或小组的会议上讨论审查。只有科学导师、实验室或小组的会议作了肯定的结论，论文才被送到本所的学术委员会去审查。研究所的领导方面初步审查了论文之后，分送给少数有关的专家征求意见。如果专家们对论文的意见也是肯定的，研究所的学术委员会就指定正式的主考人，征求他们的意见，并决定论文答辩的日期。大约在答辩日期的一个月以前，研究所要把论文的作者所准备的论文提纲分发给有关的机关和人员。论文答辩的日期在报纸上正式公布，便于对论文题目有兴趣的人能够参加答辩的会议。

论文答辩是研究生和他的科学导师的工作中最重要的时刻。所谓答辩，就是论文的作者公开地论证自己的一般结论，并辩护它，说明它的正确性。论文的作者和他的导师一般地都可以请主考人事先提出他对论文的批评意见。这个意见要指出研究生所研究的题目的意义，研究工作做得怎样，是否有足够的独立性。同时，也必须指出研究中有些什么缺点，有哪些错误，特别是有关原则性的和理论上的问题。在意见的结语中，主考人应给论文作出一般的评价，并指出对作者是否值得授予学位。

在论文答辩的会议上，先由作者对他的论文作简短报告，然后由反对者发言。发表反对意见或提出质询的，可以是主考人或事先受委托的发言人，也可以是非正式的出席者。研究生在作终结发言中，他可以表示同意什么或者对某些责难不同意。他如果相信自己的结论是正确的或有根据的，可以反驳反对者的意见，提出自己的新的理由和证据。

所有的研究生在他们的学习期间，都被保证有实验室的设备和为完成写作论文所必需的材料。每个研究生都得到每月 780 卢布的助学金，成绩优异的可以得到更多的、以苏联著名学者命名的各种奖金。研究生每年有两个月的假期，必要时还可以到疗养院或休养所去休养。

研究生毕业以后，按照他的专业分配到科学院的分院、科学院的研究所、加盟共和国的研究所、高等学校或各部门的研究所去工作。

进入博士生院的博士生，要有相当高的科学水平，他要有候补博士学位，有过若干科学论著，准备在进入博士生院以后研究的题目应该是已经完成40%—50%的科学著作。这就是说进入博士生院的是已经成熟的学者，并且也必须是经过有关的机关报送来的。

博士生的学习时间是两年，也包括论文答辩时间在内，在这两年之中，主要是写作学位论文。博士生的论文题目，除了要经过报送机关的仔细讨论，还要在苏联科学院研究所的学术委员会和部的学术委员会上讨论，保证它是能够反映当前的国民经济生活与科学发展中的成熟的、最需要研究的问题。这样的题目一经确定，就成为研究所的研究计划的一部分。

博士生的科学导师一般地是由院士、通讯院士担任，也有是科学博士担任的。博士生通过论文的过程与研究生完全相同。但是博士论文在答辩通过之后，须经全苏联统一的高级考试委员会的批准。

如果对于候补博士论文的要求是：研究题目富有现实意义，显示出论文作者有独立进行科学研究的能力，并且最好也在论文中包含一些新的科学成果；那么对于博士论文的要求就是：不仅论文必须表现出研究工作中的独立性，而且还要表示由于这种研究的结果，在科学问题的解决和理论的概括上都提出了新的论证，是科学地论述某一科学领域内的自己的结论的专著。

博士生在经过了论文答辩之后，回到两年以前的工作岗位上去工作。在他学习的全部时间内，不仅保留了原来的工作职位，也保留了原来的薪金。这是苏维埃政府为了使培养科学博士的工作更有成效所作的规定。

除了研究生院和博士生院这种培养干部的方法以外，在苏联任何科学工作者都可以结合自己的工作或利用业余时间准备自己的学位论文，并从科学院或有关的科学研究机关取得帮助；通过考试及论文答辩后同样可以得到学位。

一方面是各个科学研究机构的领导人、成熟的科学家都关心为国家培养大量的年轻科学工作干部；另一方面是苏维埃政府为所有的科学工作者创造条件，使他们都有机会在工作和学习中不断提高自己。这就是苏联培养科学工作干部的特点。

前面说过，培养研究生与博士生的组织是研究生院与博士生院。但这个组织并不是设立在科学院内的一个独立的机构。无论研究生与博士生的培养工作，都是在科学院的各个研究所或研究室里直接进行的。苏联科学院主席团下面设有研究生处和干部处来统一组织和计划各研究单位的培养干部工作，并进行督促检查。在科学院的各个学部里，由院士秘书直接负责干部培养工作。在各研究所里，有指定负责培养干部的副所长。根据苏联科学院主席团的规定，研究所一般的有一个专职人员帮助负责干部培养的副所长，凡是研究生和博士生超过 100 名的研究所，就组织研究生处。

苏联科学院主席团定期地在自己的会议上听取研究所的领导者报告研究所内培养干部的工作情况；同时，也指派有关的人员深入到各所去检查培养干部的工作。

科学院主席团下面的研究生处，设有辩证唯物主义与历史唯物主义教研室和外国语教研室，直接负责所有研究生的哲学和外国语的教学工作。

三

与苏联科学的高度发展密切联系着的苏联培养科学干部的工作，有着极大的成就，无论在干部数量上和质量上的迅速增长，都保证了先进的苏联科学发展的需要。

在最近几年来，苏联科学院在培养科学干部上进行了巨大的工作，科学院用于研究生的经费，除实验工作的费用之外，一年支出几千万卢布。在苏联，每年都有几千个获得候补博士和博士学位的学者，加入国民经济与文化建设的各个部门及科学研究机构的专家的行列，成为高等学校的教师，国家机关中的工作人员。同时，每年也有大量的高等学校毕业的学生，工农业部门的实际工作者，高等学校的教师进入科学研究机构继续深造。

从苏联科学院研究机构最近几年内通过的学位论文中，完全可以看出苏联科学工作干部迅速增长的情形。在 1946 年被授予科学候补博士的总人数有 3188 人，而 1951 年得到科学候补博士学位的总人数便增加为 5461 人。1946 年有 469 位学者被授予科学博士学位，而在 1951 年有 529 位学者得到了博士学位。现在苏联科学院的各研究机构总共有 2370 个研究生和 496 个博士生，在 500 多种专业中学习和研究。一些直接为共产主义建设服务的重要的科学部门中，科学干部培养的数量有了相当大的增加。拿不久以前的情形和 1946 年相比，物理学研究生增加了 71%，技术科学研究生增加了 95%，化学研究生增加了 58%，地理学研究生增加了 52%，数学研究生及生物学研究生增加了两倍。[①]

苏联科学院研究生院与博士生院的多民族成分，也显著地说明了苏联培养科学干部的重大成就。科学院的研究生院与博士生院中有 50% 是俄罗斯民族以外的各民族的干部。其中有雅库梯、吉尔吉斯、哈萨克、乌兹别克、巴什基尔、阿塞拜疆、土库曼、塔吉克、阿娃列茨、库美克、阿布哈兹、格鲁吉亚、白俄罗斯、乌克兰等各族人民的代表者。由于苏联境内各兄弟民族的科学工作干部的迅速成长，早已在 12 个加盟共和国中组织了自己的科学院。

苏联科学院所培养出来的干部，有许多人已经是在科学上有重要成就的著名的学者。这些人现在苏联科学院的研究机构，加盟共和国科学院和高等学校中进行巨大的研究工作。他们之中有不少的人是苏联科学院或加盟共和国科学院的院士和通讯院士，他们是苏维埃学者的典型代表，也是苏维埃科学的坚强骨干。他们是在苏维埃时代，也只有在苏维埃时代才能产生的。

除了上面所讲的那一些，苏维埃政府和科学研究机构中有一套完整的科学工作奖励制度，这也是苏联培养科学干部，推动科学发展的一个重要方面。

在苏联科学院的各研究所和学部都有年终评奖，给有成绩的工作以精神和物质的奖励。主席团设有普通奖金及以著名学者命名的奖金。以著名学者命名的奖金——如罗蒙洛索夫奖金、米丘林等多至数十种。每种都在有关的学部设有一个专门委员会，每年以公开应征的方式收集作品，经审查后以无记名投票方式决定授予对象。最高的是苏联政府所设的斯大林奖金，也授予在科学工作上有重大成就的学者。

对科学与科学事业有重要贡献的科学家享有崇高的科学称号，这就是院士和通讯院士。凡是以具有头等重要意义的著作和发现丰富了科学，并以他自己的科学活动促进了科学院各项任务完成的学者，可以被选作苏联科学院院士。凡是以著作或发现丰富了科学，并以他自己的科学活动促进了科学院

① 见苏联科学院通报 1953 年 2 月号社论《改进科学干部工作》一文。

各项任务完成的学者，可以被选作苏联科学院通讯院士。有院士或通讯院士称号的学者受到国家与社会的尊敬。这种尊崇学术的风气也鼓励了科学的进步。

不久以前的斯大林同志的最后伟大著作《苏联社会主义经济问题》和苏联共产党第十九次代表大会的历史性决议，向苏联人民提出了在苏联建设共产主义社会的伟大纲领。这个纲领鼓舞着苏联人民在经济、科学、文化等各个方面奋勇前进。目前苏联的科学研究机构和科学家们，正根据着这个伟大的纲领，采取措施，以求进一步改善和发展培养科学干部的工作。

苏联的先进历史科学①

苏维埃的历史科学，是苏联共产主义建设事业中思想战线上的一个重要组成部分。它的任务是以马克思列宁主义观点所阐发的社会发展规律的具体历史知识充实苏联人民，帮助他们胜利地向共产主义前进。

历史科学在苏维埃国家里不是一门可有可无的学问，它被认为在社会科学中占有极为重要的地位。苏联史学家指出：只有当人们认识了社会历史发展规律的不以人们意志为转移的客观性质，认识了资本主义制度必然在历史上灭亡，社会主义制度必然成长的规律，认识了从社会主义过渡到共产主义的规律，才能够更好地为共产主义事业进行始终不懈的斗争。列宁教导我们："为要获得胜利，就必须懂得旧资产阶级世界底全部深刻历史。"② 历史科学的作用就正在于此。

和苏联其他各门科学工作一样，苏联的历史科学工作拥有一支庞大的队伍。它同苏联的哲学、经济学、语言学等科学研究部门一起，组成为一支无比强大，在全世界最有权威的社会科学大军。

由于苏联政府、党和斯大林本人的经常关怀，苏联历史科学获得了巨大的成就。在苏维埃政府成立的最初若干年中，苏联史学家就给了资产阶级史学一系列的致命打击。在历史学方面宣传取消主义观点的波克罗夫斯基反马克思主义唯心学派的被迅速清算，保证了苏联历史科学的健康发展。1934年斯大林、基洛夫、日丹诺夫所提出的"对苏联历史教科书的意见"和这以后斯大林的经典著作《联共（布）党史简明教程》的出版，给予苏联史学界以极大的鼓舞。苏联学者以这些指示和经典为依据，创作了不少的重新说明人类许多重要历史问题的著作。卫国战争以后的年代里，苏联的历史研究工作

① 原载《科学通报》1953年11月号，第20—24页；转载《新华月报》1954年7月号；收入中国科学院秘书处编《学习苏联先进科学——中国科学院访苏代表团报告汇刊》，中国科学院，1954年7月。——编者注

②《列宁文选》两卷集，第二卷，682页。

继续发展，特别是斯大林的天才著作《马克思主义与语言学问题》和《苏联社会主义经济问题》的先后发表，推动了苏联历史科学大踏步地前进。苏联史学界对这些著作展开了深入的讨论和研究。他们根据斯大林著作中的思想检查过去的工作，重新提出许多新的迫切需要研究的问题。到目前为止，苏联史学家已经有 50 种以上的在历史科学领域开辟了新道路的历史著作荣获斯大林奖金。大学用的历史教科书印行 10 万—20 万册，中学用的教材印行在 100 万册以上。这些历史书籍在广大读者中起着积极的作用。

我们在这次访问过程中，从苏联科学院历史学哲学部的各研究所，乌克兰、乌兹别克共和国科学院的历史研究所，莫斯科大学、列宁格勒大学及其他大学的历史学系或东方学系的教研室里，看到它们的工作计划中列有极其广泛的研究题目。这些题目中有多卷的苏联通史，苏维埃时期史，苏联境内各民族史；有苏联历史方面的各种专题：如莫斯科城市史，列宁格勒城市史，俄国古代史，俄国封建制度史，俄国农民史，俄国工人阶级史，苏联自然科学史，苏联哲学史等等。这些题目中也有多卷的世界通史，世界近代、现代史；有东方各国史和世界史中的各种专题：如帝国主义侵略殖民地史，英国、美国侵略亚洲史等等。可以说，从原始社会到社会主义社会，从西方到东方，从自然科学史到哲学史，都是苏联史学界有计划、有系统的研究的对象。在我们看来，苏联的史学研究工作实在是历史科学上一条无所不包的战线。

苏联历史科学成就中表现得最突出的，是苏联史学界在斯大林的亲自指导下，经过长期的深入研究和反复争论之后，杰出地解决了苏联历史上的许多问题。这些问题都是很重要的，带有根本性质的。

例如关于俄罗斯民族的形成与发展的问题，在苏联史学界有过长期的讨论。以往资产阶级的历史学一向用“罗斯（Русь）起源”问题来代替俄罗斯（Руссия）部族的形成问题（按：Русь、Руссия 有人一律译为俄罗斯，在《元史》和《东华录》上各有不同的译法，现据目前一般出版物上通用的译名，加以区别），把罗斯人和斯拉夫人对立起来，描写罗斯人是外来人、侵略者和斯拉夫国家的创造者，造成俄罗斯民族形成与发展问题上的极大的混乱。苏联史学家根据斯大林的民族问题理论，特别是根据《马克思主义与语言学问题》一书提出的理论研究了这个问题，结果完全粉碎了资产阶级历史学的伪科学论证。依照斯大林的指示，从氏族（Род）、部落（Племя）、部族（Народность）到民族（Нация），是人类共同体发展的主要阶段的顺序。这几个阶段的区别是很清楚的。氏族和部落是作为原始公社的特征的社会组织；部族是部落形成以后，民族形成以前，历史上形成的人们的共同体；民族则是与资本主义的出现有关的产物。从部落到部族的过程中，还可以划分出部落联盟（Союз Племён）这样一种过渡性的组织。部落联盟是部族的基础和最初的形式，但是部落联盟转化为国家，而部落集团则转化为部族。国家是政治组织，部族则是历史上一定阶段的人们的共同体，两者有联系，但并不是一件事。

根据上面这些原则，苏联史学家对于从基辅罗斯起源的一些有关部落、部落联盟以及俄罗斯部落发展的极其错综复杂的历史过程作了详细的研究，然后得出结论：古代基辅罗斯是俄罗斯、乌克兰和白俄罗斯等民族的历史摇篮。在6—7世纪时，包括罗斯和东方斯拉夫部落的俄罗斯部落联盟形成了。俄罗斯部落联盟是一个长久坚固的组织，它有着传播很广的共同文化，执行了初步集结东方斯拉夫部落和防御游牧人入侵的重要职能；并且同化了许多异族部落而建立了自己的核心。到了9世纪，俄罗斯地域这一概念扩大了，古代俄罗斯国家范围以内的一切东方斯拉夫部落的土地，被称为俄罗斯的土地。具有统一的语言和统一的文化的古代俄罗斯部落就是在这个时候形成的。其中包含有俄罗斯人、乌克兰人和白俄罗斯人的祖先。古代俄罗斯部族内部的统一直到封建时代都是维持着的，只有在蒙古的征服和随之而来的俄罗斯部族的个别部分在政治上分离以后，才在大约4世纪的时候，从统一的俄罗斯部族中分出一些后来独立的民族来，这就是乌克兰、白俄罗斯和大俄罗斯民族。在这里，人们看到了一个不大的罗斯部落逐渐走向俄罗斯部落联盟的情况，也看到了把部落集团转化为部族、民族以及看到把部落联盟转化为欧洲一个最大的国家的情况。资产阶级的历史学把罗斯人和斯拉夫人说成好像是两个对立的民族，只是表现了资产阶级历史学者对于民族历史发展的具体过程完全无知。

再例如关于俄罗斯历史上的前封建时期和封建时期的问题，也得到了解决。在俄国中世纪的社会历史上，这样一种意见被认为是正确的，即斯拉夫人像其他参加破坏奴隶制度的民族一样，他们知道奴隶制度，但是越过奴隶制度向前迈进了一大步，创造了封建制度。当然，如果认为封建制度是一下子在原始公社的基础上建立起来的，那又是错误的。斯大林、基洛夫和日丹诺夫在对苏联历史教科书提纲的意见中提出了前封建时期和封建时期的区别这个概念；并指出划分这个时期的一个主要标志，乃是在前封建时期“农民还未被变成农奴”①。苏联史学家认为这个意见是反映了斯大林关于历史过程中的过渡时期的思想。斯大林在其俄共（布）第十次代表大会上的报告提纲《论党在民族问题上的当前任务》中，提供这一个范例，说明必须怎样应用马克思主义关于各种社会经济结构的学说，来研究各民族的具体历史。在这个提纲里，斯大林指出在十月革命以前的土耳其斯坦、阿塞拜疆的大部分、达格斯坦、山地人、塔塔尔人、巴什基尔人和吉尔吉斯人的社会制度，是“半宗法制—半封建制”，“宗法封建制”。也就是说，这些民族没有经过资本主义的发展阶段，从宗法封建制度过渡到了社会主义社会。

苏联史学家根据斯大林的指示，研究了有关俄国封建制度的大量材料，现在已经可以判明：在 5 世纪以前，斯拉夫人过着高度发展阶段的氏族制度生活。6—7 世纪时，已有土地私有制度的存在，剥削别人劳动的特权阶级的产生也应列入这个时期。到 9 世纪时俄国有了农奴的存在，有了顺利地发展着的封建关系。10—11 世纪俄国的封建关系达到了完全成熟的时期。这样就可以去推论，6—8 世纪大体上是前封建制度到封建制度的过渡时期。最近去世的苏联科学院院士葛列科夫在这方面做了很多工作，在他的包括 17 世纪以前的俄国封建经济制度的《古代俄罗斯的农民》一书里，确切地指出了农民成为农奴的过程。

在关于这个问题的研究过程中，曾有一些不正确的意见分别受到了批评。比方有一种意见，企图用各种超经济的强制因素来解释俄国封建制度的形成过程。按照这种解释，就仿佛不是封建所有制决定封建国家的发生与发展，相反的，是封建国家创造了封建所有制。这是夸大了上层建筑的作用，把封建国家与超经济的强制作用和封建关系的本身完全弄颠倒了。另外也有一种意见，主张根据地租的形态来划分封建制度的历史时期。地租形态的变更固然是很重要的，但是如果把封建社会的全部历史过程看作是地租形态变化的结果，那必然会对上层建筑的意义估计不足，发生离开马克思主义，走向经济唯物论的危险。特别是对前封建时期和封建时期的划分，地租形态不能作为唯一的一种标志，因为在这里是要分析生产方式的各个方面，分析封建剥削与前封建剥削的性质，而地租形态的变化则基本上是在封建制度的经济基

①《马恩列斯思想方法论》，人民出版社，340 页。

础上进行的。

又例如关于彼得大帝时代（在位期间 1682—1725）的俄国社会制度问题，苏联史学家会在一个长时间内不断地讨论应当怎样从社会经济结构学说的观点去理解彼得的时代。一开始就有两种见解，一种见解认为彼得时代的工厂是资本主义性质的，就是说当时已经进入了资本主义制度。另一种见解否定上面的说法，把俄国资本主义手工工场的出现，推延到 18 世纪后半期，也就是说，彼得时代是只有某些资本主义成分的封建时代。其实斯大林早在 1931 年与德国作家刘第维赫的谈话中就对这个问题发表了重要的意见。他说："彼得大帝确实为提拔地主阶级和发展新起商人阶级而作过许多事情。彼得为创立和巩固地主商人底民族国家而作过很多事情。同时也应该说，提拔地主阶级，促进新起商人阶级以及巩固这两个阶级底民族国家，是靠拼命剥刮农奴血汗进行的。"[①] 斯大林着重讲到封建社会制度下的两个对立的基本阶级——农民阶级和地主阶级。但在讲到商业资本家的时候，说它是"新起"的阶级，而又完全没有讲到工人。这就可以清楚地知道，斯大林是怎样地观察彼得时代的。

依照斯大林的指示，苏联史学家研究的结果表明：17—18 世纪俄国资本主义性质的手工工场并不多，当时的封建农奴制度占着绝对的优势；商品生产的活动范围远没有获得像资本主义制度下那样普遍存在；劳动力没有变成商品；封建土地所有制没有动摇，并且对日益成长的资本主义手工工场起着阻碍的作用。直到 18 世纪末期手工工场才在数量上获得增加，开始转而影响了封建农奴制的基础。到了 19 世纪前半期，手工工场已经广泛发展，加速了对封建经济基础的瓦解。1861 年农奴制度的废除，是新的资本主义的生产关系在俄国开始确立的标志。从这时起，资本主义的经济基础代替了封建制度的经济基础。但是甚至这一代替，也不会使生产关系完全适合于生产力的性质，农奴制度的残余，如大地主封建庄园的存在，专制制度等，都阻碍了俄国资本主义的发展；并且使俄国的资产阶级民主革命成为不可避免。因此，彼得时代是只有某些资本主义成分的封建时代，这是十分明显的。

除此以外，苏联史学家们也还解决了其他一些重要的问题。所有这些问题的解决，对于苏联历史研究工作的进一步发展有很大的作用。

---

① 斯大林：《论列宁》，人民出版社，49 页。

前面说过，苏联历史科学的研究范围是极其广泛的，它包括着历史学领域的各个方面。应该说明，这丝毫也不意味着，先进的苏联历史研究工作的方向，就是在所有一切方面平均使用力量，对所有一切研究题目都是同等看待的。

据苏联历史学家介绍的情况和我们直接见到的一些材料，说明苏联史学家首先是把研究苏联现代史，研究世界近代、现代史作为他们当前最迫切的任务。

苏维埃社会的历史，是人类历史上第一个从剥削者手中解放出来，进行了伟大的社会主义改造工作；并在列宁斯大林党的领导下胜利地进行共产主义建设的第一个社会的历史。研究苏联现代史，即研究苏维埃社会的历史，是要阐明社会主义社会形成和发展的过程，概括苏联人民为争取建立和巩固苏维埃国家，建立社会主义社会与共产主义社会而斗争的伟大的历史经验。这对于苏联人民，对于世界各地正在进行反对帝国主义，争取和平、民主与社会主义斗争的进步力量，都有着巨大的现实意义。正因如此，苏联史学家们以研究苏维埃社会的历史而自豪。他们引证列宁在 1921 年说过的一段话来表达出这一思想："我们有权自豪，而且我们正在自豪：我们居然这样幸运，开始来建设苏维埃国家，因之开始了全世界历史的新时代，也就是开始了新阶级统治的时代，这个阶级在一切资本主义国家中都是被压迫的，而现今到处都在向着新生活，向着战胜资产阶级，向着无产阶级专政，向着把人类从资本桎梏，从帝国主义战争中永远解脱出来的目标迈进。"① 事实就是这样，今天对于历史科学来说，再也没有什么比研究苏维埃社会的历史更为重要，更为光荣的任务了。

苏维埃时期史中的许多根本问题，例如关于十月社会主义革命的胜利，共产党、苏维埃国家在社会主义社会发展中和在社会主义、共产主义建设中的作用；工人阶级怎样从一个被剥削被压迫的阶级成为苏维埃社会主义国家的创造者和组织者阶级，工人阶级在苏维埃社会中的地位；苏联国家工业化与农业集体化实现的过程；苏维埃的文化革命与苏维埃民主的发展；苏维埃社会发展的基本经济规律性以及苏维埃对外政策、科学、文化、艺术发展的历史等等，都是苏联学者所注意研究的题目。

---

①《列宁文选》两卷集，第二卷，906 页。

与研究苏维埃史的同时，苏联学者认为应该着重研究世界近代、现代史。其中包括各人民民主国家革命斗争史，资本主义国家工人运动史和一些资本主义国家近代、现代的历史。他们认为研究世界史的重要性，除了要揭露资本主义国家对殖民地半殖民地的侵略，分别地阐发各国革命人民斗争的历史经验，还在于帮助人们从苏联史与世界史的联系中来看苏联史，了解苏联在世界上的历史作用，了解伟大的十月社会主义革命和社会主义在苏联胜利的国际意义。同时，其重要性也还在于全面地阐述整个资本主义世界走向日暮途穷的历史。在十月社会主义革命之后，社会主义体系日益壮大，这就是近代世界历史发展的根本规律。

研究社会主义民族形成的过程，研究苏联境内各兄弟民族的历史，被认为是苏维埃历史科学的另一个重要的任务。这不仅因为苏联是一个多民族的国家，还因为这许多民族早已由资本主义民族发展成为世界上最先进的社会主义民族。

苏联学者根据斯大林的民族问题理论指出：苏联的社会主义民族是在推翻俄国资本主义，确立了苏维埃制度以后，在旧的资产阶级的民族的基础上发展形成的。苏联的这些新的社会主义民族无论是它们的阶级成分，它们的社会政治利益和意图，都根本不同于旧的资产阶级民族。它们摆脱了不可调和的阶级矛盾，有着资产阶级民族所不能比拟的民族团结和全民的性质。资产阶级民族思想的特色是民族之间的敌视与猜疑，而社会主义民族发展的基础则是无产阶级国际主义和各族人民之间的友谊、合作的思想。正如马林科夫在苏联共产党第十九次代表大会上《关于中央工作的总结报告》中所强调指出的："社会主义的敌人不能了解，由于伟大的十月革命和社会主义改造的结果，我国各族人民，已在完全平等的基础上，以一种坚固的友谊紧紧地联系在一起了。我们的党，坚持不渝地奉行列宁—斯大林的民族政策，巩固多民族的苏维埃国家，发展苏联各族人民之间的友谊和互相合作，在各方面支持、保障和鼓励我国各族人民文化的进步，并对所有形形色色的民族主义分子进行不调和的斗争。"[①] 苏维埃国家各民族兴旺发展的历史，是各民族平等与合作的真正范例。它表现了在民族问题上共产党的政策和列宁、斯大林思想的完全胜利。苏联史学家的任务，是要根据大量的材料来阐明社会主

① 人民出版社本，74页。

义民族形成、发展的过程以及它所具有的历史特点，来教育苏联人民。

这样一些题目，如俄罗斯人民在苏联各族人民大家庭中的主导作用；先进的俄国文化和俄国工人运动对苏联各族人民的文化发展与解放斗争的影响；非俄罗斯民族合并入俄罗斯的进步意义等等，都是苏联学者认为须要着重研究的。

说到这里，应该特别提到，苏联史学家很强调研究非俄罗斯民族与俄罗斯民族的历史关系，研究民族运动的历史时，必须注意反对资产阶级的民族主义思想，与资产阶级思想作斗争。理由是大家都知道的，马克思主义要求用阶级原则作为理解民族问题历史的依据。不同的时代有不同的阶级在斗争舞台上出现，每一个阶级都按照自己的意思来理解民族问题。因而民族问题便在不同时代服务于不同的利益，带上了不同的色彩。这种色彩是依照什么阶级和在什么时候把问题提出来为转移的。斯大林指示我们说："极大多数民族运动无疑具有革命性，也正与某些个别民族运动底可能反动性一样，都是相对的和特殊的。"① 因此，历史学家研究民族问题时，必须直接地和发生这些运动的那一时期中阶级斗争的发展联系起来。这就需要根据具体的历史条件进行具体分析。按照任何抽象的公式或是历史类比的方法提出问题，都必不能说明历史真相；并且那也是资产阶级思想最好的藏身之所。

苏维埃的历史科学自然也还需要更加深入、更加全面地研究苏联封建制度及其以前的历史。例如关于封建的经济基础与上层建筑，封建制度下商品生产的作用，俄罗斯的封建土地占有制度等等，都是苏联史学家认为应该继续深入研究的问题。

首先研究苏维埃社会史，研究世界近代、现代史；其次是研究苏联各民族的历史；再其次研究封建制度及其以前的历史——这就是目前苏联历史研究工作的方向。1953 年 3 月间，苏联科学院主席团曾专门讨论了历史研究所的工作，作出决定，并对上述方向作了说明。同时，也指出了过去工作中的缺点，认为历史研究所集中了主要力量来研究封建制度的问题，没有保证完成苏维埃时期史，世界近代、现代史，人民民主国家史等方面的研究任务，这是不对的。

先进的苏联历史科学的巨大成就，毫无疑问，是和苏联史学家具有高度

---

①《列宁主义问题》，80—81 页。

的马克思列宁主义理论水平这一重要事实分不开的。苏维埃历史科学最显著的特色，是丰富的实际材料与高度的理论综合紧密地结合在一起。

苏联学者告诉我们：历史发展的规律是通过无数的具体事实表现出来的，研究历史首先必须详细地占有历史资料。1934 年联共（布）中央发布的关于教授本国历史问题的决议，指示苏联史学家应该怎样进行工作。这个决议中指出：按照历史年代的顺序讲述历史事件，使学生牢固地记忆着一些重要的历史现象、历史人物和年月日等，是学生们能够切实领悟历史课程的决定的条件。只有这样的历史教程，才能做到明确、具体、保证学生对历史课程容易理解。也只有在这样的基础上，正确地分析和正确地总结历史事件才成为可能。要反对用一些社会经济形态的抽象的定义，代替对本国史的有系统的讲述。对于历史研究也应该这样做。但是无论如何，历史研究的职能，决不只是把许多的个别事件罗列在一起，作一些表面的叙述，就算了事。斯大林在其《论辩证唯物主义与历史唯物主义》著作中指出：社会发展史，首先是生产发展史，是物质资料生产者的历史，是生产力与生产关系发展的历史。历史科学的首要任务，是要研究和揭示社会生产的规律，生产力和生产关系的规律，社会经济发展的规律。因此，历史研究必须透过许多极其复杂的表面现象，去深入地探究其内部的联系，发现其内部规律，阐明这些规律的客观性质，这就须要进行巨大的理论的综合与分析，把许多个别的事件提到理论上来加以阐明。这就是历史科学的责任。现今资产阶级历史学者，除了伪造历史，就始终只能在历史的表面现象上打圈子，这是资产阶级学者无可改变的思想贫乏的表现。

努力掌握马克思列宁主义理论，努力掌握大量的历史资料，就是苏联史学家在工作方法上的基本经验。

三十几年来，苏联历史科学的经验是极其丰富的。中国史学工作者须要努力学习苏联历史科学的先进经验，学习它们已有的一些重要结论，特别是斯大林关于苏联史方面的意见和结论；了解它们哪些观点是正确的，哪些是被批判的；并且熟悉它们的工作方向和工作方法等等，来帮助我们有效地加强中国的历史研究工作。

二、回忆

《历史研究》的创刊与“百家争鸣”方针的提出 ①

双百方针提出三十周年了。陆定一同志的《“百花齐放，百家争鸣”的历史回顾》②，于光远同志的《双百方针提出三十周年》③，论述周详。据我从侧面所知，“百家争鸣”方针，提出得比较早，而且很明确，与创办《历史研究》有直接联系。

事情的经过是这样：1953 年 10 月间，当时的中宣部副部长兼中国科学院副院长陈伯达，在文津街科学院召开会议，讨论科学院增设两个历史研究所，出版历史刊物和其他与加强历史研究有关的事项。参加会议的有吴玉章、范文澜、翦伯赞、侯外庐、杜国庠、尹达、刘大年和黎澍。郭沫若没有参加会议。陈伯达讲话说，最近中央成立了两个委员会，一个是历史问题研究委员会，由他负责，一个是语言问题研究委员会，由胡乔木同志负责。历史研究委员会的工作，就从增设历史研究所、办刊物、出一批资料书做起。资料书里面，可以先标点重印《纲鉴易知录》。这书分量比较小，通俗易懂，读者便于从那上面得到历史知识。对于办刊物，经过讨论，决定出版《历史研究》杂志，组织一个编委会，由郭沫若作召集人，具体工作指定我和尹达负责。陈伯达这时对我和尹达说：办刊物必须“百家争鸣”。以前有军阀、财阀、学阀，你们办刊物不要当“杂志阀”。什么叫“杂志阀”？就是只发表与自己观点相同的文章，不发表观点不同的文章：那不好。要“百家争鸣”，这是一个方针问题。刊物要照这个方针去办。但有两点，陈伯达没有明白地

---

① 原载《历史研究》1986 年第 4 期，第 3—6 页。原题脚注：“此文最初系作者应《文献与研究》编辑部之约而作。因文中所述内容体现了党对历史研究工作的关怀，且与本刊创办有关，故征得有关方面同意，经作者补充修订，现予发表。此文标题为本刊拟加。——编者。”《“百家争鸣”方针侧闻记》载《文献和研究》1986 年第 4 期。——编者注

②1986 年 5 月 7 日《光明日报》。

③1986 年 5 月 16 日《人民日报》。

讲：一，这次开的会是否就是历史研究委员会的集会？二，“百家争鸣”方针是党中央的意见，还是他个人的意见？会上谁也没有对这两点提出询问。《历史研究》发刊词是郭老亲自写的。我和尹达在郭老家里就写些什么内容作过讨论，没有提起陈伯达的讲话，发刊词里自然也没有“百家争鸣”的话。知道这个方针是毛泽东同志为创办《历史研究》提出的，我记得那是在两年多以后的1956年1月中央召开的知识分子问题会议上。康生在怀仁堂举行的大会上发言，回顾那几年的思想理论工作。其中举的一个事实，是说陈伯达提出了“百家争鸣”问题。坐在附近的陈伯达很快递上一个条子，康生照念了。内容是：“百家争鸣”不是我提出的，是中国科学院办历史刊物，我向毛主席请示方针时，毛主席提出的。1953年10月陈伯达在科学院召开的那次会议，由黎澍同志负责记录，事后并曾整理成文，油印分发与会者。我手里那份记录，在“文革”中才散失。

前年——1984年春天，《历史研究》杂志召开座谈会，庆祝刊物创办三十周年。主持会议的同志要我讲几句话，我讲了一条意见，希望刊物坚持“百家争鸣”的方针，说它是毛泽东同志对创办《历史研究》这个刊物第一次提出来的，并且讲了上述的事情经过。中央文献研究室金冲及同志听到我的发言以后，认为这个问题重要，应该弄清楚，要我写个东西。后来文献研究室派刘武先等两位同志来专门调查。我谈了经过，要他们查档案，找出文字根据。两年多过去了，没有查出结果。人证当然还可以找到。一是记录者黎澍同志。他说，陈伯达在会上怎么讲的，记不准了，但在会前，陈确实对他讲过，毛主席提出要“百家争鸣”。一是龚育之同志。他说不是知识分子问题会议，是1957年3月的中央宣传工作会议上，陈伯达给康生递条子，说“百家争鸣”是毛泽东同志提出的。可是许多事实证明，回忆、口述往往靠不住。回忆可以谓之“献”，不成其为“文”。文与献，两者缺了一条，“文献不足征”，无法定案。

今年五月中旬，也就是报纸上发表文章纪念双百方针提出三十周年的时候，水落石出的机会终于到来了。中央文献研究室的同志告诉我，在档案中找到了线索：1956年4月25日中央政治局举行扩大会议，毛泽东作《论十大关系》的讲话。4月28日，陈伯达在讨论“讲话”中发言，说中央历史问题研究委员会成立，他向毛泽东请示工作方针。毛泽东提出“百家争鸣”，他——陈伯达在历史问题研究委员会上传达了这个方针。这是当时的记录，对于我们要解决的问题，它是第一手资料。同一天，毛泽东作讨论总结，说“百花齐放，百家争鸣”，我看这应该成为我们的方针。艺术问题上百花齐放，学术问题上百家争鸣。5 月 2 日，开最高国务会议，毛泽东宣布“十大关系”的内容。在讨论之后，他说，“百家争鸣”是诸子百家，春秋战国时代，二千年前那个时候，有许多学说，大家自由争论，现在我们也需要这个。毛泽东这两段话，在《关于建国以来党的若干历史问题的决议注释本》中，由注释人介绍了。[①] 关于历史问题研究委员会的情况，查找档案的结果是：1953 年（月、日不详），中央决定设立中国历史问题研究、中国文字改革研究和中国语文教学研究三个委员会，责成中央宣传部提出委员会组成人员名单。1953 年 7 月 26 日，中宣部提出三个委员会的名单上报。1953 年 8 月 5 日，中央批准三个名单。至于历史问题研究委员会第一次会议记录，至今没有找到，不过核心问题已经是解决了。

到这里，我们可以得出几点结论：第一，“百家争鸣”方针，是毛泽东亲自提出来的。陈伯达先后三次讲这个问题，头一次在历史研究委员会上，没有正式指出名字，在怀仁堂大会上递条子和在政治局扩大会议上发言，都说是毛泽东提出来的。事关重大，陈伯达不可能随便讲，而且再三重复。至于这个方针是对办历史刊物讲的，还是对历史研究委员会讲的，它本来是一回事。历史研究委员会成立，措施之一就是办《历史研究》刊物。第二，头一次提出“百家争鸣”，并且作为一条方针，是在 1953 年 8 月 5 日以后，10 月初以前。因为陈伯达讲得很明白，请示方针是在委员会成立以后；而传达方针则在 10 月初第一次委员会上。第三，1953 年，毛泽东提出了“百家争鸣”，看来最初并没有赋予这个口号以后来全面讲双百方针那种重要意义，也没有公开宣传。“百家争鸣”的解释，后来又几经变化。但不管如何追踪“百家争鸣”作为一个方针的历史，它的起头是在 1953 年秋天。

何以首先在历史学问题上，而不在别的问题上提出“百家争鸣”呢？这有它的背景。郭沫若与范文澜都用马克思主义研究历史，他们对中国奴隶制与封建制的分期，主张不同。他们的书在读者中又都很有影响。以前郭在蒋管区，范在延安，各说各的，到北京以后，讲论著文，近在咫尺，彼此难免

---

① 见中共中央文献研究室《关于建国以来党的若干历史问题的决议注释本》，人民出版社 1983 年版，第 243、244 页。

要作些答辩。他们的主张又都各有赞成者。1950年,《新建设》等刊物上已经有一些文章讨论和争论这方面的问题。中宣部胡乔木等同志,也主张范老修改《中国通史简编》。1951年春天,开过若干次小型座谈会,就修改提供意见。范著就是这时决定重新写过的。范老主持一个研究所,但主要只研究中国近代史(中国科学院成立时,中宣部曾提名范文澜为中国科学院副院长兼历史研究所所长,他执意辞谢不就)。古代史争论很大,却没有专门的研究机构。改变这种情况,需要加强领导,有明确的方针。"百家争鸣"不从其他方面,而从历史学问题上首先提出,就是直接来自这个背景。1956年提出双百方针,来历就远不止于此了。它是国内政治形势稳定,国内外科学、文化争论的全面、积极的反映。陆定一、于光远同志的文章都着重讲了这个问题。

"百家争鸣"作为科学工作方针,意义深远。这里只叙述它的最初来历,有何意义,要另外去讨论。

中央历史问题研究委员会促成了"百家争鸣"方针的诞生。怎么估价这个委员会的工作,我想顺便说几句。当时,中央宣传部上报的委员会成员名单,共11人:"陈伯达、郭沫若、范文澜、吴玉章、胡绳、杜国庠(现在广州)、吕振羽(现在沈阳)、翦伯赞、侯外庐(现在西安)、刘大年、尹达(人民大学)。"毛泽东的批语,指定陈伯达担任委员会主任。在"吕振羽(现在沈阳)"项下,改"沈阳"为"长春",显然他看得比较仔细,对人员情况了解准确。吕振羽这时担任东北人民大学校长,校址在长春,不在沈阳。说也奇怪,名单上有胡绳,而且就在高级党校,但两次会议他都没有参加。我就此事问胡绳同志,他说不知道有这回事。1953年委员会第一次会议上说的出资料书,实际不过重印了《纲鉴易知录》。事后,陈伯达只是几次对中华书局重印本上删掉了原有的一些评语表示不以为然,而没有提出要做别的什么工作。1954年秋天,委员会开第二次会议,主要是决定由科学院经济研究所编辑近代经济史资料。严中平等同志编辑的几部资料书,就是这时开始的。1955年,毛泽东提出标点《资治通鉴》、"二十四史"和改订杨守敬的历史地图,我们一些人参加了工作,但与历史委员会无关。委员会存在了两年多,做的工作却很有限。陈伯达1956年4月28日在政治局扩大会议上说,中央组织了历史研究委员会,委派我参加委员会的工作,这个委员会我也没有好好搞,一直到现在还没有向中央报账。他倒是说了实话。没有好好搞，当然也就报不出像样的账。1953 年委员会第一次会议，他如果正式传达“百家争鸣”是毛泽东同志提出的方针，《历史研究》发刊词肯定要写进去。究竟起多大作用，不敢说，至少不至于事情刚刚过去三十年，就要来对它作种种考证了。说到最后，“百家争鸣”方针，第一次毕竟是毛泽东同志对创办历史刊物提出的。就这一点而言，它是《历史研究》的光荣。现在和将来，刊物都有责任保持这个光荣。

从京都到东京

——记卢沟桥事变50周年中日学术讨论会[①]

京都日中学术交流恳谈会和东京日中人文社会科学交流协会主办的纪念七七卢沟桥事变50周年中日学术讨论会刚一闭幕，就听到日本学者热烈议论，说这次讨论会开得很成功，并问东京事务局："明年是否准备再开？"中国学者一行，7月7、8两日在京都开完讨论会后，9日抵达东京。下车伊始，有的日本朋友问我们，东京与京都"气候"会怎么样？意思是两个会场关心的问题可能有相当差异。两天以后，即7月11日，东京会议结束，大家看到的情况是，从京都到东京两个会场，一个声音。会场上的"气候"一点也分辨不出两样。当然，原来想到会存在某些差异，其中也自有道理。

中国学者与日本朋友对这次讨论会的看法完全一致，认为是成功的讨论会。整个会议确定的主题"近代史上的中日关系"，在讨论中不约而同集中到了一个焦点上：七七事变开端的中日战争，是日本全面侵略中国和中国抗日民族自卫战争。全部讨论都是在这个前提下进行的，都是对这个前提从不同方面所作的论证。京都的讨论会上，著名历史学家、恳谈会领导人井上清先生头一个作学术报告，开门见山，说中日战争是日本军国主义与全中华民族为敌的战争。卢沟桥事变刚刚发生，当时著名的日本新闻记者、中国问题专家尾崎秀实指出："日本即使一时战胜中国国民政府，最终将败给中国的抗日民族统一战线。"井上先生引尾崎的话，说明日本侵略中国的战争究竟是怎样失败的。东京的讨论会上，由学术界享有声誉的远山茂树先生作总结。他说："这次讨论会对以七七事变为开端的中日全面战争的意义更加明确了。这个意义的核心是，日本发动了全面侵华战争。这场战争以中国取得民族解放的胜利和日本的彻底失败而告结束。对于这一点，讨论会没有任何的暧昧。"又说："从世界范围看，那一场战争是殖民地半殖民地人民争取民族

---

① 原载《中共党史研究》1988年第1期，第84—86页。——编者注

独立、和平、社会主义，反法西斯主义的胜利。”认识日本侵略中国，不是从七七事变开始，要上溯到1931年、1872年。“从教科书事件看，日本还需要对那场战争的性质进行再认识。只有这样，才有利于探讨从1945年至今天的日中关系”。会场以长时间热烈的掌声表示赞同远山先生所作的讨论总结。会场内外并即时有好几位日本学者对中国代表团成员说，远山先生的闭幕词讲出了他们所要说的话；强调明确日本对华侵略战争的性质，在当前的日本有特殊重要的意义等等。我说从京都到东京，两个会场一个声音，就是指这个事实。在大体上，这也可以看作中国学者对整个讨论会的评价。

抗日战争的性质，在中国，在世界广大地区，如果有人认为还不清楚，还值得讨论，闻者必定大吃一惊，甚至以为自己的耳朵出了毛病。战争枪声首先从中国古都北平近郊卢沟桥响起，而又不是从日本某个地方响起；多达100万以上的日本军队横行践踏大半个中国连续八年之久，而又不是中国有一兵一卒踏进了日本领土，这个最基本最简单的事实，无人不知，无人不晓。抗日战争是日本发动的全面侵略中国的战争，它的性质还有什么不明确，需要这么多学者来专门讨论呢？大家知道，这次讨论会不是说的在中国、在世界广大地区。日本学者最了解自己周围的实际。日本大多数了解真相的群众、知识分子、公正人士与中国人民关于抗日战争的性质看法一致，一部分有权势的人却不愿意这么看。他们的理由各种各样，如所谓“正当防卫论”“世界历史发展必然发生论”“不能只批评日本侵略论”“大东亚战争肯定论”等等。一次又一次的教科书事件，就是那种蓄意篡改历史的有计划的演出。这次学术讨论中，把注意力集中到抗日战争的性质这个核心问题上来，就成为完全自然的和十分有道理的了。不用说，参加讨论会的日本学者，只是在发表自己的研究成果，而不是什么要消除中国人或别国人感到的吃惊。真正的科学唯一受事实约制。它不知道迎合一些人的喜悦，也不在乎触忤一些人的禁忌。

照最初我们所知消息，这次讨论会的规模是比较小的。结果出席的日本学者人数众多。京都最多一次达120人，东京达150人。出席讨论会的有中国近代史研究者，也有日本史、国际关系、中日关系、经济史、教育史、日本防卫问题等方面的专家。他们之中，不少是各个领域第一流的和有活动能力的学者。老成宿学，后起新彦，济济一堂，极一时之选。人们从报纸、电视上可以看到，日本舆论媒介对这次会议热心报道。“七七”50周年前后，几乎每天都有讨论会的消息。会议结束半个月以后，7 月 31 日，《朝日季刊》上继续刊载东京讨论会准备委员会委员长、亚细亚大学校长、也是人文社会科学交流协会主持人之一的卫藤沈吉先生的文章，评价这次讨论会所取得的积极成果。报纸、电视与广大群众联系密切，得社会风气之先。它们的动态在很大程度上表现出社会上关心什么和不关心什么。一次民间的学术讨论会有那么多报道，无疑地反映了日本人民对中日关系现状及其未来的关心。这些情况可以使我们确信，讨论会所强调的基本认识，在日本学术界是有充分代表性的，是有科学权威的。而且讨论的内容从学者们的书斋破门而出，把它的声音传播到了群众里面，直接间接回答了群众所关心的问题，或者提供了信息。在一次发言中，我说，没有理由夸大这次讨论会的作用，比如说“有历史意义”之类；同样也没有理由忽视它的作用，会开完了，它的声音还会传播下去，让人们听到。现在我还持这个看法。

卢沟桥开端的中日战争，极大地改变了两国各自的历史，改变了中日两国间的旧有对抗关系。现在和今后，没有什么力量能够阻挡住两国和平相处和两国人民世代携手前进的潮流。然而世界事物从来是复杂的。没有停滞就看不出发展。缺少了另一面就不存在这一面。日本经济实力迅猛兴起，军费开支居于世界前列，“大国意识”怦怦而动。两国现在和今后相处中，难免出现这样那样的矛盾、曲折。而那些矛盾、曲折又将与如何看待抗日战争的历史有联系。历史与现实的关系，如果在书本上是一个众说纷纭的理论问题，在这里，就直接横梗于社会的现实生活之中。对过去的看法，从不同方面涉及现实的利害关系。因此，我们开了一次成功的讨论会，这绝不意味着同样的问题今后就不再提出来，不再在社会生活中碰到了。你讲你的，他讲他的，这种情况必将继续下去。而且正在出现某些新的理论、观点，需要中日学者不断地深入研究讨论。举个眼前的例子：日本评论家加藤周一最近发表题目叫《军国主义的危险仍然存在》的文章，拿美国诺思关于所谓“伊朗门”事件的证词与三十年代日本发动侵华战争的情况加以比较。文章写道：“据说，三十年代误国的是军人的政治干预。这种政治干预的做法不外乎是：只是少数军人规定国家的‘目的’，以陆军全体官兵的名义，并以天皇的名义强加给文官政府。现在更不用说，他们的‘目的’是错误的。”“国民竟支持欺骗国民的人物。三十年代的日本也是这样，欺骗国民，发动侵华战争的是军人，而绝大多数国民支持了这种战争。这就是国民的支持。但是，多数国民又是‘不关心’的。”[①]可以看出，这个评论眼光明朗、见解犀利。可惜对于军人把他们的目的“强加”给文官政府问题，没有进一步分析。也就在此同时，日本报纸刊载当局的谈话，说卢沟桥事变发生和以后的战争中，日本内阁首相，包括近卫文麿，没有谁主张对华战争的。这与“军人误国”说一致，却突出了战时首相似乎都是和平人物，以至不过是军部的傀儡。当时日本当权势力中，政治、军事、经济各界和各界的内部，存在利害不同的派系，存在多种矛盾冲突，其中军部在发动侵华战争中最卖力气，表现得最为嚣张，这当然合乎事实。在发动太平洋战争的时候，近卫对接受军部建议犹豫不决，因而导致第三次近卫内阁辞职，这也合乎事实。但是说包括近卫文麿在内的日本历任内阁首相都不主张对中国进行侵略战争，这就令人摸不着头脑了。我们毋须乎揣度这个话有无或有何弦外之音，只来就史论史。

日本出版的近卫文麿传记，当事者的回忆录和近人有关的研究著作，指不胜屈。它们分别记述着近卫在侵华战争中所扮演的角色。且不说卢沟桥事变发生后，近卫如何按照陆军要求，派出五个师团，侵入华北、扩大战争，又在首相官邸召开政党、财界、宣传部门会议，要求“举国一致”，拥护政府贯彻“膺惩中国”的“圣战”等等。日军攻下南京以前，参谋本部作战部长石原莞尔等提出趁早与中国讲和，维持蒋介石的统治。内阁也赞成通过德国进行诱降活动。日军攻下南京以后，近卫和外相广田认为中国已经战败，日本胜利在握，这时绝对不应该讲和，而要用战争去实现征服中国的全部目的。参谋本部保留原议。近卫、广田等与对方争论，最后凭借天皇支持取得胜利。这是反对战争还是坚持战争呢？事例甚多，这里不一一列举。倒是后来近卫本人说过：“过去自己有时制订方针政策，表面上也得到了陆海军双方的赞成，然而一旦实行时，不晓得要发生什么障碍……”[②]他的意思是暗示军人不听指挥；但同样明白的是，“制订方针政策”的是他“自己”，而非别的谁人。如果说，首相是军部的傀儡，那么军部又是谁的傀儡？东条英机集首相、军部、参谋总长于一身，那又该如何去分清谁是谁的傀儡？再往前看，中日甲午战争、二十一条交涉，那时总不能说军阀操纵了日本内阁吧，首相伊藤博文、大隈重信又是谁的傀儡？离开了军部、内阁和首相等的活动，

①1987年8月17日《朝日新闻》夕刊。

② 重光葵：《日本侵华内幕》，第282—283页。

中日关系，中日战争自然就无从研究起。我的意思是说，不能把发动和进行中日战争，简单地描绘成不过是军阀猖獗横行，军人干政，少数人责无旁贷，负有全责的首相和其他当权者都仿佛一尊尊和平女神。那与表象不合，距离真相愈远。

研究那段历史，重要的是要了解和说明，是什么社会势力，什么阶级矛盾和斗争，把那些不同的政客、军人、党派集团共同推上了侵略中国的血与火交织的道路。不然的话，看待那样巨大的历史事变，我们就永远会停留在个别人物的活动、表演，而置产生他们活动、表演的共同基础于不顾。从那些人物共同的社会基础，即从他们的阶级状况、社会关系、矛盾斗争去进行分析，正是说明日本发动那场侵略战争的性质的最后依据。

北方大学记[1]

徐净武、韩宰茹和其他的同志写作、搜集整理出北方大学的有关资料，准备刊印成书，要我写点什么。据告知，书里面很有意思的部分，是一些校友由不同途径进入北方大学的生动记述。我照此办理，谈一点自己当时工作、生活的情况，并略抒感想。好在这尚属题中，没有跑出题外。

一、北方大学值得记上一笔

社会上知道以前有个北方大学的人不多了。北方大学创设于抗日战争胜利以后，它的特点，我以为可以说，这所学校形式上更多地接近于所谓正规的综合大学。

晋冀鲁豫边区 1946—1947 年时是面积最大、人口最多的解放区，地理位置重要，工农业生产条件好。北方大学设在那里，有需要和可能把事情设想得稍微远一点。学校陆续开设包括文教、财经、工、农、医学等七个学院和经济、历史两个研究室，有的学院分本科预科，就是从当时当地的实际情况着想的。教职员队伍的水平也与学院设置相称。校长范文澜同志以外，先后有一批在教育、学术、文艺界富有经验的与知名的知识分子在那里工作。他们中间，一部分是长期在边区从事教育工作的，如王振华、罗青、张柏园、曾一、孟夫唐等。孟夫唐与王振华、晁哲甫抗战前在河北南部办教育，思想开明，得到不少青年信从。再一部分是从延安来的和从国民党统治区来的，一如艾思奇、黄松龄、乐天宇、张宗麟、陈唯实、张光年、陈荒煤、叶丁易、王冶秋、尚钺、李何林等。其他还有一批新从北平等地去的专业知识分

---

① 原载《近代史研究》1991 年第 3 期，第 184—193 页。发表时有个别繁体字，现改为简体字。——编者注

子。在校学生最多时上千人。据说除西藏以外各省都有，也有来自台湾的青年。他们中不少人打听到了北方大学，慕名远道而来，历尽艰险。学校里重视学术讨论、思想交流。1946 年夏天举办暑期讲演会，范文澜讲历史，聂真讲农村政策，还有讲哲学、讲生物学的。1978 年我编辑的《范文澜历史论文选集》中的《研究中国三千年历史的钥匙》一文，最初就是他在暑期讲演会上讲的。如有的回忆者所提到的，学校领导层有过办学方针的讨论和争论；“短训班，还是正规化？”要是事实上不存在某种所谓正规化的形式，就不会发生那种争论了。华北解放区连成一片以后，北方大学与华北联合大学合并，组成华北大学，再过半年多以后又进入北京，成了人民大学前身的一部分。它存在的两年半时间里，为革命输送的干部约一千四五百人。这些干部在不同工作岗位上发愤努力，为民主革命和社会主义事业作出了各自的贡献。其中在经济、文化、科学技术等领域造诣不凡、成绩卓著者并非仅见。他们胸前也许没有排列那么多奖章、金银铜牌，他们却以为人民服务，无私奉献，赢得了人们的尊敬那种形式的奖章、金银铜牌。不论从办学特点和培养人才来看，北方大学在革命根据地的文化教育史上是能够占有一席之地的，值得记上一笔。

我是 1946 年 2 月初从冀南转到北方大学去的，那以前在冀南党政军领导机关所在地威县参加筹备一所拟名为建国学院的干部学校。这时上面来通知，建国学院停办，调我和主要负责人张箕南至北方大学工作，并且马上去边区政府报到。我们搭乘一辆卡车，经邯郸去武安边区政府所在地。路过黄粱梦，大家看了看那座八年战火里残存的小小庙宇。三年以前即 1943 年 7 月，我由冀南往山西，夜过日军封锁线，就是从黄粱梦车站南面不远的地方穿过的。铁路两侧各有两人多深的壕沟，一人多高的栏墙。日军铁甲车开着探照灯来回巡逻。我们一行武装的和徒手的二十余人，从巡逻车空隙里越过了沟墙，向西急行。如今是光天化日，车站一派宁静，不过铁路只剩下路基躺在那里。我们到边区政府是要等待同杨秀峰主席和其他同志见面和谈话，办理简单手续。三四天以后即办完一切，赶赴邢台进了北方大学筹备处。全国这时表面呈现和平景象，邢台在河北南部素称经济文化发达地区，此时市面也有所恢复。从南方往北平复学的大学生和北方南下回籍的知识分子，成批或个别从这里路过。北方大学一时成了他们参观与临时落脚的地点。延安、北平、邯郸间每周有飞机来往，与学校有关的消息能够及时传到。范文澜同志到校以后，教职人员正式分工。张箕南担任秘书主任，不久又回了冀南威县。我先后任教务处副处长、工学院负责人、历史研究室副主任，也是学校领导小组的成员。八年以前投笔从戎，现在又回头来投戎从笔，其实是从零开始。

在北方大学工作的两年多里，我经历了两上太行，两下平原。在那以前的1939年1月我随抗大由陕北到达晋东南，初上太行；同年12月分配到冀南行署工作，初下平原。1943至1945年又一番上下。到北方大学后的头回上太行下平原，是抵邢台不久的事。王振华、罗青两位认为，北方大学如何办我们缺少经验，最好有人去设在长治的军政大学参观“取经”，希望我能够走一趟。其时多年不见的红火的灯节已过，我带一名通讯员一匹马出发，田野略透露一点春天气息。刚走到冶陶，突逢大雪。下一站至东阳关，借宿寒假中的小学教室里，房檐上挂满又粗又长的冰柱。冰坚路滑，人困马乏。但我们仍在第五日天黑时赶到长治专署，并于翌日上午抵达军政大学校部所在地高家庄。这时才知道校长是徐深吉同志。徐抗战期间是冀南新四旅旅长。“百团大战”中，他的部队在石家庄德州一线作战。我和另外两位同志代表政府、群众团体前去劳军，地点好像在故城、枣强间。旅指挥所距敌军据点约五华里，因故彼此没有谋面。在高家庄，按照军政大学接待同志的安排，连续六天，完成了参观访问计划。临往回走的那天早晨，徐深吉校长约我和校部其他负责人一起吃早饭，表示送行。我讲了“百团大战”劳军的故事。徐说，那时精力集中在打仗上，就是见了面也不会记得住。我返回邢台以后，很快写出了参观书面报告，交了差。但此事再也不见有人提起，北方大学与军政大学办学方针有异，也于此可见。以前我上下太行都是跟着队伍走，这次单独行动。来回不过半个月，一路留下的印象特别深。后来读唐朝人吴融作于长治的《金桥感事》诗：“太行和雪叠晴空，二月郊原尚朔风。”我就像身子又回到了行走在从长治到高家庄的二月朔风中。第二回再上太行再下平原，就是同北方大学同学一起从邢台迁至长治高家庄，然后又从高家庄迁回原校址了。在高家庄的一年半，生活环境安定。学校的大部分教育计划也是在那段时间里实施的，一切井然有序。我一多半时间住在高家庄东头与村庄不相连结的一所宽敞的地主大院子里，养病种菜读书。晚饭后、星期天这里常常成了一些同志如王冶秋、叶丁易等相聚谈今说古的地方。太行山上的平静不过表示此间距离战地遥远。我们耳闻目睹，周围一派热气沸腾。

所在地的轰轰烈烈的农村土地改革接近收尾，历来被压在社会底层的贫苦农民，现在成了社会生活的主人。1947 年秋天，人民解放军转入全面反攻，行政学院的干部、学生参军随刘邓大军南下。冬天，学校内部也展开查成分、查思想、查作风的“三查运动”。凡此种种，不能不触动每个人的思想，引起认识、情感的变化、转折。我们这些同上太行同下平原的人，各有无法忘怀的感受。在今天，大家共同的感受恐怕是：时代远远前进了，当初的革命精神显得越发珍贵。也许同志们会说一句：“夫子言之，于我心有戚戚焉！”

北方大学与华北联合大学合并，决定何时作出的，我不了解。1948 年 5 月 4 日，北方大学校部和两个研究室由高家庄返抵邢台。5、6 月间，几次准备动身去正定与华北联合大学会合，又几次停留下来。6 月底，两个研究室由我带队作为第一批出发。第二天中午到路旁一个车马店休息打尖，碰上一位从北面骑自行车快速过来的工作人员模样的青年。他反复打量我们，神情是想要发现什么。我也打量他，随即问他从何处来，到何处去，有何贵干？他说从正定来，到邢台去，是华北大学工作人员，奉成仿吾校长之命给范文澜校长送一封亲启信。我问他是否知道信的内容，回答不知道。这直接关系我们的行动，会不会跟前几次一样，暂缓北去？于是我自我介绍以后看了那封信。内容很简略，说正定各项准备工作完成了，北方大学同志可以马上启程。他们等着欢迎。我在信上写了一行字，说明信是我拆开的，按照原订日程前往。我们虽然只是北方大学的头一批人员，实际上是教职人员里面应该到达的大部分人员。抵达正定的当天，成仿吾同志设席招待，热情讲话，祝贺两校合并。这是 7 月 1 日，街道上贴着大字标语，机关团体在庆祝共产党的生日。

二、时代回顾

北方大学、华北联大、华北大学先分后合，各有特点。它们共同的地方是过渡性，从一种形式、规模过渡到新的形式和规模。它们，尤其是华北大学成了解放战争时期知识分子大汇合的地方。大批知识分子、青年学生涌向华北革命根据地，大有抗日战争时期知识分子、青年学生涌向延安那种势头。今天回顾这段生活，我们像忽然重新领悟到一个新的、划分历史阶段的时代潮流正在兴起。

中国共产党领导人民扭转乾坤的伟大斗争在中国大地上展开。雷鸣电闪，人喊马嘶，广大知识分子、青年学生思想上不能不受到震撼。这些在硝烟弥漫、战火纷飞中投奔共产党领导的区域中去的人，社会关系、生活环境肯定有相近的，有相远的，在行动上却选择了同一个方向，表现出思想上的极大共同性。他们的行动是分散的，他们的行动又是群众性的。这使有兴趣探索历史的人，想知道他们的要求为何，愿望是什么。他们中的绝大多数显然谈不到树立了社会主义信仰的问题。从理论到实践中国当时也不发生社会主义的问题。他们的政治观点、希望，基本上是爱国与民主。但与此同时，他们中的大多数对于共产党主张中国将来要实行社会主义，无疑是知道的，不过有的朦胧模糊，有的明确肯定。1948 年冬天，吴晗、田汉到达解放区，吴晗在华北大学一次人数众多的学生集会上讲演，有学生提问：你现在主张拥护共产党建立新民主主义的新中国，以后共产党还要实行社会主义，你怎么样？吴回答说。那时我已经老了，那不是我的事，是你们的事了。这个故事说明青年学生完全了解，在共产党领导下中国的前途最终将通往社会主义。他们不是直接为投奔社会主义而来的，他们在思想认识上却抱着对社会主义一定程度的同情、憧憬和愿望。

我们常常看到这样一种论述：中国走社会主义道路，不是哪个人的主观愿望，而是历史发展的必然结果。其实这样说有欠周延，是把历史唯物论认为的社会经济形态的发展是一种自然历史过程表述得过于简单了。倘若历史的发展与人们的主观愿望毫无联系，那历史就将变得很神秘，似乎某种超越社会的力量凌驾于它之上，驱使支配一切，人们无可作为。再说，把人的愿望从历史中抽掉了，实际也就意味着把创造历史的人抽掉了，那岂非真的成了无人的历史，怎么能够讲得通？历史发展是不能脱离人们的要求、愿望的，问题在于什么样的愿望。唯物论没有把人的愿望排斥在客观规律性外面。唯物论只是从人们的现实生活基础出发，说明他们的要求、愿望，说明、认识社会演变的客观规律。不同的社会阶级、人群利益不同，要求、愿望互相矛盾。他们中有顺应时代前进潮流的，有逆时代潮流而动的。这就是历史运动发展的决定关头何以彼此对抗、矛盾的愿望，那一方落空、失败了，这一方又实现、胜利了。胜利正是反映了千百万人的要求、愿望，以至整个民族的愿望。历史发展又充满迂回曲折。小前进小曲折，大前进大曲折，前进不会被曲折抵消，前进却会被曲折打断。每当此时，历史潮流，人们的要求、愿望，就表现为向后倒退，脱离原来的大方向。唯物论不能只承认前进是时代潮流、人们的愿望，而不承认倒退同样是时代潮流、人们的愿望。唯物论并没有把倒退的时代潮流排除在历史规律性认识的外面，就像没有否定历史终究要不断前进一样。问题在于要分辨出哪个潮流是暂时的，一瞬间就过去的，哪个潮流是长远和持久，虽千回百转而终归要实现的。北方大学、华北联大和华北大学汇集的知识分子、青年学生，他们当时没有可能从整个历史发展来看待自己的行动、愿望，在事实上又不能不是从一个部分、一个侧面表现出了历史正在作出自己的抉择：变旧中国为新中国，变半殖民地半封建状态为新民主主义直至接踵而来的社会主义。他们的行动、愿望胜利了和实现了，他们的胜利正是反映了千百万人的要求和愿望，反映了一百年来我们民族要求独立、走自己的路的一贯愿望。因此，这个胜利也就不是暂时的、转眼就过去的闪亮，而是长远和持久的照耀历史前程的火炬。没有别的力量能够动摇它，除了获得胜利的人们自己。证据在哪里，证据就在新中国已经越过了自己的 40 年，现在正在充满活力，浩荡前进。

三、附白

北方大学一节说完了。对于历史运动与人们的愿望问题，应当加一个附白，消除误解。

我指出时代潮流有向后倒退的，同样表现了人们的要求和愿望，反驳者说，此言谬矣！与中国差不多同时，东欧一批国家按照自己的方式进入了社会主义。它们的发展程度固然不齐，未久以前，又几乎在一夜之间放弃社会主义。唯物论认为社会存在决定社会意识，而不是相反，人们的意识决定人们的存在。那些国家的社会主义制度的“社会存在”，怎么产生出了要求放弃社会主义的愿望那样的社会意识呢？难道唯物论真的不灵了吗？

事情不是唯物论灵不灵，是我们如何对待唯物论。第一，和历史上的许多大动荡、大转折一样，东欧国家的改变方向，决不是由人们单一的要求和愿望造成的，那是由大不相同、极其复杂的要求和愿望造成的。换句话说，它是不同性质的矛盾斗争、不同人群的要求混战的结果。一部分人表达了改变社会主义方向的要求和愿望。其他人或者没有明确目标，随大溜，或者表示反对，但受到压制，退回来沉默旁观。随大溜、沉默旁观，客观上是消极支持。然而人们抱着一定的要求和愿望是一回事，那些愿望实现了没有、实现了多少又是一回事。南斯拉夫、匈牙利的报刊对此各有论述，具体生动。

南斯拉夫《政治报》去年12月22日发表的约·拉基切维奇一篇题目叫作《政权更迭给东欧国家带来了什么——不是美元，而是饥荒》的评论文章说："不少人曾经相信，随着东欧国家政权的垮台，大量美元、马克和日元将会源源不断涌向这些国家。但是，失望超过了希望。因为政权更迭带来的不是迅速的复兴和繁荣，而是失业饥饿和贫困。从波兰到罗马尼亚和保加利亚，几乎到处都是同样的景象：工厂倒闭，成千上万工人失业，货架空空的商店门前排的队伍越来越长，数以百万计的人们濒临饥饿的边缘，罢工，大规模抗议和动乱，前途吉凶未卜，对明天忧心忡忡。在此同时还传来了这样的消息，美国中央情报局为推翻某些社会主义政权花了多少美元，这些国家正在把社会财富廉价拍卖给外国人，新领导班子屈从于世界资本的指挥棒。大多数前东方阵营国家在摆脱了所谓'官僚主义社会主义桎梏'后，不是像预期的那样走上加速经济进步的道路，而是正在过危机四伏的痛苦日子。距离彻底的社会和经济混乱已经不远了。送到那里的，并不是人们期望的数十亿美元，而是世界慈善组织的象征性援助，只是为了使人们免于饿死！"匈牙利《观察》周刊去年底发表的一篇题为《没有什么不能做的自由国家》的文章说："我们曾对90年代和1990年寄很大希望。我们曾预测，甚至很明白，在第一次大选中旧的政治制度将垮台。我们曾希望，东欧变革将继续推动匈牙利社会朝欧洲的方向前进。……我们匈牙利大多数人所希望的事情没有发生。东欧国家的变化，都没有按照人们的愿望和希望实现。一个表面看来是稳定的世界被取代了，而进入的却是严重危机的世界。东欧没有一致地朝欧洲前进，相反，那些有可能从危机圈内挣脱出来的国家也在倒退。新的政治体制和各党派的政治精英在几个月内就丧失了社会的支持。我们有什么事情没有做？我们错过了什么机会？或者说，我们做了什么不应该做的事情？从收集到的各种因素看，结果是可悲的。……社会处于窘迫的境地，愤怒的社会可以把整个新的政治精英送入地狱，但没有这种手段，而且也不知道，把这些精英送进地狱后又有哪些人来代替。"等等。

南斯拉夫、匈牙利报刊的这些叙述，或者来自近处观察，或者出于人们的亲身体验，显然反映了社会生活的现实。它们说得很明白，本来寄予很大的希望，结果“失望超过了希望”，“大多数人希望的事情没有发生”，“没有按人们的愿望和希望实现”。我们从这里一眼就能够看出，在那些事变参与者中，至少对于相当一部分人来说，他们是走进了历史的误区，他们本来希望从此“过着天堂般的生活”，结果得到的却是要把一些人“送进地狱”的现实。阴错阳差，事与愿违，这是给历史唯物论添的又一条注脚。历史运动不能与人的愿望无关，又从来不是照那些愿望去展开、收场落幕的。它只遵循自己的客观法则运行演变。

第二，在当今的条件下，社会主义的“社会存在”究竟是哪些因素构成的，这需要讨论。有一个前提不可忘记：当前地球上对峙着社会主义与资本主义两个“社会存在”，不是一个，而且资本主义经济尚占很大优势。社会主义并非某种绝缘体，与周围的环境条件渺不相涉。只要我们无法否认社会主义社会里存在资本主义复辟的土壤，那我们就无法不承认社会主义的“社会存在”里面可以产生回到资本主义去的社会意识。我说，原来的社会主义国家作出新的选择，放弃社会主义，同样表现了人们的要求和愿望，这与唯物论的“存在决定意识”并无悖离剌谬。认识社会历史运动，唯心论不行，机械唯物论也不行。历史永远是开放的，旧时代、旧秩序要不断为新时代、新秩序所代替。马克思主义的唯物论同样是永远开放的，旧范畴、旧认识不断为新范畴、新认识所丰富、提高。纵观古今中外的历史，当前世界的动荡无非是许许多多动荡剧变中的一幕一景，它给人们提供了又一个认识历史运动及其行进方向的场所。对于我们，这是一个应当抓住的场所：克服作茧自缚，吸收分析一切新事物、新动向，来更新、充实马克思主义的历史唯物论，认识社会主义运动的历史必然性。

学部的筹建及其历史作用①

1953 年中国科学院访苏代表团回来后，经总结给中央起草了一个总报告，这个报告很重要的一个方面就是如何学习苏联的科学组织工作。

苏联科学院是院士制度，科学院设有学术秘书处和学部，负责学术及学术行政方面的组织工作。院士制对于我们来说是个很不熟悉的事物，而且院士要求高，标准难以掌握，一下子建立院士制，在当时的情况下是不容易实现的。因此，当时我们在学习苏联科学组织工作方面，主要考虑了这样两个问题：一、我们在哪些方面能够仿照苏联的院士制度；二、设立学术秘书处的作用及其任务。为此，科学院党组反复讨论，并征求各方面的意见。1953 年底，最终在加强学术领导方面，确定了设立学术秘书处和学部委员会的组织形式。1954 年初，中国科学院成立了学术秘书处。我是 8 位学术秘书中的一个，是社会科学方面参加学术秘书处工作的。

学部问题比学术秘书处复杂得多。首先是名称问题，是叫“院士”，还是“学部委员”？最终采用了“学部委员”的名称。这是科学院党组在与党外科学家交换意见的基础上提出来的，并由中央宣传部正式确定，因为当时是中宣部主要抓这个事情。

学部已经确定，但究竟应设几个学部最为合适？那时苏联有 8 个学部，我们不应照搬。中国科学院是一个包括自然科学和社会科学各个门类的机构，根据我国的具体情况，当时决定设置 4 个学部，即数理化学部、生物地学部、技术科学部和社会科学部。这种设置主要是根据这样两种因素来划分的：一、学科门类是否接近；二、研究人员及机构等方面的实际状况，这种考虑使各学部在人员和机构等方面力量相当，不至于太多或太少。

确定第一届学部委员人选是筹建学部的一项重要的工作，当时是钱三强同志全面负责。当然，工作是分开进行的，钱三强主要抓自然科学方面的，

---

①原载中国科学院院史文物资料征集委员会办公室编《院史资料与研究》1991 年第 6 期（试刊），第 38—42 页。——编者注

哲学社会科学方面他没直接管。哲学社会科学方面人选比较复杂，主要是由中宣部来抓这个事情。

总的来说，第一届学部委员的产生属于协商性质的，是协商产生的。自然科学方面的人选是科学家推荐，但推荐不是选举。以后经多次酝酿、讨论，几上几下，征求意见的次数比较多，工作比较细致。社会科学方面的人选就没有像自然科学方面的人选那样多次反复。社会科学方面是在提出名单之前，征求了各学科中的主要人物的意见。我当时参加了这些活动，主要在北京地区找有关人士谈，北京以外的就没有去找，是书面征求意见的。我记得当时找了这样几方面的人，哲学方面有杨献珍、艾思奇、张如心、汤用彤；语言学方面有王力、罗常培、丁声树、吕叔湘；历史学方面有季羡林；经济方面有狄超白等等。当然不止这几位，还有一些我现在记不清了。在征求意见时，我们首先把科学院的精神告诉他们，当时提出的人选标准主要有这么两条：一条是政治的标准。社会科学的政治标准主要是拥护社会主义，拥护共产党。另一条是学术标准。即在本学科中是否有成绩，所谓成绩就是看他的著作，即群众对他学术著作的评价。根据这个要求，来征求他认为适合做学部委员的人选来。然后，党组根据这些意见拟出名单。

社会科学方面的学部委员人选还有这样一种考虑，即社会科学方面马克思主义要占有主要的阵地。这是符合我国历史情况的。当然，马克思主义并不是人选的普遍性的学术标准，就是说，对于马克思主义研究者来说，要求要有一定马克思主义水平，但不是对所有人都作这种要求，对于其他学者来说，例如，哲学界就有冯友兰、金岳霖，以前就不是搞马克思主义的，所以不能以马克思主义作为学术上的标准来衡量，他们这时不反对马克思主义和能够接受马克思主义就行。在哲学社会科学方面，搞马克思主义的有很多人是党员，因此，在社会科学部中的学部委员，党员人数占有相当的比例，恐怕这是一个基本的原因。

学部委员名单经过了反复的讨论，每次对名单征求意见时都有不少不同的意见，每次名单相应有所变动。在讨论过程中，社会科学部的名单比起自然科学各学部的名单变化要少。对于这两方面的名单，在自然科学方面，中宣部提的意见少一些，而社会科学方面，中宣部提的意见多一些。一般来说，每次名单都经过从党内到党外的讨论，然后报到中宣部。最后中央决定通过后，再履行必要的程序，即由国务院批准。

学部于1955年6月1日正式成立。学部成立后，学部委员的作用尽管与原来的设想有差距，没有达到原来所期望的或原来的要求，但它还是有其历史作用的。首先，通过学部，党组织团结了全国的科学家，把学术界的力量聚集起来了。其次，确立了一个比较好的组织形式，在此之前，没有一个固定的形式和渠道可以听取科学家对科学工作的意见，有了学部以后，就建立了一定的制度，这对于推动我国的科学工作起了一定的作用。另外，学部促进了学术界的团结，促进了科学院、高等院校、产业部门之间的交流与合作，而且为学术界与政府领导部门之间起了沟通的作用。当时国务院主管科学院工作的副总理陈毅同志，他的工作十分深入，经常参加学部常务委员会的会议，听取汇报，学部的一些重要的学术活动他也亲自参加，这对推动科学院的工作起了作用。

从学部早期的情况来说，学部起到作用最好的一段就是1955年6月至1957年上半年的这段时间。学部在1955年成立后，到1956年就全力投入到制定12年全国科学技术发展远景规划和全国自然科学奖的评定活动之中，发挥了积极的作用。但在1957年“反右”之后，就没有什么活动了，至少社会科学部是这样。总之，学部及其委员的地位和作用很多年来，随着重视与否及重视的程度而变化起落。这是以往的情况。

我认为，学部对于科学院的工作来说是有利的，对于我国的科学发展或科研工作本身都是有好处的。它代表了中国学术界的水平，它是一个活动的中心，对于推动科学发展具有积极的作用。是否重视科学发展、重视科学院学部的工作，是和如何认识我们国家发展的前途、如何对待四个现代化直接相联系的。这方面的经验是值得总结的。

（根据访问录音整理，经本人审阅）

“忠信应难敌，坚贞谅不移”
——记抗战中冀南的“四二九”①

冀南军区参谋处长王蕴瑞写的《“四二九”的前前后后》一文，开头一句话是：“在冀南平原抗日的两千多个日日夜夜，一九四二年四月廿九日是我终生难忘的一天。”作者的感受，我想是说出了所有在冀南平原经历了“四二九”日军“铁壁合围”的人们的共同感受。与“四二九”紧相连接的是日军对太行根据地5月大“扫荡”，八路军副总参谋长左权在指挥战斗中牺牲。

环境一天天困难，冀南领导机关人员再次紧缩。任仲夷担任政治学校校长，他要我去任专职教员，时间大概在4月初。不足200人的政治学校，行军宿营不再与行署在一起，改为我们并不熟悉的新七旅指挥。三天两头传来平汉路、德石路等处敌人增兵的消息，上级要求大家克服麻痹思想，尽量轻装。我与另一位专职教员杨清华（那时她叫陈毅）合用一匹马，一名勤务员。各人行李都很简单，一铺一盖加上几件衣服而已。但我随身携带的二三十本书，当时成了累赘，不像以前一人用一匹马方便了。那些书中有苏联哲学家米丁等人的哲学著作译本，李达的《社会学大纲》，郭沫若、吕振羽、日本人佐野袈裟美等人关于中国古代社会的书，延安出版的那时不知道何人编著的《中国现代革命运动史》以及若干本马列著作等。它们是我多方搜集的，生怕散失。在风声鹤唳中让马驮上这些“不急之物”游行，可能给活动带来掣肘。4月29日前一天，夜间行军，宿营很晚。我决心第二天头一件事，是从马褡中取出那些书，找个稳妥的地方隐藏起来。

我麻痹大意，第二天一觉睡到天光大亮。杨清华推门进来，叫“大年，还不起来，机枪响了”。我问枪声有多远，哪个方向，她说“五里路，西北边”。大家每天都听到枪响，声音远近一般能够判断。五里地，我认为还不

① 原载《抗日战争研究》2000年第1期。——编者注

用急。勤务员从伙房端来半瓦盆红薯稀粥。我刚喝了一口，哨音紧急集合。勤务员在街头看了一下，急忙跑进来说，快！校部都走了。我们住在村西北角，正当敌人奔袭的前沿。我来不及把被子塞进马褡，折叠了一下，连同清华的行李紧勒在马背上，拉起缰绳就走。学校大部分人已经离开村子，走出一二百米。时间是早晨7点来钟。那批书仍然在马褡里鼓鼓囊囊。

队伍向南急速行进。这里是河北故城县、山东武城县自北而南一个空隙很小的地带。东面挨近卫河敌人封锁线，西边南宫县日军据点密布，只有南北几十华里可以游动，而且要避免白天行军。半晌午以后开始走走停停，显然是敌情不明，要等待旅指挥部通知。路上本地机关团体人员与部分逃离村庄的群众混合在一起。人们并不都朝一个方向走，而是照自己对敌情的了解或南或北。这显示出周围的情况都吃紧。迎面遇到一支战斗部队，由南而北彼此都用诧异的目光看待对方，意思是你们怎么往敌人活动的地方去！更不祥的是明明南北都有敌情，却不闻枪炮声。往前穿过一个镇的南北街，各家门户紧闭。靠近街中心十字路口，有人在那里张望。我们问：今天这里有什么事吗？张望的人神秘地用手指指西边说，村外就是日本兵，天不亮到的，一直没有动。多路分进合击，寻找打击目标，是敌人“扫荡”惯技。现在明明知道我们就在它眼皮底下，纹丝不动，这种阵势头一次碰到。

新七旅指挥部跟上级机关相去其实并不远。军区、行署、区党委活动范围是比较大的，现在都聚集在这狭窄的地带里。它们同样是早晨发现敌情，马上转移。别处堵塞不通，在一个叫十二里庄的村子里停下来，等待各路侦察员紧急报告情况。“十二里”是指与东面武城县街的距离。武城县境以前我在行军中不止一次到过。有时还想起六七岁时念《论语》，书上那个与武城相连的家喻户晓的故事。孔子的学生子游作武城宰，孔子游学到此地，“闻弦歌之声”。孔子又赞赏，又以为大可不必地说：“割鸡焉用牛刀。”可是谁会想到，此地有一天竟然成了日军“铁壁合围”的中心！数千名抵抗入侵之敌的军民，在敌我力量对比异常悬殊的形势下，面临被歼灭的严重危险，必须在这里突出重围。

当政治学校全体来到十二里庄的时候，村北一片树林里早已挤满了人。党政军领导机关、军区警卫团和骑兵团、新七旅指挥部和所属两个团的各一部分，本地机关团体工作人员等都在其中。人数估计不下三四千。骑兵团有马约500匹。我方以往一向消息灵通，因为凡敌人据点所在，就是我方搜集情报、对敌工作站所在，这回例外。头天晚上，侦察员汇报说：周围敌人据点“无异常活动”。事后知道，这是敌人周密策划的一次大规模的拉网围歼阴谋。北起德石铁路，南至邢台济南公路，西起某处，东至卫河，日军出动2个师团、3个旅团各一部及众多伪军，共3万余人。庞大敌群在临清、武城分别构筑了两个合围圈。武城地区是其重点，日军主力先在很远的地方秘密集结，并散布假情报迷惑我军。然后突然远距离快速运动，一夜之间，进到层层封锁线与预定合围的位置。敌人企图运用这种战术，令它的对手插翅难飞，聚而歼之。头天晚上我方侦察的周围据点“无异常活动”，实际上正是敌人大动作的异常活动。

军区领导人陈再道、宋任穷这时不在冀南。参谋长范朝利、政治部主任刘志坚是现场最高指挥员。中午时分，敌人从西、北两面逼近十二里庄。范朝利召开紧急会，简短宣布：我们已经被敌人四面包围，命令马上突围。骑兵团朝西北方向往外冲，各单位骑马的人一律跟骑兵团走；军区警卫团、七旅部队朝西南方向往外冲，各单位所有步行的人跟警卫团走。立刻行动。我对杨清华说，你骑马走，我步行。骑兵团刚刚冲出十二里庄西北，预伏在那里的敌人机枪、小炮劈头盖脑一阵猛烈射击。受惊的马匹失去控驭，掉回头奔向还没有来得及走出树林的人群。各单位一直保持的编队顿时大乱，在道路和田野上散开。村北、村东同时响起密密麻麻的枪声。敌人便衣也很快渗入我们中间，接连打冷枪。又刮来大风，卷起黄尘飞扬旋转。就在这时，两架敌机出现在头项上，低空轰鸣，疯狂扫射。刹那间，草木颤抖，天日无光，上下左右，杀气笼罩。我们没有能够从西北方向突围出去。一些人受伤、牺牲。

我早起喝了一口稀粥，多半天坚持忍着口渴。在跟随众人移动中，路旁像个茶水铺的小土屋，房檐下放个水缸。我向屋门口的一位老妪说：“我喝口水。”她连忙递给我一个瓢。哪知开头一两口水硬是咽不下去。原来是多半天走动，张嘴呼吸，喉咙塞满了尘土。敌机正从房项上呼啸掠过，身后射来的子弹在近处爆炸。老妪口中连连念：“天老爷，善过！天老爷，善过！”我不懂“善过”是什么意思。她知道这是八路军与无辜百姓遭到了日军的凶杀“围剿”，大概是祈求“天老爷”让中国人少受些灾难吧！当地群众语言我基本能够听明白，唯有“善过”这个字音多年来一直引起我的琢磨。

步行人群往西南走。战斗部队们行动快，在前面开路。时间不长，南边西边枪炮声又作，越来越猛烈。步行的人大批向东涌动。我们朝西南方向也没有很快冲出去。我跟警卫团向西走，跟到了这里，又随涌动的人群往东，并不知道从此便与战斗部队脱离了。

东面是武城县卫河封锁线。大批人所以往那里走去，是其他三面被围堵住，唯独东面没有枪声。大家在一望无垠、光秃秃的田野间，毫无遮挡。又要躲避敌机的扫射，又要注意正在封锁南北两面村庄和道路的敌人的行动。一时快跑一阵，一时来回打转。谁也不知道要走到哪里去，更不知道前面是否会撞上敌人。众人中大多数徒手，也有被冲散了的带武器的战士。党政机关人员早已改穿便衣，作战部队正赶上冬、夏服装换季，新旧不一。我与随同军区政治部突围的日本士兵反战同盟成员碰到了一起。他们7个人，我认识其中两人。他们装束整齐，崭新的夏季草绿色军服，手里拿些印刷品和包裹。在便衣人群中目标显著。这时可能到了下午两点来钟，我们走在一块用犁翻过的田土上。背后忽然有人说："喂，你看左后方是不是敌人？"左边一条东西路，十来个人，与我们相距约200米，草绿色服装，一人骑马，步行的人枪扛在肩上正朝东走。我看是日本兵，随口说了一句："管他妈的！"话音刚落，一排枪射来，子弹在耳边嗤嗤穿过，脚边土块乱飞。反战同盟成员迅速卧倒在地，往前翻滚。我和后面的人也弯腰疾行，但与反战同盟士兵已经分开。不知道在田野里穿行了多远，进入一个镇子的街口。一些人进街往东走，更多的人从街口两侧民宅里找水喝。顺街往东的人很快纷纷回来，摇手表示那里不能去。所有的人又急忙掉头往西，也没有人想打问究竟。

走出镇子没有多久，北面一股敌人逼近，在相距只有百把米的地方对我们射击。敌人的便衣跟我们混到了一起。奔波疲劳，长时间注视敌人行动，我本来有点麻木了。这时精神猛然振奋起来。举起我那支实际上只可以演节目当道具的手枪，高喊一声："有枪的打呀！"谁知这一声喊产生了就像是战场命令的效果，田野间顿时爆发出一阵愤怒的喊"打"声和对敌人射击的枪声。带武器的人远比最初看到的要多，有蹲下来瞄准敌人射击的，有边打边走的。我和三四人在两个坟头畔趴下，其中一人是机枪手。他打了三两个连发，子弹就光了。喊打声和我们的还击虽然持续不过三五分钟，大概也有点出乎敌人意料。我们很快知道，一些人闯进去的小镇是武城县的河西街，街东头是防守卫河渡口的碉堡。敌人以为这里是他们盘踞的牢固窝点，所以没有在街西口一带布置兵力。否则我们这许多人恐怕难以有几个生还。

人群翻回往西。估计走了四五华里，前面出现大块麦田，青色伸向远处。回头一看，我成了人群中走在最后的几个人之一。前面本来众多的人，这时也逐渐减少，而且转眼之间，几乎看不到人影了。我在麦田里走了一段，找个不太潮湿的地垄歇下来。麦子刚高过膝盖，为避免暴露，只能在垄间躺下。麦田至北面村庄一华里多，至南面村庄二华里多。南、北村庄都驻扎着敌人，岗哨游动，马匹来往看得一清二楚。不多时，发现麦田里我前后左右都躺着人。彼此低声招呼，并且马上分工，谁注意北边敌人行动，谁看住南边。我身边除一件夹袍，一支手枪外，还有一个缴获的日本军用皮包。里面没有什么文件，但有在抗大朱总司令亲笔给写的"坚持抗战"笔记本、抗大毕业证书、杨秀峰签署的任命为宣传科长的委任状和一方在长沙购置的鸡血石印章。为应付不测，清除"抗日分子"的证据，现在只有咬咬牙把它们埋在麦田里。不能坐起来挖土，用脚在麦垄间蹬出一个坑埋上。夹袍不是"犯禁"物。手枪修理过几次，不一定能打响，也只有三四粒子弹，它必须留下。差不多是最后的依靠。这时快近半下午。西边较远的地方传来密集的机枪、小炮声，是双方激烈交火。停了一阵，枪炮声再起，但在更远的地方了。可以肯定，这是作战部队突围出去了。我们面前的敌人没有动。我们疲劳，敌人似乎更疲劳。他们从昨天夜间开始远距离行军，一般是今天中午到达指定地点。只要不碰上我们的抗击，他们就是休息待命。我们暂时没有被发现。唯一要做的就是密切注视周围情况，熬时间。

战场上什么怪事也有，忽然间出现了一个意想不到的险情。早晨紧急集合，我把被子勒在马背上。我的被面是不久以前花两元钱从贸易局缴获的敌人物资中买来的白底蓝花细布，看上去格外显眼。十二里庄突围时，杨清华骑马走了。现在这匹马驮着原封不动的行李，突然出现在麦田里，站在距我不过四五十米的地点。清华丢了马，人怎么样了？马站在麦田，很可能招引村里敌人来捉马。我们这些卧倒在麦田中的人会被发现。这太危险了。想把马驱赶走，但也找不到办法。马站在那里不动，也不见敌人来捉。时间和空气就像是凝固起来了。北边村庄忽然响起呼唤似的马嘶鸣。麦田里我们这匹马闻风答话，长嘶两声，扬鬣向村庄跑去。戏剧般地出现的危险，又戏剧般地化解了。照这个情形判断，敌人今天来麦田打扫战场的可能性很小。等到天黑，我们甩开敌人的包围圈毫无问题。

4 月底，是旧历 3 月中旬。落日余晖未尽，皓月已经在东方升起。开头月光明亮，不久被云层遮掩，夜色昏暗。我站起来小声说："走。"前后左右的人没有谁答话，都站起来在麦田里一直往西。越走人越多，大家心里全明白，什么也不用说。后来一连发现几名伤员，马上有人自动出来架起他们走。只有一次有人喊："同志，不要丢掉我。"大概是他伤势重，别人也没有发现。麦田中遇到一口水井，大家口渴，要求停下来喝点水，没有桶，有战士解下绑腿系上茶缸往上提，费时又不济事。忽而听人说，伤兵不能喝水，那会增加出血。我抓紧点了点人数，共八十二三人。其中多数是战士和本地工作人员。战士携步枪十余支，轻机枪2挺。我认识的水原健次等3名反战同盟成员也在其内。我估计此地当在北线敌人占据的村庄以西三四华里。敌人的巡逻刚过去，这是脱离敌人包围圈最好的地点、时间。我问大家：你们中间有负责干部吗？一人回答：我是军区警卫团营长。我说此地决不能久停，必须赶紧离开。你负责断后，我在前面开路，迅速把所有人带出去。他同意。也不容许商量讨论，什么宣传鼓动也都是多余的。我只低声简单交代了几句：这里是敌人包围的黑暗地区，越过封锁线就是光明。同志们互相帮助。伤员、武器一定要带走！不能丢。口渴忍耐一下，出了包围圈不怕没有水喝。立刻行动。没有等走出麦田，又加进了十余人，共近100人。

4名持枪的战士走在前面，侦察警戒。我和3名反战同盟日本士兵走在一起。伤员留下的3支步枪，给他们两支，我拿一支。其他人走在我们后面几十米。封锁线轻而易举穿过了。顺路往西北走到头一个村庄，4名战士进村侦察，没有异常情况。后面的人都进村，稍事休息。负责照顾伤员的人不用吩咐，各自去向住户敲门，安置伤员。这里恐怕要算敌人的"治安区"，我们不敢耽搁，急速向西北走，也就是白天敌人朝我合围的方向。一百来人中，除了一位营长，我算是比较负责的干部。如今大家脱离了眼前危险，伤员也暂时得到安置，武器也带出来了，我当然感到轻松。但是对于3名日本反战同盟成员，我必须把他们安全带到领导机关去。敌人调集重兵，没有达到消灭我们的目的，必定不会罢休，因此，心头并没有一块石头落地。

大概已经过了后半夜，天空云层消散，月光不再朦胧。一百来人走在一路，目标太大。在一个路口休息，我跟大家说明这个意思，请军区营长带领战士和武器回部队，本地区工作人员情况熟悉，分头去找自己的单位。这时忽然发现政治学校教务主任丁哲民和一名勤务员也在人群中。丁腿瘸、眼近视，主要靠小勤务员带路。教务处本来是有马的，马在突围中也惊跑了。丁和勤务员是我们在麦田中往北穿行的时候加进来的。我走在前头，所以谁也没有看见谁。众人分开了，我和丁 2 人加上 3 名反战同盟士兵，6 个人的小分队，我成了“小队长”，也不需要选举投票。

我们碰到村庄就绕行，一直默默往前走。这十几个小时对神经的刺激太强烈了。我想找到一个扼要的说法表述出来，总不如意。头脑渐冷，终于冒出了一个想法：“力量上弱，精神上强。”我们长时间在敌人碉堡林立的空隙中斗争、生存，对于敌人大小规模的“扫荡”司空见惯。但这一次毕竟不一样，十多个小时里，三四千人，在方圆仅仅几华里的包围圈中，面对敌人千军万马，情况瞬息变化，生死成败间不容发。他们只要大多数人突出重围，敌人精心策划的这次大行动就是失败的。现场上，人们表现出的精神，是面对强敌无所畏惧；是被打回或打散了再集合起来闯出去；是对胜利有信心；是沉毅坚定，不怕牺牲，压不垮，顶得住。归根到底，这也就是中国人民在敌强我弱形势下坚持抗日战争的共同精神！我想如果某位名家高手把今天的场面用诗歌写出来，一定是感人的。不过这不容易。三十多年后，我读到一部唐诗选本，其中有张巡《守睢阳作》一首，不禁马上联想到武城突围的往事。

张巡这位历史人物，是我念私塾时读文天祥《正气歌》上的“为张睢阳齿”时知道的。那时只看过《通鉴纪事本末》上关于这位英雄人物的生动记述。他坚守河南睢阳，抗击席卷黄河南北、气焰嚣张的安禄山贼军。他报告唐君主说：“臣被围四十七日，凡一千八百余战。当臣效命之时，是贼灭亡之日。”《守睢阳作》就是被围困非常危险的时候写的：“接战春来苦，孤城日渐危。合围侔月晕，分守若鱼丽。屡厌黄尘起，时将白羽挥。裹疮犹出阵，饮血更登陴。忠信应难敌，坚贞谅不移。无人报天子，心计欲何施。”短短数行，惊心动魄，生气虎虎。诗中“合围侔月晕”（形容敌人包围严密，像月亮外面的晕圈；“鱼丽”是古代作战的阵名），“屡厌黄尘起”，“裹疮犹出阵，饮血更登陴。忠信应难敌，坚贞谅不移”，不但与发生在武城的战事情景相似，展现的思想意志也相仿佛。6 人小分队在夜间默默地往前走的时候，我想要找到的东西，几十年以后，觉得在《守睢阳作》里传来了回响，感叹多时，反复咏诵！

4 月底，天亮得很早。我们只知道是在南北狭窄的小条里，地点敌情一概不明。等村中农民出来，了解到敌人昨天从这里来回经过，没有占据。我们进到一个较大的村庄停下，在农民家里吃饭。在此以前，也不怎么感到饥饿。村庄正当过往大道，我们必须尽快转移。动身时，水原健次交给我一包印刷品，好像还有写成的标语之类。意思是要我决定怎么处理。昨天以来，他们经历的危险至少跟我们一样。这些东西本来随手可以扔掉，他们没有那样做。可见日本兵不但战术训练很严，纪律训练也很严格。这些印刷品未必有多大机密。农民院子堆满秫秸秆，我接过来塞进秫秸秆堆里，就离开了村子。

河北南部有一条（或两条）自南而北的黄河故道，或者沙丘起伏，或者宽阔干涸的河床深深凹进地面。河床中常常能够见到农民熬制土盐堆起的土垒，有像小土屋残垣断壁的。我们找到一处认为地点机动的土垒隐蔽休息。3名反战同盟士兵看来情绪稳定，他们彼此也不交谈。我只是用手指比成“八”字形，向西北方向指指说：“八路大大的有。”现在想起来，这好像是讲儿童故事。多半天没有听到枪声。先后有两支日军在与我们相距约200米处穿过河床。最前面的人用长竹竿挑着太阳旗，更前面是几条寻找猎物的狼犬，没有发现我们隐蔽的地方。太阳西沉，估计敌人的行动已经过去，我们来到河西边一个村庄找到村干部，安排在一户农民家里弄点吃的。又凉又硬的高粱窝头，蝇子在饭筐上飞舞。这是长期艰苦生活、又饱受敌人摧残的农民群众能够拿出的最好的东西。天还不黑，军区宣传部长白文华（50年代担任过总政秘书长）独自一人，从村东口走进来，显然跟我们的经历也差不多。我头一句话就是问，他是否知道军区在哪里？3名反战同盟战士我想最好他带走。他说军区大概在枣强东部一带，反战同盟3人由他接收过去。我从武城麦田出来到现在，肩上的负担解除了。怎么也没有想到，事情还留下了一个小小尾巴。

1945年10月我从太行山回到冀南行署，军区与行署同住在威县城里。军区敌工部长张有萱（张茂林）在一次见面中，他郑重地问：水原说，“四·二九”时他把一包文件交给你了，你能记得放在什么地方吗？我似乎感到惊讶，告诉他水原是把一包东西交给我了，当时藏在一家农民的秫秸堆里。不但记不起村庄名称和农家的位置，就算能记起，事隔几年，什么文件早该化成灰烬了，还从哪里去找？自那以后与张没有再见，只知道“文革”前他是国家科委副主任。前几年，我到协和医院治牙。在我前面做牙的一位老同志觉得在哪里见过，一问才知道是张有萱，彼此交谈起来。抗战前他是留日学工科的，“文革”后，先后在几个工业部任副部长。已经离休，我没有记住他最后在哪个部。

武城突围以后三四天，我与任仲夷、杨清华等在枣强地区行署会合，牺牲和失踪者的名字陆续传来。其中有行署文教处科员庞明辉、通讯员小吴、教材编审委员会负责人王化民。他们都是长时间和我在一起工作的。庞是冀中束鹿人，是中学毕业不久的青年，工作细心负责。十二里庄突围时他跟在骑兵团后面被冲散了。我碰见他和小吴拉两匹马在路边两棵杨树下躲避敌机。我要他放开马，人先走。他指指马褡说，有文件，马不能放。敌机低空盘旋，树下马匹很容易被发现。结果两人一同牺牲在敌人的炸弹下。小吴是行署受人夸赞的“小鬼”，以为他未来可能成为军队的指挥员。他头脑机灵，一切都是主动去干，不知疲劳。牺牲时不过十五六岁。王化民是河北临城人，“七七”前当中学教员。一条腿受重伤，农民从麦田中背出。他与一位江姓女同志彼此有意，从未明言。受伤后江赶去护理，怀着爱情和对敌人的仇恨，坦然表示：你只要活下来，我们就结婚，没有腿，我照顾你一辈子。因缺少医药，王无救身亡。后来听说，武城突围，牺牲干部战士二百余人，各村群众遭屠杀又二百余人。当地现在竖有一座抗战胜利后修建的烈士纪念碑。

黄鹤楼下的“七七”事变[1]

“七七”事变爆发，我正在武昌。

上年8月，我就读的长沙湖南国学专修学校停办。手里拿着准备支付一个学期的费用，从长沙来到武汉游览。逗留了二十来天才返回洞庭湖滨的家乡华容。这一次是今年3月底4月初来的，依旧住在上一次熟识的武昌粮道街一处供学生寄宿的寓所里。目的在寻求职业，没有门路，一天天虚耗时光。

粮道街在蛇山东侧。出街道南口，有一条向西穿过蛇山涵洞的马路。从涵洞近旁上山，沿着起伏的岗峦往北，到黄鹤楼大约一公里。张之洞的抱冰堂、辛亥革命新军起义用过的炮台、毫不引人注意的小土堆陈友谅墓、某名寺院等，都在这条路上。抱冰堂附近有一个小图书馆，一个报刊阅览室，还有两人合抱的大桂花树。到了这里，才知道桂花树多而且高大，为武昌独特景色。抱冰堂西侧山坡下半近代式的红瓦楼房，是清末湖北立宪运动中盖的湖北立宪公会大楼，此时是国民党湖北省党部所在地。我上午的时间多半就消磨在小图书馆或阅览室里。6、7月份狭窄的市民家庭寓所闷热非常。晚饭后有时我自己，有时约同一二人从涵洞处上山，散步到黄鹤楼，然后经汉阳门大街往南，返回住所。大街上霓虹灯闪动，几家赶时髦的商店，用扩音喇叭播放《桃花江》《大路歌》等唱片，翻来覆去；走过繁华地段，才感到安静了许多。

7月8日晚饭后，我又一次上山由南往北信步走去。以前这时总有三五游人来往，或者在山顶亭子上纳凉聊天。今天感觉异样，一路上几乎很少碰到游人。经过某寺院缓坡往下，便是黄鹤楼。这时忽然听见前面人声嘈杂，越近越一片嗡嗡。我赶紧走向前面，发现众多人聚集在那里，而且马上知道了他们谈话、吵嚷的内容：昨天日本军队发动进攻，占领卢沟桥，包围宛平

① 原载《我亲历的抗日战争与研究》，中央文献出版社2000年版，第3—9页。——编者注

城，中国军队奋起抵抗。中日战争打起来了。战事目前正在进行，情势急紧。消息今天下午传到武汉，报纸刚刚发出“号外”。我注意了一下，这时大概是八点来钟，时已黄昏。

黄鹤楼是一座多角木结构建筑。外表陈旧，早已变成了普通茶楼。去年来此，我到底层转过一下，茶座生意清淡。听人说，楼上空空如也，只可供观看近处江景。楼外地面空旷、平坦，东侧的多级石头台阶通往汉阳门码头。台阶宽阔，随地势斜行，中间有平台相间。聚集在这里的人群，散布在从楼外空地经过层层台阶到汉阳门街口。他们三五人、数十人、上百人围成一堆一团，随分随合。少数人手里拿着“号外”，别人争相传看。没有人长篇大论讲演，有人在围圈中挥动手臂，大声呼喊。我变换地点，各处听听。人们急切打问消息，凭自己的见闻，骂日本人坏，诉说日本对中国欺侮压迫的种种横暴。他们热烈讨论和争论的问题是，战争会不会大打起来，我们是不是应该跟日本人拼？我们不打，中国的地方能不能收回，怎么收回？大打起来，中国打得赢吗？不会亡国吗？二十九军干得好，可是谁知上面的主意呢？等等，等等。各讲各的，不过大家最关心和比较赞成的，一是认为不抵抗不行，应该支援二十九军，二是中国人多地方大，打下去不会亡国，要紧的是中国人要齐心，不能人心不齐。我粗略估计一下，八点多钟，聚集在这里的，可能近两千人。所有的人显然同我一样，是游览、散步、纳凉，路过偶然碰到一起的。他们之中各种人都有，从穿着、说话的口气、口音可以知道，有住家市民、店员、工人、人力车夫、小商贩、公务员、知识分子、学生、无职业的闲散人员和外地过路人等等，也就是他们是占人口绝大多数的普通老百姓。这么多人共同的情绪是愤怒、兴奋、期待，等着明天的情况，最好是打胜仗的消息。他们聚集在一起，完全是偶然、意外、非预期的。他们那种情绪和所表达的占多数的看法，又是意料之中的和不可避免的。在一切已经具备的环境条件下，报纸“号外”消息，就像两块石头相撞冒出的火星，必然在瞬间点燃一场火，或引发一场爆炸。它的潜在含义，当时我只顾兴奋不已，没有形成什么概念。九点多钟在返回寓所的路上，忽然感到，这不就是爱国思想吗？不就叫民族精神吗！

到寓所以后，把黄鹤楼下的见闻告诉几个暑假将要回家的高中学生，大家热烈议论了一番。第二天和以后好几天，头一件事就是上山至报刊阅览室看报纸新闻。看报的人虽然互不相识，也情不自禁地在一起讨论起来。有人说，8日晚上汉口江汉关等处也聚集过许多人。过了几天，靡靡之音的《桃花江》，居然也从大街商店喇叭中消失了。听说汉阳门到江汉关的轮渡上，中学生正在募捐慰劳二十九军。大概个把星期以后，报纸登出海报，汉口一家大戏院，上演剧作家顾无为编的话剧《卢沟落日》。标价法币一元，观看的人争先恐后。对于住公寓的人来说，一元法币是五天的食宿费，也有人决心去看。

这时，我是一个落后的书斋式小知识分子。我上小学的时候家庭是中小地主。府城乙种师范毕业的父亲早年去世，家景衰落。我主要是接受封建教育，与“诗云子曰”打交道。但阅读能力增加，也使自己粗知世事。社会生活现实的矛盾，不能不在思想上产生矛盾。国学、故纸堆中的空虚、宁静，抵挡不过客观环境变化的强烈刺激。甲午战争、马关条约、二十一条、“五九”国耻等，不知什么时候起，说来自己已经并不陌生。“九一八”时，从县城里偶然见到公务人员衣袖上戴个黑箍，缝着“国难”字样。后来才听说，日本军队一个早晨占据了东北三省。就在这以前以后，也见过衣袖上戴白箍的差人下乡，醒目的大字是“剿匪”。官方报纸上经常宣传“攘外必先安内”，在持中间态度的知识分子中，也有人对蒋介石很不恭维。上年6月，两广军队打着北上抗日的旗子开进湖南边境。湖南省主席，也就是临时脱下军装、换穿长袍马褂、给我们演讲《大学章句》的国专校长何键，他先是骑墙观望，然后宣布“拥护中央”。蒋介石软硬兼施把对方压下去了，人们觉得北上抗日理直气壮，但庆幸避免了一场战争灾祸。在国专那样落后的角落，同学中也有人私下谈论“祖龙将死，中国将变”。这是用秦代术士骂秦始皇“今年祖龙死”的话来骂蒋介石了。

以前我上过半年县立师范补习班，每星期一全校师生要集合做“朝会”，齐唱“三民主义，吾党所宗……”国专课程经史哲文都是老古董，与它们平列的《党义》一门，由一位姓陈的国民党省党部要员讲授。他发的讲义中，记得有“三民主义的连环性”一节，我当时感到很像中学生的命题作文。三民主义也好，“党义”也好，都引不起我的兴趣。对于蒋介石，说不上有何认识。蛇山漫步中，某次走近陈友谅墓，忽然有感，很快哼出一首《过陈友谅墓》的诗。到陕北以前写的诗都忘得无影无踪了，惟独这一首有时想起来念一念：“紫荆山上孝陵园，碣石崔巍车马喧。黄鹄矶畔汉帝墓，杞棘荒圮无人过。我来凭吊读遗碑，老乌哑哑相和吹。碑上淋漓云何事，似叹英雄不得志。鄱阳一战功未成，泰山鸿毛从此分。吁嗟乎！垓下若教刘邦死，如今楚帝称项羽。”开头两句点出了南京和那个人的地位，收尾两句是前人所说的“成者为王，败者为寇”。蒋倘若当初失败了，如今也是个“寇”。这和“祖龙将死”的意思差不多。反感，但不带特定色彩。报纸上不知从什么时候起不说“剿匪”了。刊物上有过反驳“联合阵线”的文章，我当然不知何谓“联合阵线”，但大致也可以揣想出那是针对共产党的主张讲的。后来同样的文章也很少见到。华北情况怎样，以前我不曾留心。表面上很平静，若无其事，只有长江三大火炉之一的武汉大火炉热浪的冲击。我就是在这种形势和思想状况下经历上述黄鹤楼下的“七七”事变的。

前个把月，我已经打算回家了，等待家里筹寄路费。正在这时，一位姓魏的小同乡，念完长沙岳云高中，来武汉参加大学招生统一考试。他要我等他考试结束以后一块走。需要的钱由他借给，并请我去汉口看《卢沟落日》。“卢沟晓月”被认为燕京八景之一，由来已久。剧作改“晓月”为“落日”，与品评风景无关，是在用这个形象说出中日战争的结局，中国必胜，日本必败，日本的太阳将在卢沟桥坠落下去。进入剧场，楼上楼下，满满当当，座无虚席。剧情变化中，忽然一驾飞机从观众背后高处直冲舞台，同时发出轰隆响声，引起一阵骚动。创作上这种小手法，看来也产生了刺激性效果。演出结束，观众走出剧场，热烈议论。虽然谁都知道它不真实，也愿意从中感到一点满足。

回到家乡，已经是7月底或8月初。农民收过早稻，生活暂时安定。邻里亲朋来谈，问起消息，我首先就告诉他们黄鹤楼下所见那一幕。乡村没有报纸，外面消息不过偶有传闻。家在山区，县城有熟人和可以阅报的简陋“民众图书馆”，相距二十华里，过几天才去一次。在确知中国抗战全面打起来以后，意识到了自己的书斋生活将要变，但是如何变，变到哪里去，一派茫然。

沉寂与变动①

战争在前方打了三四个月，华容这个地方仍处在死水般的沉寂中。上海失守，国民政府迁往重庆，对于多数人都是在不知不觉中过去的。

沉寂，当然绝非世外桃源。多数农民知道中国抗日了。但他们首先要顾及眼前，该怎样在重租、苛政、饮鸩止渴的高利贷等残酷压榨中挣扎生活下去。知识分子有关心时局的，有更关心身边近事的。就在6、7月间，县里很有势力的劣绅张作典担任县财政局长，在与对立的一派争夺权利的斗争中失败，贪污舞弊被揭发，案情继续发展。一些人拍手称快，一些人惴惴不安。最后查实，张担任财政局长两年又一个月，共侵占公帑及应该交出的各种款项，合计十三万五千余元，又谷若干石。有人算了一笔账，通常7、8月间新谷上市，一元六角一石。十三万五千余元是十万余石谷。全县人口三十万每三人就要缴纳一石谷归入他的私囊。这笔钱用于抗日军费，足供满员正规军一个师全月开支而有余。张因失去了后台，第二年被枪毙。省里宣布其罪状的文告上有“张作典派员征收摊款之时，屡有无故拘押人民暴行之举”；“华容劣绅狼狈为奸，被害人民既不敢言，又不敢怒”；张“恣横暴戾，尤为贪污之魁。其恃势欺凌，蹂躏人民之处，凶恶万端，人民恨之入骨”等等。张的贪污横行，无疑是比较突出的。但在当时的社会秩序下，同类性质的事实司空见惯，不过具体情节有差异，绝大多数没有暴露公布于世罢了。报纸上说的全民抗战，在洞庭湖畔这块土地上不见声息。这种情况和普遍存在的统治腐败，劣绅恶霸当道，人民深受压抑，无人过问，联系在一起。

回家以后，我心绪烦闷，再也坐不下来专心致志读书。一个关系密切的私塾同学叫程稚香。地主家庭，居住县城西乡。上年我们一块赴长沙，我进国专，他入艺文中学。“七七”以后他休学在家。我们这时又在一起盘桓，打发时光。

---

①原载《我亲历的抗日战争与研究》，中央文献出版社2000年版，第10—25页。——编者注

程稚香这个家庭对我当时求学和后来的生活很有影响。我上私塾的过程中，连续三年在他家“起爨”就读。老师是县里教过整整两代人的塾师、老秀才蔡瑞芝先生。学问根底扎实，文字雅驯，非训蒙塾师一类。早岁到省城长沙下过“秋闱”，颇知故老相传的曾国藩、左宗棠、大文人王闿运等湖南人物掌故。他提到曾国藩总要敬称“曾文正公”，不过说曾死时人们写的一副挽联“杀贼功高，果为一朝真宰相；和洋罪大，早死三年是完人”，则是湖南士绅的“公论”。程稚香的父亲也是一位旧式知识分子，在家过田园生活。他钦佩蔡老前辈的学问，特延聘在家培养自己的儿子。他觉得我是他儿子的“益友”，对我也就表示关心。他家有不同注释本的杜诗，前人评论的所谓“陶甘杜苦”“郊寒岛瘦”“元轻白俗”“韦淡”等，我头一次就是听他说的。他有位挚友朱婴是大革命时革命分子，后来长期潜居上海从事文化活动。朱婴新从上海书写寄来的多幅大字，他观赏时也叫我们看看，很快就又收藏起来。至于朱为何许人，他不肯多谈，只是说“他是做大事的”“是想改造世界的”。他家常年订有省城报纸，好像是《湖南日报》。与读书有关的消息，例如章太炎在苏州讲学、叶德辉其人、长沙要印行《叶德辉全集》等，是他阅报时跟我们随便谈及的。我最初并不爱看报纸，时间长一点，渐渐对报纸产生了兴趣，并且从只着重看与读书有关的内容，变到先要翻翻时事新闻。后来回想过，如果没有在程家“起爨”的三年，我的思想肯定更加落后封闭，对外面的世界更加隔膜，肯定不会走出家乡，不会那样直接感受伟大时代风暴的强烈震荡，并投奔到民族解放战争炮火连天的最前线去。

日军占领平津，华北沦陷，给偏僻的华容地方多少也带来了一点影响。本地老一辈文人贺冕多年在北方活动，听说当过北洋政府时期的议员，以诗人著称。这时他回到了家乡，住在县城北面的老家万庾镇上。我觉得生活实在空虚无聊，便同程稚香一起去看望贺老先生，请他接受我们拜他为师，攻习诗文。他那时闲居，答应了我们的请求，就住在他家里。头一次见面，见他客厅里挂的书法中，有一幅署名“散原”，是一首五言律诗。我们不了解散原是谁，后来问及，他才说到散原是当时被称为宋诗派代表人物的陈三立，即现在学界所推重的陈寅恪的父亲。那首诗是他们唱和中陈写给他的。人们称贺为诗人，大概与此有关。他每隔一两天，晚上来我们的房间里谈一次话，海阔天空。对于我们写的习作，他是“君子动口不动手”，发表意见，不下笔改文字。某次，我仿照杜甫《三吏》《三别》写了一组诗，背景是城乡出现各种名目的招兵单位，买卖壮丁，或者强拉行人。他看了以后嘱咐：“不要拿出去给人看，人家会以为我们不赞成抗战。”他儿子贺某打牌赌博，有时也走进我们的房间闲谈。有一次，老先生郑重地念着他儿子的名字说：“你们不要跟他通钱财，倘若他欠了你们的钱，我是不负责的。”这一些，可以看出他老于政治阅历，处事细密。我在贺家学习生活结束，快接近1937年末尾。家乡也就在沉寂中走过了抗日战争早期的日子。

战争发展的非常形势急剧改变着社会生活的某些关系和状况。1938年初，那种改变的波浪终于冲击到了华容这个地方。以前听不到的议论、看不到的书，这时听到、看到了。一位素无交往的青年，借给我一本叫《唯物主义与伦理哲学》的书，令我吃惊。其中反复出现康德、黑格尔、卡尔、伊里契、某某夫人等人名，摘引他们的论点，指出他们是谁和为什么是唯心论、唯物论、二元论，加以评说。我既不知道那些人物，当然也无从索解书上的理论。硬着头皮往下看，仍然稀里糊涂。其实那不是一本禁书，它流行很广。但对我来说，内容太新鲜了。我想从头求知，但并没有由此对孔学产生动摇。

与程稚香在春节以后见面，从他那里知道，多年隐姓埋名住在上海的朱婴同儿子、女儿回到家乡来了。知识分子有去朱家拜访，有打问朱活动消息的。朱仿佛成了“要人”。我意识到了这是抗日战争造成的人们的政治态度、思想动向的改变。朱在上海办一个名为《我们的学校》的小型刊物，他儿子叫朱允禧。因为程稚香的关系，我与朱允禧很快相识，看到了《我们的学校》。其中某期登有一则介绍延安抗日军政大学的消息，不过一二百字。我连续看了几遍，好像是一个人踯躅在暗洞中，忽然发现前面隐约有个亮点，有个出口。到延安去？这个念头在头脑里滋生、膨胀起来。

形势是这样：或者是在家乡恶劣的环境中苟安下去，那实在难以容忍，不情愿，而且苟安的日子又能维持多久呢？或者改变生活，到通往抗战前线的地方去，这除了意味着舍弃家园，实际行动上又到哪里去接头，行得通吗？忧虑国家民族命运，寻求个人出路前途，两者结合在一起，拿定主意，到延安。确知长沙有八路军办事处，第一步先到那里去弄清情况。

1938年5、6月间的长沙充满抗日战争后方的浓烈气氛。头年冬天，日机多架轰炸长沙，欠下了中国人民一大笔血债。自那以后，空袭警报时鸣。虽不说是风声鹤唳，居民仍经常要把注意警报放在心上。旅馆跟从前不一样，住着不少操江浙安徽一带口音的旅客，有的拖家带口。茶房称他们为“下江人”。他们是不愿意当亡国奴，历尽艰险，逃亡到后方来的。我看见一家人，孩子在父母身边天真烂漫唱儿歌，“锄头，锄头，要奋斗呀！”大人却紧皱双眉，为无家可归、生活窘迫发愁。旅客中军人也很显眼。他们都是从前线失散下来，找不到或者没有原部队可找了，准备另谋差事。一个身材细高的上校，携一年轻女子同住。三两天后，他妻子跟踪追来，原来上校从前线来到后方，没有回部队，先纳了一名幼妾。大批伤兵去年就开始运送到长沙，他们得不到必要安置，占领商店旅馆，并一度包围省政府。市民惊恐，与伤兵情绪对立。当局作了一些处置，秩序得到恢复。5、6月间，正当台儿庄战役以后，新的伤兵增加，问题又再次突起。我先在市区旅馆落脚，不久住到小吴门外郊区一家住学生的寓所。到市区去要经过伤兵集中的四十九标兵营外面。附近戒备森严，行人都加快步子走过去。伤兵仍有从围墙上翻出来，三三两两在街上游荡，滋生事端的。通衢路口，张贴某某集团军、某某路军学兵营、训练班等的招生布告，五颜六色。布告的发布者不知都是什么人，好像有顾祝同、汤恩伯那些名字。清华大学和其他几所大学的临时校址、联络处等也见于街头路边的告白、通知单上。它们只受到少数人的注意，但也给一些青年知识分子带来了新的话题，谁人在哪里讲演，谁的行踪如何等等。马路上的书报地摊东一摊，西一片，兴旺热闹。报纸、刊物、时事小册五花八门。《毛泽东自传》《毛泽东论游击战》《朱德访问记》《彭德怀印象记》《如此韩青天》等，都摆在那里。它们尤其吸引浏览者、购买者的注目。我翻开一本《文摘》，有一篇郭沫若写的与蒋介石的见面和谈话。题目和内容全忘记了，只记得其中一句话，蒋问郭：“你贵庚?”大概因为是《文摘》只载郭与蒋见面的内容，不及其他。那是郭最早给我留下印象的散文。在上海指挥“八·一三”抗战的张治中，这时任湖南省主席，他提出动员民众，改革行政。我住的郊区学生公寓老板是母女俩。女约二十来岁，每天早晨穿起规定的服装受军训两小时，回来满脸兴奋。市民看来表现出是愿意组织起来参加抗战的。

鲜血、腐败、愁苦、振奋、变革、希望、力量……红、橙、黄、绿、青、蓝、紫，合制成一卷正在展开的空前大画图。它的鲜明的基本色调是抗战和信心。当时有人说湖南是“中国普鲁士”。我在全国抗日战争高潮中，短暂生活于“中国普鲁士”的首府，接触到的大致就是这一些。

这次我来长沙，是根据朱婴刊物提供的消息，寻找去延安门路的。我知道朱，他不知道我。50年代，从报纸上知道他在西北军政委员会工作，以及担任西北大学党委书记等。其间我两次去西安，没有时间联系谋面。1964年，我国举办北京科学讨论会，亚非拉美几个国家科学家出席，毛主席与其他领导人同各国学者见面。日本代表团五十余人，团长、副团长是坂田粒子学说创始人坂田昌一、历史学家井上清。我是中国代表团团员。会后多数日本学者访问延安、西安，生物学家松浦一任团长。我陪同前往。到西安以后，越南、印尼、非洲国家学者也从其他参观地来此会合。省长举行招待会，我席终时致词。话不长，但每讲一句都要译成三四种语言。招待会后我问省外事干部，今天省里出席的都有谁？他一一说明，科委是副主任朱婴。呵！朱婴。我请外事干部与朱联系，明天上午我去拜望。这位干部坚持请朱来宾馆。第二天见面，我首先自我介绍。他说，难怪昨天晚上听你讲话总觉得是我们家乡口音。据他告知：贺冕在抗战中被推为华容参议会议长，后来是湖南文史馆馆员，他们间有书信、诗文来往。程稚香土改中自杀，朱允禧在北京外语学院任副院长。他本人1938年创办东山中学，青年入学踊跃。前一段能够正常上课，但也受到掣肘。武汉失守以后环境一天天恶化，学生纷纷被迫辍学。最后学校关门，他带领十几名青年打着“抗日宣传旅行团”旗子，徒步从家乡走往陕北，沿途遭遇不少困难，终被克服。他叙述的这段经过，从一个局部反映了抗日战争前期湖南乡村统治状况，和一些青年在抗战道路上的选择。朱在十年动乱中被折磨致死，那是后话。

我一到长沙，很快见到了几位国专同学和其他学校学生。从他们那里知道了八路军长沙办事处地址和它的领导人“徐先生”——徐特立。徐老是湖南教育界前辈，青年时写血书反对袁世凯窃国称帝。“四十始学横行字”，到法国勤工俭学，然后加入共产党，跟红军长征。如今又为抗日从延安来到故乡，很受教育界一些人士和青年的尊敬。学校团体请他作报告或者青年们去请教，他都热情对待。这使我感到去延安很有希望。从我住的郊外学生公寓到八路军办事处所在地交通不便，又连续躲轰炸警报。在将近三个星期里去办事处两个半天，最终把上延安的手续落实了。即将离开长沙的前一两天，在午饭桌上有人谈起了对社会主义怎么看的问题。一个平常谈吐豪爽的青年，忽然讲：“说不定我们中间就有社会主义者！”我心里一动，“我们”中的社会主义者指谁？难道是说我吗？不对，我还不配。

“有志青年到延安去”①

八路军驻长沙办事处在市中心西部的长寿街，位于东西向街道北侧。我两次去都是上午。第一次去，徐老正在会客，传达人员要我坐下等一等。我觉察到这里是个文职机构，没有正规军人。房屋陈旧，一楼一底，赶不上中等的普通旅馆。

时间不长，两三位穿蓝布大褂的中年女性从楼梯下来。我照传达人员的指点，走进楼上房门敞开的徐老工作室，自我通报。他穿一身褪了色的草绿制服，手拿一把大芭蕉扇挥动着，连声说坐、坐。我开门见山，说想往延安上抗大，不知道怎么才能够去，特来请求徐先生指教。他回答的头一句话是：“很好！有志青年到延安去。”接着加以鼓励，大意是说：抗战是伟大的事业，依靠大家共同努力。知识分子与群众相结合，一定能在抗战中充分发挥作用。到延安去可以学到与群众相结合的知识武装自己。我问到哪里去办手续，路费有没有办法解决。他说，办事处就可以办手续，楼下有位先生会同你具体讨论。路费要自筹。停了一下说，从武汉到西安，一星期有一趟八路军的军车。如果赶得上，或者可以搭军车，但不能指望。武汉八路军办事处会知道确实情况。谈话大约五分钟，徐老全神贯注，说话速度不慢，完全像一个温和的老师——回答自己熟悉的学生的提问，在关键上给以指点开导。

楼下同我谈话的一位，年在四十左右，人也和蔼。我先请问贵姓，答曰姓刘。我把对徐老讲的话重复一遍，他打量了我一下，很认真地说：“劝你不要去！”这大出乎我的意料。徐先生那么赞成青年去延安的选择，怎么这一位又来劝阻了呢？他继续说，抗战哪里都可以抗，何必一定要去延安。我还是申述了自己的想法。他说延安地方艰苦，生活学习都紧张，你会吃不了那种苦，坚持不下去。我这才醒悟到问题出在自己的行头外表上。一瞬间脑子里闪出《史记·项羽本纪》上“楚人沐猴而冠”的形象讽刺。沐猴即猕猴，

---

① 原载《我亲历的抗日战争与研究》，中央文献出版社2000年版，第19—26页。——编者注

猕猴戴帽子，比喻一个人仪表可观，内里空虚。我穿一件质地厚实的纺绸长衫，皮鞋发亮，手持只有少数公务人员戴的软木船形帽（有人叫拿破仑帽）。外表虽非阔绰，也不算寒酸。他大概认为我生活富裕，至少不像个穷学生，未必有去延安的决心。其实我那副行头无非是表现出没落地主家庭内里早已空虚，外面还不愿放下架子的虚假现象，不过那也并非“楚人”特色。在我说明家庭和简历以后，谈话便集中到了湖南国专和国学问题上。

国专教师中有几位当地知名的“老师宿儒”。刘先生问我听他们谁讲过课，有何评说，读过什么新的书等等。然后要我谈谈对国学的看法。国专的口号是“通经致用”。“经”，当然是指儒家典籍。我上下古今讲了一阵通经致用的理由，不过自己也以为未必真正就有用。他问我儒学的纲领或要点是什么，我举《大学》上的所谓三纲领八条目——明德、新民、止于至善和格物、致知、正心、诚意、修身、齐家、治国、平天下作答。他说很对。但这在哲学上就叫唯心论。我们则主张唯物论。它们是两种不同的认识世界的方法，也叫两种世界观。从正心诚意出发，去治国平天下，是认为社会意识在先，客观事物在后，是认为治国平天下只能从主观的道德修养开始。天下所以矛盾重重、安定不了，就是因为人们的主观修养差，不能感动人、治理人。唯物论的出发点相反，认为客观环境在先，主观意识在后，认为人的社会思想观念是由客观环境造成的。个人对社会生活的主张、道德修养的内容等，只能是一定环境的产物；不是从天上掉下来的，不同生活环境下的人思想观念是不同的。照唯物论哲学来说——你不是读过讲唯物论、唯心论的书吗，这就叫作社会存在的第一性，社会意识的第二性，社会存在决定社会意识。你是湖南人，又是学国学的，总知道王船山吧！他是儒家大学者，思想上与同时代人顾炎武都倾向反满。儒学里本来没有反满这个东西，是客观上来了一个满族统治决定的。顾炎武强调“天下兴亡，匹夫有责”。他说的“天下”大概就是今天我们说的民族。今天支配绝大多数中国人、支配我们民族的抗日思想是从哪里来的，当然不是从人们的主观意识凭空发生的，它是日本的疯狂侵略，使中国民族面临被灭亡的现实危险这个最根本的社会环境决定的。如果我们只讲正心诚意，不与抗日战争联系起来讲道德修养，不进行誓死抵抗日本侵略的实际斗争，武装到牙齿的日本军队会受你的道德感化自动退出中国吗？哲学说起来好像很玄，真正的哲学是可帮助人认识社会实际的。哲学上的出发点问题正像俗话说的，差之毫厘，谬以千里。总之，不能从正心诚意，主观意识活动出发来认识世界，要从客观存在的现实变化出发来认识世界。所以我们认为唯物论正确，唯心论哲学不正确。……谈话的时间很长，中间几次有人来向他问事情。他说，今天的见面就谈到这里。你去延安的事不忙于做决定。下星期同一个时间你直接来找我。1984 年我写的一篇文章里叙述那次谈话的情景："他（刘先生）用历史唯物主义原理，指出我所认为的《大学》上的正心诚意、修身齐家、治国平天下那一套的唯心主义实质，旁征博引，议论滔滔，叫人折服。"我当时的感觉和心情就是这样。

敌机这段时间里似乎没有轰炸长沙，但常有警报。第二次到长寿街是在上午警报的空隙里。刘先生问从哪里知道延安抗大的，上次交谈以后有何想法等等。我说了一些认识，强调去延安生活学习艰苦不成为问题，并且准备到战争最前线去。马援说的男儿当战死沙场，"马革裹尸"的话，到了嘴边，也就说出来了。他头一次点点头说，谈得很好，赞成你的志愿。最后递给我一件硬纸印制可以折叠开合的录取入抗大的证书，"鉴定"栏目里填有"思想单纯"几个字。同时嘱咐说："把它收藏好。一路上不是人家把你当汉奸，不要拿出来。"

刘先生具体管什么的，无从了解。1946 年，抗战以前多年担任中学语文教师的姜国仁，也就是刘先生的夫人，从延安来到设在河北邢台的北方大学工作。在同她的交谈中，才知道"刘先生"就是老资格的共产党员、当时八路军驻长沙办事处主任王凌波。徐老、王凌波前辈，他们是我最早的指路人。

6 月底回到家乡，准备去延安的行动。最大难题是如何筹措到所需要的路费。全家八九口人，一年到头的收入，就是三十几亩水田生产的八九十石稻谷。公、私支出占去大半，口粮已经不宽裕。母亲主持家务，很矛盾发愁。她同意可以卖掉十石新谷，来年春天口粮不够，再去借债。七拼八凑，最后筹集了三十块钱。常有来往的私塾同学刘浴生，这时在朱婴办的东山中学念书。他知道了我去延安，要求同行。但要弄到一笔路费同样困难。等到二十来块钱到手，他不管够不够，也决心走。

如何对付一路上车船关卡的盘查，也是必须作准备的。我在长沙就注意到这件事。国专有位同学在长沙《建设报》当编辑，他帮我办了一封记者赴前线采访的证明信。华容这时已经成立徒有其名的抗敌后援会，我从那里找了一张后援会发的"干事"聘书。家乡某人兄长在西安别动队当少校，他听说我要去西安，主动提出给他兄长写封信，遇到困难可以去请予帮助。它们虽然都不过硬，总比两只空手好一些。

我们的行动是个人的，又和抗战中重大社会动向息息相关。我们的准备一开始，阻力也就跟踪追来了。刘浴生有个做过县长的堂兄从外地回家，他阻止刘浴生去延安，发现我是始作俑者。他派人邀我去家里谈谈。一见面就说，到延安去没有什么出路。你想上大学，那好办。朝阳大学已经迁到内地来了，上朝阳大学，我可以找关系保送你去。然后拿出一本小册子说，它是外间见不到的，你拿回去仔细看看，一定有帮助。当告辞的时候，他告诉小册子要送还。再一次说："上朝阳大学去吧！"那本小册子是白崇禧在国民党内部的一篇报告，讲抗战中国民党与共产党的关系、双方力量对比现状以及未来消长的前景。我对其中的数字、批评等根本没有心思看。反复看了它的结论：目前国民党的力量是七成，共产党的力量是三成。抗战中双方都要消耗，也都要发展。按照目前的比例，抗战一旦结束，国民党的力量是七，共产党的力量是三，依旧是国民党压倒共产党。他的这个结论，只能让向往延安的人振奋不已。共产党居然有这么大的力量，像我这样的人实在是闻所未闻。华容三青团也突然给我寄来一封《告华容青年书》。那上面说，三民主义是青年的神圣指针，悖离了，就要陷入盲从。有人认为到西北去可以寻找知识，那是有害的。三青团特地把宣传品寄给我，看来自己已经被列入思想"盲从"和行动"有害"的圈子里。一位正直、热心，短期在外面做事糊口的前辈，也不赞成我的去向。理由是"举大事者不顾家"，我去延安并非举大事。他说的"顾家"，含义是我奔往共产党方向，要顾虑家庭日后受到连累的后果。他是出于关心，事实上这是可能的。也是古时的楚国人主张"毁家纾难"。我虽然没有什么"纾难"能力，也应该尽一点中国人的责任。不同方向来的阻力，都是提醒我，赶快走，宜早不宜迟。

7月后半月，我与刘浴生一起动身。第一站是距家乡四十华里的长江关，即调弦口码头。那里可以乘轮船至武汉，由平汉路北上。以前外出，从来没有依恋家乡的情绪。这一次，忽然觉得家乡的一切都那么亲切可爱。青山绿水，桑梓家园，好像是头一次被发现。潜意识中仿佛感到这一回是真正要背井离乡了，而且很可能是永远。祖母、母亲也对我这次外出怀着异样的心情，我走出家门，到一个树丛快要遮住视线的地方回头看，她们还站在门口手搭凉棚遥望。以后我再也没有见到她们。

一位邻居前来告别，问我日本人是不是会打到这里来，我干脆回答说，不可能。我们这里夹在长江与洞庭湖中间，地方偏僻。日本军队倘若打到这一带，那不是把大半个中国都占领下了吗？我是大错特错了。仅仅一年多以后华容失陷。日军一座控制周围地区的特大碉堡，就修筑在我家正对面五六里、朝夕晴雨相望的名叫七女峰的山顶上。常年盘踞许多日军，不断下山“扫荡”。锦绣河山的家乡在长达四年多的时间里，一面是日军枪炮刺刀的血腥统治，一面是群众保卫生存的斗争。那座火石垒成的碉堡可惜很快平毁，只剩下废墟了。本来它应该站在那里告诉后人一些什么，不要忘记。

洪　流①

5、6月间，日军已经在沿长江及北南两翼向武汉推进。武汉难以坚守，一般人都可以估计出来，躲避战争的人口的又一轮迁徙也就开始了。我们来到调关码头，才知道从武汉驶往重庆的上水客轮每天都有，从上游往下至武汉的船，隔一天才有一班。我们只好等一天。意想不到是那天傍晚，在一家小店露天汗流浃背围着烧得通红的火锅，吃了一顿奇辣奇烫的龟肉。我从家乡起身时正在发作的疟疾，竟然从此根除了。调关不过百十户人家，旅店里住着外地口音的商人和靠他们生活的妓女。远方风声鹤唳，兵荒马乱的气氛，也被他们带到了这个腹地滨江小镇。

盛夏江面宽阔，水位上涨到了快要漫过长堤的高度。轮船并不靠岸，只是到达码头前鸣笛，在江心放慢行驶速度。我们由年轻水手驾驭的乘载限于两人的小划子送到轮船脚下。风急浪高，攀上船舷时，差一点掉进江心喂了鱼鳖。轮船分上下两层，上层凉爽，全部乘客四人都集中在上层。他们中像是夫妻的青年男女二人，学生模样的男青年二人。他们把卧具铺在甲板上休息，我们也照办。我们与两位学生装束的人互相观察，多半天过去了，只听见轮船劈开浪头颠簸起伏的声音，谁也不开口说话。最后我问其中一位后来知道是姓段的青年，他们是从哪里上船的。回答："藕池。"藕池是距调关上游最近的长江码头，水路通往南县。然后我每问对方一句，对方回答以后，就用同样的话反问一遍，我照实作答。问："你们到哪里去？"答："武汉。"问："到武汉以后还走吗？"答："还走。"问："往哪里走？"答："西安。"问："到西安以后还走吗？"答："还走。"问："往哪里走？"对方这时踌躇了一下，答："往北走。"猜了半天哑谜，现在谜底揭开了。我们是走同一条路，朝同一方向去的。他们是南县的高中学生，想去延安上鲁迅艺术学院。问答中，他们表现出的警惕性很高。共产党这时虽不"违法"，彼此都知道，

---

① 原载《我亲历的抗日战争与研究》，中央文献出版社2000年版，第27—36页。——编者注

到延安去那是很犯忌讳的，要冒风险。青年们选择去延安，首先就要面对这种政治环境。他们不知道武汉八路军办事处。我介绍了知道的情况，他们马上表示要同我们一起行动。

第二天上午到达汉口。岸边一个班全副武装的士兵检查行李和搜身以后，挥手示意可以走了。我们四人一同去法租界找八路军武汉办事处。一是想了解能否搭上八路军每周一趟由武汉开往西安的军车，二是他们三人都要办理延安入学的手续。法租界在江边马路上，从西到东长约三四百米。到尽头问警察，都是重复回答：往前走。我们走了两个来回也没有找到目标。只好去请问早就一眼看见了的一座洋房门口钢盔刺刀闪亮的站岗宪兵。他说："这里就是。"原来办事处的牌子挂在洋房第二道门上，门外有宪兵守卫。我把长沙的经验搬到这里，自然就被瞒过了。传达室一位戴"八路"臂章的女同志回答我们的问题：军车的情况不知道，延安入学手续要到西安去解决。我仍然照搬长沙的经验，说想见董先生——武汉八路军办事处主任董必武。回答很简单：董先生不在家。武汉是这时抗战政治、军事、文化中心。八路军武汉办事处，也就是共产党领导人在战时中心活动的主要场所。陈绍禹、董必武常驻，周恩来也不断来往。难怪延安入学手续等具体事项也就不由它来办了。

来到武汉的大约十天以前，我在华容县城的扩音喇叭广播中，听到了武汉举行隆重集会纪念"七七"一周年的消息。后来才知道，这时公布的名单中有毛泽东、陈绍禹等共产党七参政员的第一届国民参政会在武汉召开。人民群众同时掀起爱国献金巨潮，投入支援抗战，保卫武汉的斗争。据郭沫若记载：国民政府军事委员会政治部第三厅厅长郭沫若主持"七七"纪念筹备工作，有群众献金一项，意思在于鼓舞民气。政治部主任陈诚反对，认为不会有人捐献，一定失败丢丑。蒋介石这时召见郭沫若，批给特别费一万五千元。钱不多，作用不小，郭等于奉了一道筹办纪念"七七"的"御旨"。"奉旨出朝，地动山摇。逢山开路，遇水搭桥。"原定计划都通行无阻了。献金的五天日子里，八座献金台，掀翻了整个武汉三镇。献金的人群，每天从早到晚，川流不息地朝台上涌。人与人之间比赛，台与台之间比赛，简直是发狂了。献金的什么人都有，擦皮鞋的小孩子、黄包车夫、码头工人、老妈子、洗澡堂里擦背的、茶楼酒馆的堂倌，他们不仅献一次两次，甚至献十次二十次，天天都在献，时时都在献，最后献金多达法币一百多万元。这个数目，主要是靠众多的贫穷者一角两角、一分两分凑积起来的。有钱的人捐出金手表、白金、黄金戒指、西装、药品等，但他们人数不会有穷人多，捐献的总和恐怕也赶不上……这次来到武汉，我很自然地想起了一年前在黄鹤楼所见到的情景。武汉隆重纪念“七七”一周年的种种，它们先后一致，都是表现了中国人的民族独立精神，表现了中国人民抵抗日本侵略的坚决意志。不过上次是显示为共同的情绪激愤。这次是显示为全国广泛阶层共赴国难的行动，显示为中国旷古所未有的二三百万军队在辽阔国土上与武装到牙齿的敌人展开殊死战的流血与牺牲精神。中华民族要独立，要解放，是什么力量也阻挡不住的。

我们在汉口只有十几个钟头，看不到许多街头景色。市面并不萧条，但不见车水马龙、茶楼酒肆的喧闹。马路闲逛的人很少，车站码头军人巡逻，人们遵守秩序接受检查。他们外貌上都不表明这里就是抗战高潮各方面紧张活动的中心，但他们表明这里是抗战后方的前沿，表明这里是隆重纪念“七七”和群众用献金狂潮那种特有方式来表达中国民心民气的地方。这样的街头景色，当然主要是显露的普通百姓的生活和情绪。至于高层，据后来知道，车马群集，灯红酒绿依旧。参谋总长何应钦等的跳舞集团在汉口，每星期至少跳舞一次，并要有名媛淑女参加。前线士兵血肉横飞，阵地一天天后撤，他们在指挥中心“歌㖞玉堂春，舞徊金莲步”。不知道他们何以能够如此好整以暇！

汉口开往西安的火车，一路遇到敌机轰炸，走走停停，途中没有大的惊险。第二天傍晚到达西安。头一件事就令人感到空气异样：必须凭身份证件方能登记住旅馆。我手里假冒的记者采访证，果然派上了用场，凭着它四人合订了一个房间。茶房郑重告知，军警随时要来检查，一天早中晚三次。最后一次检查，通常是晚上十点钟左右。我们决定把证件和行李放在房间里，通知账房，说外出办事去了。在街上挨到很晚才回来，躲过了检查一关。第二天早起离开旅馆去打听西安八路军办事处所在。什么也无心观看，城墙雄伟、民房低矮形成对照，是印在我脑子里的西安。

办事处七贤庄坐落城北街市尽头。它的景色与我所经历的长沙、武汉八路军办事处都不一样，看来是因地制宜吧！八九点钟，办事处两个院子里里外外已经聚集了很多人。从谈话和互相打问中，知道大家都是去延安的。彼此都放松下来，不再戒备了。他们中最多的是十几岁的青年学生，有年龄稍长的其他人。他们是清一色的知识分子。个别穿军服的，肯定也不是现役军人。

西安到延安六七百华里，没有铁路，不通公共汽车。不管城市还是农村来的，这些知识分子，现在都从此练习长途步行。牵着骡子、毛驴，或携带扁担、箩筐的脚夫，站在街口，等着这些人来雇佣他们去运送皮箱、背囊、网篮等那些形形色色的行李。开价公道，他们似乎早就形成了一定“行规”。轮到我们办手续的时候，前面已经走了几批人，快到中午了。

我和刘浴生等四个人中，办事处同志看过我的介绍信，说你没有手续要办了，抗大五大队在洛川，你就在洛川入学。其他三个人既不能进抗大，也不能进鲁艺，只能进设在三原的青训班。我替他们说情，也无济于事。他们三人大失所望，情绪一下低落下去。他们坚持不走，要再次去交涉。一直到下午，当天要办手续的人都走完了，他们交涉的结果是，两个高中学生入陕北公学，刘浴生入青训班。我们雇了一名挑夫马上出发。到渭河的时候太阳已经偏西。古人解释《诗》上的“泾以渭浊”，以为渭河清，泾河浊。眼前的渭河相当浑浊，几乎怀疑古人是否解释不准。渭河北岸高地上不多的几间房子里驻有大约一个排的军人，他们或坐或立，看着我们走过去，没有盘查。过了渭河就走在一马平川的高塬上。沿大路没有村庄，天黑以后投到路边一个独家店歇下来。不仅吃的东西卖光了，连喝的水马上也要告罄。洗手洗脸全免了。第二天东方刚发白就起身赶路，大约八点钟到达三原。四个人一起吃了一顿饭，互相告别。他们三人分头去找自己的学校，我的下一站是耀县。

他们三人中，刘浴生来到陕北与我的行动直接相关。三原别后约四个月，刘浴生去延安，顺路到洛川找我。天已快黑，他要追赶队伍，我们在路边匆匆说了几分钟的话。这是我们最后一次见面。两年以后知道我这位沉毅有为的私塾同学，在晋察冀抗日根据地做电台工作，牺牲在与敌人的斗争中了。

我站在饭铺门口送他们走了，一刹时心头忽然感到孤单寂寞。但很快就看出街上行人中，三三两两，就是昨天挤满西安八路军办事处熙熙攘攘的那些人。昨天他们出发早，晚上正好在三原住宿。我立即加入到了这个人群里面。三原、耀县、同官（现在的铜川，那时也叫北同关，为了与潼关区别）、宜君、中部（黄陵）、洛川县城相距均为七十或九十华里。受雇运送行李的脚夫都不愿走长途，只在两个县城间往返。沿途的县城也就自然地成了这个人群的驿站。头一天，我一路走一路看，男男女女，三五成群，一律步行，行李驮骡上有空位，也没有人骑坐。阴凉地方歇脚，店铺打尖，前一伙走了，后一伙又来了，络绎不绝。陕北，与外面交通不便，人民生活简朴。衣食住行一派本地乡土风光。无论在城镇乡村，这个川流不息、天天经过的陌生外来人群就格外引人注目。我在耀县、同官两处镇店打尖，问店铺老板，一天中间，经过这里的外地人大约有多少，回答不一。在耀县，我问的是位女老板，她纠正我说：我们这里不兴说“老板”，那是骂人的话。你们这些外地人不懂规矩，该叫“掌柜”。她说，一天过去多少人，那谁知道？总有大几十人吧！在同官得到的回答是：各天人数有多有少，顶多的时候兴许能到二百人。我问挑担的和赶牲口赶脚的人，他们跟外地人送行李这个活儿干多长时间了，有说几个月的，有说年把的。这些回答说明每天朝延安行进的知识分子人数可观，而且长达年把光景了。

7月下旬，烈日似火，路面滚热。这些人每天长途跋涉，中午一过，镇店上往往买不上吃的东西。县城客店，也照例拥挤。好像是在宜君，因时间稍晚，我和四位同行者怎么也找不到住宿的地方，最后在一家大车店马棚铺上秫秸，头对拴在槽头的两匹骡子侧身睡觉。早晨醒来，我放在枕边的皮鞋被骡子踩成了破烂。幸好脑袋无恙。人们虽然疲劳，但精神旺盛。只顾奔向目标，一切都撇在旁边。有一两次，旅店只有大炕，男女就自动平分天下，二话不响，倒头酣睡。从中部往洛川，刚出北城，一些人离开公路向左边山上走去。一打问，他们说是去参观“桥陵”。呵！“桥陵”不就是轩辕黄帝陵吗？我跟着上去。山不高，坡度小。宽展的黄土路通向一座高大的土丘，那就是黄帝陵了。多株盘根百节、有的顶部已经枯秃的古柏分散在周围，不知道他们跟秦汉唐宋哪朝哪代打过交道。整个陵上没有奇峰异石，云海飞瀑，没有后人的凿空点缀。景物淳朴自然，气象厚重宏阔。陵前这时有人招呼：各位，黄帝是我们伟大民族的老祖宗。我们的民族正在受苦受难。老祖宗的好子孙要为我们民族争光荣。大家向黄帝行礼吧！我细看了一下，集合在一起鞠躬致敬的大约近四十人。前面的人下山，后面又陆续有人上山。他们就是在这种奋发自觉的精神状态下一路走来的。

这时来到延安的知识分子究竟有多少人，1943年延安主管部门提供了一个数字。抗战初期，有四万多知识分子来到延安。其中高中及高中以上文化程度的占40%。1938年4月，抗大第四期招生，学员近五千人。我7月到洛川，进入的是第五期。11月以后，我所在的洛川大队与庆阳大队等合组成抗大一分校，迁往晋东南，共六千人。二分校同时组成前往晋察冀，人数不详。有人说1937、1938年赴延安的知识分子已达十万多人，尚待考证。这些人中，最多的是青年学生，也有文学艺术工作者、新闻记者等等。他们来自除西藏、青海以外的全国各省市，更有海外华侨。他们最初的行动，绝大多数是单个的或者只是少数人相结合的。他们就像山上石头缝隙里的清泉，最初是点点滴滴，然后聚成小小溪流，无数的溪流聚集起来，再变成可以泛舟楫的河流，多条小流相汇合，最后形成一条大河，洪流滚滚。这些个人，最初的行动虽然是怀着一定愿望自己选择的，却是带有很大偶然性的。例如我从一个刊物上看到关于抗大的介绍，刘浴生决定同我一道走，就是这样。中国面临被日本灭亡的现实危机，中国共产党广泛的政治影响、共产党领导的抗日根据地的存在，使几万甚至上十万知识分子从四面八方汇合成奔向延安去的洪流，又是必然的。渐变发生突变，改变事物的性质，必然性与偶然性不可分开，必然性通过偶然性实现。事物的偶然性说明“宿命论”一类是没有根据的；必然性说明历史前进的方向是可以认识的。当那单个的、一伙一伙的青年学生个人，排除各种困难，在前往延安的道路上行进的时候，许多历史事件还没有发生。后来发生的历史事件，说明这个洪流不但反映的是抗日战争、民族解放的要求，也是反映的中国社会历史运动长期的走向。这是它的最深刻的意义。中国广大的知识分子都是爱国的。他们的环境条件各不相同，到延安去的只是爱国知识分子的很少数，不过在青年里面，他们是一般地怀有新的政治思想倾向，并且把自己的爱国心首先表现为选择到最艰难的战场上去的少数。他们的政治思想认识等，也显然参差不齐。我在到达目的地以前，还提醒自己：“国学”是我们祖宗立国的根本，切不可忘记。是社会生活的实践改变了自己的认识。

洛川是这一路上比较热闹的县城。抗大洛川大队入学报到处，设在城北偏西十几华里的一个村庄。我到那里很快就办完了入学手续。村外庄稼全是种的玉米，长有一人多高。快进村子了，我突然觉得从长沙一直跟随到这里形影不离的软木船形帽似乎太过时落后，使劲扔进了玉米地里。意思是从此与旧社会分手了。以后每次同人谈起来，不得不先来个自我解嘲：“小资产阶级的幼稚病！”

入 伍①

抗大是八路军的一部分。进入抗大，意味着由平民入伍，变成军人。我入抗大，只记得是7月底8月初，究竟是哪一天，从来没有留意过。事有离奇，时隔三十年，居然有人在“文化大革命”中给考证出来了，被定为8月1日。这没有丝毫意思，不过也算是我的记忆大致不错的一个证据。

我被编入第二营七队，驻地是洛川城东北十五六华里的胡庄。队（连）长、指导员、区队（排）长全是红军干部，只有政治教员方炽是来自东北入关的知识分子。三个月以后我加入中国共产党，被指定为一个班“管军事”——站岗放哨、行军宿营、野外演习的副班长。从编队的第二天换上军服，佩戴“八路”（不久改为“18”）臂章符号，到第二年8月初分配到冀南地方工作，我当了正好一年的一名正规的八路军战士。

抗大环境条件无疑是艰苦的。在日常生活中，对大多数南方人来说，首先就要由吃大米改为吃小米、杂粮。我自己的情况，从三原到洛川每天都是两顿饭。因为县城以外没有供应大米的店铺。中途打尖，食物难以找到，饿了宁愿喝白水，也不接受面条面汤。过后想来觉得岂有此理，但当时就是难以下咽。住窑洞对很多人来说，也是头一遭。一孔窑洞一般十几平方米。一个班十个人，睡眠、吃饭、学习、讨论，都挤在里面。调剂窑洞空间不足的，是农民堆放农具杂物、喂养鸡狗毛驴、大人娃子出入的小院。大家初到时正值骄阳如火的夏天。不少知识分子跟我的情况一样，“四体不勤，五谷不分”。参加体力劳动，这时成了日常生活的一部分。整治环境卫生、打扫操场、伙房帮厨、早晨傍晚摇辘轳从几十米深的井底提取引用水、“出公差”协助采买搬运，这是大家每天都有份或者都要轮流担任的。一部分人还轮到挖窑洞、修厕所等。但是大家到抗大来，是怀着一腔爱国热血，下决心走一条新的生活道路的。环境艰苦早在他们意料之中。他们不久就变得适应这种生活环境

① 原载《我亲历的抗日战争与研究》，中央文献出版社2000年版，第37—43页。——编者注

条件了。他们精神饱满，情绪高昂。驻地雄壮的抗日歌声彼落此起，洋洋乎盈耳。艰苦的生活和劳动，在课程表上自然是没有的。它对于进入抗大熔炉的各种情况不同的知识分子可以算是真正的第一课。这一课，给他们后来进入艰苦的战争环境、懂得集体力量的重要、认识必须与劳动人民相结合、自觉担负起一定的责任，打下了早期的基础。抗大校歌上说的“黄河之滨，集合着一群中华民族优秀的子孙。人类解放，救国的责任，全靠我们自己来担承！”反映的情况相当真实。

他们之中，可以想象也并非清一色。少数人受不了艰苦生活，或出于其他原因，中途离开也是有的。大约9月间，一天刚吃罢午饭，忽然哨音全队集合。在操场整队，指导员宣布，现在有两位“朋友”——平时是叫“同学”的，这次特别叫“朋友”，要离开这里，请他们跟大家讲话。队列中走出两个不熟悉的面孔，其中一人说：我们是上级派来执行任务的。现在任务完成了，上级命令我们回去。马上就走。队列中忽然有人举手高呼口号：“上树要上到顶。”他的意思可以体会出，但语言含混幼稚，也没有几个人跟着喊。指导员宣布来的欢迎，去的欢送。全过程不过五分钟。下来以后再也没有人提起，就像根本没有这回事。

同时，也有另外一种情况：我所在的班有一位经历比较特殊的同学，他是韩复榘警卫团的团长。（非常可惜，我怎么也回忆不起他的姓名。他来自山东，这里姑且称他“鲁团长”。）韩复榘是冯玉祥西北军旧部。冯把他由一个不识什么字、外表文气、打仗英勇的士兵提升起来，当了军长、河南省主席。他见西北军势力不如蒋介石，背冯投蒋，取得山东地盘，并与日本暗中勾搭。抗战爆发，他是山东省主席、集团军总司令、战区副司令长官。日军进入山东他一味避战，保存实力，把私财和军需物资、壮丁运往不属他管辖的豫西地区。统帅四川军队来前方抗日的刘湘，因部队被蒋介石分割消耗，对蒋怨恨。韩于是与刘湘密谋策划在豫鄂陕边打出“保川抗日”旗子，实际是要“反蒋和日”。韩刘阴谋全部为蒋所掌握。1938年1月，蒋介石在开封召开军事会议。韩复榘被扣押，在武昌枪毙。工人拒绝搬运他的尸体。刘湘呕血而亡。韩刘阴谋靠密电来往，他们的部下并不知情。阴谋即使一旦公开，也必定很快破灭。韩刘死后他们的部队都照旧在前方抗战就是证明。这说明中华民族空前觉醒起来了，谁要破坏抗日战争，只能落得遗臭万年。蒋介石的坚决处置维护了民族利益，极得人心，也是由于这个道理。鲁团长选择来到抗大，看来不是被迫的。他来时随带一名警卫员，表示还有相当职务。我与他同时编入一个班。我们多次晚上一同站岗。他缄口不谈韩、蒋如何，只说某次保卫韩脱离过危险。他的背包格外重，平时始终穿皮鞋，背包里还放一双皮鞋。后来长途行军，规定每人的背包不超过七八公斤。黑天紧急集合，不许照明，要在五分钟内打起背包出发。我劝他轻装。他说你放心，我不会误事。到晋东南不久，他调到校部当了军事教员，享受与其他教员相同的待遇。临毕业前我最后一次去看他。我说，自己已经决定上前线，往后恐怕很难有机会见面了。他说，我也提出了申请，还没下文。打仗，我不会比你们这些书生外行。我说，学校还要办，肯定不会放你下去。停了一下，他说："唉！天天唱三大纪律、八项注意，最后就只有服从上级命令了！"抗大的环境条件对大家都是一样，前面"上级派来"的两位朋友"上树"半截就走了，鲁团长舍弃旧的生活，坚持下来，把自己变成了八路军的一员。社会是矛盾复杂的，人们的思想也是矛盾复杂的。其中主要有如何认识现实的问题，有如何看待个人出路与国家民族利益关系的问题。

洛川驻扎的时间共四个多月，没有军事课程，全是思想理论课。它们可以分为两类，一类是讲抗战的，如毛泽东《论持久战》《论新阶段》，随时加入的形势报告等；一类是讲进步或革命思想观点的，如社会发展史、中国革命运动史、世界革命运动史等。它们对我说来，似乎都不难理解。课外有零星的自由活动时间，加上星期天，只要抓得紧，个人也还可以读些书。对于有求知欲的人，这是不会放过的机会。时事报告中，最早的是8月中旬，朱德总司令从前方经西安来到洛川，讲抗战形势。他站在大队所在的村头临时用木板支架的台子上，我们距离台子比较远，坐在地下，听不清他讲的内容。村边停一辆敞篷卡车，那就是他的交通工具了。那是我头一次见朱总司令和大队长韦国清。

《共产党宣言》是我到这里以后读的第一部马恩著作。同时，也读到了艾思奇的《大众哲学》，以及当时能够找到的政治经济学、外国历史书等。它们使我头脑里从此打开了一个新的天地。《共产党宣言》自然是经过反复阅读，特别是读过恩格斯的《社会主义从空想到科学的发展》以后，才懂得它的原理的。《大众哲学》不同，它名副其实的"大众"特色，早就拥有众多的读者。当时有《大众哲学》动员了十万青年参加革命的说法；并且在时间过去半个世纪以后，还有人说"一本《大众哲学》打倒了一个蒋介石"。

1937年9月，艾思奇从上海辗转抵达延安，毛泽东前往欢迎。他又写信给艾说，你的《哲学与生活》是你的著作中更深刻的书等。以前我在一篇文章里叙述过这个情况：我在陕北读过这些有限的新书以后，仿佛大梦初醒，盲目崇拜孔学的观念，不知不觉烟消云散了。

10月底武汉失守，整个抗日战争形势发生了重大变化。对于那种变化带来的局势，当时恐怕谁也难以作出具体的预测，但关心保卫武汉，是人们共同的。9、10月间，武汉保卫战吃紧。大家常常唱的一首歌是"保卫大武汉，像西班牙人民保卫马德里"。那以前，八路军、新四军已经在华北、华中开辟出了多块大小不等的敌后抗日根据地或游击区，并且在继续发展。但正面战场这时是整个战局的中心和全国政局重心。国共合作，全国团结抗战的局面，这时是最稳定的。武汉失守以后的变化是：日本经过一年多的军事进攻，发现"中国事变"不可能短期解决，深深陷入泥沼。占领武汉以后，日本在政治上、军事上都改变方针。政治上对蒋政权诱降，军事上停止对中国腹地继续推进，转向加强对华北等抗日根据地的作战、"扫荡"。蒋政权军事上保存实力，政治上加强反共。抗日战争的防御阶段结束，正面战场的地位下降。共产党无论是要全面坚持抗日还是要增强自身力量，都只有开展敌后战争，巩固和发展抗日根据地。敌后战场的地位上升。当时还没有两个战场的提法，事实上两个战场是从此逐渐形成，并且最终成为决定抗日战争面貌的基本特点的。中国历史上的三国时期充满战争。赤壁之战后无大战，但三国并存的格局则是从那时起孕育出来的。抗日战争中的武汉保卫战，可以说与赤壁之战有某种类似的地方。抗日战争中武汉之战以后基本无大战，而决定中国抗战前途命运的两个战场及其相关形势则是从那以后渐渐形成的。一切类比都有局限性，这里当然也只是说有某种类似的地方，与战争性质、各方相互关系无涉。

抗大是八路军的一部分，八路军要跟随抗战形势演变，巩固、发展敌后抗日根据地，人数众多的抗大迁往敌后也就成了其中的一个步骤。毛泽东风趣地说过，抗大、抗大，越抗越大。准备迁徙时的抗大，规模确实是很大的。

东　征①

大约11月中旬，上面宣布，抗大各大队加上陕北公学、青训班组成一、二两个分校，分别开赴晋东南与晋察冀两敌后抗日根据地。我所在的洛川大队属于一分校，11月底或12月初开始行动。第一站是先到洛川与延安还隔着甘泉县的鄜县（今富县）集中，全校动员。出发的前几天，我到洛川城去了一趟，卖掉并非必需之物的怀表，添置鞋袜。大街上许多门面突然变成了收购、囤积旧货的店铺。大小皮箱、各色夏季外衣、西服皮鞋、搪瓷盆、暖水瓶等等，堆满屋里屋外。它们都是抗大同学行军不需要、也带不走的东西。换不了几文钱，有的等于白送。女同胞的绸料衣裙等心爱物品如今也弃之如敝屣了。热闹的旧货市场，从一个侧面反映出了知识分子们准备上前线的一般心态。

鄜县这个地名我早就有印象，不知为什么。后来回忆起来，那是从杜甫的《月夜》《北征》两首诗上知道的。《月夜》开头两句是"今夜鄜州月，闺中只独看"。《北征》那篇名作上有"鄜寺"和家庭贫困生活的描写。鄜县城里地方狭窄，国民党的县政府在南北正街东侧的山坡上，我们这个队借宿街道两侧民房，与东山坡相对。门前有一片被刚下的雪覆盖的坑坑洼洼的荒地，夹杂一些破旧的建筑物。一分校东迁动员大会，就在这片雪地上举行。副校长罗瑞卿、军委参谋长滕代远讲话，内容不外是讲抗战形势、晋东南根据地的状况、学校东迁的意义等。男女同学中有本来是夫妻的，有正在谈恋爱的。他们和她们最关心的是能否都编组在同一个地区的分校，不要天各一方。讲话人一一作了回答，大家也就安心了。动员大会以后很快就往延安方向行军，准备从那里渡黄河。

鄜县集中，已经宣布一分校正副校长是何长工、周纯全。他们都没有在动员大会上讲话，可能不在鄜县。何长工是我的家乡华容革命老前辈，也还

---

① 原载《我亲历的抗日战争与研究》，中央文献出版社2000年版，第44—56页。——编者注

可以算是我的小学老师。在入抗大时，我并不知道他留法勤工俭学的经历，也不知道他是朱毛井冈山会师的联系人等等。但1925至1927年大革命时，他在家乡的有些事迹，却给我这个十来岁的孩子留下了不泯的记忆。那时他名何坤，是县农民自卫军总指挥（先叫团防局长）兼“县立高等小学堂”校长（后来校长由他的老师罗喜闻担任）。我正上小学。语文课不再念私塾里的“子曰学而时习之”，改念新课本的“狗，大狗，小狗。大狗叫，小狗跳，叫一叫，跳两跳”一类的课文。我以为这似乎是他的规定。我家住在县城北门街上。北门是城里由陆路往北乡或西乡的唯一通道，也是官府杀人把被杀者绑赴河滩刑场的必经之路。暑天一个傍晚，门口过军队，人数特别多，全副武装。第三天上午，我提着两个小木桶，去河里挑水。这是暑假的家务劳动，可以节省每天买水的几个铜板。相识的孩子急忙告知，东门码头有新奇的事，赶紧去看看。东门码头是停泊船只最多的地方，有些人聚集在那里。我们走近一看，只见平时夜间悬挂灯笼的大木杆上挂着一个人头。颜色灰暗，形状狰狞。大人们的谈话讲出了事情的原委。北洋军阀吴佩孚的军队在湖南与革命北伐军交战溃败，其中一支经过华容往北撤退。他们的一个团停留在县城西边四五十华里的梅田湖。欺压百姓，想大捞一把再走。前天晚上何坤率领自卫军远距离奔袭，拂晓冲入梅田湖，把敌军全团缴械，杀掉它的团长，凯旋而归。这里挂的就是北洋军团长阎希贤的人头。这是我亲眼见的。大革命失败，何坤出走。国民党的县长抓到何的妻子连同他不满两岁的孩子一起杀在北门外的河滩上。那时被杀的人要在脊背插上“验明正身”的“标志”。孩子不懂事，拿着“标志”在手里玩。这是我听亲眼得见的邻居说的。后来不知从什么渠道听说何是红军军长，与彭德怀一道两次攻打长沙，一次攻下长沙，不久又撤出来了。并且听说他是赞成“立三路线”、主张攻打大城市的，是否如此，不得而知。副校长周纯全这个名字陌生。但稍后也听说他并非等闲人物。他在这以后并未指挥军队作战。五十年代授的是上将军衔。

洛川大队现在已经改成一分校一大队。12月中旬，一大队驻扎在延长背面约二十华里的山村待命。校长何长工一行住在延长城里。我觉得应该去看看这位家乡老校长、也是新校长的前辈。华容这时相继来到抗大的共六人，并且编在邻队。他们中有前面提到的贺某，有何老的叔伯侄子、现在的离休空军正师级干部何定一。他们与我相约一同前往。何老在延长临街一所普通住所里，与我们这群不相识的同乡青年人热情见面。他略问了我们一点情况，开头就说，蒋介石不抗日？当年我们打下长沙，马上直取武汉，蒋介石那时脚跟不稳，早就不得不抗日了，哪能等到今天！他回顾了一些往事。湖南“马日事变”，何键的军队杀到华容。大革命中的积极分子，一夜之间变成了要捕杀的“暴徒”——最初还不叫“匪”。他是华容最大的“暴徒”。农民自卫军实力有限，他带领20人，每人一支驳壳枪，转移到调关（即调弦口）。那里很快也不能存身。他遣散士兵，只身跑到汉口。要去江西，没有路费。国民党一支军队正要从武汉开往江西“剿共”，他投入里面当兵。到江西找到毛主席，毛主席给他70元“小洋”，要他去广州一带寻找朱总司令和他的部队。打下长沙的时候，在华容残杀他妻儿的国民党县长被红军抓获。他对那个县长说，今天本来应该枪毙你。但我们是干革命，不是要报私仇。现在就放你，走吧！然后对我们这些同乡学生说，你们毕业以后可以就在八路军工作，也可以回家乡去工作。你们还“不红”，不像我“太红”。谁也想不到我们这些“不红”的六个人中，后来有三人因为在战场上被打散等原因回到了华容，不是被加上“汉奸”罪名杀头、关进监狱，就是逃跑了，没有实现他们上抗大的初衷。中午，他留我们在天寒地冻的院子围着一个碾盘吃了一顿饭。一多半小米，少许大米，菜是水煮土豆。这是抗大上下共同的生活，也是八路军共同的生活。

1939年1月初，全校渡黄河。一大队夜间行军，大雪纷飞。北风呼啸，面如刀割。拉下帽檐，竖起棉袄衣领，嘴里呼出的热气在眉毛上结起冰碴。深灰色的军装变成半白，更难辨认黑暗中蠕动的人影。雪地寻找猎物的狼群，跟随我们并行，忽前忽后，相距不过几米。第二天上午到达延水黄河渡口，大家啃干粮大饼，等着过河。渡船又宽又短，像个厚实陈旧的长方浅底木箱。也许这是由于以前只见过南方的渡船，少见多怪。我顿时想起了不知什么时候知道的《圣经》上的“诺亚方舟”。三四十人，坐得密密麻麻，不敢稍微挪动。船舷高出水面怕只有十几公分，靠近船沿的人倘若垂下胳膊，就可以把手伸进水中。河宽约三四百米，上游大块浮冰顺流而下，随时有撞上渡船的可能。上了东岸，是山西永和县境只见一片荒滩的“永和关”。天气已经放晴，也没有敌机骚扰。渡过黄河，我们就过了这次行军中的头一道天险。由永和一路东行，将要在介休、灵石间通过日军同蒲路封锁线。同蒲路这一段紧靠汾河。日军沿线修筑碉堡，封锁严密。过路当天傍晚，各大队集中到吕梁山东侧一处高地上。全校六千人，这是头一次会合到一起。大家精神振奋，站在各自的队列里，只等一声令下，开始行动。队伍里有人说，昨天延安发出两个明码电报，中国大军将分路过同蒲路，意思是让敌人不敢轻动，此事确否不得而知。从后来走的路程可以估计出，这个高地距同蒲路大概也就是十多华里。队长迅速传达命令，说明注意事项：行进中各人必须紧跟前面的人，不能拉开距离。绝对禁止说话，携带枪支的不能走火。凡有命令要低声迅速传递。南面二十华里是敌军据点灵石县城。东面远处高山上有火光，那是抗日根据地。万一被打散了，就往火光的方向跑。过封锁线是在敌人碉堡脚下，要急行军前进。我们的掩护部队就在附近，与敌人发生交火，自己也不要乱。临时有人伤病，同学们要互相帮助，不能让一个人掉队。队长传达完，天黑下来了，东边远处火点增多。校长何长工在队列中简短讲话，要求大家服从命令听指挥，胜利完成行军任务，宣布出发。我们的中队先是走在一条小路上，没有很久，就上了一条由北往南，从高地往下行的宽阔大路。速度越来越快，由小跑变成猛跑。这条大路明白是指向灵石县城方向的。我不免感到奇怪。忽然后面急促传来命令：走错了，向后转。我猜想问题是出在前面不远的一位近视眼同学身上。果然如此，前队变后队，我成了往回翻的至少一二百人中最末尾的几个。又是上坡，又是跑步冲刺，上气不接下气。我们赶上队伍，这时影绰看出路上站有带白色标志的标兵。谁也默不做声，各自插进快速行进的行列就紧跟着走。仍然是由高处往下，不过多半是山间地头。不时有骑马的经身边驰过。从前面一人接一人低声往后传达命令："紧跟、快走"，"快走、紧跟"。旧小说上描写的"马衔辔，人疾走"，在这里是活生生的场面。汾河不宽，冰冻结实。冰上铺有麦草或秫秸，自然是来自掩护部队的安排与当地群众的协助。上了河岸，从一个涵洞穿过铁路。再往东，经过一处似乎是悬崖的地方上山。这里大概就是敌人碉堡脚下。不见灯火，一派死寂。上山以后继续是快速行走。过了很大一阵，突然后面传来激烈的步枪机枪声。我们已经翻越山巅，曲折走向东面下坡了。不久传来消息，说枪声是我们的掩护部队与敌人交火。全校都过了封锁线。后来知道，担任这次掩护的是八路军陈士榘支队。50年代，陈授上将军衔，担任过工程兵司令。

半夜过后，全校在介休静升镇宿营。我们中队清点人数，一个不缺。出发不久近视同志引起的麻烦是把后面的行军序列部分搅乱了，但并未造成其他影响，也就根本无人提及。人数如此众多的徒手部队，在敌人鼻子底下穿过严密的封锁线，安然无恙，足见上面经过了仔细计划安排，指挥有方。但这是要在一定的客观条件下才能办到的。这个条件是有了敌后抗日根据地的存在，有人民群众的支持。日本侵略军尽管利用汉奸伪军作鹰犬，它也是孤立在中国人的包围之中的。这个基本事实绝对不是它对中国人民灭绝人性的屠杀、种种阴险欺骗所能够改变的。

第二天天没有大亮，从狭长平坦的静升镇出发上绵山。预计全程约一百华里。我们一大队走在最前面，翻过山去以后不能有村庄就住下，要给后面的部队留下宿营地，所以路程就远些。绵山这个地名可以说是老相识了。《左传》上介之推隐居绵山，晋文公为逼他出来放火烧山，终被焚死。幼年读私塾，这是要背诵的文字。又传说，晋文公为悼念介之推，规定清明节前一天禁止举火做饭，中国于是就有了传统的“寒食节”。先是缓坡上行，山路越来越陡，雪也更深。大家一路走，一路抓雪吃干粮，维持体力。大约十二点稍过，到达了要翻越的最高点。风大，空气稀薄。事先上面通知过，在山顶不能停留，以前有人坐下休息冻死了。两天以后，我们到达沁县郭道镇，休息三天。从行军以来，洗澡、换衣全都谈不上了。这时别人说生了虱子，我自信没有。谁知一检查，棉裤内衣上蠢蠢乱爬。“虱多不痒，债多不愁”，不由得你不信。我们班住的是一个旅店大房间。燃起两堆煤火，热烘烘的，借口大锅，各人把棉衣、被子拆开，又洗又煮，来了一次卫生小扫除。再走四五天，就到了距八路军前方总部不远的屯留、潞城间的故县、故漳等村庄。同学中有把这次行军叫作东征的，这些村庄就是我们东征的预定目的地。后来知道，抗大迁来以前，八路军前方总部一度就住在故县，这里也是后来上党战役刘邓指挥部所在地。

太行、太岳两山脉中间，以长治为中心的上党盆地，是山西最富饶的地区之一。记不得是哪位山西知名人士说过，不要小看了上党，历史上它出过五个皇帝。那是指五代梁、唐、晋、汉、周的朱温、李存勖、石敬瑭、刘知远和郭威。他们或者占领过长治，或者是在此地发迹，利用当地人、财资源，拥兵自雄，然后建立起以开封为中心的军阀小朝廷的。毛泽东也说，太行、太岳、中条山中间的上党区是个脚盆，那个脚盆里有鱼有肉，大家都去抢。他们的话都是说明上党是个富庶的地方。我自陕北一路走来，从人烟稠密、房屋建筑多半坚实整齐也明显感觉到了这一点。抗日战争期间，八路军前方总部先后设在上党盆地，和盆地倚为东面屏障的南北连绵千里、巍峨重叠的太行山上，是由军事斗争造成的，也是与上党的特定环境条件分不开的。

上年 4、5 月，朱德、彭德怀担任指挥八路军、国民党军七个半师和山西新军决死队共约十万人的第二战区东路军正副总指挥，打退了日军多路围攻，收复广大失地。抗大一分校来到的时候，上党区有十几个完整的县在抗日军队掌握之下。八路军和共产党员领导的决死队是其中的主要力量。太行山东面的河北地区，国民党势力与共产党、八路军已经发生摩擦冲突。上党地区形势还保持稳定。我一次偶然地对国民党军队高桂滋军部的短暂访问，可以作为这种稳定形势的小小注脚。我一个远房本家刘牖夫多年与高在北方共事，这时是高军副军长。驻地在太岳山下的安泽县北平镇。我们的行军到达目的地故县，一切安排停当，离春节大约还有十来天。华容来的几个同学见面，都说手里一文莫名，希望我能够以同乡和本家的身份，去找刘牖夫打秋风，或许有点帮助。向队长、指导员请假，他们说不能作主。我同贺某去找何校长。与在延安的情形不同了，何与副校长住在一座很深的院子里。经过三道岗哨才进到最里面的北房。我们说明来意，何毫不迟疑地表示同意。他说朱总司令现在是第二战区副司令长官，高部归朱总司令指挥。你们去，他们不会把你们怎么样。又说，我与刘牖夫没有见过面，但谁都知道谁。我写封信给你们带去，也可以做做统一战线工作。他提笔即时写了一封三四页的长信。我们徒手轻装，第二天出发。路上逢大雪。第五天上午就到了安泽北平镇。碰巧接待我们的军政治部主任也是华容人，姓张。他立即请我们参加军政治部要员们的过年聚餐，并指定坐在首席上。这当然是看的八路军的面子。并说副军长眼下在西安，我可以给他发个电报。我们表示不多扰了，明天就回去。张挽留我们住一天，过大年初一再走。初一晚上我们去辞行，他取来托带给何校长的三条湖南腊肉，一封回信。又拿出十元法币，是给我们的回程盘缠。我们往返十二天，回到队里销假。十元法币怎么处理的记不清楚了。农民过年相当热闹，村里一座场面不小的戏台，接连唱达奚山西梆子，中间也插进抗日宣传节目，红红火火。人们表现出对抗日前途充满信心，情绪高昂，也准备迎接新的更严重的斗争。当时上党地区的形势和景象，外观上就是这样。

学校恢复上课，重点转入军事教育，加上一些时事报告。军事教员讲的内容很快就忘光了，只记得讲八路军打伏击战取胜提到的响堂铺、香城固等地名。它们是我后来工作和多次往返的地方。朱总司令讲军事学理论，韦国清讲战术。朱老总坐在大院向阳、面前搁张条案的板凳上，对大几百人讲话，费劲可想而知。中间休息十几分钟，同学们蜂拥而上，递上笔记本要求签名，直到宣布继续讲课。当时我并不知道他的确切年龄，觉得老人太疲劳了，我坐在前排，也没有加进去挤。最后一次课间休息，短暂间他一个人坐在板凳上，我递上小本说“总司令”，他写了“坚持抗战”四个字。那个小本在后来一次敌人大“扫荡”被围中连同其他文件，埋在一片麦田了。杨尚昆、彭德怀的报告似乎不专是对抗大学生讲的，地点在距故漳相当远的北方局所在村庄。那次报告主要是彭讲他与国民党河北省主席鹿钟麟关于河北问题的谈判。进入6月份，开始了毕业的种种准备。定在“七七”二周年举行隆重的毕业典礼，全校检阅。不用说，检阅者首先将是朱、彭总司令。全体学员几次在故县、故漳间一块河滩地上操练、演习受阅队形、仪式。学校宣传部门号召同学们编节目、写文作画，向毕业庆典献礼，并纪念“七七”。我把酝酿了一阵的叙述这次行军的几首诗，加个《东征口号》小题，写出来贴在“救亡室”（队文化俱乐部）壁报上。有人传抄。我们邻班当过中学校长、人极斯文的老班长，写得一笔合格入流的隶书。“救亡室”负责人请他分首写成大字条幅，裱糊起来，送往毕业筹备单位。《东征口号》缺少诗意，但不失为这一段战斗生活的纪实。四首全文如下：

（一）

神州谁敢总横行？落日卢沟大起兵。
南渡君臣棋乱局，北望烽火海扬尘。
延安城系人心定，八路军来士气新。
如火旌旗向前指，长征全捷又东征。

（二）

冰满戎衣雪满头，军行千里出奇谋。
前锋踊跃趋延水，大队从容发鄜州。
祖逖中流奋击楫，孟明东渡誓焚舟。
永和道上丹青手，正画虾王泣楚囚。

（三）

帷幄运筹听总管，书生报国寸心丹。
吕梁料敌晨增灶，汾水迎人夜渡关。

马骤尘飞星变色，枪持令紧雀无谨。
奇兵忽见从天降，惊倒倭奴壁上观。

（四）

长驱上党众怀烈，百里绵峄一日驰。
画角昂昂朝食早，铁衣赳赳枕投迟。
扬眉合唱大刀曲，沥胆行吟破斧诗。
儿女英雄多不贱，燕山射猎共相期。

“七七”前三天全校放假，队里伙房喂的两头猪也宰了会餐。一位同学告知：你的诗作挂在检阅主席台上，一眼就看见了。6月31日我去校部访问熟人，未遇。看见土筑的主席台搭有苇席顶棚三面围壁，题词、贺幛等琳琅满目，《东征口号》也在其中。但有的红绿纸幅已经撕开大口，随风飘荡，无人过问。直到下午，也不见明天检阅的动静。八点钟左右，忽然通知紧急集合，队长简短宣布，日军七路围攻上党，上级命令，学校立即转移。明天早晨提前开饭，三点出发。现在大家回去准备，抓紧休息。不动声息地快速行军，于是取代了预计要在几个钟头以后举行的庄严热烈的一次阅兵。

“七七”二周年，砖壁一小时①

“七七”二周年早晨七八点钟，我们的队伍已经到太行山半山腰。行军途中经过一处集镇，街道又窄又长，青石板路面。房屋一色商场式样，门板紧闭，人们正在梦乡。七八年以后我再次来到这里，才知道是白晋路上长治以北、潞城西面二十华里的繁华镇子黄碾。我们爬上的太行山坡，在长治与潞城之间。回头瞭望，太阳照射下的盆地晨霭没有散尽。村落炊烟袅袅，农民一天忙碌的生活又开始了。近处一切跟平时一样，远方三面响闷雷般的炮声，宣告一场大规模的厮杀风暴已经卷起。我们翻过太行山巅，到了平顺县地界。

日军这次进攻上党，后来叫第二次九路围攻。日军回师加强后方作战不久，对华北几个抗日根据地，分别发动过近万以至二三万兵力的残酷“扫荡”。进攻上党，是其中一次下了大力量的重要行动。集中兵力达五万人，由 1938 年起担任第一军司令官、1939 年 9 月调任关东军司令官、日本投降时代表日本大本营在美国军舰“密苏里”号上签字的参谋总长梅津美治郎指挥。围攻进行了若干天，盆地绝大部分县城和交通线被占领。八路军总部移到太行山区。整个敌后抗日根据地进入了更艰苦的阶段。

不到中午，我们的队伍在一个地势很高、方向朝东的村子停下，准备暂住一天。炊事班开始烧水做饭，队长临时派人去号房子。大家照上课的队形坐在一小块场地上休息。有点疲劳，精神没有松懈，也松不下来。场边两株杏树上果实鲜黄。有人用手指着说，你们看，那是什么？前面没有曹操虚构的大梅林，我们现在真可以望杏止渴！他的话说出了这里是高寒地带，所以 6、7 月间杏子刚刚成熟。毕业证书前几天已经分发到各人手里，上面朱老总的题词是：“到实际工作中去锻炼。”互相间交谈，话题自然地集中到了实际工作的问题上。很快形成两派：一派认为实际工作就是上战场打仗。敌人

---

① 原载《我亲历的抗日战争与研究》，中央文献出版社 2000 年版，第 57—65 页。——编者注

的进攻摆在眼前，抗日根据地就是战场，第一位的事就是打仗，游击战也是打仗。没有比这更大的实际了。一派不以为然，认为不能把实际工作看得那么狭窄。打仗要动员群众、做宣传，要有后勤支援，它也有解决根据地人民生活的问题。

它们都是实际工作，缺少哪样也不行。又出来了第三种意见，肯定两派各有道理，但都只是道理。现在首先必须想到的，是我们中的许多人可能马上就将分配在脚下这块土地上，同群众一起，坚持与围攻的敌人进行斗争。这是不能回避的最实际的事。想不到邻班一位同学这时说，你们的方向是确定了，“我不一样”。他说的“你们”是指共产党员。毕业以前，全队120人百分之八十多的人入了党。谁是党员，虽然从来也没有宣布过，别人也都知道。他继续说，抗日我跟你们一样，那是毫无疑问的。“我说的是以后”，言下表示失望。这位同学平时少言寡语。我记得他写的贴在墙报上的新诗，其中有日寇在卢沟桥燃起的火焰有一天将把靖国神社烧成灰烬的话。从前我不知道靖国神社为何物，所以对那句话留下了印象。我不了解，他既然有愿望，为什么没有入党。“我们”宽慰他说，到实际工作中去实现自己的愿望也是一样，并不为迟。况且眼前彼此就面临趴在一个战壕里的现实，还哪能分得出“你们、我们”。他点点头。号房子的人回来，除了划分某班住某处，特别说明，某班吃某口井里的水，并且用水必须十分节省。这里山势高，地下没有水，群众全靠把下雨和积雪融化的场前屋后的流水灌进地窖里，供人畜饮用。老乡称呼水井叫“窖井”……我们住下以后，听群众说，平顺山石光秃，缺水、缺土地，树木稀少。“金木水火土五行俱无”，远近闻名。这些从五湖四海汇集到抗大，接受了近一年熏陶的知识分子，在“七七”二周年这一天敌人进攻的炮声中，在太行山顶上，他们或者认为自己份内头等重要的事，就是上战场打仗；或者强调要在这个“金木水火土五行俱无”的地方，与群众结合，坚持同敌人进行斗争；或者看重共产党革命光荣，对于目前自己没有入党感到不足；或者认为面对现实，共同趴在一个战壕里是最为可贵的等等。他们不是在发表演说，慷慨激昂宣泄豪言壮语；他们是在临时的、不期然的交谈、讨论中沟通认识，马上要去行动。中国古人赞扬“见贤思齐”“见危授命”，他们现在不是要来讲，而是要来做。他们像上课一样坐在一个场地上这是最后一次。他们的讨论、交流，实际上成了互相告别或者临别赠言，表达共同的坚强意志和信心。“七七”二周年的时光眨眼就流失了，觉悟了的知识分子们所反映的中国人民抵抗外国侵略的坚强意志和民族自信心，像太行山一样屹立在那里。

我们的队伍很快从高地转移到平顺县城南面几个地势较低的村子。一连好些天，断断续续下大雨。关于分配工作，听说队领导对每个人早作了鉴定，分军事、政治两类，一律是连排干部，但从来没有与个人见面。这时由班长分头传达上面一项通知：不愿意留在八路军工作的给回程路费，现在就可以去领钱。路程好像是管到西安。据我知道，全队只有一个人领路费走了。他事先问过熟人的意见，没有人挽留他。

十来天里，敌人进攻到了哪里，我们下一步如何行动等，一概不知，也无人解释。村外山嘴小庙倒不荒凉。有时雨停，熟识的三两人站在那里聊聊天。估计敌人活动频繁，河道水涨，交通阻滞，我们要在此地等待命令。不久就知道，东面日军沿韩长公路进攻，驻守山区，我们被隔离在八路军总部南面很远的地方了。一时消息不灵。

再次行军，由南往北，穿过紧塞在山沟里的平顺县城。进南门、出北门，一百多米，一二十户人家。独自占据西山坡的关帝庙，是最阔气的建筑物。为了绕过敌人的据点，或者避开日军活动，开头几天在漳河两边兜圈子，来回徒涉。河床平时干涸，眼前变得一派汪洋。徒涉水齐腰深，有时几个人拉在一起走。女生队的同学，在河岸列队唱抗大毕业歌送行："别了，别了，同学们，再见在前线。"他们和她们两岸远距离互相挥手。其中一次雨夜翻山转移，脚下漳河奔腾咆哮，震耳欲聋。从闪电中看出，陡峭的小路，就在深不见底的河身一侧悬崖绝壁边沿上。打滑难以迈步的地方，人要一个跟一个爬行，提心吊胆。又一天的下午，在弯曲狭窄的山沟里行进。头顶上是晴空，听到远处声音像雷响又像炮响。突然前面紧张呼叫："快散开！""快往山上跑！"后面闻声，有说与敌人遭遇了的，有说发现了老虎的。话犹未了，一股山洪顺沟底猛冲下来。洪峰高达三四公尺，沙石飞卷，轰轰隆隆，势不可挡。可是不到一顿饭工夫，沟底又平静下来，人群照旧行走。往后全是白天行军，雨不下了。但是整个队伍这时发生了变化。大批大批的人分配工作以后离开了。走在同一条路上的人一天比一天少。也不知道谁在指挥。所有认识的人不见踪影，每天同行的都是生面孔。最后剩下二百来人，到武乡八路军总部驻地砖壁村附近停下。时间已经到了7月底。

砖壁在武乡东山坡高地。村子不大，砖墙瓦房。村外连接约一华里长的小块平地，往下梯田整齐。在山区，农民的生产生活条件，这就是不错的。砖壁在八路军前方总部留驻过的村庄中，似乎没有后来的左权县麻田那么为人所知。其实它经历过不平凡的事件。它是彭德怀指挥百团大战的所在地。现在八路军纪念馆建在武乡县城，那是因为日军占领上党盆地以前，八路军总部多半就在武乡境内，砖壁村特有的经历也是会估计到的。80 年代，我在一次人大常委会分组会上，偶然与康克清坐在邻座。我说，我头一次见你是 1939 年在砖壁。她记忆力极好，很快说，某村某村和砖壁，那时都住过。

我们这二百来人临时住在砖壁附近的两个小村。小村住不下的包括我在内的少数人，被安插在砖壁。总部人不多，静悄悄，全然看不出军书旁午、命令如山的样子。我们与机关工作人员在一个灶上吃饭。第二或第三天赶上星期日，伙房杀了猪改善生活，我们也同样得到改善。我说的在砖壁见到康克清，就是那天中午她找工作人员到门口谈点什么事，一起吃饭的人告知的：她是康某某，“总司令爱人”。傍晚，朱老总同工作人员、战士在操场上打篮球。他来回运动，伸手接球，别人总也不让他得到传球和投篮的机会。几天以后总政组织部一位负责干部找我谈工作，对人态度平等。我从战地八路军总部感觉到的，是有秩序、有自由，上下等级不森严，物质生活上无彼无此，一切自然而然。当时的那种情景，自己不接触，难以想象。

星期一早饭时，我们得到通知，上午在砖壁东面小村集合，听朱总司令讲话。大家在村前空场自动排队坐下，炎热天晒点太阳，早就习惯了。朱老总健步走来，两名警卫员牵三匹马跟在后面。场地没有桌子椅子，也没有人作说明。他站在我们面前开始讲话，就像在故漳讲军事课那样平静。“听说你们都是大学生，现在就要去工作了。”他这头一句话，让我恍然大悟。全校几千人在行军途中都分配工作走了，何以剩下我们这二百来人要来总部所在地呢？原来这些都是大学生，高层领导对大学生、实际上也是对所有知识分子是关心和重视的。我的“国专肄业”学历被滥竽充数算在大学生里面了。我们所以来到砖壁，是朱总司令要给知识分子们亲自再上一课。

他先讲日军对上党的围攻和分析战争形势。他说，日军进攻上党，首先是冲着八路军来的。它企图打掉这个地区八路军的主力部队，至少把我们从这里赶走。现在我们的部队在敌人两侧和后路迂回作战。我们什么损失也没有，某个供给部门过河转移，被大水冲走了几头猪。八路军在这个地区和在整个华北，对敌人是很大的威胁。日军越来越严重地陷进了前方和后方两面作战、两面受敌的泥潭，拔不出来。不但速决战完全失败了，持久的正面进攻战也完全失败。敌人尽管还有可能正面前进，但是不敢贸然前进。这是发动侵略战争的人当初根本没有料想到的。把自视不可一世的日军拖入进退维谷的困境，这只有在中国，特别是只有在今天有了共产党领导的抗日军队的中国才会出现的。占领盆地的敌人不会轻易退出，但在山地它肯定站不住脚。敌人没有可能占领那么多山头和控制每一条道路。兵力集中的时候它是优势，一经分散成为一个个据点，就到处都在我们的军队和人民的包围中。在平原也是这样，更何况在山区。全国一致的任务是要坚持抗战，八路军的任务是要巩固发展敌后抗日民主根据地。这是中国取得抗战最后胜利的重要保障。你们的任务，就是要去参加巩固发展敌后抗日根据地的工作。

他接下来着重讲知识分子应当如何在抗战中发挥作用，加以鼓励。他说，你们都是知识分子，在革命队伍中，知识分子是很可宝贵的。中国知识分子生活在半殖民地半封建社会里，绝大多数是爱国的，有反抗民族压迫的强烈要求和愿望。知识分子比较敏感，容易接受新事物。他们对革命有了认识以后，可以把先进的思想传播到广大群众中去，在革命运动与群众中起桥梁作用。不少投身到革命队伍里的知识分子，已经和正在做出很好的成绩，受到人民的称赞。知识分子不是一个阶级。他们出身于不同的阶级，也可以替不同的阶级服务。从知识分子具备一定的文化知识这个共同性来说，他们与工人、农民都不相同，他们属于小资产阶级。小资产阶级即小有产者的阶级地位，使它一方面不满足于现状，遇有改革机会，容易卷进去，甚至敢于打冲锋；但当看到形势不利，又急忙向后转，满足于维持现状。所以小资产阶级在社会变革中是一个动摇不定的力量。反映小资产阶级特性的知识分子，在革命顺利的时候，不但可以积极参加，也不怕“为天下先”。这是他们的优点。但一旦碰到困难与挫折，就容易发生动摇，中途不干了。工人阶级、贫苦群众家无隔宿之粮，走上革命道路以后，只有一往直前，后面没有退路。小资产阶级知识分子不同，往后看，家里有二斗米。动摇性与软弱性是小资产阶级知识分子的极大弱点。你们是上过大学的知识分子，直接间接还会有点经济来源。难免要带上这种弱点。来到抗战烽火前线，参加革命队伍的问题，你们现在是解决了。前面还有克服可能存在的小资产阶级动摇性，顽强坚持下去的问题，要在实际工作锻炼中去解决。敌后抗日根据地的斗争往后还会更加困难。人民群众是我们最终依靠的力量。你们与人民群众相结合，就完全有可能去战胜前进道路上的困难。中国抗战是一定要胜利的。抗战胜利以后，你们和所有为抗战做过贡献的人一起，都会得到一块勋章。有人如果碰到困难，想着家里有二斗米，从抗战队伍里中途退出了，那时他会后悔：自己和某某人当初本来是一起的。希望大家都在实际工作中努力提高，抗战胜利的时候都得到一块勋章。

讲话一个多小时，我照例作笔记。军队里称领导人为首长，对首长的讲话，下面通常是不鼓掌的。这一次，大家情不自禁，热烈鼓掌。在返回住处的路上议论起来，众口一词，讲得太好了，太重要了，可惜听到的人太少了。我那个笔记本没有能够保存下来。后来多次跟熟悉的同志介绍这次讲话。在我的抗日战争经历中，朱总司令砖壁讲话那一天，一直是一个牢记不忘的日子。

太行山气象[①]

总政组织部门找谈话以后，我与另一个队的“非党同志”徐蔼如一同分配到冀南地方工作。冀南军区是一二九师的部队，去那里要先到一二九师办手续，然后再往前走。沿途有些情景一闪而过，也在脑子里留下了持久的踪影。

太行山气象：一二九师驻地在山西辽县（左权县）西井村。从武乡到西井要翻过一架高山。离开砖壁没有几步路就开始往上爬。望山跑死马，走了一整上午，山口还在远处。在一个小单位的临时住所吃了一顿煮玉米粒，下午接近山巅缺口。前一段行军，从平顺到武乡，不下三四百华里，全是经河岸谷底穿行，不曾登高眺远，一扫太行山面目。心里揣想，翻过眼前这架高山，东边地势大概会低些了。等到爬上山口，谁知出现在眼前的，竟然是一个无边无际的、风起云涌般的高峰峻岭的海洋。一串串，一层层，横看竖看都成起伏翻滚、汹涌澎湃的波涛。我觉得现在才真正到了太行山。它给人的印象不是奇、秀、幽、独，而是“群”与“雄”，是千军万马驰骋的那种群与雄。它的这种独特气象，令旅行者到了这里，恐怕也要感叹：曾经沧海难为水，除却太行不是山了。北侧岭上有一段石头垒的墙。石头风化了，墙的状貌傲然犹存。也许是赵国御胡的长城，不知是否有人发现、查考过。南北朝武乡贫苦农民石勒亡命东下，在襄国（河北邢台）建立后赵政权，也说明古人很早就在利用这个山口了。彭德怀到辽县下庄八路军驻地与鹿钟麟谈判，就是走的这条路。后来有人说，八路军指挥部能够在太行山上坚持下来，是山上有进可以攻、退可以守的特殊地形。那是对敌后抗日根据地完全隔膜的想当然的说法。

在敌强我弱的形势下，“我能往，寇亦能往”；在那种形势下，战胜敌人的关键，“在德不在险”，这是中国人早就有所了解的。事实上，日军几度集

---

① 原载《我亲历的抗日战争与研究》，中央文献出版社2000年版，第66—73页。——编者注

中兵力，闯入太行山腹地，吃了苦头，碰了钉子，被迫退出；同时，也造成八路军遭受左权牺牲那样的损失。八路军在太行山上屹立不摇，地形固然有利，最根本的一条，不是凭的险，而是凭的德——凭与人民群众同心同德，生根在人民群众中。如果地理条件是起决定作用的，那么，共产党领导的辽阔平原上无险可守的根据地，又是靠什么坚持下来的呢！

西井一宿：村名西井，名实相当。四面高山陡坡底下的小片平地上，住着大约三五十户人家，房子也不差。出口在平地南面，要从山脚石壁绕过去才能看见。不往外走，长年只能坐井观天。晚饭后，我们在村里转了一下。村中心空地新筑的抬腿就能迈上去的小土台，可以摆几把椅子。在场的政治部工作人员说，十来天以前，国民党军队一位要员经过西井，用这个台子开过欢迎会。又说，三四天以前，就在这里枪毙了一名管理员（伙房司务长）。我们问：为什么？答：他贪污了招待国民党要员过路时的招待费。问：贪污了多少钱？答：十来块钱。天把两天的招待费一共能够有多少？！当时上党银行纸币与法币好像通用。面粉三角钱左右一斤。十块钱虽然只合三十几斤白面，贪污，在八路军里是绝对不允许的。这被看作是军队将受到群众积极支持还是迟早要垮台的严重问题。犯了这一条，就没价钱可讲。军队机关管理员通常是红军战士。他们没有功劳也有苦劳。这个处决了的人也不例外。

我和老徐的下一站是中共冀西地委机关所在地河北邢台浆水。师政治部发给我们三天路费，一人一天两角钱。拿它可以买一斤小米，也就是平时一天口粮的标准。头一天中午，我们在路边摊点上各人吃了两小碗面条，外加醋和辣椒末。半饱不饱。不过两角钱改吃小米杂粮，肚子也不至于受屈，说不上艰苦。

路罗川附近：西井出发前，师政治部打招呼，与新华社两名工作人员同行，路上注意联络。但也没有说明有何情况。第二天傍晚到达一个小镇，找到店铺歇下，正准备休息，门外进来三四个公务人员模样的人，但不像八路军。一直走到我们面前问：你们是哪部分？我们明明带着“18”臂章，不情愿地回答：一二九师；反问：你们有什么事？他们说“检查，检查”，又说，你们就两个人吗？我们用手指指外面，说“还有！”新华社两名工作人员确实住在镇上另外的地方。他们态度生硬，不过没有吹胡子瞪眼。其中有人还想纠缠，领头的挥挥手走了。看来如果只有我们两个人，说不定会发生点麻烦。店主人没有露面，我们也没有想到作什么调查。第三天快近中午，我和徐正经过一条干涸的河道，脚下的石头被烈日烤得发烫。忽然河床乱石丛中闪出一个穿高跟鞋、白绸子旗袍，脸色黧黑，嘴唇涂得血红的妇女。她从我们面前匆匆走过，顺河床乱石跋涉下去。倘若不是大白天，恐怕会以为碰上了妖怪！联想起昨天晚上的“检查”，这一带肯定住有国民党的某个机关。过后知道，此处名路罗川，这时是鹿钟麟河北省政府所在地。

1938 年，蒋介石任命鹿钟麟为河北省政府主席和新划的冀察战区司令长官。鹿到河北不久，排斥已经存在的民选县长，另委专员县长，一时双县长双专员并立，有的县多达三四个县长。鹿的省政府不久又宣布民选的冀南行政主任公署失踪，“不知去向”，与当地政权、八路军的关系越来越紧张。1939 年，日军加紧“扫荡”。鹿鉴于形势不利，将名不副实的河北省政府从平原搬到山区的路罗川。有的书上称鹿为“摩擦专家”，鹿当然是站在国民党立场上的。其实他实力薄弱，自己也不能作主。蒋政权不过利用他以前是冯玉祥西北军大将，可能在北方起些号召作用。这实在是错误估计了形势。人民生活在日军大炮刺刀统治的水深火热中，不凭实力坚决抗日，只想从八路军手中“收复失地”，还怎么能够号召群众？1940 年冀察战区与河北省政府收场，鹿回到重庆，据说冯玉祥对他没有处理好与八路军的关系，共同团结抗日，感到不满意。西北军很复杂，鹿钟麟的经历，表现出有冯玉祥爱国、抵制旧势力的精神。1924 年，冯玉祥在第二次直奉战争中，发动“首都革命”，暂时取得北京政权，决定驱逐废帝溥仪出宫，迁延未能实现。鹿作为卫戍区负责人，在景山顶上支起大炮指向故宫，下令对方在几个小时内离开。大炮的威力立时奏效了。大陆解放，鹿留在天津，后来担任政协全国委员会委员。

浆水是路罗川以北的一道大川，涨水河面很宽。浆水镇距铁路线上的邢台城八九十华里，虽是山区，地势不高。小片农田，玉米已近成熟。中共冀西地委住在河南面村庄，我们在这里办手续住了几天，去过镇上一两次。邢台抗日县政府设在浆水镇。与当地工作人员谈话中了解到，县长兼游击队支队司令，经常率领游击队在五六十里外的前线活动，敌人不敢轻易往西边来，这里算是比较巩固的根据地。县秘书即县政府二把手主持经常工作。镇上有供应群众生活必需品与收购山货的商店，再加几家小饭铺。据说小镇以前是热闹繁华的，如今遭受战争破坏影响，比过去萧条多了。其实何止一个浆水小镇如此，整个太行山，以至所有敌后农村，哪里不是如此。“覆巢之下无完卵”。日军深入国土的中国，哪里还有世外桃源！我忽然从街头墙上看到一张很显眼的布告，内容好像是关于农村生活、军民关系的。布告上的大字署款是：新四军江北总指挥陈毅。陈毅这个名字以前听说过。奇怪的是新四军的布告，何以贴到了太行山东麓来了呢！问过别人，都说不了解。抗大一分校后来有一段时间驻在浆水。规模和学生来源怎样，就不知道了。

三八五旅、冀南行署太行办事处在临城县境内。太行山东坡有一条横贯南北傍山越岭的商路，我们沿着这条古老的商路前往临城目的地。路上几次碰到不同系统、番号的零星过往人员。他们的臂章有印“固”字的，有印“民”字的，有印“冀游”的，形制式样各异。这些字样的背后，显露出当地抗日营垒是处在矛盾复杂、动荡不定的状态中。

大概在内丘将军墓附近，我们在路边歇脚。八路军一支部队也从这条路上往北行进。一个连有三四挺轻机枪，战士服装整齐，精神抖擞。走过了四五百人，后面队伍还在鱼贯而来。中间有个空档，像是参谋人员，我们插进去一起走。我们问，你们是哪一部分？对方热情自然地回答：三八五旅。问：旅长是谁？答：陈锡联。这是我头一次知道一二九师著名的“三陈”中的一位。问：旅长在行军队伍里吗？对方用手往背后指指：后面戴钢盔的就是。问他多少岁？答24。我心里想，自己也是这个年龄，才刚刚走到战场边上。他们问：你们都打过仗吗？我们说没有。他们说，打鬼子日子长着哩！不愁没有仗打！

我们从队伍中走出，在一块高地上向远处瞭望。陈锡联也同两三个人在高地上停下来。他拿起望远镜向北向东观察。谁也没有说话。整个队伍走完以后，我们估计可能是一个团到两个团。这是从砖壁总部以来见到的第一支前线部队。途中与参谋人员的谈话，没有问他们将要去何处。后来知道，就在这个时候，河北民军总司令张荫梧大举进攻赞皇境内八路军独立支队，一二九师指挥三八五旅和冀南部队反击，张部民兵基本垮掉。抗战前张就是河北国民党红人，后来又兼鹿钟麟河北省政府民政厅长。张部民兵瓦解，鹿的势力更加单薄。9月间，毛泽东在延安回答中央社等记者问“华北的摩擦问题怎样”时说：那里的张荫梧、秦启荣是两位摩擦专家。他们打敌人的时候少，打八路军的时候多。他同时声明说，“人不犯我，我不犯人，人若犯我，我必犯人”。一二九师与张荫梧民兵的武装斗争，实际是国共第一次大范围的军事对抗的开始。我所见到的不过是三八五旅的行军，陈锡联在高地上观察前方动静。这支也许近一两千人的队伍，当行进在山间古道上的时候，他们谁也不知道自己的脚步正走在某个重大事件的起点上。但当地抗战营垒矛盾对立、动荡不定的局势，又显出了前面要走上某个重大事件的起点是不可避免的。人们创造历史，对事变演进的具体进程是不可能事先知道的，而对它的前景又是可以观察认识的。我们在路上接触的现象可以说就是这样。

三八五旅经过临城继续北行。我们随后走，一直抵达临城岭西村太行办事处。时间是8月中旬。从武乡以来，这些社会生活与政治动向中转瞬即逝不成片段的，而又难以认为不足挂齿的种种，都是我与老徐同志共同目睹，共同经历的。徐是江苏盐城人，某大学毕业以后到武汉，熟人曾劝他去西南，他选择了进抗大。他遇事留心，但沉默寡言。他生活上注重整齐清洁，近乎有洁癖，极细小的事也必遵守习惯，丝毫不苟。因此引起别人对他不无微词，有时闹得不愉快。到冀南平原以后，他担任隆平或任县县政府秘书，在与敌人“扫荡”的斗争中，英勇牺牲。这是早期与我有过共同经历、共过艰难的牺牲在战场上的第二位战友。

三、自传与口述历史

1956年自传[①]

刘大年，男，1915年7月出生（我记得是阴历六月二十八日，阳历没有查对过）[②]。原籍湖南华容县。家住湖南华容县东乡三封寺熊家桥附近。幼名抝谦，又按家谱辈分取名宅礼。

从我记事时起，家庭是一个相当富裕的中等地主。时曾祖父（名刘文杰）管理家务，有地一百余亩，一部分自己耕种，一部分租给佃户耕种。这一百多亩地是我曾祖父一手购置的。他三十岁时还给别人做长工，以后靠放高利贷积累了一笔财产。祖父死得很早。父亲（名刘凤翥）是一个旧式师范毕业生，念旧书有一定根底。他除了当过半年小学校长，没有在社会上做过别的事。曾祖父在1922年（？）前后去世以后，家庭经济情况按原样生活，一直到1929年父亲去世，家庭经济情况才发生变化。我便是在这个家庭里长到十三四岁的。

我在兄妹四人中居长。母亲（娘家姓蔡）是旧式家庭妇女。父亲去世后家业无人经营，并且在这不久以后家乡一带又正是红军和白军反复争夺的地区，家庭没有劳动力，地租收入连年断绝。这样，很快就由富裕的地主生活变成了靠借债和出卖土地维持家计。到1938年我离开家乡参加革命的时候，已经只剩下三十几亩地，全部是自己耕种，主要劳动力是两个弟弟，母亲有时也参加收割等主要劳动。这时家庭经济生活是处在富农的地位。我在入党时和入党以后一个相当时期填写家庭成分时都写的是地主，从1947年三查运动重新划定家庭成分后即改填富农，一直到现在。母亲已在1944年去世，祖母在1954年去世。现在两个弟弟，一个妹妹仍在原籍。两个弟弟一个是贫农，一个是中农。妹妹家庭是地主，现在依靠自己劳动生活。我自己在革命队伍中建立了一个家庭。妻子师力坤，共产党员，现在中宣部工作。有两子一女，均还年幼。自1938年到现在，我没有回过湖南原籍。全国解放以

---

① 未刊，收入刘大年个人人事档案。——编者注

② 公历为1915年8月8日。——编者注

后常有家信来往。弟妹都分别来过北京，我每年也给他们寄去一点钱或日用品。不论从政治上或经济上他们都不可能对我产生坏的影响。

我的全部经历可以分作两个时期。第一个是受教育，基本上是过学生生活的时期，第二个是参加革命以后从事革命工作的时期。

在我受教育的全部过程中，并没有受到正规的资本主义式的教育，几乎全部是从旧式的封建的教育环境中过来的。这是和我尚未成年时家庭经济急剧转向没落分不开的。六七岁开始上私塾，以后在县城里上小学（这时家庭移居县城，共有四五年的时间，1927 年又搬至乡下原居）。1929 至 1931 年春天家乡一带是苏区，我那时有高小毕业的文化程度，参加乡村群众团体的工作，一直是少年先锋队的秘书和队长。这几年因为和革命群众生活在一起，又经常参加革命的实际斗争，如分田、开斗争会、站岗放哨、跑反、偶然配合红军打游击等，多少也灌输了一点革命的知识。这几年里学文化当然是说不上的。1931 年红军撤出湘鄂西苏区，国民党军占领了这一带，社会秩序极为混乱。我在这一年的二三月间跟随一个亲戚逃避至岳阳，有几个月的时间是靠替别人帮工，如推磨、挑水等维持生活。同年秋天才回到家乡。从 1932 年起至 1935 年，一直是上本地一种名为“爨学”的高级形式的私塾。老师名蔡瑞芝（已故），是本地一位被称为理学家的老先生，旧学问的知识较丰富，满脑子孝悌忠信等封建观念。教学的内容是“讲经读史”，实际上是一部《四书》和一部《资治通鉴》。元明清的历史几乎是不知道的。

同学先后约廿余人，多是本地地主富农的子弟。其中关系密切的是一个地主的儿子程稚香。他比我小四五岁，先后在一起生活有五六年。1938 年分开后即不通音信。此人后来在 1951 年土地改革中被斗毙命。我在这个私塾中一连读了四年，其中有半年的时间是在县立师范附设的一个补习班补习英文算术。其余的都费在诗云子曰上面。

1936 年春天到长沙考学校。那时自己的中文程度比一般中学生的中文程度要高一点，其他科学知识的水平不及一个中学生。到长沙后先是考入孔道中学高中部插班。后来考入当时湖南省主席何键创办的国学专修学校。它名义上是一所专科学校，实际上只有比一般中学高一点。何键是湖南省的一个地方军阀，不属国民党嫡系，有自己一套争夺地盘的打算。1935、1936 年时，宋哲元、韩复榘等在北方，何键在南方都在日本进攻的面前提倡“尊孔读经”。国学专修学校是在这时创办的。教师中有一部分是湖南大学教授兼任，一般多为昏庸老朽，有少数是有一点真才实学的人。我知道经学有今古文之分，有所谓乾嘉学派等等，是从这时开始的。学校的口号是“通经致用”，风气蔽塞。教授课程主要有文字学、今古文源流、宋元学案、史学等几个内容。这些内容对我来说虽是大开眼界，但仍是一套古董，没有近代的科学知识。学校章程上规定是两年毕业，但学校一共只办了两年，1936 年底关门。我只上了一个学期。

我在 1936 年暑假离开学校以后，这一年的秋天和冬天曾经两次到外地游历，企图找到一个职业。一次是八月间到原来的学校去报到有意继续读下去。到校后听到学校有停办的消息，即利用手中现有的一笔钱（近一百元）先到了武汉（有个姓傅的同学在那里上学），接着又到了江西星子县。当时有个本家名刘公武，在庐山蒋介石的军校里当教官。我原来不认识此人，由他的家兄刘巨楼（商人兼地主，现在华容）写了一封介绍信，到了他的星子县住所。在那里住了六七天，起初他要我写个自传，目的是了解一下我的学历和经历。我的自传很简单，他看了以后第二天便告诉我无事可找，打发我离开了那里。刘公武后来在国民党里爬到了湖南省政府秘书长的地位。1950 年湖南解放时，他同程潜一起起义，后来曾在华北革大[①]学习。我从此回到武昌，住到同年九月即回到家乡。

另一次是同年十二月和一个同学刘浴生一起到了南京。这一次更是没有投奔目的。我因在船上感冒了，一到南京便生了一场大病。因住院费很贵，请医生诊治过两次，住在当地的湖南会馆里慢慢休养。病好时已经到了过阴历年的时候。住到三四月间因盘费花尽，刘浴生把他仅有的几块钱借给我，由南京返回武昌。“七七事变”后又由武昌返回家乡。刘浴生则在国民党炮兵学校练习队当了几个月兵，在抗战发生前后回到家乡。1938 年八月刘浴生同我一起到陕北。他先入青训班，后入抗大，后来在晋冀察军区做电台工作，1940 年左右在中山一带牺牲（此点是解放后从他父亲的来信中知道的）。

抗战的第一个冬天，战争前线离湖南很远，华容地方偏僻，比较平静。这一年的九十月间开始，我又同程稚香一起，跟从一位新从外省回到家乡的老先生学习了一个冬天。学习的内容仍是旧诗旧文。此人名贺冕，现在情形

---

① 华北革大即华北革命大学。刘公武于 1951 年 1 月进入华北革命大学政治研究院学习。——编者注

不知。也就在这个冬天，我开始读到一些进步读物，知道了延安的一些情形。因为程稚香的父亲有一个朋友名朱婴，华容人，大革命时是个革命分子，大革命失败后一直流亡在外。我在同程稚香的来往中知道有此人。抗战开始前后，朱婴在上海出版一个小型刊物，名为《我们的学校》，有一期上面介绍了延安抗大的情形。我知道有抗日军政大学，是从这里开始的。上海失陷以前，朱婴和他的兄弟儿子都回到了华容，在一般不属于国民党的知识分子中间很有影响。我通过程稚香的关系，和朱婴的儿子朱永禧直接来往。朱永禧比我小几岁，那时他当然不会是共产党员。不过我从和他们的接触中，除了零星地读到带有进步倾向的报刊，也还了解到他们对时局的一些新鲜看法（1939 年春天朱婴也带领一批青年到了延安。1951 年前后，从报上看到朱婴是西北军政委员会司法部副部长。我与此人从未见过面，他不会知道我的名字）。在这以后不久，我知道了徐特立同志是当时湖南共产党的负责人之一，长沙有八路军办事处等等。除了零星报刊以外，记得我读到的第一本理论书是《唯物主义与伦理哲学》。上面讲的内容虽然大部分不懂，更不知道是否正确，但觉得很新鲜。从这时起，一直注意有关八路军和延安的消息，并有了到延安去的念头。

第二年，1938 年春夏之交，再一次到了长沙。这一次的目的是打算经过八路军长沙办事处找到去延安的办法。当时同我一起到长沙去的有两个在本地当过小学教员的知识分子，到了长沙又遇到有国学专修学校的同学。他们都是来投考那时的湖南省主席张治中所主办的乡政人员训练班的。我到陕北去的计划当然不便告诉他们，同时，是否去得成，那时也还没有把握。因此，也同他们一起，到上项训练班招考处报了名。因为证件资历不合，口试时便落选了。我那时本来没有打算留在长沙，一心想到陕北去。此时许多新的书刊在长沙可以公开发行，如《毛泽东自传》《毛泽东论游击战争》《朱德访问记》《彭德怀印象记》等等，在书摊上可以买到。这些小册子中的传奇式的描写和在长沙八路军办事处两次较长时间的谈话，越发坚定了我到陕北去的决心。六月间在长沙八路军办事处办完了到延安去的手续后即回到家乡，七月间筹足旅费后即同前面说的刘浴生一起，从湖南出发，经武汉、西安一直来到陕北。中间只在西安八路军办事处停留了一天。到陕北洛川抗大第一分校时（起初是一个大队，不叫分校），大概是八月初。记得那时庄稼还没有收割，我头上戴有一顶新的“拿破仑”帽子，在快要进到学校招待所的村庄时，从头上取下来扔到了庄稼地里。意思是从今开始新的生活，不要那些旧东西了。那时国民党区域的青年知识分子正像潮水一般涌向延安。从西安到陕北的路上革命青年成群结队、络绎不绝。许多人虽是陌路相逢，都是一见如故。进入学校以后，更是觉得一切都不同往昔。这使自己深深感觉到是从一个时代的落伍者卷入到时代前进的洪流中来了。

到了陕北，便结束了我的受旧式教育的时期。

上面所说的整个我受教育的过程，对我有很大的坏处，也有很大的好处。坏处是没有科学知识的基础，知识范围不广，后来也始终没有弥补上这个重大的缺陷。但是好处也不少。第一，所处环境单纯，决定了自己不可能在社会上有什么活动，虽然有不到一年的时间在外面盲目地跑了两趟，但没有发生复杂的社会关系。因此，第二，也就没有和反动势力、反动党派沾上边，直到加入中国共产党，完全没有政治活动的经历（在苏区生活时自己还未成年）。第三，培养了阅读旧书、钻研旧书的一般能力和兴趣。

由于上述的经历，我的思想，在未离开国学专修学校以前，根本说不上有明确的政治思想。那时只是想拜访名师、做个旧式的能考证训诂名物的经学家。当然抗日思想是有的。1937 年冬天以后，开始有了新旧两种思想，知道了一些过去不知道的道理。同时，过去在苏区生活的经验现在也发生了作用。但是，之所以选择了到延安去的道路，并不是因为有了多少革命的觉悟，仍是找出路和抗日两种思想占着主要的地位。那种当经学家、“保存国粹”的糊涂想法，此时在脑子里也没有放弃。在长沙办事处办理到延安去的手续时，一位负责谈话的同志了解了我的学历以后和我谈思想，我的说话中除了夹杂一些赞成唯物主义、共产主义的意思，又大讲《大学》上的修齐治平一套道理，他则对我讲个人服从集体的一套道理。他比较两者的得失，说明前者是从个人出发的，后者是从集体出发的，并指出这就是唯物主义和唯心主义的世界观之别。我很佩服他懂得“国学”，并能用唯物主义的理论加以批判。我此时所讲的还基本上是从湖南国学专修学校所知道的那一套，虽然也表示赞成唯物主义、共产主义，其实是只知道几个名词，对它的内容很少了解。湖南国学专修学校以落后闻名，是当地人都知道的。经过两次谈话，长沙办事处即确定介绍我入抗大。后来我知道在鉴定书上写的：此人思想单纯。我到抗大后较快地被接受入党，想与此也有关系。我的共产主义思想、共产主义世界观，是在入党以后的相当时期中逐步建立和具备起来的。

到达陕北，开始了我的全部经历的第二个时期。从 1938 年 8 月起，到现在，我一直是在革命的组织中生活、学习和工作。这个时期的经历可以逐年分述如下：

1938 年 8 月至 1939 年 7 月在抗日军政大学第一分校学习（先在陕北洛川后至晋东南）。1938 年 10 月在陕北洛川入党。介绍人余克勤（抗大一分校第七队队长、红军老干部，现在情形不知）、李源清（区队长，现在情形不知）。关于这一段的证明人，我现在知道的有何定一。此人现在空军总后勤部工作。那时学校中的党不是正式公开的，我在第七队，何定一在第六队，因为他是湖南华容人，有时在一起闲谈，他可能当时便知道我是党员。

1939 年秋天至冬天，在冀西行政干部学校任教导主任、总支书记。从抗大毕业后，我的工作是分配在冀南行政主任公署太行办事处。办事处在河北临城县西山中一个名叫岭西的村庄。办事处主任是现在国务院副秘书长（？）齐燕铭。我到办事处时，齐燕铭同志已去冀南，办事处正准备撤销。我即临时帮助冀西专署训练区村行政干部。同年冬天，办事处正式撤去，我被分配到冀南行政主任公署工作。这一段的证明人有李实。此人现在北京市税务局任监察室主任。那时他是训练班的总队长管行政，我是教导主任管政治。他因在政策上犯错误，停止党内活动，我记不清是否同他一起过过党内生活。齐燕铭虽是办事处主任，我只和他见过一面，不会给他留下什么印象。代理齐燕铭的张济南已于 1944 年春天在太行山病故。

1939 年冬天和 1940 年任冀南行政主任公署文教处宣传科长，后兼抗战学院政治教员。那时行署的总支书记是吴大羽，现为国务院法制局副局长，文教处处长孟夫唐，现任武汉市副市长。现在的高教部部长杨秀峰同志是行政主任公署的主任，宋任穷同志是副主任。他们对我这个时期的工作是大体知道的，其中吴大羽、孟夫唐对我知道得很清楚。

1941 年至 1945 年冀南行政主任公署改组为晋冀鲁豫边区政府冀南行署。我在冀南行署先后担任宣传科长、社会教育科长、干部教育科长、文教民政两处合并后的教育科长，同时任冀南政治学校教员、冀南抗战史料编纂委员会委员、中共冀南区党委文化运动委员会委员、支部书记、总支委员等。这一个时期我的工作的领导人以及和我同时在一起工作的人很多，现在很容易找到。如行署副主任刘建章现在是铁道部副部长，区党委宣传部长、行署副主任王任重现在是湖北省委第一书记，区党委宣传部副部长、文化运动委员会书记张增敬现在农业部工作，区党委组织部副部长李亚光现在监察委员会工作，区党委干部科长刘国平现在建筑工程部工作，民政处长杜佩珊现在是国务院法制局副局长，政治学校校长任仲夷现在是黑龙江省委秘书长等等。

1943 年 7 月至 1945 年 8 月，因患肺病，经党的系统转移至太行山前方总部卫生部白求恩医院休养。住的地点是山西左权县西隘峪口村和石堡村。那时我的供给机关先是太行分局，后改归北方局。党的生活是在医院里过。1943 年冬天以后，冀南党政的一部分人员也转移至太行，在那里集中整风审干，我与在那里参加整风的行署主任孟夫唐等同志有通信的联系。

1945 年 10 月，病已暂时好转，日本投降后主要的领导机关已纷纷下山。我仍经党的系统回到冀南。到冀南后先是参加当地计划设立的建国学院的筹备工作，不久以后晋冀鲁豫边区政府决定在河北邢台成立北方大学，停止筹备冀南建国学院。我于 1946 年春天即调到北方大学工作。

1946 年至 1948 年，我先后任北方大学教务处副处长，工学院副主任、支部书记等。1948 年夏天北方大学与华北联合大学合并为华北大学，我任华北大学历史系主任（短时期）、研究部历史研究室副主任、支部书记等。北方大学和华北大学的主要负责人以及和我在一起工作过的人有许多现在都在北京。如范文澜（北方大学校长）、曾一（北方大学党委副书记）、吴玉章、尹达等同志均是。

1950 年华北大学研究部划归中国科学院，历史研究室改为科学院中国近代史研究所。我随着调为近代史研究所研究员。这时我因旧病复发在医院休养，直到 1951 年冬天才正式开始工作。从此时起，我先后任科学院支部副书记（此时科学院只有一个支部）、科学院研究人员思想改造学习委员会党组副书记（书记是中央宣传部科学处处长赵沨同志，现为文化部办公厅主任）、政务院文委直属机关党委委员、科学院编译局副局长。1954 年开始任中国科学院历史研究所第三所副所长兼科学院学术秘书处秘书，1955 年科学院学部成立后，兼哲学社会科学部学术秘书直至现在。关于这个时期，1952 年以前有范文澜、恽子强等同志可以证明，1953 年以后科学院党组和各部门的负责人张稼夫、秦力生、郁文等同志均熟悉。

从参加革命到现在，十八九年的时间中，虽然如抗日战争时期主要是在战争环境中生活，但是我的际遇是很幸运的。从来没有负过伤，没有被俘过，也未与组织中断过联系或失掉组织关系。比起许多同志的负伤、被俘、坐监狱、死里逃生等情况来，我在革命工作中，在那些比较艰难困苦的时期里，算是没有遇到波折，是一帆风顺地过来了。因为平时我在工作中能服从组织，工作也一般是积极的，所以也从未发生重要的团结问题。没有受过什么表扬，也没有受过处分。但是在具体问题上和别的同志发生争论以至吵架，在个别政策问题上和个别生活问题上犯错误，受到批评，自己作检讨，是有过的。特别是近些年来，被分配的工作较多，能力与责任不相称，没有把自己应做的工作做好。

入党以来，除了在抗大受训和以后在各种实际工作中受到检验，还经过了 1947 年三查运动、1952 年整党等审查。政治上和思想上无问题。

我认识到自己目前的共产主义思想水平仍是很低，业务能力很薄弱。现在党正在领导全国人民进行这伟大的社会主义革命斗争，自己应该坚决努力克服存在着的缺点，努力提高政治、业务水平，来更好地为党工作。

刘大年

一九五六年一月廿五日

1980 年在日本最后一次交流会上的自我介绍[①]

第一部分

我有责任向各位做自我介绍，但是讲的东西就没有，也可以说我的经历不值得一提。作为一个知识分子，我是中国千千万万知识分子中间的普通的一员，是普普通通的中国人民中的一分子。与其讲介绍我的经历，不如说我在这里简单地说，我曾经在什么地方工作过，这样是不是更好？

我大概二十二岁以前没有离开过湖南。我上过的学校完全是旧式的学校。念《四书五经》，念《说文》，念《通鉴》。学校的名字叫湖南国学专修学校。我是抗日战争的第二年从湖南到陕北，那就是一九三八年。从湖南到陕北的时间是一九三八年的八月，武汉还没有失守，但是交通已经非常不便了，火车已是不能全通。日本的飞机经常轰炸，常常把铁道炸断了。那个时候蒋介石的地区里面，是上千上万的知识分子到延安去。主要是不满意于国民党的黑暗的统治，觉得这个抗日战争要取得胜利，中国要有出路，要把希望放在延安。

我一九三八年秋天到冬天是在陕北度过的。不是在延安，离延安还有一两百华里。知识分子到延安去，首先都是在抗日军政大学或者其他的几个学校接受训练。主要的学校，一个是抗日军政大学，一个是陕北公学、鲁迅艺术学院，还有一个青年训练班。我在抗日军政大学。在这里有唐朝的专家、宋代的专家。[②] 延安这个地方在唐宋时代是斗争很激烈的地方。唐代时候的延安是不是包括朔方，我不很清楚，但是朔方是这个方向。当时朔方兵是很

---

① 根据听讲者笔记手稿整理，未刊。原稿记录人为日本学者，记录稿中有多处不流畅和省略处，该稿未经刘大年本人审阅。录入时，在文字表达方面作了必要的技术处理。——编者注

② 原稿如此。——编者注

强的军队。宋代时延安是宋朝和西夏斗争的一个前线。宋朝抵御西夏的主要的指挥、防御的前线，大概在肤施，就是延安。好像包括宋朝有名的将领范仲淹都在这个地方指挥战争。你们知道这个地方有个后乐园，后乐园的来源，我想可不就是范仲淹的话吗。范仲淹《岳阳楼记》中讲到“后乐”，就是“先天下之忧而忧，后天下之乐而乐”。我说这些就是说这是一个古战场，延安从来就是一个战场。

一九三八年的年底，我就过黄河进到晋东南，就是山西的东南部，上党区。这时抗日军政大学有一部分迁到这里来。它的中心是长治、潞城、长子，长子在长治的西边，潞城在长治的东北地区。长治大概就是长平。长治有著名的故事，就是秦朝的大将白起，一次活埋了赵国的兵，是四十万人。秦国把赵国灭亡掉。这个赵国在长治的东面，秦国通过太行山灭了赵国。赵国的都城是邯郸。长治和邯郸隔了一个太行山，长治在太行山西，邯郸在太行山东。秦朝灭亡赵国，往往要通过长治这一带到邯郸。打赵国的时候也经过这一条路。经过长治，然后来到赵国的首都邯郸。五代有几个皇帝就是从这个长治起家的。太平军，太平天国的军队，北伐经过的路线就是经过这一带到邯郸。

抗日战争结束以后，我们和国民党打的第一个大仗就是上党战役。我从三九年的一月到三九年的八月住在上党这个地方，然后离开抗日军政大学到河北平原工作。河北的南部叫作冀南，邯郸、邢台一带。我工作的地区就在这一带，巨鹿、大名这些地方。五代的时候，大名叫作东京，开封是西京。也就是说，我从那个古战场到了这个古战场。这也是一个古战场。有名的项羽的巨鹿之战，这一个大战项羽把秦国的军队打败。邯郸在战国的时候，是一个经常打仗的地方。大将军廉颇就是赵国的大将。我在这个地方，这里是平原。我所在的机关叫作冀南行政主任公署。这个主任公署管辖四十来个县，领导人是杨秀峰。他曾在德国留学，学化学。抗日战争开始，他就组织一支游击队。然后八路军来了，然后跟八路军结合起来。我刚才说四十来个县呢，本不是管四十来个县的县城，这四十来个县城都是日本军队和汉奸军队占领的，我们占领的主要都是乡村。这个时候太行山、冀南，还有根据地的地方，这一带的八路军都叫作第一二九师。师长是刘伯承，政委就是邓小平。

我在这里工作一直到抗日战争结束。但是中间曾经有一段到太行山去疗病。第二次要到延安去，走的路上发了病了，肺结核，走不了了，就住在太行山。我在这个时候做的工作是在行署做宣传工作。行署办了抗战学院，我也到抗战学院教书。虽然到处都是日本军队或者汉奸军队，但是我们这个学院多的时候还有六七百人，少的时候也有二三百人。每年都有班，上课就在大树底下。政治、经济、哲学、历史，什么都讲。我知道一点中国近代史是从这个时候开始的。

抗日战争结束以后，我们在华北的解放区办了一个北方大学，校址在邢台。后来，四六年，蒋介石派军队进攻解放区，北方大学就搬到了我刚才所说的上党区。到了上党区以后，就是再到了长治这一带以后不久，北方大学就成立了历史研究室。北方大学的校长是历史学家范文澜，历史研究室成立的时候，他兼历史研究室主任，我是历史研究室的副主任。

四六年十月到四八年五月，我第二次到上党区来，都在长治这一带，因为北方大学在长治。到了四八年的时候，华北地区全部解放。刚才说的北方大学与另一所学校合并为华北大学。华北大学校址在正定，石家庄的附近，古代的常山。很多朋友都读过《三国演义》，书中有一个著名的战将叫赵子龙，赵人叫常山赵子龙。华北大学的校长叫吴玉章。一九四九年的二月北京解放，华北大学搬进北京。这个时候中国科学院成立，其中科学院里面有一个近代史研究所。华北大学的历史研究室，从北方大学开始以来的历史研究室就变成中国科学院的近代史研究所。华北大学的其他部分就变成中国人民大学。近代史研究所是从北方大学开始。我到北京后就始终在这个近代史研究所工作，没有变了。我可以说，和近代历史开始接触是在抗日战争期间教历史开始的，渐渐开始到一个研究室工作是一九四七年从北方大学的历史研究室开始的。

我与近代史研究发生一点关系，发生一点认识，到现在可以说时间不算很短，但是做的工作少而又少，非常少。在去年我们出版了一本书，叫作《范文澜历史论文选集》，我写那个序就检讨了自己没有把工作做好，作了自我批评。因为范文澜已经去世，我们编选那么一本书。

我还想讲一个题目，这个题目我想就谈到这里吧。再一个题目就是我这次到日本来，我所抱的目的和愿望实现了没有？我在东京大学讲第一次课的时候讲了三个目的和愿望，第二次我给市古先生和坂野先生在读卖新闻社座谈会上也讲了我的三个目的和愿望：第一，为中日两国的友好，文化交流和友好，作一点微薄的贡献。第二，用科学的观点讲历史，推动我们的共同研究工作。第三，就是向日本的同行学习，特别是向年轻的同行们学习。

究竟做得怎么样？也靠你们各位的评价。我只想同日本的朋友说一点，关于同行们学习，这一次我认为有相当的收获。这个收获是来自三个方面。一个是课堂讨论会。这些讨论有的是很有准备的，一些朋友们下了很多功夫，查了资料。我认为对我是很有帮助的。第二个方面就是和各位先生不只一次地开这样的交流会，大家提的问题提的意见对我很有启发。第三就是在各位朋友作了很好的准备的条件下，作了一些有关辛亥革命和孙中山的活动的遗迹的现场访问。这个调查和访问我不能说已经很圆满了，恐怕只能说是作为一个开始。要完整地把一些具体问题搞清楚，还有考虑再做的许多问题。但是从我现在所介绍的一些情况来看，也能够比较好地把这些情况介绍给中国的近代史研究者。我认为大家会感到很有兴趣。最重要的一点是对于孙中山，对于这些革命家，他们活动里具体的环境有了一点了解。对于孙中山和中国同盟会一些人，日本的社会，日本人的接触，在这方面了解比过去多。对于孙中山、日本社会、日本资本家，这三方面的接触还有待深入研究。这一方面可以把我们过去很多不了解的事情搞清楚。过去我们看见的材料好像主要的都是一些所谓浪人的活动，他们和孙中山这方面的材料比较多。另方面的问题当然也需要研究，但是看来那是不够。

我顺便还有一句话，还要说明一下。刚才市古先生提到我在横滨的访问有个报导，报导里面有一句话，这句话我没有点谁的名，但报导时加了一些人名，比方宫崎滔天和头山满，我并没有说他们的名字。这样子一报导好像我把他们都是一样看待。我已经在别的地方说明过，现在各位朋友在这儿，我还再说一遍。

总而言之，我认为我这一次来向各位学到了不少的东西。我这一次来访问说明加强我们两国的学术、文化交流很有必要。今天在座的都是中国问题的专家，有近代史研究的同行，也有古代史研究的专家。既然我们研究的题目是相同的，或是接近的，那么我们就有必要增加我们的来往。中日两国文化交流要做的工作很多很多，我们两国人民的友好事业前途无可限量。我想我们每个人都可以为这个事业做出贡献。我能够做的很少，但是今后也还要努力。我这次访问举行这样的交流会，今天也可能是最后一次了。中国有一句话，就是“来日方长”。未来的日子还长，长得很。我们共事的机会还会很长远。欢迎你们都到中国访问。我能够代各位做一点什么的话，我一定尽力去做。我把这个学术交流看成是我们共同的事业。祝各位在新的一年里取得新的更大成绩、成就。谢谢。

在抗日战争期间我做宣传工作，同时教书。那个时候主要靠自学。因为我受的教育主要是旧的教育，也喜欢看旧书。抗日战争期间找书是比较难找的。当时找到什么书就看什么书。在艰苦的环境，读了书好像也记得住。那个时候经常有打仗行军。因为我做宣传工作，我的职务是宣传科长，所以我还有一匹马。因为有一匹马，所以多少可以带几本书。最早是读郭沫若的《中国古代社会研究》。那时以章炳麟为代表的国粹主义影响很大，郭沫若的《中国古代社会研究》是开始用新的观点来看历史。日本的佐野袈裟美的《支那近代百年史》《中国历史教程》，我在那个时候也读过。当时把它还是作为正面历史来看待。现在看当然不一定都是正面的。近代史方面的东西，在抗日军政大学有一个很简单的教材，并没有什么印刷了的本子，只有手记的，个人记录。当时我教书的时候要收集一些找得到的材料来做简单的教材，找得真难。在这个时候具体的讨论也很少，能够找到老师的机会也不很多。

到了北方大学以后，因为抗日战争结束了，美国要利用蒋介石，这时中国和美国的斗争尖锐起来了。这个时候我自己觉得应该研究一下中国和美国的历史关系。那个时候因为我们已经有了一些中小城市，能够找到的书比较多一点。有一个“万有文库”，里面有一些讲中美关系、国际关系的书，但都是二手材料，而且讲到美国的时候，讲到中美关系的时候，总是把美国说得非常好。那以前那些人写的书，对日本军国主义是有所了解的，对美国帝国主义是没什么了解的。所以我要了解中美关系，找原始材料非常困难。

当我到北方大学的历史研究室开始工作的时候，在与范文澜校长谈话之间，闲谈中，也常常谈一些历史问题。范文澜是一个搞历史的经学家。他是到延安以后，受了毛主席的指示才研究近代史。因为他写了一本近代史的书，所以比较熟悉。在闲谈中，他能够介绍一些研究中美关系的原始的材料。

我现在印象比较深的有两部书。一部书是《李文忠公全集》。因为李鸿章长时间掌管清朝的外交，所以他的书里有相当多的资料。我提两个例子。一个是我的《美国侵华史》上讲的美国的排华运动，那些原始资料就是《李文忠公全集》上的。这本书上有美国领事给中国的报告。美国以后排斥中国，排华，书上都有原始资料。第二个例子就是甲午战争前夕关于朝鲜的斗争。

中国在朝鲜的斗争，中国和日本在朝鲜的斗争。那时候袁世凯是清朝驻朝鲜的代表，书上有大量的袁世凯给李鸿章的电报。这是很好的档案。有了这些档案，我写美国侵华这些问题就比较可靠一点。范文澜还给我介绍了一本书，即王芸生的《六十年来中国与日本》，这里面有相当多的原始资料。范文澜给我的益处主要是介绍原始资料。至于什么观点，怎么写，他并不发表意见。后来这个书出版的时候，我有肺结核，满身病。北京解放后，范文澜他们已经进了北京，那个时候我还在石家庄附近，还没进北京。他征求我的同意后找了几个朋友，把书稿从头到尾看了一看，又把资料查对了一下，稍微作了一些改动。第一版上写了一个简单的出版说明，很短的，说明他们改了以后没有给我看，希望我好了以后自己来亲身看。这是说从范文澜那里得益不少。但是范文澜先生的学风是很民主的。到了五四年以后，我们觉得他的那本近代史已经过时了，需要重新写一部近代史。他自己要全力以赴写《中国通史简编》，这是中国古代史，因此他要我来主持重新写一部中国近代史。他主张近代史分四个时期，我们不很赞成他的意见。我主张只分三个时期，他同意我的意见。我们现在已经出的第一卷就是分作三个时期。这样就是说，我们有一个民主的风气，这是一个好的风气。

再顺便说一下王芸生这个书，现在正在修改。第一卷、第二卷可能出版。他生病在医院里，年纪比较大了，最近不太行。最近他给我写一封信，要我给他的一本书写一个序，要我在序中发挥“国无常仇”这一思想，就是一个国家没有常在的仇恨，没有永远的仇恨。因为《六十年来中国与日本》讲日本侵略中国，现在历史已经过去了，国家之间没有永远的仇恨。他这个书很快就要出来，我现在没有时间，仓促间写不出来。

我们的一本书《中国近代史稿》始终没有写成，所以到去年才出来第一卷。中间有很多变化，一会动手，一会又放下，一会拿去了，一会又放下。“文化大革命”就有十年没有工作。范文澜先生的一本近代史是六个月写成，我的一本不像样的《美国侵华史》第一版是三个月，三个月我没有干任何事。现在是已经十年过去了，成了无产作家，无产阶级，没有东西，十年中间成了无产阶级。

（王芸生的书）现在已经修改第一卷。那材料也是新的材料，利用的是新的材料。他自己非常担心这本书不能够修改了，因为人年纪大了。当他修改这本书的时候，征求过不少人的意见。我就跟他出了一个主意。我主张不要作大的修改。第一个是写一个比较长的导论，或者序，把他现在的观点、现在的看法写出来。第二个就是把史料错误，或者观点不正确的地方修改一下。因为他这本书本身就是一个历史，怎么样修改，也很困难。他是很想采纳我的方法。但是第一卷的材料，新的材料，他都收集了，而且也总结了，舍不得把它抛掉，所以他现在的方针是能够改几章就算几章。

他这个书里面有些评论是不对，我们都讲过。关于袁世凯，这个“二十一条”，这个问题上的观点就不对。他把袁世凯的“朱笔”作为原始材料。朱笔，即红笔。袁世凯用红笔写了一个命令，解释为什么结束“二十一条”。这个“朱笔”就收在王芸生的书里。他不对的地方就是相信了袁世凯的辩护。但是王芸生先生是一个人手笔，或者说大作家。他是《大公报》的主编。《大公报》是代表中国北方的大资产阶级，它对蒋介石的方针叫作小骂帮大忙，也骂一点蒋介石，但是，实际上还是帮着蒋介石。但是王芸生的文章讲了一些很尖锐的话。他说，和蒋介石打仗，第一打就是以黄河为界，黄河以北是共产党的；要再打就是以长江为界，长江以北是共产党的；第三打再打下去中国就全统一了。他说这样的话，结果他说得很对了，这个是很有思想的。

你们没有看过“文化大革命”前夕那个时候的报纸。“文化大革命”开始的时候，那时的报纸批评我，批评我的问题，批评非常尖锐。没有指名，没有把名字点出来。给我们的称号那是很了不得的，很吓人的，叫作“东霸天”“西霸天”。所以那个时候研究工作不能做。但是读书没什么事，没有问题。这是夺笔，把笔夺下。

冀南抗战学院的学员都是各地来的干部，区委、县委和村委的干部。一部分是从日本占领区逃到根据地的知识分子。区干部、县干部学完后还回到他们的地方去。新来的知识分子学完后都按照他们的志愿分配工作。我说六七百人呢，只有一两年的时候有。六七百人的规模四三年以前可以，而且只有夏天，因为夏天是青纱帐。冬天就不能有那么多的人。

第二部分

于东京大学大学院　近代史演习

先要说明两件事。今天不是讲历史，不是讲历史课。因为中山小姐和各位提的题目是讲抗日战争，我怎么样讲，是讲这个题目。要讲历史，那就得很好地来分析。

抗日战争这段历史已经成为过去。我们主要把它作为一个科学研究的课题，什么时候都可以研究。作为科学研究的题目的话，什么时候都是有意义的，应当研究。历史事实的样子谁也不能改变。但是抗日战争这一段历史在中日两国的历史上只是很短的一段。我今天不是来讲这一段历史。所以要我讲故事我就讲故事。第二个要说明一下，要我讲个人经历，但是我个人没有值得一提的。作为一个知识分子来说，我是很普通的、千千万万知识分子里的一个；作为一个普通的人民呢，我是十亿人民中间的一分子。所以没有值得讲的地方。对于个人来说，没有什么值得讲。但是你们提出了以后，为什么我也说，也可以讲呢，就是作为知识，我可以介绍一下。

我来以后很多场合各位朋友都介绍我。都是佐伯先生介绍，我没有自己介绍自己。这个有点特殊化，总是不准我介绍，让人介绍，太特殊化。还有我们两国人民的友好，需要相互了解。这个了解不是抽象的，而是具体的。所以我介绍一点自己的情况是为了让朋友们好了解我，以后我们再交流就很好合作。除了从这个角度上我谈到一点我自己来，别的没有任何意义。

我的家庭出身是一个没落的小地主的家庭。我的父亲逝世很早，一个高级师范毕业的学生，高中程度的师范毕业生。他在世的时候，我们家里大概有几十亩地。他逝世以后，家庭缺少人管理就慢慢地衰落下来。我们兄弟有三个。三个人是三个不同的成分。我自己就是富农，我的第二个弟弟就是贫农，第三个弟弟就是中农。

再一个问题就是石田米子先生给我提的一个题目，让我讲讲 1947 年的整党。Hinton（韩丁）写了一本书《翻身》，讲到整党。整党的时候就像我们现在这样，分期开会，个人自己说，自己报告一下你自己是一个什么阶级。那时我自己报的就是富农，实际的情况可能比富农还要低些，可能是一个中农。我的两个弟弟，他们一个是贫农，一个是中农。就是解放后土改划分成分的时候。因为我参加革命以后，我们家庭离散，衰落，家里借很多账。我两个兄弟分开家的时候把这个钱账也分了。就是一共一百块，你分五十，我也分五十块的账。我的第二个弟弟因为他劳动的积极性不够，所以他的账老是还不完。我的第三个弟弟是拼命地劳动，就把账都还干净了。因为第二个弟弟欠账，所以还给人家帮工，划成贫农成分。第三个弟弟因为不欠账了，而且稍微好一点，所以他是中农。从这个情况说，劳动是吃了亏了。中农不是吃了亏了吗?

我受的教育是旧式的教育。在湖南省长沙国学专修学校。这个校长是湖南的大反动派，叫何键。他第一次大革命——就是北伐——在湖南发动“马日事变”，反革命事变。他年轻的时候是清朝的秀才，后来当过匪，然后拉去当兵了。因为他干的坏事很多，所以他办个学校来好像自己掩饰一点他的坏的一面。跟我们讲书的都是一些最老的老先生。讲的是《说文》“小学”《尚书》，也讲历史。历史的教本就是《通鉴纪事本末》。我受的教育就是这些教育。

抗战爆发后，1937年冬天，战争离我们湖南湖北的地方很远。有一些在外面，或者住外面的城市活动的人逃回湖南家乡。这些人就有第一次大革命时代以后逃亡到外面从事别的活动的人。他们是共产党员，逃亡在外，现在回来了。通过这些人，和他们接触，从一些报纸上、书刊上了解到共产党的活动，抗日的活动情势，了解到延安的情势，而且从这个时候开始读到一些理论的书，马克思主义理论书。另一方面看到国民党的统治就是很黑暗，很腐败。抗日战争很激烈，但是国民党统治区的腐败的情况一点也没改变。从这时候就有思想的准备，想离开国民党统治区到延安去。但是这个时候我不懂得什么是马克思主义，主要是一点爱国的决心。那个时候共产党在好多省，在湖南、湖北都有公开的机关。抗日战争爆发后不久，红军改编为八路军。这些共产党的公开机关就是八路军办事处。

那个时候八路军办事处是在长沙市的比较中心的地方。可我住在市郊，离城市较远。日本的飞机天天轰炸市中心地区。日本的飞机经常来轰炸。平常遇到空袭警报，就要回到住的地方去。常常从我住的地方到办事地区，走到半路上，遇到空袭的警报要回去。最后还是找到了办事处。第一次、第二次找了一个办事处的湖南的负责人。当时不了解，现在知道他是湖南省党书记，第一个负责人。到办事处我找了办事处的负责人，跟他谈了两次话。因为我是在湖南受教育，受了湖南国学专修学校的教育，思想是很落后的。他就是要考查我能不能经得起革命的考验。但是八路军办事处的公开的负责人不是这个书记，而是毛主席的老师，徐特立老先生。我办了手续以后，然后又单独找了一次徐特立同志。跟党书记谈话以后找了一次徐特立先生。徐特立老先生当时的印象，我现在都还记得非常清楚。那个时候六十多岁了，夏天，穿很普通的一个粗服，拿了一个芭蕉扇。我见了他以后就说我想到延安去，而且办了手续。他第一个的回答就是说："很好"，"有志青年应该到延安去"。徐老先生在湖南省有很高的威望，我们在随便谈话的时候就说"徐先生怎么说……徐先生怎么说……"所以他这个简短的谈话给我非常大的鼓励。他说："很好。但是要决心克服很多困难，要做好充分的思想的准备。"所以能够走到革命的道路上来，和革命的老前辈他们的鼓励直接相关。

我到北方，到抗日根据地，不是先到延安，而是延安的根据地附近的一个县，叫洛川，离延安大概有二百里，一百多公里。那个时候抗日军政大学的一个大队在那个洛川。这个大队的训练部长就是现在人民解放军总政治部主任韦国清。我在抗日军政大学受教育的时间才三个多月，大概有四个多月，然后我们这个抗日军政大学就搬到晋东南，就是山西的东南部，也就是石田米子先生要问的，要我讲的，是 Hinton《翻身》讲的那个地方，长治、潞城。这是我第一次到山西省。

这年七月，我在抗日军政大学就结束了，然后分配了工作。写了几首诗，去年发表在《诗刊》九月号上。这几首诗是 1939 年 7 月写的。从洛川搬到晋东南的这一部分叫作抗日军政大学第一分校。校长何长工是最早留法勤工俭学的学生，是毛主席和朱总司令在井冈山会合的联系人。他当过红八军的军长。在大革命的时候，第一次国内革命战争时，是华容县教育的负责人，是武官，农民武装的负责人，也是党的负责人。是华容县最高学校高等学堂的校长，农民自卫军的总指挥，也是第一书记。很会打仗。大革命失败以后，反革命把他一家人杀掉。他的妻子和他的三个儿子，之中最小的一个儿子大概不到两岁吧，都杀掉了。杀他全家的人是国民党的一个县长，姓宋。何长工当了红军军长的时候，在长沙把姓宋的县长抓住了。何长工没有杀宋，把他放了，说："我们是干革命的，不是报私仇。我要是报私仇，也应该杀了你的全家。"刚才我讲的这一段的历史在"文化大革命"中间反复查对过。我刚才说我们分校的校长是何长工，韦国清是训练部长。刚才说，我写过四首诗，这四首诗是当时写的。因为抗日军政大学第五期在七月举行毕业典礼，我就写四首诗祝贺这个毕业典礼，而且请了一个会写字的人，写得很漂亮，被选挂在主席台上。毕业典礼预计在七月七日举行，也叫阅兵典礼。

抗大第一分校有五千多学生。七月七日是抗战纪念日。在这以前的一些日子我们天天训练，准备参加毕业阅兵典礼。"七七"前两三天，听到很远的地方有炮声。抗日军政大学所驻的地方，也是八路军前方总部所在地。朱德总司令、彭德怀副司令这时都在这里。这个地区是一个盆地，周围是山，中间低。我们掌握着六七个县城。七月七日阅兵的头一天晚上，我们都准备好了，忽然通知说阅兵典礼不举行了，要转移。七七零晨两三点钟，我们收拾行李后迅速上了东面的山上，很高的高山上。这个时候战斗部队都跟日本军队双方接触打起来了。这一次是日军的七路大“扫荡”。从那个时候起，这个盆地被日本军队占了。我们五千多学生一面行军，一面分配工作，每天都走路，每天分配工作。我分配工作是很晚的，跟我一起分配的有二百人。

抗大的学生是各种各样的，什么人都有。有工人，有中学生，也有大学生，还有在国民党那做过事的、很有地位的人。我有一个同学是韩复榘警备团的团长，他去抗大的时候还带着警卫员。大家可能都知道，韩复榘是山东的一个国民党的大反动派，他很坏，要投降日本，后来蒋介石把他杀掉了。抗日军政大学有各种各样的人，艺术家、作家、电影演员、诗人……各种各样的人都有。我们二百多人为什么最后分配工作呢？听说是受过大学的教育，可以做一点教育工作，做一点思想政治工作，可以做领导人。我因为上过国学专修学校，也留在这个上大学的里面。

我记得最后是朱德总司令给我们讲话，在一个比较小的广场里，在总司令部的附近。他讲话的中心内容，一个是分析形势，分析日本人的大“扫荡”，说：“敌人的进攻失败了。他们想把我们主力部队干掉却什么也没有成功。”再一个就是说：“你们知道工作岗位上需要准备接受各种各样的考验，完全是很艰苦的，要做好思想工作。”说：“你们这些人都是知识分子。知识分子不是一个阶级，但是，都可以叫作小资产阶级。你们只要能上大学，家里多多少少还有一点财产，都可以吃了早上饭还有晚上饭。往后退，还稍微有一点退的余地。因为还有一点财产，可能在困难的时候不坚定，不能坚持下去，容易往后退。”再说：“你们这些小资产阶级知识分子最大的弱点就是动摇性。”说：“抗日战争是一定要胜利的。等抗日战争胜利以后，谁能够坚持到胜利，谁就能得到一个勋章。那个勋章是一种表扬。现在如果动摇了，到了那个时候，到抗日战争胜利的时候就后悔了。那个时候你们可以说：‘你看，谁，谁，谁，跟我一起参加抗战的。他坚持下来，得到了勋章。我落伍了。’”他是总司令，跟我们谈话的时候跟我们现在一样，非常亲切、非常随便。我们这些人谁把笔记本给他请签名，他马上给你写几句话，签上名字。他是军事课的教员，讲军事课。他这一次的谈话给我的影响是非常深的。1963 年我访问日本时，在京都我和一些青年朋友们讲过这一段故事。这一次我到了京都去，京都的那些朋友在招待的宴会上谈话的时候重新提到这一段故事，他们也没忘记。这说明，一个革命的领导者，一个领袖人物，他们的讲话给后来的人的教育是非常深的。

1939 年的秋天我就结束了学校的生活，分配在河北平原上工作，河北南部。大家可能从报纸上知道一个河北的地震，就是河北邢台县，邢台地震。邢台以东，邯郸，就是冀南。那个地方全部是平原。我们有些朋友看过一部电影叫作《平原游击队》。河北南部和中部都是平原。我工作的地方叫冀南行署。冀南行署管的地方有 30—40 个县，并不是说他们管到了县城，县城都落在日本人手里。冀南行署的负责人有这么几个，行政的、党的、军队的负责人有杨秀峰、宋任穷、陈再道。杨秀峰做过最高人民法院院长，“文化大革命”以前长期做高等教育部长。宋做过东北局党的书记，现在是政协副主席，党中央的组织部长。陈在以前是武汉军区司令员，现在是铁道兵司令员。他们是冀南行署的领导者。他们的上司是彭德怀、邓小平。彭是党的北方局书记，彭以后北方局的书记就是邓小平。军事上的负责人，先是彭德怀，因为朱德总司令到延安去了。彭德怀后就是刘伯承。刘伯承是八路军一二九师师长，邓小平是政委。我在冀南行署做宣传科长，我下面领着一个文工团，就是文艺工作队吧。我同时又在行署的抗战学院教书，教很多种课程。我还要管对敌人的宣传工作。所以汉奸办的报纸、刊物，我得看，如《庸报》《新民报》等。所以我需要看各种书。我要常常讲的课程，一个是世界发展史，一个是中国革命基本问题。中国革命基本问题里面很重要的部分就是中国近代史。那个近代史不是像现在这样的讲法，主要讲的是大事件，而且每件事件里面主要讲它的经验、教训。这是我和中国近代史接触的开始。以前我不懂得近代史，以前只知道一点孔子，知道一点刚才说的《通鉴纪事本末》。这就是说，革命教育了我，需要学习近代史。因为我要讲《通鉴纪事本末》，没人听。

刚才说，冀南地区有 30—40 个县。我们主要在乡村活动，县城都是日本军队掌握。这个乡村最大的地方，敌人不经常来的地方，大概也就是几十华里，或者最多的是 30—40 华里，一个直径 30—40 华里的地方。最早的，比方 1939 年、1940 年那时候大概还是这样。大概 1941 年、1942 年以后这种地方也没有了，只有市镇，没有什么固定的地方。当时日本军队唯一的办法就是修碉堡、修公路。碉堡之间的距离只有几公里，十公里的很少，五公里的多，也有七公里远的。这些碉堡之间用公路连接起来。公路的两边挖很深的沟。把沟里的土放在两边，做成土墙。这样根据地就完全分割开了，我们的活动就非常困难了。我们的活动也是挖路、修路。我们的修路是从这个城到那个城把大车走的路完全挖下去，挖很深，把挖的土堆在两边修成墙。人走路就从沟里走，就是在大车路里面走。因为不是走大车的路吗？这个村庄跟那个村庄可以走马车。现在把这个马车的路挖下去，跟马车的路一般宽，然后就把挖出的土分在两边垒成墙。然后我们的军队，我们平常走路，平常的活动，不走那个平地，就走沟里。这样敌人要打枪、打炮，它打不到人。他的汽车和摩托车也不好通。而且把村道也加以改造，把很多路用墙垒起来，弄很多弯弯曲曲的路。所以我们虽然和敌人离得很近，但是我们照样开大会，有时候要开几千人的大会。办各种学校。小学也照样上课。小学生上课的时候，树头上站着岗，一听到警报就把学生分散。夏天各种庄稼都长高了，高粱、玉米都很深了。我们叫这个作青纱帐。青纱帐的时候打游击是非常好的。有时候有这样的场面，我们双方即日本军队和八路军在青纱帐里遭遇，两个碰到头了。发生遭遇时，双方就都是往青纱帐里面躲。而且那个地方风沙特别大，有时候刮着大风，几公尺以外看不见人，什么都看不清。这个战斗是非常激烈的。我们常常发生遭遇战，没有任何准备就遭遇了。以后修路的办法还不够了，因为敌人进攻更紧张了，那么就挖地洞。

生活是很艰苦的，吃小米那就是很好的饭了。农民吃的饭是什么呢？农民吃的饭是把小米和玉米做成丸子，做成窝窝头。农民就吃窝窝头。我们看到农民吃饭，觉得这个生活很好，要达到这个水平就不错了。窝窝头当然是好的，要窝窝头是很困难的。我们吃小米是最好。我们吃大豆、整粒的玉米，或者是黑豆。还有一个很短的时间，有局部的地区吃蝗虫。但是这样我们还是坚持下来了。这个坚持下来是有几分原因的。第一个就是我们党领导方针正确，大家有一个必胜的信心，而且军队里面作风非常好。军队的干部和士兵关系非常融洽，军队内部很民主。这种生动的例子多得很。我在太行山的医院养病。跟我住在同一个医院的有军队的负责干部，有普通士兵。我记得有一天我和八路军总司令部警备团的团长在医院，医院就在村庄里面，就在农民家里，在农民家院子里晒太阳聊天，这时走过来一个养病的战士，手里拿了一些核桃。他打开核桃说："团长，吃核桃吗？"团长就问："哪里来的核桃呢？"这个战士回答："是我们帮老乡收核桃，他们给我们的。"团长一面接受战士的核桃，一面问："你的情况怎么样？"这个战士一点都没有考虑就回答："我对你有意见。"团长说："什么意见？"这个战士就说："我们的部队也是警备团的，我们也是伤病员。慰劳来了，送来的有羊，还有其他的用具，比方洗脸的毛巾。但是分配得不很公平。谁多分呢？谁少分呢？团长你为什么就不管一管？"团长说："你这个意见好！我不了解。那么我就调查一下。"这种场面是非常感动人的。这是军队内部有民主，官兵同心，一条心。而且他们的士气很高。打仗就争先恐后。军民关系也好，军队和老百姓的关系好。我是南方人，湖南人。八路军里面多的是南方人。所以老百姓、群众往往把南方口音的人都当作八路军。我们打游击，经常有搬家，就是从农村这个地方搬到那个地方，而且是要晚上行动。晚上行动就要去敲老百姓的门请他开门。我们部队来战地有敌人汉奸，所以老百姓晚上不敢轻易开门。有一次我们行动到一个地方，敲门敲了有好一会，老百姓不敢开门。我就不敲门，我心里想，敲门敲不开，我就叫了。我们叫老百姓叫老乡。"老乡，老乡，开门！"这个老乡很快就开了门。后来他们就问："为什么我们叫你半天都不开？为什么他来一叫就开了？"因为原来敲门的那个是本地的干部。这个老乡就说："谁让开头由你们叫门呢？我分不清你们是谁？后来他来叫门呢，知道你们是老八路，所以开门。"所以后来遇到这种情况的时候，那么这些同志就说："来，还是你去！"这样说，军民关系好，军队有纪律。所以这就是我们党的政策、好传统一直保持下来，士气高。第二个原因就是这是一个民族战争，民族间的战争，反侵略战争。许多人做了坏事，当了汉奸，当了伪兵。有些人也是不得已。死心塌地的汉奸是有的，但是比较少，就是大地主这种人。一般的人只是在伪兵里面做点事。总之，汉奸做事与日本人有区别，他们还偷偷地和我们联系。所以，日本军队有什么动静呢，我们的情报都非常的准确。所以敌人要包围我们，那么我们总是事先得到情报。或者我们的人被捕了，有什么表现，说了什么话，我们很快都知道。敌人有很多碉堡，这些碉堡也不一定都有日本军队，因为日本兵力不足。很多碉堡是伪兵接手的。伪兵也就是汉奸军。伪兵据守碉堡的时候，我们要通过封锁线，事先就告诉他们说我们有一个大部队要从这边过，要他们把封锁线的障碍物搬开。我们要过去，不方便，我们就告诉伪兵说："你把障碍撤掉，今天几点，什么时候我们通过那里。”他就要搬开。我们通过的时候伪兵就紧张地说：“赶快走，赶快走，小心点！”我们全部走过了很远，伪兵才朝天打枪，打炮。我们有马队走过时，他们就把这个马队走过的地方用扫地的东西都扫一下。不然的话，日本人会发现马队走过的马蹄，马的脚印。伪兵会想办法把这些扫一下。我们那时候干部都穿便衣，不穿军装。打完仗以后，日本人就审问被抓的人。审问的时候，日本人不懂中国话，靠翻译传话。审问时日本人往往就在农民的房子里，还有翻译跟那个被审问的人。日本人问：“你们做了八路军没有？”中国的翻译说：“你们做了八路军了没有？”翻译一面问他，一面就在这个地方叫他回答说没有。有这种原因，所以我们往往遇到了危险以后能够化险为夷。第三个原因就是群众。我们依靠群众，这种故事讲不完呢。有这些原因，所以我们能在艰苦的时候坚持下来。

总结抗日战争这一段，一个是接受了战争的考验，一个是接受了群众的教育。有这两个经验、两个问题在我的思想上打下了牢固的基础。第一个就是革命是正义的，革命是得胜利的，对这个问题没有动摇过。也有很大的场面，千千万万的场面，也没有动摇过，而且是乐观的。第二个就是坚信马克思主义是科学。我所知道的马克思主义当然还只是书本上的，在战争问题上，在群众的关系问题上，我可以把它结合起来。懂得社会主义的道理那还是以后的事情。抗日战争结束以后，我的工作就从宣传科长的工作调到北方大学去工作。北方大学的校长是历史学家范文澜。他是历史研究室的主任，我是历史研究室的副主任。抗日战争结束以后，美国侵略中国的形势是非常清楚了。我从1946年开始写《美国侵华史》这个工作。这个时候我没有什么教书的任务，当时也是一种革命的斗争的需要。从那个时候起以后就一直没有脱离历史研究工作。所以朋友们问我为什么选择近代史这个研究工作？我说是由于工作的需要，实际斗争的需要。但是很惭愧，工作了多年，成绩很少。范文澜同志出版一本书，《范文澜历史论文选集》，这本书我写了一个序言。在这个序言上我做了自我批评，就说工作做得很少。所以我作为一个历史研究者所做的工作也是微不足道的。因为朋友们要我介绍一下自己，我就作这个介绍。

刘大年人生经历的口述录音①

1996年5月18日

湖南提出给八个史学家作传，这是一个很有意思的选题。有点新的想法。这大概很巧，八人中，只有一位我不认识，似乎还没有听说过。其他的这七个人，包括我自己，都有交往。一个就是李剑农老先生，这是个老前辈，年纪比较大了，1953年、1954年我到湖北，到武汉大学去，李达是校长，招待我的时候，他跟我们一起见过面。他当时七十多岁，身材魁梧，精神很好。李剑农老先生是大革命时期的国民党军队的一个宣传科长，写书写得很好。他是研究政治史，有比较新的观点。他当然不是用马克思主义研究近代史。就是他，见过面，没有共过事。其他六个人都是长期共过事的。向达和翦伯赞，是学部委员，都是《历史研究》首届编委会成员。周谷城，都是史学会主席团的成员，政治活动方面，都是人大常委。黎澍，在一起时间很长。长期共事，还不是短期共事。这八个人，只有一个是不认识的。一个是见过面，谈过，就是李剑农老先生，其他的都是共过事的。我自己要是一点没有可写的，那不一定。但是，也没有那么多可写的。我现在只能介绍一些情况，因为他提的一些问题，什么家庭、教育、工作，有些什么想法，介绍一点情况，那么至于怎么写，那是作者的事情。这些情况分成几个问题，有些内容比较多些，有些内容比较少一点。也不能说得很复杂、很琐碎，大要地说一些。

一、家庭和教育

父亲这一代。父亲是岳阳乙种师范毕业的学生。在他以前完全是世代农

---

①这是刘大年根据《刘大年传》作者湖南师范大学历史文化学院周秋光教授拟定的提纲而制作的录音，录音时崔永华、刘潞在场，并提了些问题。本录音由于音响效果等问题有删节。该稿未经刘大年本人审阅。——编者注

民，而且是苦贫农。祖父早死，我没有见过。曾祖父我见过。曾祖父三十岁时还是当长工。但是他七十多岁时有一百多亩地，是个地主。主要是他三十岁一面当长工受剥削，一面开始积累一点钱，开始还债。这样，在我年幼的时候，他是个小地主，还够不上真正的大地主，大概有一百多亩地。在我父亲的时候还有一百多亩地，父亲只活了三十一岁，但是在我父亲去世以后，到我们这一代就完全衰落下来了。当我在 1938 年离开家乡时，我这个家只有三十几亩地了，我这个家庭按人口平均起来，只有三亩地了。家庭的状况是这么个状况。

主要的教育是念私塾，也念过小学。我父亲乙种师范毕业后当过半年校长，我在这个小学念过书，那时还很小。后来在县城里的小学也念过，还不是高小，是初小，那就是大革命的时候。这个时候的小学，县里的最高学府是一个所谓的高等小学堂，就是高小吧。高等小学堂的校长开始是何长工，后来是罗喜文。何长工是县城农民自卫队的总指挥，或者叫作团长，军队的负责人。农民自卫队是共产党的队伍。大革命时，那时共产党和国民党一个样。孙中山去世不久，我们在小学的时候，小学生夏天里一概换成白衣白帽。所以我受的教育是在县里上过小学。

1931 年下半年，在县城上过半年的师范补习班。在中文班，补习算术、英语，ABC 大概那时学了一点。以后就没有上过县里的小学，完全是回来上私塾。父亲在世时，他学问还是有些功底，主要是他教我。

到了后来上私塾时，1933、1934、1935 年，那是一种比较高级的私塾，有个名字叫作爨学。这个“爨”字很难写的。爨就是做饭，古书上都有。那时我们跟别人争论时就说你是“以铁耕乎，以釜爨乎”。你用釜做饭吗?《左传》上也有爨。楚宣公是一个弱国君主，也称霸。宋国派一个使者从城里出来跟楚国求和。楚国使者问：“现在你这个城里到底怎么样啊?”宋襄公派的使者回答说：“易子而食，析骸以爨。”易子而食，自己的儿子舍不得吃，换儿子吃。析骸以爨，那就是说，把那个骨头劈开以后做柴烧。那么这个爨学为什么叫爨学呢? 高等私塾，就是起火的，自己起火做饭的。那么初级的私塾呢，它的附近八家、十家、二十家，顶多一里两里地，孩子们吃饭时就回去了。爨学就是一个集体，住下不走的。一定是找到比较大的家庭，房子多的地方，或者大庙，和尚寺。我的教育先是父亲的教育，后来就是爨学。我上的爨学的老师就是父亲的老师，本地很有名的老秀才，确实还是有点学问的老秀才，姓蔡。爨学是比较高级一点的私塾，不是一个人，是凑在一起能够办个伙食做饭的，至少有十几个人。这个伙食连老师的吃饭都管着。这是办一个食堂，请一个做饭的，每一家到时拿多少米来，还要拿钱买菜。从 1932 年到 1935 年，连续四年，在我们县城的一个姓程的大地主家里上爨学。1932 年上了半年，中间空了，1933、1934、1935 年接着上。

一个人走什么道路是和环境有关系的，实际上受环境影响。我后来走上革命道路，和私塾没有关系，和家庭有关系，和爨学的房东姓程的大地主有关系。那个姓程的是个相当大的地主，大概有四五百亩地，或者还要多。我们县城里有些很大的地主，这么大的地主不是很多，他可能在全县数到第三家或是第四家。我走过一些地方，看到地主家里有花园什么东西的很少。他家就有一个很整洁的花园。我走上革命道路和他那个家庭有关系。他是个地主，是个知识分子，做事还可以的，但是不做任何事情。他年轻时有一个很要好的同学，私塾的同学，叫朱婴。朱婴大革命时是共产党，大革命失败后就逃亡到上海，隐姓埋名，脱离了共产党的组织，但还是从事革命活动，办刊物，宣传革命思想，和革命人民保持来往。刚才讲的何长工是个老革命，后来到井冈山，后来退出山。朱婴就在上海。朱婴当时不能公开，怕国民党对他不利。当然也没有什么通缉。他跟姓程的地主这位老先生一直通信。朱婴字写得好，也会作诗，程家房子里挂着朱婴写的大条幅。朱婴是后来改的名字。取朱婴，就是说原来的人已经死了，要重新从婴儿开始。人家不知道这个朱婴是谁，原来的名字只有姓程的地主知道。这个地主忠诚老实，跟我们谈话的时候不说多余的话，就说朱婴是做大事的人，“做大事的人”就是革命的人。我跟这家房东的儿子是非常要好的同学。为什么在他家里呢？因为跟他儿子硬是很好。大概我写出来的诗呀什么作品，他很喜欢。还有一个原因就是这个爨学的老师也就是我父亲的老师。他常到他们家里。老师名叫蔡又襄。襄是湖北襄阳的襄。宋朝有个大学者叫蔡襄。他叫作又襄。他是我们这个县里最知名的私塾老师。华容县一共有两个知名塾师，他是一个，应该是最有学问的一个。我因为跟蔡又襄老先生学习，又在姓程的家里待了四年，朱婴跟姓程的这个房东程老先生经常来往，所以这个时候知道朱婴这个人。我的教育前半期就是这些。

1936 年以后，程老先生的儿子程稚香到湖南长沙上中学去了。那时候我也到长沙考学校。考到湖南的国学专修学校——长沙国学专修学校。当时我考了两个学校。因为什么文凭也没有，什么东西也没有，也不能再从初中上起。考什么呢？考高中插班生。高中插班生我很多功课都是考不上的，那怎么能考得上呢？其中有个孔道中学是个高中，有高中插班生。孔道，很落后的，孔夫子的道。这个校长是湖南的有名人士，叫彭清藜，是清朝的翰林。《清实录》上有他的名字。他办的孔道中学。国民党还是比较讲一点稍微新一点的东西，对彭清藜办孔道中学不怎么去称赞，但是也不反对，认为他这个也有必要，地方政府还是每年给他钱的。那么我考别的考不上，考他那个插班生，其实好多功课我也不会，但是照样录取。我的目的不是考孔道中学，还是想考国学专修学校。先考孔道中学，是怕万一考不上国学专修学校，就落了空。后来考国学专修学校，一考，录取了，而且名额录取在二十几名，我记得是二十四名。湖南国学专修学校校长是湖南省主席何键。何键是个军阀，但也是个秀才，是拿枪杆子这么上来的，我们叫他何司令。何键讲国学。当时有几个讲国学的，北方是韩复榘，南方就是他。这是最落后的风气，讲国学。这个学校是他办的。这一帮老先生里面，教书的有些是还有些名气的。考上的学生五花八门，有很年轻的，有三十多岁的，各种各样的。我是二十一岁，最年轻的估计是十三四岁的孩子。它不算大学，也不算中学，就是专科。它的教授里面有些是当过大学教授的。考不上高中或者考不上大学，不能上高中，就上这个学校。考上的有年龄很小的。我记得有十几岁的孩子，很年轻的孩子。还有个妇女，大概三十多岁，打扮得很时髦。冬天考学校，她就穿裙子去考学校。那个孩子是干嘛的？有人说那是他妈妈考学校他跟来。孩子不知道是说些什么。后来一下子考取了。后来到学校一上课，一回答问题，那他确实知道很多东西。但是同样有许多年纪很大的。

一进这个学校，我就觉得自己好像是文盲一样。为什么呢？学校有布告，那时已是第三班了，学校已办了两年。布告栏里的很多字不认识。这怎么回事呢？不久就全明白了。它这个是国学专修，我们在家乡跟老先生学古文，但没有学古体字。学校布告栏里很多是古体字，就是章太炎文章的那个古体字，现在《康熙字典》里的古体字。那些字我不认识。我们教师里还是有一些有水平的，后来我一个也没有来往，只有一个人间接地来往，跟他儿子来往。这个老师叫王啸苏，是国文老师，解放以后是湖南省志编委会委员。他儿子解放后是湖南历史研究所所长。他儿子那时候恐怕四十都有了。跟他儿子来往，才知他父亲是王啸苏。哎呀，我说这找到了一个老师。后来他回头就跟他父亲说，而且也跟别的学生说，这是我们班里的学生。我的国文在学校一般有 80 分，而 80 分也算可以了。但是我们班里有几个学生我还是很佩服的，那比我要高明得多。解放后有几个同学知道我后给我写过诗，这些诗现在还有。后来那就是地主呀，斗那个斗呀，都没有工作呀。老师说，在口头上还通。王老师的儿子现在不在了。那个时候，我们几个人知道他儿子在日本留学。

这就是在湖南受教育。这个时候就开始比在家乡的爨学教育在国学方面比较深了，高一些了。高一些就是也念一些历史书，也念一些古文啦什么的。但对历史上学术的流派很多问题根本就不懂。比方说，这个时候知道经学里面有什么今文、古文，比如说，《孟子》《论语》，《论语》里面有什么，这个问题，那个问题。《论语》里面，以前一些观点也讲，但不讲另外的讲法，研究性的讲法，不讲学术研究的。现在知道《论语》里问题可多了，各种各样的解释，一句话不知道有多少种解释。那就是解释有很多，你说这个话怎么解释，他说那个话怎么解释，从那个时候就开始知道“圣经”里面还有那么多复杂的问题。中文“圣经”嘛。国学专修学校一共是两年毕业。我是第三班，前面已办两班，一年一班，两年。这个时候已经知道了一些学术，懂得国学里面有很多很复杂的问题。在这以前不知道这些问题，只知道念书，也知道作诗呀作什么东西。诗赋呀这些东西都会，但不知道这里还有很多什么流派呀、什么各种讲究、各种矛盾啦，不知道。从这个时候才开始懂得一些了。而且，从这个时候才开始知道湖南这个地方的一些人物，而且知道什么章太炎，这个时候才知道，以前在家乡不可能知道。在乡下的时候谭嗣同这些还是知道的，曾国藩这些人不用说还是知道的。在这个时候才开始知道湖南近代的学术界有些什么人，特别是知道国学里面有些什么根本问题，有些什么争论。所以这个境界，比原来在上爨学的时候就高了一些了。

上了半年，1936 年，等到还不到暑期的时候，湖南就打仗了。李宗仁、白崇禧要北上抗日反蒋。1936 年 7 月，从广西首先打到湖南。蒋介石大兵团云集湖南。1936 年 7 月，没到放暑假，离暑假也不远了，这就提前放学。只有半年。放假回来，到下半年还得去上，那么也还筹了一点钱。筹了一年的学费。这一年的学费很不少。我这上半年的学费就是借的钱去的。通过姓程的大地主作保，从一个做小生意、卖鸦片烟、办酒馆的熟人那里借了 80 块。不得了。那时一个学期的学费就够了。那时一个月是 6 元伙食，一般学校一般学生住的小旅馆都是这个标准。吃两荤两素，连吃带住 6 块钱。它也不像城市旅馆，就是家庭租的。这个学期过去了，下个学期的学费又东拼西凑。

学校几个同学说，学校不想办了，学校想停业了。由于打仗，省主席何键的地位也不稳了，学校办不办也还成问题。不过下期我还是去了，到了学校冷冷清清，传达室守门的人也没有人说怎么样，不知道。我就拿着这期的学费从长沙到湖北。甕学的同学有在湖北上高中的，我跑到湖北去，就跟他们住在一起。就自学，那也不能考学校，因为要考西学。自学有图书馆，天天到图书馆看杂志。这时对近代的东西多少熟悉一点。武昌有个蛇山，张之洞在那里办的抱冰堂有图书馆，就到那里去看看书。到了冬天，因为有人举行婚礼，我们就回到家乡。从那时候开始，到了 1936 年下半年后，就不上学了，完全是自学。自学都没有脱离国学。开始是小学阶段，后来是甕学阶段，再后来是国学专修阶段，到后来就是自学。到 1937 年又到武昌，还是那个同学那里，还是自学，看书。目的还有一个，就是想找工作。工作非常难找，找个家庭教师也可以。我别的水平不行，教人家诗词歌赋不成问题。那时当个家庭教师比私塾教师还强，但不好找。当新闻记者，写个什么新闻不成问题，但没有一个门路。就在这个时候，抗日战争爆发了。

抗日战争发生时我是在武汉，所以说，抗日战争的几个日子我都能写出来。抗日战争爆发的第一天，在武昌的大致状况是什么样？那真是人山人海集中到蛇山，完全是群众自发。那以后我就回到家乡，看下一步怎么办。

抗日战争发生后，我们县里一些在外面活动的知名的知识分子回乡了，如在上海的、长沙的啦，就回家了。有两个人，一个是著名诗人，叫贺冕，据说在北洋政府时当过湖南省的外交议员，但我查了名单，好像没有查到，这不知道有什么传说。他作诗，那是相当有学问的，那是很知名的。他最著名的是诗词，大概够得上入流，也不是大名家。他跟陈寅恪的父亲陈三立是清朝末年宋诗派的领袖人物。这时候，我就跟地主的儿子在他家里学诗词句子。他家里有房子，住他家里，在他家里是学诗。因为干什么事情都还没有找到到哪里去。

另外一个是朱婴，朱婴从上海回来了。这个时候朱婴回去派头就不一样了。这不是当时抓什么共产党。这时他跟董老啊都已经联系上了。他回去以后到一个学校，大家很捧他的场。朱婴回去后，我当然没去见到他。朱婴的儿子也回到家乡了。程老先生的儿子程稚香跟朱婴的儿子交往上了，于是我也跟程稚香，也就跟朱婴的儿子交往起来了。程稚香后来死了。程稚香就是后来到我们家里来的程根桥的父亲。朱婴的儿子一交往以后情况就又有一个不同，这个不同就有政治上的不同。朱婴的儿子叫朱永禧。禧是白崇禧的禧。他现在在北京，当过北京外国语学院的院长或副院长。他们两口子到我家见我没见着。刘潞见过。我们就开始接触。朱永禧跟着他父亲的政治观点。于是，开始接触另外一种政治思想的人。接触他们后，马上接触到新的书。这个书呀，我现在想不起名字。后来和别人回忆起，年轻时看的这种书也是这本书。那是三十年代的苏联的讲哲学的书。书中很多东西都不懂，很多名字从来没有听说过，黑格尔也还没有听说。很多人都不知道，但是看了后又想知道。当时要去考什么，讲运气。过去从来没有听说过书中讲的这些事，觉得很新奇。我就开始接触到一点新的思想。这还是思想方面的，这还不算，更重要的是朱永禧拿了一本杂志，朱婴在上海办的杂志。杂志是面向普通的店员、小职员这些人办的。杂志上有一个方块介绍《我们的学校》，介绍一个新式的学校，或者新式的大学，即抗日军政大学。这个时候可以看这些杂志，它是内部发行，也不是秘密的，在上海发行，下层流行。这个时候，头一次开始知道有抗日军政大学。那个时候，政治上他们谈论的这些东西知道了，但社会主义这种词还是头一次知道。

1937 年，抗日战争发生了，整个政治形势大变动，思想界变动了。原来一些跟国民党对立的，现在也不能对立了，国民党原来压制的，现在也放松了。本来朱婴他们不能回来的，现在可以回来了，思想也就放松了，像这些东西也就不追究了，这是一个真的大的变动。

看了些书，什么卡尔、伊里奇，什么大小布尔乔亚，什么普罗列塔利亚，就是无产阶级。要知道到底怎么回事，这个想法很正常。还看了些书，都是直接讲政治的，不是讲哲学的。就是想把它弄懂，怎么回事？这是一个新天地，原来国学里面什么也没听说过的东西。国民党的书里面的什么三民主义，乱七八糟。原来上国学专修学校的时候，也有三民主义的课，那现在看来简直是小学生。但上课的不是一般人，在国学专修学校时上课的还是国民党省党委的常委陈大榕，讲的是三民主义的连环性。三民主义是什么，这些完全是形式上的东西。连环就是说民生主义跟民权主义是相联系的，民权主义跟民生主义是相联系的，没有什么新的名堂。现在看这些新书，很吸引人，所以这个时候有一个想知道新东西的思想。

还有一个抗日战争中的大变动，就是爱国思想的一些问题。打仗，看到民族压迫，大家都感觉到了。县城里有广播。我们家乡离县城里面有二十里路，有时有个什么事情总要到县城里去，走一走，转一转，或者怎么样。因为姓程的那个同学在县城西，我家在县城东，去他家总要经过县城。他也到我们家里去，这样不断来往，消息都非常灵通。这个时候就开始有找共产党的念头。朱婴1964年才见过一面，以前没见，他回到家乡也没见，因为那时候他是知名人士，又是老先辈。跟他儿子很熟，到他家里也没见面。这个时候，看新书，找共产党这个思想就开始有了。

那么共产党怎么找呢？只好一直等着。后来，到1938年春天才知道，长沙有共产党的办事机构了。这样，四五月间就到长沙去，不是说找共产党的办事机构，是托了个名义。这时湖南省主席已经是蒋介石的嫡系张治中。张治中和他的施政纲要就是改革湖南的政治，实际上，施政纲要是把机构改革一下，不要区了，另外设督导员；还有一个就是把乡镇人员、乡长拿出去，但他不是任命，是去考，考查一下。这是张治中的两大改革。我们可以考督导员，考乡长。我就和一个同学一起去，说是去参加考试。这个考试非常奇怪，也不要交报名费、考试费。我去考，头一场考试，头一题目就是长沙有几个发电厂，考西学。

然后就是找八路军办事处。这个时候长沙有各种朱老总、彭老总、毛泽东等的传记、访问记，如毛泽东的《论游击战争》，《彭德怀访问记》《朱德、毛泽东印象记》《朱德访问记》等，这些书都很普遍，很流行了。当然，很正式的书是不会有的，我们看到的有各种各样，有的是杂志，有的是小册子。到处都有，平民都可以看到。我们住在五六块钱一个月租来的房子。我们旅费也不多，我也不能空去一场，而且天天有飞机来轰炸。我们开始住在城里的旅馆里，后来不行了，飞机来轰炸，我们就住在城外很远的地方，很小的地方。1938年日本飞机大轰炸，轰炸以后出了非常多的故事。

那时主要目的是找八路军办事处。日本飞机主要是轰炸交通线、火车站。八路军办事处在城里，靠江比较近一点，我住在最东边，要经过火车站，很不容易去，也很远，大概要走一两个钟头。

找到八路军办事处后办手续，办了两天。我第一次找到徐特立徐老先生。徐特立这位老先生我早就知道了。找到后，他要我跟“刘先生”（即王凌波）去谈。主要是他对我不放心。因为我穿的是长纺绸大褂，绸子大褂，穿着皮鞋，戴着拿破仑帽。虽然家庭不怎么样，但是出门得讲究，即便家里没饭吃，出门也要穿个好衣服。“刘先生”一看，说：“你是个什么同志！”“你不要去，我讲一句话你就不会去。”我说为什么，他说：“你吃不了这个苦呀！”看了我很坚决的表示，然后就开始看学历，问哪个时候上学的？我就说长沙国学专修学校，那时谁都知道。他就说，国学专修学校，那你最好不要去。我们讲的这个跟国学是两回事。你说国学最基本的东西是什么回事，简单概括一下是什么。我就说国学是什么，就是大学之道在于明德，就是致知格物。就是说格物的本质认识了，就心静了，然后诚意了，然后家庭可以治了，然后把国家治好了，国学的根本就是这个。他说这个更不行了，我们是讲唯物。格物是什么，客观与主观，国学是儒家为主，用主观改造客观。我们这个唯物是讲客观改造主观。最后辩来辩去，他目的是考察我是不是一个想到延安去的人。那很认真，他看你首先是不是国民党派来干什么的。所以看这个样子就劝我不要去。过了两次，第一次辩论一两个钟头。第二次，不能天天去，飞机轰炸。最后同意去，还要鉴定，就是一般的证书折起来，上面写上名字，还有个评语：“此人思想纯洁。”就是没有什么反共的，是个学者，不会是搞政治的。走的时候特别说，这东西你在路上一定要放好，不把你当汉奸看你不要拿出来。那个时候汉奸到处都有。

从长沙回来后，筹了一点路费，约了一个爨学的同学，然后就一起到了延安。这是教育的阶段，找到共产党，大概就这么多。

教育方面我没写什么东西。我现在要说明一下，家乡流传我几个东西，说是我年轻时写的。有一个可能是真的，不过，实在没什么意思了，还在流传。有些是假的。就说是我写的诗，其实根本不是。我没写过，很不像的，也不会写出那种诗呀。还有说县里的烈士陵园还有我题的诗，这个我很奇怪，我还给烈士陵园题过诗？所以，我的意思是不要把这些东西当真东西，不是真东西，不是我的。教育阶段没有留下什么东西。也写过些东西，就是当时穷乡僻野，什么东西，在什么上面发表的，一些骂人的、骂土豪劣绅的一些小品文之类的东西。那些东西已经没有了。诗可能有。有一个可能是真的，叫《鸡鸣阁序》。因为我那个房子，冬天还没有到北方来时，三几年待的房子，现在不是立了一块碑在那里吗？我写了几个字叫“鸡鸣阁”，写了一篇四六文，那个可能是，不过到现在没什么意思了。我的意思是不要把它写到传里面。教育就是这么一些。

二、抗日战争

抗日战争爆发时，我在武汉。那个武汉的热闹，完全是群众自发的。我那个同学住的地方叫作粮道街，每天我吃了晚饭以后，就从粮道街向蛇山那个地方从东往西走，往江边走，每天吃了晚饭就那么走一趟。夏天很热。那天走呀走呀，山上本来有人的，但山上人不多。走到江边上，到了江边黄鹤楼。一走，哎呀，发现怎么有这么多人呀！再一走，那简直是恐怕有上千人。山上有一个下坡路，下去一大批人，有的站在台阶上，有的在下面，一层一层的，有的一直到江边。也没有个什么中心，就是 10 个、20 个、30 个、50 个，站成一团一团，在议论。议论的东西就是卢沟桥，集体谈卢沟桥。那是 7 月 8 日。大家都很兴奋。为什么围成一团呢？就是有人在这个地方发议论，那几个人就聚在一起听他的议论。有些人就说今天报纸上怎么说，那些人听他怎么说。这个议论各种各样，集中起来就是两种话：一个就是说大家起来打鬼子了或者说大家希望打起来；第二个就是到现在到底是打胜了还是打败了。有的人说，又是日本进攻哪个地方了，有的说中国军队吃了好多亏了，就是关心胜负。那热闹得不得了。那些群众完全是自发的，各种人都有。市民呀，知识分子呀，各种各样的人都有。上千人，你一走了，他又来了。真正到最后议论了什么我也不知道。反正我在那里听了各种各样的议论。晚上黑了回来，回去报告同学说今天有什么新闻。有的说已经听说了，有的说还不知道这些新闻。第二天、第三天以后就没有这么多人了，没有这么多议论了。这个时候，我私塾的同学要到湖南考大学。那个时候考大学是统考，全国统一考试。他去应考。他离我们家乡很近。我旅费也花光了，钱也没有了。为什么不能回去呢？因为要交旅馆的钱呀，不交钱是不能走的。不能走怎么办呢？因为我住的那个地方有个同学担保的，而他又回家了。他没来，我怎么走呢？旅馆说吃饭你还是可以吃，反正到时你的同学会来，到时一块交钱，你有人担保。那个时候我没有钱怎么能走呢？这个同学他家里很富有。他借给我钱，把旅馆的钱交了，我借钱回家了。回家以后念书、学诗，以后找到八路军办事处。

去延安的路上。一路事情很多，主要是生活一路不习惯。正如当年那个湖南人吃馒头吃熟的一样，我们当年也是这样。到了西安以后，一路往这边走，每隔九十里或七十里才有一个县城。我们一天要走八九十里或者七十里。到了县城才有卖大米饭的。那时哪里有卖大米饭的，一个县城也只有一两家卖大米饭的。就是小时候吃大米饭。那时候口渴了人家喝面汤，干喝，这些东西我们不能喝，我们喝清水。就到了延安，到了抗大，是8月，人家说是8月到的。后来"文化大革命"中间好多人调查，不是调查我，最后也调查到我，说调查某人某人，说是什么时候到洛川。洛川是抗大的一个分校，说是8月。我说反正是8月。好几个人证明都是8月到的。

然后很快就是冬天，冬天就入党了。1939年1月就过黄河，然后就到太行山。抗大是一年，我是1938年8月1日到抗大。后来抗大要搬到敌后去。原来抗大总校有五个大队，我是五大队，五大队即第五个分校。何长工是一个分校的校长，韦国清也是一个分校的校长。分校校长又叫大队长。后来何长工成为我们这个学校即一分校的校长，韦国清是一分校的教务长。这个时候，我才第一次见到何长工。他是我们家乡的知名人士，现在有个电视剧，北京八一制片厂制作的电视纪录片，讲何长工。我们到了延长以后，计划在延长准备过黄河。我们湖南华容人大概有七八个，就走到何长工那里去了。我们好长时间没有吃大米饭了。何长工是校长，也没有什么好吃的。我对勤务兵说，我们有客人，多打几个饭，至少留七个。饭打了不少，还不是一种米饭，一半大米一半小米。我们到哪里吃呢？到一个院子里的大磨盘上吃。这是头一次见到何长工，以后就一起还有好多交往。

毕业以后，分配工作。日本人1939年七路围攻，我们这五千多人到六千人，一路走，跟日本人打小仗。毕业前后做了许多准备，天天练操，后来写了诗。当时能写什么的都写，我就写了四首诗。后来在《诗刊》发表了。写四首诗以后，同学里面有字写得好的中学老师，四十大几了，我们都叫他老先生，他隶书写得很好。把这四首诗裱糊起来，贴在那个给举行毕业典礼用的主席台，用几根竹子挂着。主席台布置好了，我们都去看。原定在1939年"七七"两周年纪念日举行毕业典礼。快到"七七"这两天，也不练操了，不知怎么回事，也没有什么消息。我们住的那个地方离举行纪念活动的那个地方一里路吧。那里冷冷清清，那些东西挂在主席台。好像很远的地方听见有炮声，也不知道什么事情。那也不是经常碰见。7月6日晚上，突然接到通知，紧急集合。我们一个中队就是一个连队，一百多人，一百二十几个人。

各连集合各连的，紧急集合，直到人群到齐。现在敌人七路围攻，九路围攻上党区。说是要转移，现在马上准备。平时都是军事演习，很好准备。明天早上 3 点做饭，4 点出发。潞城县离这个地方很近，相隔一条河。1939 年 7 月，在潞城，可能这个县乡属于潞城管，反正很近，可能属屯留管，就是隔了一条漳河。漳河那年发大水，那水大得很。我们经常出操、军事演习，到外面往东看，看见很远白花花的一片，不知道是什么。后来我们搬家搬的那个地方，就是后来我们去的高家庄，是相隔一条河。这条河发大水，也清不了，有十几里路，可以看得到。这个地方就是故漳，即旧漳河。是个很大的村子，总有好几千户，大村子。小部队住在这个村子里，很近，叫作故县。后来刘邓大军指挥上党战役的司令部就设在这里。前几天工学院拿来的高楼照片，那就是工学院后来办在这个地方，办公楼大楼。对，那照片上的大楼，成了一个古迹了。我们学校晚上住在这个地方。

第二天行军出发，夏天 4 点钟，天又不是很亮。我只记得走了很长一段时间，天快拂晓的时候，走到一个很窄很长的青石板路，到了黄碾镇。开始一直不知道叫什么名字。后来到了高家庄，1947 年身体比较好时可以到处走一走时，去赶集时才知道叫黄碾镇。多少年以前走过这个地方。就是通长治的一条大路，现在是条大汽车路。经过相当长一段时间，后来上了太行山。上太行山时，就上了平顺那个山。上太行山顶时就知道很近了。回头看平原，平地很远的地方已经是冒烟了。

这么一路走。这时学生已经毕业，虽然没有举行毕业典礼，反正时间已经到了，这几千人你怎么弄呀？就开始分配工作，一路走一路分配，下大雨。那个故事是非常多的。出发头一天，我们连队还杀了一口猪。猪油一般是不吃的，把它煎出来做菜吃。走的时候我们把猪肉抬走，后来那猪油就没人要了。因为连队分光了，这猪油这一桶油没人要。我们最后有二百多人没分配，一直到总部。

到了总部时，朱老总已经来给我们上军事课，这个时候见到朱老总。把我们二百来人集中在这个地方，朱老总亲自来讲话。朱老总讲了很多非常深刻的话，这些我很难忘记。就是你们这些人呀，都是大学生，把我这个国学专修也算作大学生里面。说大学生都是小资产阶级，什么小资产阶级就是家里有点底子还能过得去，家里还有点米，能够维持几天。说起小资产阶级，很大的好处就是有革命性，向前进取。但是很大的不好处呢，就是向后它可以退缩，有动摇性。所以现在你们毕业后都到前线去，这前线是很艰苦的考验。革命是现实的。谁经得起这个考验谁将来就得个奖状，或者得个胸章。当时胸章是个象征的花哪。那么，如果那时经不起考验，要到艰苦的前线去退缩了，过了若干年回头你看看那些经得起考验的同学你就会想说，当年我和他也是一样，可是我没有珍惜，那时就后悔。而且现在是民族生死存亡关头，大家应该匹夫有责。讲了这么一通话。当时我听这个发言，准备写出来，没写出来，我们最后这二百多人就分配工作。我就分配在冀西，后来到冀南。所以长期的工作就在冀南。

冀西叫作冀南的冀西办事处或太行办事处。杨秀峰当年在冀南成立行署，在铁路西边成立一个办事处，用作八路军联系的。这是冀南的机关，一个八路军和共产党的政权机关，1938 年管三四十个县。原来它是一个独立的行署，传统叫行政主任公署，下面有六个专区，四十多个县。有时候多一些，有时候少一些，四五十个县，开头有好多个县城。以后县城被占，小城市、农村大部分地方还在。越到后来就越缩小了。开头冀南行署在铁路西边设立一个办事处，我第一个就分配在这个办事处。

这个办事处当时办了一个班。当时的宣传科科长还在，在北京，叫作李实，实实在在的实。这个人曲折非常多，一直到六八年、七几年还是工农兵医院（北京同仁医院）的党委副书记，管财政的副院长。这个人是个很好的人。我就在宣传科帮助办班。后来到这个地方办了一些训练班。李实原来是个游击队司令，因为犯了错误，把他降下来，办这个班，因为他是打仗的。他就当这个训练班的大队长，我就当这个训练班的教导员，当基层干部，现在他们工学院整理的东西，有一个人我还记得是从训练班出来的。我写了一些文章，就是行政干部政策，思想教育啦，就是政治教育方面的。只办了一个短期训练班，打仗嘛。后来行政区合并时，撤销了冀西办事处，我就回到冀南。

训练班结束以后，12 月从太行山上下来。下太行非常有趣。后来到冀南，到行署后，我的第一个工作就是分配我当文教处的宣传科科长。文教处处长是孟夫唐，副处长是任仲夷。我跟任仲夷两人坐在一个办公室里上班三天，任仲夷就到宣传部去了。大概他跟处长有点矛盾吧。我开头跟任仲夷认识就是这个地方，以后我跟他一直来往。这是 1939 年 12 月。以后就一直在冀南当什么宣传科长、教育科长、干部教育科长，怎么样还是照样管这么一盘事。社会教育科就是管宣传这么一些事情的。教育处是管教育的。那些老的什么孟夫唐啦，他们是教育专家。他们原来是很有名望的，什么中学校长之类的。

一直到1943年夏天，领导王任重决定我先到太行，然后到延安，最后我就回到太行休息。离开冀南是跟着一支很重要的部队，三四十人。这个具体的过程就不说了。途中跟敌人遭遇了，从山上往下跳。到了太行，不能走了，这样一住就住了两年。这两年中间开头有生存危险，即活不活得下去。1943年“七七”到太行，那天纪念“七七”，就在刘邓住的地方，叫太行分区，河北涉县那个城市，现在叫作张东村。开始一年内活动都困难。后来可以慢慢动就收集一些东西学，但实在也收不到什么东西。那个山，敌人虽然不是经常来，但经常要准备反“扫荡”。是找不到什么东西的。我那时看报，也注意收集一些东西。这个时候，范文澜那个书也开始看到了，在冀南就看到了。这个时候就开始准备要研究历史了。在这之前，还好在学校教书时有个“抗战学院”。我是当宣传科长，就到抗战学院教书，每一期都要去教。这个抗战学院一般都是青纱帐长起的时候，最多时有五六百人，在大树底下一群人上大课。我就到那里讲社会发展史呀，讲什么革命运动史，有时讲些哲学，有时讲些经济学，都讲。还有一个政治学校。这个时候任仲夷开始组织一个政治学校，就在政治学校教课，后来干脆把我调到那里，不到两个月，后来又回到行署。还有一个财经学校，我教得较少。还有其他各种各样的学校要教课。这个教课就要读很多书呀。教课必须读书，因此要读哲学的书、历史的书，各种各样的书。那个时候也还能找到一些书，像郭沫若的书，吕振羽的书，还有好多日本人的著作，日本研究中国历史、古代史的书，以及俄国人、苏联的书。那时，少数的知识分子，还有一些大学生，在他们的手中能够借到书。那时好多书都集中到我手里，后来大“扫荡”一下子就给我搞丢了。我看了好多书，培养了一些历史兴趣，学历史大概是从这时开始。马克思主义的著作，能够找到的，能够读的，主要是哲学的、政治经济学的、历史的，都是这个时候学的。然后到太行山上以后，能够找到的继续读，什么文学的、历史的，都看。一直到日本投降，重新下山。当教师是1939年以后直到1943年。去延安时走不动了，就留在太行山。留到太行以后又找不到很多东西。前一段时间主要是治病，后来能够走了，开始念书了，就继续积累这方面的东西，就开始学历史，研究历史这种准备，这种打算才开始有。

抗日战争期间，工作学习，现在就是留下一点诗。有一些发表了，现在有几首没有发表的诗。那时候东西是很不少的。当时冀南行署办了一个《时事》刊物，半月刊，那个上面有一个栏目就是写国际形势，这个国际形势基本上是我写的。我凭什么写国际形势呢？因为行署有电台，收延安的电报，那不是广播。我是宣传科长，这些东西经我手，主要是根据这个。还有一个我是宣传科长，缴获的敌伪的东西。我们有个邮政检查，邮政检查有个规定，敌人的报纸刊物都要上缴，层层交，最后就交到我这个地方来。我是宣传科长，从敌伪的东西那里看到一些动向。它是反面的。所以现在我知道当时汉奸的一些什么东西，就是那个时候知道的。那个搞《清实录》的老头子，他当过清朝的什么大臣、功臣，叫金梁。金梁在汉奸的刊物上发表过好多东西。其他的还有王辑唐这些汉奸的东西。我当时经常写关于半月刊的时事评论。这是一个东西，这些东西是找不着了。还有一个就是写宣传提纲。我是宣传科长，每遇到一点什么事情，什么苏德协定啦，俄德协定啦，或者什么形势变动，什么太平洋战争啦，就写宣传提纲。这个时候我写得很快，大概一般是一篇短篇。半月刊停止以后，又办了一个《冀南政报》，我没写什么东西，没办两天就停下来。因为这个政报那写的东西很乱，我看了以后，不像个政报。有本地很出名的文人或有些政权里的人写的东西。但这个东西不能叫作政报，这个东西不能发出去。写什么行政主任公署主任开会，讨论政策什么的，把这些东西写成小品文、杂文，就是学鲁迅的，就谁说什么，谁怎么样。这是政报，政报是指示命令、解释政策。这些东西不行。我说，如果这么干就应该停刊，这个东西不行。这个时候冀南还有一个什么史料编辑委员会。我是这个史料编辑委员会的成员。这个史料还有，《冀南抗战史料》，这个东西还有。近代史研究所就能找着。但上面没有署名，说我写的什么东西，它编辑收集的史料。所以抗日战争时期留下来的东西没有别的，可能那个史料中间我参加了编辑，后来送到延安去了，恐怕在延安保存下来了。别的我写的东西没留下什么。《冀南抗战史料》是用草纸写的，相当厚，不薄。这上面没有我署名的东西。它是一个资料，不是谁写的东西。这就是抗日战争。

三、研究近代史的初期

第一个题目是教育，家庭和教育；第二个题目是经历，即抗日战争；第三、四、五个题目恐怕就是正题了。第三个题目也很简单，就是提一下。写《美国侵华史》和《台湾历史概述》。这是研究近代史的初期、早期。因为写《美国侵华史》，那么直接联系到中国近代史，涉及到中国近代史的许多问题。为什么写台湾呢？这两个问题实际上是一个问题。因为美国后来占领台湾了。讲美国，然后就必须讲台湾。两个一回事。写《美国侵华史》时当时写作的条件很差，没有什么书，到哪里去找书呀？幸好当时我们那个北方大学有这么两本书，一个李鸿章的集子，不记得是怎么的了。还有一个王芸生的集子。这两本是最基本的书。其他的书就没有什么。东找西找，还有一个大概是《东方杂志》。最后到长治去找一个《万有文库》，找来找去，都分散了。后来到一个离城市很远的村子里用骡子把它搬了出来。没有什么书。那个图书馆大概有什么，后来拉了四大车书。所以《美国侵华史》是在那个条件下写出来的。当然，那个基础就很差，后来改呀改嘛。这个书和《台湾历史概述》，这是早期。第三个题目就是早期的。

四、"文化大革命"以前

第四个题目就是"文化革命"以前，就是进城进到北京以后。这几年主要是研究工作和社会活动。学术活动，各种社会活动，学术组织工作，都集中在这个时候。研究工作就是重写《美国侵华史》到"文化革命"以前，一共出了四本书。一个《美国侵华史》，一个《台湾历史概述》，一个是《中国近代史诸问题》，再一个就是《中国史稿》第四册。

《中国史稿》第四册不是我写的，但是是我主持写的。整个的格式、整个的文字都是统一起来的，格式和标题、提纲是我定的，每一节写什么都详细讨论。最后是我修改出来的，那个基本上是我的思想，文字也是我的文字。但是写的人很多，那个上面有名单。思想是我的，最后的文字也是我的，把它写成好多章节，很多东西基本上是我的。当时初稿不是我写的，最后稿子是我把它定下来的。这就算是我主持的吧，也说得过去。

这段时间主要是两个方面的活动，一个是学术组织的工作，那就是筹备三个历史研究所，筹备《历史研究》杂志，参加筹备学部，然后筹备科学规划。学术活动，主要就这些。出版这些事情也有我。这几件事都有我，还有记录，现在可以把这个记录找出来。关于三个历史所的成立，有的书上都写过这个情景。规划的详细过程，成立学部的讲话，参加规划小组，历史上都有记载。这几个问题不必详细讲，大家知道就行了。二是组织活动，还有一些学术会议，比如说北京科学讨论会，那是个大型的会议，我也是参加者。

主要是讲这个时候的近代史，我写的东西，最后把我关于近代史的写法集中一下。那一个小书上，即《中国史稿》第四册那个小书上。第四册的特点是什么呢？在这以前，讲近代史的基本上就叫作纪事本末，即一件事不是完全按时间顺序，而是按事件来讲。为了把一件事连贯起来，后面的事件拿到前面，前面的拿到后面。还有一个原因基本上是政治史，没有别的东西。别的东西很少，经济史是搭配的，以前的近代史基本上没有讲文化的，没有讲文化思想的。第三个不同，基本上是汉族地区的，少数民族的这个时候讲得很少，比如说西藏怎么样呀，内蒙古怎么样呀，东北怎么样，很少。所以，纪事本末不完全是按照时间顺序，政治史它有时也没有包括什么经济文化这些东西，汉族史，汉族地区没有包括全国省市。我这个近代史就是把这些改变了。它第一是按时间，分成三个时期，这三个时期我都讲了道理，这些书上都有。这是分期问题。三个时期的中心是什么，讲了，整个时期的经济状况是什么，思想状况是什么。就是不是只讲政治，而是讲了经济文化，不是按事情讲，不是按事情过程讲。第三个就是各个地区都讲，各民族的，不是只讲汉族地区的，同一个时间，按这一个时间把这几个地区的事情联系起来讲。这样就立了一个框架，把近代史立了一个框架。现在至少是六十年代教学基本上是这个框架。现在又有各种各样的方法，这里搞一下，那里搞一下，各搞各的吧。这个书因为出得早，“文化革命”以前是各种学校规定的教材，所以它的分量小，但是它流行得广。所以若干年以前近代史的专家在避暑山庄开会的时候，说哪个年代是谁的著作。那是人民出版社林言椒讲的，书上有这个记录。就是某个年代是谁，某个年代是谁。他讲的那个年代主要是谁的书。以后近代史继续写了第一册、第二册、第三册，那个基本内容多了，格局还是原来的。而且那个也没有写完，应该写，写完也是这个格局。

“文革”前的两个，一个是学术活动，那时的一些组织活动，一个是近代史的研究，那个写成文章编成书，编成什么近代史问题什么的，那都是和那个格局分不开，连在一起的。这时候组织工作有个特点，主要是科学院内部的活动，第二个学术活动加上组织会议，但不是主要的。国内学术活动，召开组织几次会议，不是主要的，主要是科学院内部的，有时有全国性的科学规划啦，但那是科学院，没有脱离科学院的圈圈。组织工作是这样。

第五个是“文革”十年，搁笔十年。这段还有几个问题要说一下，一个是组织工作，近代史，一个问题就是学术讨论，学术争论。黎澍、翦伯赞湖南这几个人我都写过东西。一个争论问题是国内的争论问题，尚钺的争论，批评尚钺，后来教育部出了书，出了专书。这个事情后来我在一些会上作过一些发言，这个东西可能是早期的太刻板的想法。主要是学术方面，中国近代史要联通形势政策，我就批评，就是说毛主席的政策是什么样子，下面就按照这个样子，这个太死。那时各地方都写了一些文章。后来在1982年的一次学术会议上或1983年在上海举行的一次会上，历史学会的理事会上，我讲了话，我说我的意见不同，我认为学术领域完全可以自由讨论，不能说得太死。

比较早还有一个讨论，1952年我写了一篇文章，写得不怎么好，讲纪念斯大林《马克思主义与语言学问题》，很长的一篇文章，发表在《光明日报》上，整版，两天印出来，很长，讲的是古代史问题，古代史分期问题。从理论上说，当时斯大林讲了新的观点，马克思主义与语言学，发展唯物论的观点，经济基础决定上层建筑的问题，我就把这个东西加上马克思主义的其他观点，联系起来，就是说应该是分期，按照这个学说进行分期。这个问题实际上是针对郭老。发稿的头一天，我觉得事情搞得不知道也不好。头一天稿子很乱，我无论如何也要给郭老看一看。晚上很晚了，黑得很，我就把这个东西送到郭老那里去。我说这个事情搞得太仓促了，连发表也不给郭老看看，我应该请郭老指教。我说我可是幼稚年轻的学生。郭老说：“我们中国的幼稚年轻的学生都像你那样就好了。”就说，都有你这样幼稚年轻的学生那就好了。实际上是让郭老思想上有个准备。那么恰恰不巧，就在这个时候，胡绳也同样发表了这样的文章，同样的题目，同样的针对性也是这个。这下子事情就不好了。不过郭老他很不介意，他根本没有觉得要掩饰这个问题，这是最早引起的问题。后来别的同志说，侯外庐也对我说，这么一来就不能说话了。因为这个问题毛主席说过一句话，我也就引用了毛主席的这句话，所以侯外庐他们就说，这样一来就不能说话了。所以这个争论没有想到。很快，杨向奎，他是个搞古代史的人，他把我的东西、结论很长地引用到他的书上去了。我一直不知道。前些年杨向奎把他的著作送给我，我才知道引用到他的书里了。所以这两个问题的争论都说明我不是经过认真研究提出来的，都是从理论到理论，所以这个东西不能有什么说服性。

一个是古代史分期问题，一个是尚钺的问题，近代史的起源问题，近代史起于何时的问题。但是范老很赞成我的那篇文章，说是建议当年把本子出成个小册子。这是两个争论。第三个就是康熙的争论，《论康熙》。一个是国内毛主席有个评论。那时我的文章都登了，是《回答日本历史学者的问题》，讲到康熙。一个是讲到世界历史发展中心问题，毛主席对那个东西很赞成。我说革命没有一个固定的中心。那个时候争也是我国对苏联的问题，是苏联说他们是中心。我是说革命没有一个固定的中心，哪里的群众起来了，哪里就是中心。毛主席很赞成这句话。讲到康熙，在日本我跟日本学者就说，伟大人物，他是起个什么作用，他不能改变历史。毛主席对这句话就不赞成，他提了个问题说，这样说来，历史人物也没有好大的作用了。这是谈话，是跟《人民日报》的记者陈浚谈话。毛主席在谈话中说："世界历史发展中心应该是世界人民革命斗争的主要潮流所在地方，讲得很对。至于人民如何评价历史人物的问题，照这么说，剥削阶级的历史人物还是没有什么作用。"因为《人民日报》都要直接听取、参照中央的会议精神，它是落实中央政策以及会议精神的。他就听了毛主席的话，在人民日报社传达。《人民日报》传到中宣部，林涧青听了这个传达。林涧青就把这句话告诉了我。然后《人民日报》另外一个主持刊物的理论部主任沙英，现在还在，他把这个话告诉了我，两个渠道，是讲毛主席的评论。这是国内的。

后来，更主要的就是，苏联就反对了，反驳了，反对的意见很激烈。以后反正我就成了苏联的一个靶子，只要谈到中国的问题苏联就点我的名，好多啦。齐赫文斯基开的头。他是苏联的历史学界的头号人物啦。我就把这些根源讲了，这以后，我们见面彼此都不讲这些了。头一次见面争论得面红耳赤，见了面都是面红耳赤，争论得不能开交了啦。"文化大革命"后，他还没有跟我见面以前，在日本跟我们的中国学术界代表见了面，这个见了面的告诉我，说我们争论非常激烈，不过气氛稍微缓和了一点，这是传达的话。那一年，是“文革”后，情况变了，是我在日本讲学以后。后来，他就到中国来了，见到我了。头一次见到我，我就跟他说，我们是老熟人了，咱们把包袱打开说话，这样好说。我们过去说中苏两国是牢不可破的友谊，我说这个句子是不符合辩证法的，什么东西都要分的，不过分了以后它还要发展，如果分了以后不能够发展也不是辩证法。我说我们按照辩证法办好了，过去我们的争论也按这个观点看。他哈哈大笑，这个东西一下过去了。这是国际争论，日本人也参加了这个争论，不过日本人没有表态，只介绍双方的论点。这是一个争论的问题。这个时候还有一个出国访问问题。主要是到苏联访问，介绍苏联当时历史学的一些观点。这些历史书上都有，这是学术讨论和争论。

五、“文革”搁笔十年

“文革”搁笔十年。开头天天跟大家一样，后来就是反革命啦。开头是待在家里，后来下乡。下乡时间只有一年。这十年也并不是完全把时间浪费了，还是读了书。读了书是什么呢？就是1966年刚刚被打倒的时候。

为什么“文革”一开始就被打倒呢？就是为了李秀成那篇文章。1964年写了李秀成那篇文章，这篇文章不是没有发吗？戚本禹写了篇文章，实际上是个政治批判文章。后来周扬不是搞宣传吗？他要刊登，要刊登戚本禹的文章。后来召集大家开会，我说不行，研究历史学，这样不行，这样不是把太平天国都否定了，那以后我们怎么讲呢？他们是农民革命，我们是无产阶级革命。无产阶级革命前还有农民革命，这个怎么都否定了。我们就开会讨论。最后也没有一个结论。在近代史所，我就赞成开一个讨论会。开讨论会，什么范老呀翦伯赞呀，这些人都说了，都没有一个总结性的意见。原来我记得周扬说戚本禹说了一句话，说李秀成逃跑的时候身上还带了很多财富，后来农民把他拿住了，发现有很多财富就把他报告出去了。我说逃跑时带些财富有什么了不得呢？出走不可能不带钱呀。后来我们讨论时，翦伯赞说话也很有意思。翦伯赞说开头看了戚本禹的文章我是也有一点动摇，后来我一动摇，他不是在苏州有个忠王府，原来是一个很豪华的别墅，他就在这个地方待过，我一直动摇到忠王府就不动摇了，不行。总而言之，没有说什么，就是说戚本禹的批评是不行的。

本来说李秀成有缺点，这方面的文章早就讲过。那么这个怎么办呢？最后还是我来写一篇文章。我的文章拿出去以后，康生看了，康生不表态。他以为是别人写的。杨甫是康生的理论秘书。杨甫才有意思了。看了我的文章后，《人民日报》通知他开会。散会出来后站在台阶上。我说我送给你们的文章看了吗？他说："看过了。这是唯物论辩证法。"后来就是康生不表态，最后表态简直是莫名其妙，折中主义，那就更不行了。后来想通过田家英送给毛主席看，书上都写出来了。田家英讲了一句很好的话，说："送给毛主席看很简单，我可以马上给你交上去，但是我顶不住。我怕弄得不好，给你找个麻烦。"他有点预感。所以我回来以后，把文稿撤掉，到《历史研究》编辑部把底稿都通通拿回来了。

但是，虽然拿回来，这件事戚本禹知道了，稿子是交到他那里。所以"文化大革命"第一件事就这样爆发了。有人就跑到近代史所来点火。他把大家都召集起来，说："近代史所这个权威，你们一定要把他打倒。你们不是怕什么劳动改造吗？我跟你们一起去。"就把那个近代史的大字报贴得到满墙的。那个时候那个造反派的大字报就是把某个人的讲话笔录抄出来。所以"文化大革命"的近代史所成了全国的一个所谓爆发点，到处来声讨，这是一个导火线。

南京大学的匡亚明是个导火线。西北大学那个谁，后来就死了，也是个导火线。还有那个兰州大学的江隆基，也是导火线。最后就爆发了。

还有个吴晗问题。胡适档案涉及吴晗，胡适档案在近代史所。以前批判胡适，我主持过这个事。批判胡适这个档案就在近代史所。历史所就要利用这个档案，和利用这个找吴晗的档案，批判吴晗。这个人现在还在，据说找到一封信，就说只凭这一封信就可以做一篇大文章，批评吴晗。那么，我当然也不在呀，我们也不知道。后来有些档案没有给他看，这就成了一个大问题，就是包庇吴晗。历史所，《人民日报》的"六三"社论，1966年6月3日的社论，这就是打倒我和黎澍的一个社论。还有一篇文章叫作《夺回资产阶级霸占的史学阵地》，史绍宾，这是一个社论。然后就是有一个通讯，说什么"东霸天""西霸天"，"这简直就是东霸天、西霸天"。没有点名，谁都知道，这是指的我和黎澍。这就是造反。

（插话：要是你那篇文章发了，你不知道有多少说不清的问题。）

那是。那篇文章要是在《历史研究》上发表了就说不清了。戚本禹的文章在《历史研究》发表，丁守和这些人知道戚本禹有个什么来头，所以就告诉了田家英，田家英就是说不要发稿，说这个人不好。后来我跟黎澍，黎澍是主编，我跟尹达是常务主编、编辑，那必须传达我们。我看实在不行。因为这种文章，《历史研究》不发，别的刊物肯定要发表。别的刊物一发表，罗尔纲不是就非常被动吗，我的出发点就是要照顾罗尔纲，这事情给《历史研究》发表，当时要给罗尔纲一个缓冲。让他来写一个文章，就是说这至少表示说哪些地方可以讨论，这样就使这篇文章的冲击力缓解一点。我跟黎澍商量，黎澍说可以，然后就打电话给罗尔纲，罗尔纲不赞成。说这是我的学术观点，怎么能这样？后来我们又说服了他，说这个文章是要发表的，你还是应该写一篇文章。结果罗尔纲写了篇文章，一起发表。这是这样来的。那么如果不给我看这篇文章，那么我大概也不会卷到这个历史事件里去了。不给我看这篇文章，那别的刊物发表不就完了吗？所以“文化大革命”一开始就是从这篇文章开头打倒的。

被打倒以后，当时只发表一些东西，还没有点名。到了很冷的时候，1966 年冬天，1967 年 1 月，通栏大标题的文章，就是“周扬、刘大年之流是叛徒的辩护士”，这样的文章就出来了。所以“文化大革命”我只能够是改造了。在这十年里面，开头是马克思的书不能读，别的书当然也不能读，那只能读《毛选》，天天写汇报呀。后来就管你不那么多了，后来在没有下乡之前主要是把家里的什么历史书，《资治通鉴》呀从头到尾读了一遍，有的地方不只读了一遍，二十四史的人物传记基本上都读了。再一个就是《马恩全集》《列宁全集》，从头读，有的还不只读了一遍，有的书上不知粘了多少条子。有的还找出它的前后什么这个问题来，就是怎么说的不一样，找出来了。这十年就是读了这些书。到后期以后，把我们调回来打零工，就是标点二十四史、《清史稿》。这是 1971 年 5 月，以后就打零工，后来郭老的书恢复以后，我又重新写郭老的近代史什么的。这就是“文革”十年。现在查我的文章，这十年里没有发什么文章。张显菊编的我的论著目录，这十年里面没有文章。这就是搁笔十年。

第六个题目就是后十年，这十年里我写了四本书。

补充：搁笔十年以前讲学术争论还要补充一下，就是历史学界所谓五老的关系，就是六十年代历史学界有所谓五老。五老有的叫四大家族，有的叫五老。所谓四大家族就是郭范侯吕，有的就说郭范侯吕翦。他们几个是他们这一辈人历史学界马克思主义历史学的主要代表。有时候就把翦伯赞放在里面，把侯外庐放出来，他们两个有调整，前面三个是不调整的。称他们是四大家族。有一次中宣部的一次会议上，说你们这四大家族呀，什么这个讨论了一个上午还没有说清楚。

我和这个所谓五老的关系，主要是在这一段。我跟郭老、范老都有领导关系，其他的几老都有工作的关系，都是学部委员，我也是学部委员，我也是学部的秘书。除了这个以外，还有学术上本身的关系，还有搞运动，搞运动也是连在一起，都是一起讨论。郭老、范老都是领导，其他一直来往。我都写了文章。郭的写了三篇，关于郭老的评价；范的写了两篇，关于他的评论；吕写了一篇，侯外庐写了两篇。现在就是差一个翦，他的评论我准备写一篇，因为与他的经历是短期的，写一篇。

实际上跟郭老的时间是最长。跟范老的时间如果从解放前算起，那是他最长。到后来进城后，跟郭老长。郭老去世时晚，他们都不能活动了，翦伯赞死了，范、吕、侯不能动了，郭老还能动。后来跟郭老写那个书，《中国近代史稿》，这也是创作。后来那个人大常委会，他是人大常委会副委员长。他最后得病的时候，最后一次人大常委会开会出来，别人都没有扶他，他一直拉着我的手走很长很长，从会议室走出来，很长。这是他去世前不久，1978 年。去世前他一直拉着我的手，开会散会后出来，别人没有扶他，他也走不动了，秘书也不在边上，一直走到上电梯那个地方。他上了电梯我才出来。那以后，在医院里见过最后一面，就再也没跟他见面了，所以实际上跟他是最长的。

跟他谈诗，他的一些很得意的一些句子，年轻时十七八岁时很得意的一些诗，跟我讲。我还写了四首诗给他的。诗已经都在《诗刊》上发表了。写这四首诗给他时讲了一些话。他说："你看，不是讲我的，这是你讲你自己的吧。"还说什么倚老卖老啊，不好，怎么怎么的。我就说后来居上，那就倚老卖老了。他大概是很称赞，然后就很高兴地回忆他年轻时候写的一些诗，写的一些句子。他年轻时是非常有才华的。他最得意的句子，我现在还记得。辛亥革命那一年，他十九岁，过春节写春联。那个时候凡是能够自己写的都不抄别人的东西，都是他自己写的，切合实际。这个春联的上半联我都不知道，都不记得了，主要是记得下半联。上联的末句是“问东君犹名皇否”。东君，春，过去就是东皇太乙，春天就是东皇，东方的皇帝。意思是皇帝打倒了，没有皇帝了，你这个称呼还能叫皇帝吗？前面当然还有几个字的。因为下联没有写出来呀，别人就说：“这个实在是难对，我看你这个下句怎么个对法。”很快他把下联对出来了，末句就是“看西帝其奈我何”。西帝，就是西方帝国主义。“其奈我何”与“犹名皇否”，还是不是叫皇帝，对得很工整的。非常得意的。所以我们在一起，也谈文章也谈诗。那么都是很有才华的，跟他的时间应该是很长的。

跟范老主要是谈政治，谈文章，谈思想，但是，他不谈诗，他不写诗的。他父亲给他一条规律，一个教训，一个教育，就是不要作诗。在过去中国，作诗就变成文人。“一为文人，便无足观”。一成为文人，就是没有可看的了，就是说不成气候了，不成才了。所以不作诗。他是个经学家，不作诗，诗是文人的事。五老其他的都谈诗，也谈文，都是什么话都说。连诗词能够帮助一点的还是帮助一点。跟五老的关系，在学术上的东西都写了。这是一点，再补充一下。

六、“文革”以后的四本书

第六个问题就是“文革”以后的四本书。第一本书是《赤门谈史录》，为什么写，书上都有。第二本书是《中国近代史稿》的三册，还是照原来的样子，这个都是我通改，全从头到尾改。开头住在北戴河改，改了以后派一个人去抄出。后来我住西山东头的后勤部招待所，都住了几个月，从头到尾改出来的。那么后来就没有时间了，下面就没继续了。第三部是选集，就是把过去的文章集中起来。第四部就是现在已经校稿的《抗日战争时代》。

这四本书现在要强调的是：如果说“文革”前重点主要是在近代史建立一个系统，自己的系统、框架的话，那么这个后段主要是历史学理论的研究。为什么把历史学理论放到这么一个重要的地位，主要是讨论历史学究竟怎么成为一门科学。本来有一些题目要写，后来一些题目没写下去。现在已经写的或者现在都准备要写的，大概要谈的有这么四个问题：提一下题目，不必细讲。这四个问题中心就是历史怎么成为科学？第一个就是说，历史学要不要有一定的指导思想？什么是指导思想？要不要马克思主义指导？关键是讲这么个问题。任何学问没有指导思想是不行的。自然科学都要有一个指导思想，就是看用什么作指导思想。那么，这里讲为什么要用马克思主义作指导思想，我这个选集里头一个题目是讲这个。

第二个问题是历史学到底是研究什么，这是一个从来没有彻底解决的问题。我那个上面举了有八种说法，其实真正的说法只有两种说法比较接近。一个是研究人事、社会上的人事关系。这个人事是什么，这个不能成为科学，"人事"说本身也有反复不同的解释。那么最后最大的就是苏联的，叫作研究规律，这个简直就是岂有此理。苏联科学院副院长，大历史学家，大哲学家，我这个书上都讲了，指了名。他还在位。研究对象怎么能是研究规律呢？规律是从事情中间找出来的，不是说先有了规律才去认识事物的。太阳怎么转啦，这是事物，从事物中间找出规律。规律是研究事物的结果，怎么能把研究规律作为历史研究的对象？1986年我访问苏联，参加孙中山120周年诞辰讨论会，齐赫文斯基到机场去接。当时也没有作什么安排，他问我见谁。我说没有别的任务，我只来参加讨论会，跟你们学术界的朋友讨论交流。后来一个就是要见他们的最高苏维埃副主席，推也推不掉。那后来就去了。一个是要见这位老先生、这位副院长，他的年龄跟我大概差不很多。一见面头一句话就是说："你是老资格。"我问："我的书的批评你看了没有？"他说："你是老资格。好说，谈谈谈。"首先说这个规律问题实在是没有弄清楚的，没有一个说法。这个问题我跟国内的专家也有讨论。我跟国内的经济学家孙冶方讨论过。他说，你这个问题也是政治经济学问题。政治经济学到底研究什么没有解决。我主要讲了规律是什么，历史学是什么，讲了一下。为什么确定对象？不确定对象就不知道什么叫规律。

第三个就是研究动力的问题，这个也是一个根本问题。各种说法，唯心论说是一种思想上的说法。现在有种马克思主义的争论，说是生产关系和生产力的矛盾，这当然是呀。但生产关系、生产力这两个东西是通过人来表现，没有人怎么有生产关系。生产关系不是人和人的关系吗？地主和农民的关系、资本家和工人的关系，上级和下级的关系，等等，反正是人和人的关系嘛，这个集团和那个集团的关系嘛，所以这个关系的最后还是个阶级的关系。阶级关系是基本的。生产力和生产关系的矛盾是通过人来表现，通过社会来表现，也就是人和人的关系。而人和人的关系不是别的关系，是阶级和阶级的关系。生产力、生产关系怎么推动历史前进，还是通过阶级与阶级的关系，这个是在阶级社会。那么，在没有阶级的社会，那是以后的事情，因为我们讲的是阶级社会的历史。

第四个是规律问题。一切科学最后都是要认识规律，不认识规律那么科学的意义何在呢？找出规律来了，我们就可以利用这个规律了。水一般是往下流的，这是规律。但是要是建了一个大坝或是使用高压，水是可以往上走的。这就是它的规律。不找出规律你就不能利用。一切科学都要认识规律，不研究规律的学问就不成为科学。你研究语言学也好，研究经济学也好，总是要研究规律。这个规律、大规律有这么几个：人类历史从低级到高级，这总是一个规律吧。民族矛盾、阶级矛盾中间，在中国近代历史上，一般是民族矛盾尖锐的时候阶级矛盾下降。这就是规律。你看什么鸦片战争、抗日战争这么大的矛盾，民族矛盾尖锐时阶级矛盾下降。但是一过去这个情况就不同，阶级矛盾是更深刻的矛盾，民族矛盾服从阶级矛盾。这总是规律吧。我研究中国近代史，有几个地方就没有去详细讲它，就是讲出来几个规律。鸦片战争打来的时候，最初要投降的是谁呀？就是大地主、大官僚，在野的和不在野的。广州竖起白旗交英国管制。到英国军队打到长江下游镇江还没到南京的时候，两岸的离长江近的，比如扬州啦这些地方，好些城镇的地主、商人啦，就疯狂到江边上去围绕英国军队。为什么呢？叫他不要到这儿来。有个大文人，大哲学家，叫阮元，他退休后定居扬州，那丑态就丑得不得了。他带领大乡绅、大地主、盐商等，“头顶说帖，跪迎江干”。说帖实际上就是一种降书，请愿、请求书。到江边上等候，迎接英国的军舰来。农民哪个也不干这个事。恰恰相反，农民起来组织打。这就是阶级。后来第二次鸦片战争打到通州，首先是大资本家，天津的大商人，北京同仁堂药店老板乐宏宾，他还约了恒利木厂老板王海，他们组织起来，捐款、掏钱买了很多牛、羊、猪、鸡送到通州去，去投降。结果，八国联军说：“你们是商人，你们不懂政治，你们都回去。不过你们这礼品我们还是照收。”这都是一种阶级现象。长江、通州。所以，大规律就是社会生产力这么几条。那么，一定的方位有一定的规律，它是可以变的。社会条件变了，那个规律就变了。总而言之，历史研究最后如果讲不出规律的正确认识就讲不出科学。

所以我“文革”以后近代史研究主要是研究历史怎么成为科学的问题。主要讲了这么四个问题，规律的文章没有写出来，没有精力了，不过都讲了一些。这四个问题讲全了才能构成一个理论体系。这大概是第二段的事，“文革”以后研究的重点。

现在规律之词用滥了，哪里那么多规律？规律是非常有限的。

还有与自然科学家的关系。

七、学术活动与学术思想

社会活动和前段不一样了。这时候主要是组织全国性的学术讨论会。戴逸的那个文章把这个都详细地讲出来了。好多这样的学术活动，组织辛亥革命 70 周年、80 周年学术讨论会，组织孙中山的讨论会，还有其他一些，这是全国性的。另一个是出席外国的大的学术活动。这个没有完整的东西，没有写文章。1985 年出席世界历史科学大会，出了篇历史研究对象问题的文章。但那文章因为太长，历史学的国际历史学会秘书长，有名的历史学家，就说是开始讲一半，一半与会议有关的，然后就讲你的学术观点。我说要我一篇文章分成两半不行。再说这个文章也太长，翻译也不成，后来那个摘要好像翻译了一下。

再一个就是“七七卢沟桥事变”50 周年那个会议，那是一次很重要的会议，那个会议取得了很重要的效应。中日双方出了一本书，这个书作了一个结论，就是日本对中国进行的战争是日本军国主义侵略中国的战争。这是学术会议。

国际历史学会就是去了一次，第二次他们还要我去，我不想去了，好像没有什么大味道了，因为以前有争论，是要我去组织亚洲这个组的讨论，这个秘书长还有一封要我去组织的信，是到西班牙去。西班牙我已去过，我就不想去。

这段时间出国的次数很多，有记录，出版了，可以查出来。人大常委会的代表团去，学术活动，大概有四五次。有一次，比如，澳大利亚，一去，他们找到我，要我讲话。有些话要我讲，要我出来传递，哪个不能出来讲，讲不得。跟我们一起去的是大使呀什么的。跟我们一起去的那个主持人，澳大利亚国立大学远东史教授王赓武，后来当过香港大学校长，现在不是了。他说讲一讲，我说要大使讲一讲才讲。大使说我说话也不行，那还得去请示国内人大常委才算数。有些很有意思的资料，可惜没有整理出来。资料我还是收集了。最有意思的是有南美洲这些国家的资料。这个有美洲奴隶制的资料我收集了一些。像圭亚那当时拍卖奴隶的台子那些东西都还保留着。古时候奴隶们站在台子上供人挑选。这些东西好像当时照了相。南美四个国家去了一个多月。那个巴巴多斯更有意思，那个最好的地方就是一个英国的大资本家占了。他们家一百多年，三百人。原来奴隶主，现在变成近代资本家。他控制那个地方，他把家里都作了纪录片、录像留下记录。当时奴隶的一些名单我手里有。最有意思的是奴隶的价格都有。一个好的奴隶跟一匹好的马的价格是一个价格。《加勒比海名人录》上有他祖先的事迹。这是他复制的文件，他制作了录像，他当时给我们放了电视录像，录像没有给我们，只给了档案。这些在手里，但没有整理出来，对了解历史很有好处。

他们讲马克思主义的著作上讲的一些问题很有意思。比方新西兰，用马克思主义观点就是典型的资本主义。这当然了解得不够多。新西兰有一个很特别的地方，就是鸭嘴兽，只有这个地方有。看鸭嘴兽，不巧它在孵卵。是兽，但卵生。生蛋好像要生几个月，或是生几个月以后才孵卵的。它把那个洞堵住，这个动物很小，没看见，但看到它的毛啦什么东西。这个鸭嘴兽是个很有意思的问题。这个问题就是说事情中间就是这个事物到那个事物之间要承认有一个过渡状况。这个过渡阶段是不反映事物的本质的，它反映事物的本质是两头的状况。恩格斯举了这个例子。他原来是不承认这个东西的。后来他说它是鸭嘴兽，是禽和兽之间的一种中间状态。它是事物的一发展阶段。恩格斯说我还要向鸭嘴兽道歉，我没有认识它。这是一个问题。

到葡萄牙去也很有意思。从明朝起，葡萄牙人到中国来，中国史书上一直叫葡萄牙为佛郎机。现在明史上有《佛郎机传》。后来几十年以前，就是抗日战争以前有人考证，还写了很长的一本书，其中就有考证佛郎机这个名词，他的结论就说这是阿拉伯商人辗转传来翻译而成这个名词，叫佛郎机。我觉得这也实在靠不住。那一次到葡萄牙的时候，跟他们本地的人讨论。有个议员叫皮雷斯，议会公共关系局局长。我就说，中国叫你们佛郎机，可能跟你们的什么东西相近。他说，跟他们的历史相近。明朝时，西班牙、葡萄牙被一个叫弗兰西斯科的教派统治、支配，教派是执政的政治派别。我就跟大使中搞外文的把这个音与葡萄牙的话音比较，词根是一个，与佛郎机接近。然后问他们议会的副议长，是个女的，她很有学问。她说这很对，马上就提出证据，葡萄牙有一个飞地，就是印度的飞地，印度还没有收回，这跟第二次世界大战有关，叫作果阿，我们现在叫果阿，就是这个印度人叫的地方叫佛郎机。当时葡萄牙在外地的地方都叫佛郎机这个名词。佛郎机是当时的教派，也就是当权者。那么这个事情就解释通了。西班牙执政的大的独裁者，佛朗哥，现在他的坟墓还在那个地方。他那个教派走到哪个地方，它不叫葡萄牙，而叫佛郎机。就跟共产党走到哪个地方去，共产党来了。佛郎机代表葡萄牙，就像共产党代表中国一样。这是个很小的问题，我把它搞清了。后来我写了篇文章，不是为这个名词，而是纪念与葡萄牙建交 10 周年。这个外交部找我，说你去访问过，你就写一篇文章，我就写了这么一篇，把这个东西写出来了。这就是说，走到外面要处处留心，才能有收获。这段的活动有这么一些。

抗日战争这一段简单说几句，不说多了。从年轻时到现在有三个经历。一个是学国学，想把国学运用一些，看能不能总结一下自己的看法。另外，最近几年就是搞一些经学，近代经学。这东西需要很高的学问，因为近代经学毕竟范围太窄，不能完全说明准确，但是还是能够说明一些问题。第二件事就是学了一些马克思主义。从哪里讲？一个是从近代历史来讲，一个是从马克思主义理论本身来讲，来了解马克思主义和中国的历史，和历史学理论结合来讲。第二件事情主要是一些纪念性的文章，规律讲了一下。第三件事就是抗日战争。青年时代参加了八年抗战，当兵的，亲自经历战场。这是我的心愿，想作了结。这个了结主要是对抗日战争有一个怎么样的看法。决定写书。这不是我参加抗日战争的回忆录。《中国复兴枢纽——抗日战争的八年》是我编的，主张是我的，但我写的东西很少，没写什么，也写了一点，引言、序言。中间我通篇看过了，现在还要来改一下。大概就这么三件事。

这里面都作出了一些认识，马克思主义的理论讲过一些。我现在时间太仓促了，不像从前了。到底马克思主义怎么看？马克思主义碰到了一些什么问题？我觉得这是一个很重要的事情，可是我这个话不能讲得太清楚，我觉得这里面有一部分在回忆胡乔木的文章里讲过了。有一部分，就是马克思主义理论碰到什么问题。这是一个很大的问题。过去我们也说过，这不行，讲不通。另一个就是苏联的垮台，分歧很大。我们现在改革开放最大的一个问题就是，过去我们把马克思主义，把从社会主义过渡到共产主义看成是一个很短的时间，短期的过渡，标准很低，时间是很短的。苏联一直说他要过渡到共产主义。他们也是过渡，把一个过渡过程看得很短。那中国更不用说了，1958年就说要共产，“共产风”刮得不得了。那都不行，这都把马克思主义凝固了。当时马克思主义本身可能也没有说很快，但后来情况发生了变化。但是我们的宣传工作有很多东西不能很好地理解，因此发生了这些事情。

我觉得乔木对这个问题讲得比较好。我在回忆乔木的时候详细强调讲这个认识。马克思主义理论是一个体系，不是个别的问题。它的很多东西是一百年以前的东西，当然会过时，但是它的体系还没有过时。它的基本的东西，第一个基本方面就是唯物论。一切的人都先要吃饭然后才能干别的，所以这是个基础，有什么基础才有什么上层建筑，上层建筑反过来作用于基础。将来没有阶级了，这个事情这个道理还是存在的。第二个是生产力和生产关系。人要生活就要生产，生产力，不能一个人生产，至少要两个人合起来，它就是生产关系。西方有个小说《鲁滨逊漂流记》，两个人漂流到一个荒岛上，还有一个礼拜五，它这个里面也有生产力和生产关系。他一个人不能生产，必须有一个礼拜五跟他一起，这就是生产力。他和礼拜五两个，他又是个奴隶主，他又是把社会上的东西对照到漂流记里面去了。他也是生产力变了，生产关系也变。所以一个奴隶主，没有生产力，不能创造现代生产关系，现代的生产关系又不能回到奴隶制的生产力上去。所以这个还不能变，阶级斗争这个观点不能变，这个变不了。这世界，人民群众最终是决定历史的。人民在没有成为统治阶级以前，历史都是前进的。统治阶级最终总是要消灭的。美国人最早是摩尔根提出来这个问题。财富不均，不是人类的理想社会。因为它本身是不合理的，因此它不是社会的理想组合。我看最近非洲的那个会上是讲这个。津巴布韦总统穆加贝，非洲一个很有威望的领袖，也讲这个问题。财富不均，就是一个国家的人不能让每一个公民享有一个国家的财富，这决不是理想的社会。这些东西，基本的东西不会变。可是按苏联他们那一套办法不行。

马克思主义还是站得住。把它教条化不行，过去把共产主义看成短期过渡也不行。有一些东西过去没有解决的，我那个文章讲了一下，这是对马克思主义的看法。

对于孔学的看法，对于经学、国学的看法，这里不能详细讲了。把我那个什么东西整理出来。

第三个讲抗日战争的看法。抗日战争是中国近代历史的转折，没有抗日战争就没有现在这个景象，所以抗日战争的地位是它实际上是个转折点。在我的书里讲了。抗日战争的问题就是爱国不爱国的问题。我在这个题记里讲了这个问题，从中国的历史、中国的传统来讲。我读了法国的大革命历史，法国的第二次世界大战历史、美国选举的历史。人类社会，讲爱国是文明社会的通则。今天的这个情况是国家没有消灭。在国家没有消灭以前，讲爱国还是人类最好的办法。这些东西我是结合实际讲出来，有的讲了，有的还没有完全讲出来。

八、关于评价

第八个问题是评价。评价自己的工作。这个评价不能自己评价自己。自己是不能评价自己的。马克思说，一个时代不能按照那个时代的思想来认识那个时代。那就是不能按照那个人本人对自己的评价来认识那个人。按照本人对自己的评价怎么能认识他呢？没有一个人不说自己好，没有一个人把本人说得很坏的。复旦大学写孙传芳的书，很特殊，这种书很畅销。讲孙传芳当小偷，哪里偷，怎么偷，最后升上了大官。我举这个例子就是说，我不能评价自己，也不能说自己怎么了不起。

做教授没有什么好说的。真正成为一个好的教授是不容易的。西方的大学里，大概一个系只有一个教授，要等这个人死了以后别人才能升为教授。成为一个教授也没有什么了不起的。成为一个教授要费很大的功夫。成为一个学者，也没什么，因为学者各个不同，实在没什么好说的东西。不能说自己这样好，那样不错。成绩严格地说是大家的。知识是不能穷尽的。马克思没有把话说完，实际上也不可能说完。而且当时是天经地义非常正确的，过一段时间后不一定能经得起考验。

我自己觉得还可以说，可以自慰，可以站得住的说一说，是在国家民族最需要的时候，创造历史，参加抗日战争的经历。有个日本人写了一本书，说“献给民族解放战争的战士，我们的老师”。后来不打仗了，在书斋里，还是没有脱离实践。在书斋里还是参战，各种学术争论，没有成为书呆子，还是没有脱离现实。一句话就是：作为历史学家，写历史不如创造历史重要。创造历史是第一的，写历史是第二。但是我创造不了历史的时候就写呀。这就是创造历史。

附：1996年5月26日谈话

有一个就是喜欢念书。没有什么其他爱好。从小的时候喜欢念书。七八岁时偷看《三国演义》挨了一回打。上私塾，背书，老师坐在那个地方，站在老师的旁边背诵。别的记不得了。《左传》，老师读一遍，从头讲一遍。讲一通以后，每个人自己讲一遍，老师坐在那里听，然后学生回到自己的座位仔细看一遍，再仔细看一看。看三遍大概可以记下来，第四遍就可以背下来。一般有几百字，最长的可能上千字，或者再长点的，可以背下来。到最后，它不是按学期，半年终了时要把学的书通通背一遍。我记得《左传》快到最后，《左传》有十二公，鲁隐公、桓公、庄公、闵公、僖公、文公、宣公、成公、襄公、昭公、定公、鲁哀公，我起来能够一口气能够背得下来。那时候的记忆力还可以。其他的古文《论语》《三字经》那些启蒙的东西就不用说了。

那时候好多喜欢的文章后来一直到打游击的时候都没有忘，都还能背下来。后来到太行山养病，从医院里住那个地方，我自己找了一个地方，上山有十几里路，骑个毛驴，后面还有个勤务员跟着。骑着毛驴干啥，背古文。直到进了城才不背古文了。打仗时也是念书。打仗时行军、宿营的时候有些工夫。行军时到一个地方，比如说峡谷，就要坐到一个村头上等着前面打前站的选定房子。大家都在等着，各有各的爱好。打扑克的没有，下围棋的有，杀一盘。我没有什么别的爱好，顶多是念书。有时不是宿营时，白天打仗，敌人没有正面进攻，情况不明，不能判断时，不知向哪里走，大家坐着等待转移。因为我们不是直接拿着枪去打，我们是领导机关，就等着。到处是枪炮声，怎么看书？也还是要看书的，有这个爱好。这个爱好与工作有关系，因为我是宣传科长，给别人讲课也要看，没什么别的爱好。进城以后，到机关工作以后，就更不用说看书了。我看书有个习惯，工作时看业务书，晚上我的最大享受，六点多到七点半，八点以前的晚上，冬天天气冷，躺在被子上看书，大概有一个多钟头，不能超过两点钟，就是看中国那些古典文学。这大概是最大享受。有人访谈的时候问，怎么休息？最舒服的时间是什么？

我向他们说，休息就是读书。于光远说："你这是毛主席的习惯。"毛主席休息就是看古典文学。

"文化大革命"期间，通读马列著作，读三四遍。马列著作，平时也是背的，"文革"时是无目的地读了。原来读马列是有目的的，就是带着问题去找书读。那个时候不管了，全部是从头到尾往下读。以前除了读《史记》和《汉书》外，看二十四史也是有目的地查一个东西。"文革"时期二十四史的人物传记基本上都读过，但不是所有的。这是一个爱好，补充一下。

第二个补充是上次说的近代史我自己的一个框架。这个框架的中心内容就是把所有的东西，基础、上层建筑、阶级斗争统一起来按时间顺序来讲。因为历史是一个整体，历史怎么贯穿要用时间。采用时间演变来发现有什么变化，没有什么变化。我觉得中国的历史学过去留下很多东西，但是理论上的东西实在是太少。孔子修《春秋》，究竟孔子修没修《春秋》还是个大问题啦。因为按照历史的说法根本没有那回事。现在最近的发现是要把疑古的东西推倒。但不管怎么说，孔子修《春秋》是那种封建的所谓"尊王攘夷"的观点立场。他那个观点主要是一个血缘关系，原始落后的时代，血缘。第二个是本纪。血缘、本纪加起来就是忠臣。血缘是家族，本纪就是权势，等级。最高权势就是君主。他的系统就是按照他人的那个"正确不正确"，没道理。这个理论一直发展到朱熹修撰《资治通鉴纲目》，或叫《紫阳纲目》。朱熹没有什么创造，而是这个东西更加细密了。司马迁讲了一句话："究天人之际，通古今之变。"要了解历史就要通古今之变。"究天人之际"是受谶纬学说的影响。谶纬学说实在是一种神学迷信的东西。看得非常清楚，越来越清楚。汉武帝时治国采取谶纬学办法。司马迁的很多东西是从现实中总结出来的，但是也还是受到了谶纬学的影响，"究天人之际"。历史最终的东西是要通古今之变。历史是讲过去、现在。历史不讲未来。历史说的是过去，延伸到现在，即古今问题。从古今演变中可以看出历史的走向。即古今之变的规律。历史按时代来书写不同的东西。

我这个近代史研究这段的特点，把这个时候的经济基础、阶级斗争、思想文化意识联系起来讲，这是我写的框架。以前历史只讲汉族，中国是个多民族的国家，它主要的东西是汉族，这是骨干，但还有少数民族。少数民族这个时候有一些什么主要动向，放在同一时代讲出来。比方说我们讲西方的侵略，过去只讲鸦片战争，实际上根本不是那么回事。同时西藏面临着割出去的危险，它就不只是涉及到鸦片战争的问题了。所以这个问题都把它拿在一起说。

再一个就是政治、经济、文化放在一起，各个地区、少数民族、汉族放在一起。当然这个斗争大概经常表现为政治斗争。讲阶级关系的地位。这个时候哪个是主要阶级，有些什么人，哪个阶级是什么地位。另外，历史最终是什么东西起决定作用的，推动历史与社会演变。推动历史社会演变的各种不同势力不是单个的人，哪种时候是哪种人，那个时候是什么阶级，共产党是怎么样。这就是我这个框架按中国历史时代顺序讲。历史研究，简单说，就是把历史作为一个整体来认识，不是这样一个一个片段来认识。这个片段研究，一个具体问题，研究一定的具体问题，当然这个具体问题我们要认识。但是所有很多很多的具体问题最后还是要变成一个历史演变的规律，变成历史的问题，跟历史有关的问题。所以说，这个片段它是个形式的东西，实际上最根本的东西是要把历史当作一个整体的运动来认识，上升到人类的整体运动这个高度来认识。我这个近代史的核心是这个问题。我说了这个观点，陈旭麓说对这个问题完全可以讨论的，可能不对，也可能还是可取。但是我觉得将历史作为一个整体来看待这个东西应该是有道理的。这个观点我在好些地方讲了，《历史研究的对象》上讲得比较长，最后也只有这么几句话：论证已经完毕，结论是什么？整体认识。

还有1986年到苏联参加孙中山诞辰讨论会，我讲话说了，讲整体认识。为什么在这个会议上讲呢？因为我们在中国这个时候在开这个讨论会，我主要提出一个题目，“孙中山和他的时代”。我们这个会议就讨论了孙中山时代。为什么讨论时代？把孙中山的活动放到历史中去探讨。最终我写的关于抗日战争的文章《照唯物论思考》，我又讲了这个问题。把过去对历史的定义什么的重新讲了一下。“不唯书，不唯上”的说法。

以上是补充我关于近代史的框架的问题，有多少可取，有多少不可取，都可以讨论，但是这个整体观念，我觉得研究历史需要从整体来认识历史。也就是还是司马迁那句话，“通古今之变”。从整体的观念来探究历史的演变。全面联系讲。这个补充可以查一下我的论文。历史和时间联系起来。从历史来认识现在，认识发展趋势。

在历史学界我接触的最多的、最有关系的是所谓五老或四大家族。侯外庐比我大九岁，他是相差最小的，其他相差二十几岁呀，十多岁，五十岁。

侯外庐到法国留学，翻译《资本论》，在写很多书的时候，我正在敌人后方打游击，所以没有什么著作。他们的著作比我多。他们是马克思主义的学者。我跟他们交往很多，都是学部委员，范、郭是领导。后来我是近代史所副所长，侯外庐是历史所的副所长。关系都很密切。跟五老的关系主要是两个，一个是学术上的东西。学术上有两个，一个是说他们提出用马克思主义来研究历史，也最后都到了国内的学术领域研究历史。我在读到他们的著作以前，在抗日战争后期，我也读到过一点苏联书，这些书至今我不知道叫什么名字。我只记得书中的一些新词语和人名，大吃一惊，不知道到底是怎么回事。我那时想：求知这是应该的。只知道他们是历史学家，还不知道他们是谁。后来真正读到这方面的书是郭老的书，那真是用马克思主义写的书，由此受到影响。另一个影响是，那个时候他们不是讲马克思主义条条就完了，而是讲把中国的民生、社会史讲一下。郭老讲他是用中国伦理学来讲。用伦理学，我觉得这个很奇怪。这种现象因为过去受的教育基本上是旧学的教育，我对这个道理不懂，后来才理解。原来这个东西还可以多种解释，比如君子小人，没有讲清君子小人的地方不知有多少。像儒家典籍里面，这君子小人当它一辈子到底也说不清楚。你是君子，你是小人，熟悉的人。知识分子一般讲君子小人都是这样解释。现在研究确实不是。他们的君子小人是完全没有解释清楚。实际上，应该说，他所谓的君子与小人是两面的，不是所谓的统治者和被统治者。有的是明确讲，那个君子就是统治者，照章太炎的说法是老爷，君子是老爷。然后讲这些东西如何理解，讲的是名教授。

五老对我的影响是这么两个：一个是用马克思主义看待中国，一个是马克思主义怎么和中国有意识结合起来。马克思主义是新的。真正最后讲马克思主义，那还是读了马克思主义的书，他们不过是指出了这个方向。从他们那里经常活动、工作呀，自然有很多受益。还可以说一点，五老，侯、翦的东西，后来接触的，郭、范的东西是抗日战争期间接触的。那时我在平原前线打仗，在高层领导机关叫作行署，管四五十个县的地方。开始有县，后来是农村。高层领导机关，后来有个报社，有些什么党的宣传部，它还好多这些东西，恰恰其中有几个北京大学什么的大学生。他们也念书，我也念书，他们手里有书。有几个现在不在了。任仲夷等北京上大学的。有个报社社长，后来到江西当过什么。他们读很多书。一个科的，我们经常来往，这些书很快就到我手里。李达的书也是这个时候看的，《社会学大纲》都是这时看的。

最后有些思想完全是这个时候形成的。这个知识就有这些知识。然后读书情况就变了。打仗的时候只能读到那些书。现在的人知识可多了。那个时候读书没有现在这么容易，进城以后读书的面就广了。除了哲学、历史的书，我也读一些科学的书，接触了一些自然科学家。现在好多科学家，老的认识。副院长李四光、竺可桢都是大科学家了。

这些科学家现在有些还有交往，比如说严济慈一直到我搬家到这里以后还来。后来年纪大了，我不去了，他也不来了。社会科学领域接触也很广。比方说，陈伯达，那个是早就接触了。陈伯达现在是反党集团，后来开除党籍了。并不是说这个人干什么没有影响。你说这个人干什么影响微不足道，这个话怎么讲得通，他如果毫无影响，那怎么能这样？毛主席批评他还说他是职业天才理论家。到北京前我就认识他，后来进北京以后，那一直接触。他是宣传部领导，科学院挂名。他是不管事的，他是根本不去科学院的。这个人说话有时是阴阳怪气，他是副院长，说："哎呀呀，你们这是科学院，那了不起呀，你们科学院挂着中国科学院的这个大牌子，哎呀呀，我可是不敢去呀，我是个师范毕业生呀。"阴阳怪气。思想理论上他还是有一套主张。跟他见面时，有时候会谈一些东西。一直到"文化大革命"以前，我们交往的次数比较多。陆定一就更不用说，他是宣传部长，也交往。我跟胡乔木也有交往。我当时是科学院党组成员。我这个做社会科学院学部的工作，就是我要去征求意见。那一次我去，而且几乎这些人都征求了意见。他们说的好多话我现在都还记得清楚，不过不能都说出来就是。那个时候党内之间可以评论别人，当你的面可以评论我，当着我的面可以说哪个不行，他怎么不行。谁有什么长什么短。这些人好像都是一流的人，党内的人谈得少，也还谈。比方说哲学，我就找过杨献珍，谈这个人怎么样，包括学术，也包括党内的人。当时他没有什么意见，后来又讲了，一些话恐怕是不那么很公正的。评论什么都有。当时的学部委员，都是一流的学者。然后成立学部，再后来搞科学规划，开始一直搞社会科学规划，后来文学院什么的，再后来发展到所有的东西，什么戏剧，连舞蹈都搞起来了。他们的观点，他们的想法，也就是反映了那个时代的一些想法。

一个看法，一个时代。从各方面来看，都是反映了那个时代，一个新气象，一个新的时代，恐怕中国历史上没有过这么一个时代。中国历史上抗日战争是一个长的新时代，1943 年以后就不行了，反正是 1938 年以前那个时代可以说是轰轰烈烈的。那各色东西，各种书地摊上都可以找到，那时什么《毛泽东传》《朱德访问记》，什么东西都有，那是个时代。抗日战争后来就是五十年代。那大概是一直到 1957 年“双百方针”，历史上都是有名的，历史上从来没有这样的时代。我接触的这些人他们都是这个时代的反映。这些东西对我，它不是说哪一句话哪一个观点可以写到我这个书上，那是一个时代的东西可以说。所以我写的东西，如果说，五老也好，我做了些什么工作也好，都可以反映那个时代的中心是什么，或者说反映那个时代里面比较代表多数人的思想。所以说，如果写出来，写文章也好，研究这段时期的思想史或者历史什么的，恐怕最主要的是抓住那个时代，不要抓说的什么东西。

再补充一个。

传记对人要有一个评价。本人的评价是毫无意义的。马克思说的道理是非常对的，即不能根据一个时代的思想来认识一个时代，就像不能用一个人的评价来认识他自己。

我自己只有一个补充：我相信找到马克思主义这个道理，用唯物论的观点或者用唯物论辩证法来认识问题研究历史，我相信这是正确的路。现在没有一个别的思想或理论可以代替。我觉得这个思想是开放的，任何东西可以接受。唯物论的基础是什么？人活着，首先是要吃饭，然后穿衣，衣食住行。不讲别的东西，创造历史，这是起码的东西。首先是衣食住行，创造历史。一开始，原始社会，衣食住行必须几个人合起来才能够取得生活的基本需求，取得生活的来源。比方说，西方的古典小说《鲁滨逊漂流记》，他开始是一个人，但是还是不行，不能够在孤岛上生活，还是要找一个人，礼拜五，这样一来，就发生了生产关系。马克思说，一个是生产力，一个是生产关系。人类改造自然的能力叫生产力。一开始是生产力，这不是单个人的生产条件，还有一个生产关系，结合起来的关系。没有结合起来，这个人就根本不能生存下去的，我们不是老是讲“天人合一”是中国的好的传统吗，我觉得从一定意义上我也还是赞成这个话。从一定的意义上，我们不要说把西方的所有东西说成都是好的，好像我们中国没有什么好的东西。我们中国还应该有可以肯定的。世界上众多的民族没有一个民族的文化传统有中华民族这样深远，所以从这个角度来讲，寻求中国的传统的东西，也是可以的。现在讲什么超越历史，我看也是可以的。但是不能把这个东西当成是一种最好的东西，那个不可能。我们刚才讲生活，一开始生活就有生产力，生产关系。人之所以为人，人和动物的区别就是会制造工具。不会制造工具就不是人。象的脑袋很复杂，智力肯定也很高。我看了故事，他们的智慧一代一代地积累。你把大象父母杀死，他们亲戚多年以后可以报仇。但大象不能制造工具。猴子很机灵，猩猩很聪明，但他们比不上人。人活的第一步是智力，所以天人合一第一步不说是只有合。它首先还比较简单，但到了最后，到了目前，这个人的很多问题出来了。不去控制，我看人类就会有种种问题。黄河断流说明一切不能再这么下去，什么事情都有一个限度。

人要生活，一开始要工具。这是唯物论的基本观点。生产力是不断改变的，因此生产关系是不断改变的。《鲁滨逊漂流记》那种生产关系到了一定程度就要改变。奴隶制这种生产关系最开始也是一种很先进的生产关系。因为它不是把俘虏杀掉，而是留下来要他搞生产，这也是一种进步。但不能老是这样，要一步一步地进步。所以生产力改变了，生产关系也一定要改变。这是一个科学真理。所以觉得唯物论的道理主要是建立在这么一个基础上。所以我觉得是可信的，从原理上看是可信的。被压迫的民族不是都站起来了吗？这人还是控制不住呀。这个是可信的。

中国的事情我觉得是可以讲一讲。中国的毛泽东，无论如何都是个杰出人物。毛泽东最伟大的地方，就是说中国的民族解放。中国民族解放取得胜利，建立新中国，与毛泽东的领导是分不开，这个领导确实是集体领导，也不是他一个人。但他这个人的杰出表现在坚持了唯物论。这是他成功，在中国历史上做出了那么大的贡献，道理就在他坚持了唯物论。他一开始就是提出中国社会各阶级的分析。中国近代的历史上就是两个问题：第一个就是中国的民族独立问题，第二个就是近代化或现代化的问题。这两个问题是怎么去解决？当时抗日战争这个时期解决不了。首先最重要的就是解决生产关系的问题，不解决生产关系的问题就没有办法。解决生产关系的问题实际上就是解决民族独立的问题。所以解决民族独立的问题是解决生产关系的开始。看社会的哪个阶级，哪个力量，看谁，结果哪些是敌人，哪些是朋友，哪些阶级能够站在历史的前进面，哪些是组织力量，组织历史前进。我觉得毛泽东在这个方面是完全正确的。他在斗争过程中把唯物论是发挥得很出色的，到处是辩证法的思想。那不是说解决生产关系的问题就不要生产力，还是需要讲生产力的，这些方面他很注意。至于说辩证法，他的精神、斗争精神那是到处有发挥。所以说毛泽东的伟大，他的成绩是讲了真正的唯物论，真正的辩证法。

中华民族总是要前进的，当时我们中国有个古老的传统，什么几千年的文化重要，它的重要在于与新的东西结合起来。现在到了这一代人，到了他们这一代人，所谓十月革命一声炮响，他们确实找到了新的武器，或者新的东西与原来的基础知识结合起来了，找到了信仰，成为一个新的领导力量。所以毛泽东这么一个伟大的人物，有些东西他是完全自学来的。他在中国历史上对中国做出了伟大的贡献，把一个旧中国变成了一个新中国，这就是他真正的伟大之处。但是，每个人都不是神仙。到了新中国以后，开头这些年，一直到 1957 年，他走的路还是很对的，还是坚持走这个道路。但是后来就是停留在原来的那个地方。他讲生产关系就是抓阶级斗争，以后他就把那个东西一直延续下来，没有用辩证法的观点，或者没有完全用辩证法。他原来抓生产关系是完全是对的，解决了中国历史前进的问题。解决完历史的前进问题后，应该把解决生产力的问题作为一个重点来抓。解决了生产关系应该解决生产力。他还是抓生产关系，所以阶级斗争天天讲，年年讲，这样是违反历史的需求，也违反了唯物论，违反了辩证法。所以，毛泽东的伟大，他的成功，是坚持了唯物论，坚持了辩证法；而他犯了那么大的错误，或者说就是晚年遭到失败，他个人失败，国家也遭到损伤，是他违反了唯物论，违反了辩证法。这样从正反两方面，从毛泽东这个人，共产党和国家的历史来看来，也还是说明唯物论和辩证法这个东西是正确的、科学的。反过来违反了这个东西就会失败。毛泽东是讲哲学的。邓小平不管这个，但是他改革开放敢抓，反过来抓生产力，所以中国的面貌就开始改变了。所以我觉得从实践来看，从我们研究历史本身来说，从中国近代的革命的实践来看，从毛泽东这个伟大的人物来看，都是说唯物论这句话是正确的。当他正确地运用唯物论、辩证法的时候，他是伟大的；当他违反唯物论、辩证法的时候，他就要犯很大的错误。

我觉得从我自己研究历史的情况来看，从我自己亲身经历的近代的这段历史来看，我觉得唯物论、辩证法还是真正的科学的东西。可是这个科学的东西并不是说它的每一句话都是绝对的，它是个体系，就是生产力和生产关系的道理是解释历史前进的最可靠的道理，社会的生产力是不断地改变的，每一个时代的社会都会不满足于当时的情况。我这个房子已经很可以了，但是我还是不满意，噪音大得不得了，我总是想换个地方。生产力不断地改变，生产关系也就要变；生产关系不断地变了，生产力也不断改变。过去那些不合理的东西总要改变得合理一点。历史确实不能超越，但是这个历史不能超越的道理只能说是我们循序渐进，但不能反过来说我们不能超越就不能改变了，那不行，所以一直还是要改变的。人的生活是无止境的，所以生产关系和生产力的关系也要改变，从那最不合理的时候改变成为比较合理的时候。现在我们改到比较合理的时候了，但这个事情当然不可能完了。

现在第三世界不可小看，它是有思想家的。第三世界有些人有些话说得很痛快。我看亚洲这些国家的一些领导人，一个是李光耀，李光耀有些事情很厉害；一个是马哈蒂尔，他的话很有些道理。马哈蒂尔说苏联瓦解不是因为美国的将军起了作用，也不是美国的外交官起了作用，而是美国的工人起了作用。美国的工人制造了狩猎牌的越野车，还制了什么汽车，美国的工人制造了丰富的物质，什么购物中心，等等，是这些东西把苏联搞垮了。这个道理是非常正确的。苏联后来停止下来了，不上进了。俄国革命以前，俄国在那时综合国力是第三位，它很快就是世界第二位了。那是因为苏联很短的时间内把生产力解决了，要不然怎么升为第二位？后来苏联落后了，不行了。一些人对此很不满意。不是戈尔巴乔夫一下子就把苏联搞垮了，戈尔巴乔夫这个人当然对把苏联搞垮了起了很大的作用，但是他是因为有人支持他才行。为什么有人支持他？就是要改变生产力，成为发达国家。所以我看马哈蒂尔讲的话，其实还是唯物论，还是辩证法。所以我觉得这个人是很有思想的。

前几天，津巴布韦总统穆加贝答记者，也讲得很有道理。有记者问：社会主义还有灵没有？你们还相信不相信？他说，我觉得社会主义不错，是苏联人让我们吃了苦头，是他们瞎指挥，要我们那么干，我们就那么干。这些年我们吃了苦头，但是社会主义还是一个正确的东西。为什么？因为财富不均不是一个人类的理想社会，人类的理想社会必须是大家共有现有社会的财富。资本主义国家财富不均，这样不行，社会主义还是人类的理想社会。就我们来说，那就没有什么说的，因为我们天天这么讲。但是从他们，从那边讲，从穆加贝讲，他们说了就很有力。

这就是说，现在的思想状况是，凡是要改变现状的这么一些地方，还是要宣传这么一个思想。他们是宣传这个思想的。现在反倒是西方，美国，他们现在不讲什么先进思想，本来过去是先进的思想把它变成一个落后的思想，变成一个武器来反对、控制其他国家的民权啦这些东西。他们没有什么先进思想。所以，我说从我研究历史，从中国近代历史的演变和从毛泽东思想的前前后后，从现在这些第三世界的一些思想家们的评价，各个方面都把它整合起来，还是中国的道路是正确的。唯物论终究是正确的。说我自己对自己有什么评论，我就说我认为我的这条道路是对的。但是唯物论辩证法都需要解释，都还有可解释的东西。它不是教条式的认识。世界上没有一个人把真理说完，世界上真理永远也说不完。因为什么呢？历史没有完。这就是我得出的结论：就是思想不开放，就不能得出新的东西。

自我评述[①]

在《中国史稿》《中国近代史问题》等的写作过程中，刘大年逐渐形成了他关于中国近代历史的一些基本看法。他认为：

（一）历史的运动是一个整体运动。社会生活中，经济基础、上层建筑等部门功能各异，而它们又是，也只能是作为一个互相联结，彼此不可分割的体系，作为一个体系的整体存在和发生作用的。社会生产、经济生活，是这个整体体系的核心。

对一定时间里的经济基础、上层建筑等，必须摆在整体运动中去理解，去认识。这是历史唯物论的基本看法。《中国近代史稿》（上），把一定时间里各领域的状况综合起来叙述，就是为了便于加强这种认识，这个看法。

（二）历史运动的动力来自社会内部不同形式的矛盾对抗，那种矛盾对抗的状况随着不同社会结构的状况而异。帝国主义、封建统治势力与中国人民大众的矛盾，是随着近代中国社会结构变迁而来的两大对抗性矛盾，是帝国主义使中国民族不独立，封建统治使中国社会落后于近代化。这两大基本问题横梗在中国历史前进的道路上。近代中国历史上的全部运动就是这样形成和发展起来的。以前我们把中国近代史叫作民主革命时代，也把那时的斗争叫作反帝反封建，这是从中国革命角度所作的扼要提法。其中似乎缺少近代化，但民主革命、反封建，就正是为的给近代化打开道路，则是很明白的。

（三）民族矛盾与阶级矛盾两个矛盾并存，民族斗争的形势影响或作用于阶级斗争、阶级关系的演变；反过来，后者也作用于前者。它们清楚地表现出历史运动的客观规律性。具有科学性的历史书籍，最重要任务都是要有利于人们认识讲近代史，最终是要从说明两个矛盾的各自位置、它们的相互关系、相互作用，所表现出来的那种一定的历史客观规律性。

---

① 手稿，没有标题，有铅笔写“1996，8，20 晨”。标题是刘潞加的。——编者注

（四）事物要从运动中去认识。运动表明事物是什么，不是什么。中国近代社会各阶级的不同地位、性格、作用以及它们的相互关系等，都是从事变态势中，从一定时间过程中表现出来的。离开活动，没有一定的过程，就无法认识它们怎样或不怎样。司马迁说历史可以告诉人们“通古今之变”。按照一定阶段叙述历史变迁过程，就正是有利于人们认识中国近代社会各阶级谁是什么，谁不是什么；历史是怎样前进的，朝着哪个方向前进的，等等。

刘大年经历了近50年的学术生涯，但他不属于以往的书斋型学者。他在回答有人问对于自己有何看法时说：任何时候我们不能根据人们的自我评价去认识那个人，包括所谓“圣人”的自我评价。孔子说他“五十而知天命”，可是我们知道人生中根本不存在“天命”那种东西，足见圣人的话也是虚言，不足凭信。我的过去，第一，是革命的一个参加者。抗日战争发生，受爱国思想支配，走上前线，是无数知识分子共同走过的道路。这没有什么可说的。第二，我是一个马克思主义的学习者、宣传者，从事历史研究，宣传马克思主义科学思想，是职业分工。革命工作与学术研究是统一的，但也可以找到区别。恩格斯说，他和马克思是在书斋里战斗的。我常常想恩格斯那句话与自己面前的现实怎样。

四、访谈与新闻报道

关于中国的历史研究的访谈①

［座谈会］　华国锋政权已满三年，中国现在提倡学术研究“百家争鸣”，文学艺术“百花齐放”。值此之际，中国著名历史学家、近代史研究所所长刘大年作为东京大学特邀教授来到日本，在大学院授课。刘教授围绕中国历史学界的现状发表谈话。

日本方面出席者：

市古宙三（中央大学教授·东洋史）

坂野正高（国际基督教大学教授·中国近代外交史）

佐伯有一（东京大学教授·中国近代史）

中国的历史研究：以解放思想为立足点，通过实践探求真理

一、现状

佐伯：首先想请刘先生介绍一下中国的历史研究和近代史研究状况。

粉碎“四人帮”后的独立研究机关

刘大年（以下简称刘）：这个问题范围很广，只能谈几个要点。

首先，打倒“四人帮”以后，科学研究、历史研究的研究机构和组织陆续成立或恢复，从此踏上发展的新阶段。中国的历史研究以前是由三个系统组成：一个是中国科学院哲学社会科学部；第二个是大学的历史系，从事教学和研究；第三个是地方省、市的研究机关。这三个系统的机能，在“文化大革命”中几乎完全停滞了。

---

① 原载《读卖新闻》夕刊1979年12月13日第2版第7面。此文由李长莉翻译。——编者注

打倒“四人帮”后，中国诞生了以前没有的作为独立社会科学研究机关的社会科学院。社会科学院院长胡乔木是世界知名的马克思主义理论家，今年一月，曾应学士院邀请来访问过日本，《读卖新闻》举办的“座谈会”，我在中国曾读过《参考消息》上的详细记载。社会科学院成立后，去年五月和今年四月举办了全国规模的会议，已经制定了今后的计划。

其次，是思想方面的问题。粉碎“四人帮”后，我们提出一个口号，叫“拨乱反正”，即纠正错乱而回到正确的方向上来，除掉“四人帮”所搞的“现代迷信”，解放思想。为此，有必要开展思想理论活动，我们要由实践探求真理。

所谓“解放思想”，有人说是不是要否定马克思主义呢？我是这样考虑的，在探索的过程中，难免会有些思想方面的动摇，也可能会有对马克思主义的批判，但是这种现象并不奇怪。马克思主义自诞生以来，一直就有这样的倾向。在这百年间，马克思主义并没有因为受到批判和反对而消灭，相反却得到了很大的发展。

另外，坚持马克思主义，对于我这样的研究马克思主义的人来说，并不是把马克思主义作为教条。我们今天所说的“四个坚持”，即坚持社会主义道路、坚持无产阶级专政、坚持共产党领导、坚持马克思列宁主义和毛泽东思想，只要以这“四个坚持”为基础，无论怎样解放思想都不必担心。

纠正错乱而重新评价孙中山

另外还有一个情况是，培养科学地研究问题的人，通过讨论把被“四人帮”颠倒的是非纠正过来。

关于孙中山先生的评价就是一例。毛主席对孙中山给予了很高的评价，称他为革命的伟大先行者。“四人帮”横行时对他有所忽视，现在要通过讨论对孙中山重新评价。

孙中山先生的革命事业，经过了成立同盟会、多次武装起义的革命准备阶段，由辛亥革命推翻延续数千年的封建帝制、后来又开展反对袁世凯斗争的第二阶段，在苏联和中国共产党支持下创立国民党、进行国共合作的第三阶段，是一个不断发展、不断进步的过程。

最近，我们研究所出版了《孙中山传》，内容是沿续毛主席对孙中山的评价，我想这样就能够恢复真正的历史面貌。

佐伯：孙中山是怎样被“忽视”呢？

刘：例如，江青说孙中山多变。打倒“四人帮”后，我们批判江青时，发表了此文。另外，北京香山碧云寺，即孙中山先生逝世时的埋葬地（后来移葬南京），“四人帮”时期被关闭，不让一般民众进入参观，企图把孙中山先生完全抹杀。

佐伯：对于太平天国的评价怎样？

刘：今年五月在南京召开的太平天国革命讨论会上，有学者提出太平天国革命不是革命政权而是封建政权的看法。但在我接触的学者和书籍中，还没有看到采用这种意见。

市古：小岛晋治教授（东京大学教授）去中国时，曾介绍说日本有这样的学者（实际上指我），认为说太平天国政权是农民政权是很可笑的，这是我的看法。太平天国出版的公文书籍中，可以看到有同样恶劣的事情，如有农民被杀害、将官吏贬为农民等情况，仅此就不能说是农民政权。

刘：在以前“四人帮”时期的中国也有这样的问题，有了什么错误就被下放、劳动改造（笑）。这是个复杂问题。在贫困和私有制时代的社会，劳动者被视为最下贱，劳动者自身也不能解决这个问题。如果一个人犯了法，就会被强制劳动。这个问题可以好好讨论讨论。

佐伯：关于再评价问题，对于中国近代化运动重要事件的五四运动怎么看？对于陈独秀怎么看？

刘：对于1919年至1929年十年间的历史也有讨论，发表了不少论文。五四运动时期胡适提倡白话文运动，关于这点对他的评价是肯定的。对于李大钊也出现新的探讨，最近在北京召开了纪念李大钊大会。当然对于陈独秀为早期中国共产党创立的贡献也给予应有的肯定，但是后来他不是马克思主义者了。

市古：除了陈独秀、李大钊、李立三等之外，还有其他重新评价的人物吗？

刘：不知是否还有其他建党初期的主要人物，关于其他人物的意见一般是清楚的。例如关于瞿秋白，迄今对于他多予好评，虽然他写了《多余的话》，但关于这篇文章的看法也是清楚的。对于历史上人物的评价是很难的问题。

市古：还有关于胡适的评价？

刘：胡适让年轻人一步步脱离现实。现在有这样的观点，认为如果中国没有受到帝国主义侵略，也是可以实行改良的。

二、时代划分

市古：还想请教关于历史研究的时代划分问题。关于“近代史”的时段，在中国有两种说法：一种说法是从鸦片战争到五四运动，另一种说法下限至1949年人民中国成立。这两种说法中，近代史研究所是采取哪种说法呢？

近代史以新中国诞生为下限

刘：我认为，至中华人民共和国成立以前称为近代史比较好一些。之所以这样说，是因为所谓近代、现代、古代都是相对的说法。试举一例，司马迁写《史记》里面有“今上本纪”，这是指汉武帝，在当时这属于现代史，而从我们来说，已经是二千数百年前的事情了。

市古：近代史研究所的人员中，有人同意近代史下限为1919年五四时期这种说法吗？

刘：我们研究所设有几个研究室，其中有一个革命史研究室，研究中国共产党的历史。

市古：在中国以前的时代划分是分为古代、近代、现代，今天还是这样划分吗？

刘：口头上是这样说，但在撰写比较严谨的论著时，分为封建时代史和半封建半殖民地时代史。后者就是近代史吧。

市古：封建时代归入古代史。

刘：我想有两个概念。习惯上将秦汉以前称为古代史。据郭沫若先生的时代划分，从春秋战国以后为古代史，称之为封建社会史。因为郭沫若先生主张，春秋战国以前为奴隶社会。虽然有不少人赞成此说，但并没有成为定论。我们研究所前所长范文澜写的书中，认为封建社会从西周开始，此前为奴隶社会。

市古：我感到奇怪的是，当时同为持马克思主义唯物史观的人，对于封建制的开始有西周说，有战国、秦汉说，还有魏晋说。现在中国仍然如此吗？日本的马克思主义者，还有人认为封建制开始得更晚，即从唐宋五代开始。这些说法相差三百年、五百年，甚至达二千年，这不是表明马克思主义发展阶段论难以适用于中国吗？再有一点，中国的历史研究资料几乎都是正史，在正史中难以了解社会经济史吧？

刘：奴隶社会到何时为止，封建社会从何时开始，这在中国是个老、大、难问题，以前就是个大难题。在以前的研究中，也有认为始于魏晋的说法，但现在郭沫若和范文澜的说法比较通用。在中国还没有唐宋五代说。

之所以不能得出统一的见解，一个原因是对于马克思理论体系的解释方法不同。基于统一的原理，但有不同的见解。以劳动工具使用石器还是铁器来区分奴隶社会和封建社会，这种方法大体一致，但对于中国从何时开始使用铁器却众说纷纭而难以取得一致。《诗经》中有“驖”（铁）字[①]，但这不是金属，而是指马，是指马的皮毛是铁还是看着像铁？并不能确定。

第二个原因是对史料解释的不同，只靠正史是不行的。关于这方面市古先生的看法比我有更深的认识，以后可以通过考古学发现的物品使史实逐渐明晰。据已经发掘出来的器物表明，战国时期已经使用了铁，而不是铜。只靠正史不可能说明这一点。而如何增强考古学的作用来发展其他学问的讨论，今后还会继续下去吧。

三、中日交流

坂野：我想谈谈关于日中两国历史研究的交流问题。中国关于时代划分的看法在中国发表后，马上就传到日本，日本学界受到某种程度的影响，也作研究。相反，在日本战后，出现了认为唐宋五代开始进入中世纪封建社会或近代的说法，日本学者的这一看法在中国能看到吗？即使看到了也不会有什么影响吧？对此我不太了解。

---

①《诗经·秦风》中有一篇《驷驖》，内中有“驷驖孔阜”之句，以描写秦君游猎盛况。——译者注

刘：日本的研究成果很多，我们也从中吸收了不少，如日本学者对明清时代、特别是清代的研究就比中国还更进步吧？

佐伯：日本关于明清的研究，战后有了很大的发展。作明清研究的人之所以在战后增多，部分原因是由中华人民共和国成立所触发。中国革命是从怎样的社会中兴起的？新中国何以诞生？为了解明这个历史问题，所以要研究作为最近的封建时代的明清。

坂野：在日本研究中国史，现在的年轻人多以 1949 年为出发点，研究此后的中国。我是在战争时期开始学习的，是以鸦片战争为起点，这与年轻人不一样。我想请教的是，近代史资料的保存、收集以及公开、出版有什么进展？例如，清政府军机处等资料，在现在故宫的明清档案馆吗？今年夏天，法国女学者巴思蒂，大概是战后首位外国人能够亲手收集这些资料进行研究，她已经开始了这一计划。再如李鸿章、张之洞、盛宣怀等著名人物的资料，如李鸿章《李文忠公全集》没有收入的未公开资料的情况怎样？

共产党史资料现在还不能公开

刘：关于文献整理在相关历史会议上已经制定了计划，包括明清时期文献和国民党时期资料。

关于共产党史研究，由一个独立的研究部门进行，所以相关资料现在还不能公开利用。晚清时期和国民党时期档案还没有进行统一整理，关于某个具体问题的档案我想是可以利用的，具体利用方法目前正在讨论中。现在正在做的是，阅读、复印、出版。

坂野：也在拍摄成缩微胶卷吗？

刘：是的。如果这个问题解决了，国外研究者也能方便利用吧。特别是研究近世史的诸位非常关心的盛宣怀档案，也在收集、整理之中。

坂野：盛宣怀档案在哪里？

刘：在上海的经济研究所。

坂野：在日本学习中国史的人，特别是要做近代史，如果不到中国去留学一二年，从中国各位受教，埋头到大量的原始资料当中，恐怕无论如何是不行的呵。

刘：还是大家指导（笑）。我们当然会提供方便。还想作点补充，司马迁的《今上本纪》现在已经无存了，后来找不到这本书。

佐伯：我早就想，中国也要好好研究日本。想问一下，社会科学院是否有研究日本的研究所?

刘：有种种方案，这个方案也确实有。

我这次来日本，在东京大学担任讲座，有三个愿望：一是为中日交流做贡献，二是进行科学的讲授，三是学习日本先进的业绩带回去。请大家像年轻人那样“打破砂锅璺（问）到底”，对我进行质疑、反驳及毫无顾忌地批判。市古先生基于自身理论体系的谈话，虽然我们两人学说体系不同，但还是可以对话的。

我来到日本后作了一首诗，大意是决心使这次讲座一定成功，使中日友好前途无穷（诗另刊）①。今天提出的问题，对于我们针对这些问题进行工作是很好的推进。谢谢!

① 在该报刊登此篇报道的中间位置，刊有刘大年先生书写此诗的原件照片，内容为：“重携书剑访东邻，要为今人说古人。李白多他千丈发，鉴真输我二年春。早传监院文章盛，近道乾坤景物新。举翼银鹏便万里，扶桑一路日璘璘。刘大年”——译者注

历史唯物主义的力量①

《决议》处理的主题，是以往党领导中国革命的历史总结。它生动地表现出了马克思主义历史唯物主义的力量。

正确地说明过去，就意味着能够正确地指明未来。决定性的条件是忠实地把握事实。《决议》充分做到了这一条，客观地叙述例如“文化大革命”那样错综复杂的事件不容易，作出马克思主义的分析就更加困难。“文化大革命”所以发生并延续十年之久，原因到底是什么？人们首先想到的回答是，毛泽东同志晚年犯了严重错误。这当然是对的。但是如果只到此为止，就没有说明半点东西。如果历史科学、社会科学仅仅在于找出某人做了错事，那种研究实在很少价值。恩格斯评论一八四八年法国革命失败的原因说，任何一个头脑正常的人都永远不会相信，法国临时政府的十一个成员“能在三个月之内毁坏一个有三千六百万人口的民族，除非这三千六百万人辨认方向的能力和这十一个人同样缺乏。问题正在于这三千六百万原先在一定程度上暗中摸索的人怎么突然就能自己决定走什么道路，而后来他们又怎么迷了路而让他们从前的领袖暂时回到了领导地位”。重大历史事件的爆发，革命的胜利、失败，都不应该从几个领袖人物的动机、缺点、错误中去寻找，而要从社会总的状况、人们的生活环境中去寻找。《决议》指出，社会主义的某些规律，我们还不认识，党是从长期战争、激烈阶级斗争中走过来的；马克思主义著作中的个别论点，被当作教条或者误解了；苏联的压力，迫使我们要进行反对大国沙文主义的正义斗争。这一切，汇集在一起，使得“左”的思想，阶级斗争扩大化，一时成了不可阻止的趋势，其发展结果就是“文化大革命”。这就是精辟的马克思主义的分析。原因找出来了，正确的对待办法就产生了。过去的挫折、失误，现在可以变成财富，变成前进的动力。准确的事实与马克思主义的科学的分析相结合，《决议》因此具有了巨大的思想

---

①原载《光明日报》1981年7月18日第3版，为中国社会科学院部分专家座谈学习《关于建国以来党的若干历史问题的决议》发言摘要。——编者注

力量。它将要长久地发生作用。这正是彻底的马克思主义历史唯物主义所产生的力量。

“十面湖山上此楼”①

岳阳楼重修落成，主管单位来函征文。我寄去两行字：“鲁肃兵轻，范公文远，万般气象观今日；滕王歌歇，黄鹤踪杳，十面湖山上此楼。”长沙女书法家周昭怡先生大笔挥写，制成楹联。

最近《湖南日报》文化生活部一位同志来信，说它的展出，颇引起一些观览者的兴趣，并要求解释一下，为什么湖山不是“四面”，而是“十面”？

联语寥寥数言，词粗意浅，不值得多说。诗文数字有界限严格，不能丝毫增减的，有可以或必须增大缩小的。具体运用，视作者所要表达的意境而定。不但数字如此，所有选词炼字莫不如此。对诗词的解释，贵在恰到好处，忌讳穿凿。家喻户晓的故事，贾岛吟“鸟宿池边树，僧敲月下门”，“推”“敲”二字哪个好，贾岛自己拿不定主意，反复苦吟。韩愈说“敲”字好，贾诗由此传流。著名的美学家朱光潜先生，在他的《咬文嚼字》一文中，对这个故事有一番新的评论。大意是说，字的“推”“敲”实际是思想感情和不同意境的推敲。寺中有人，就应当为“敲”，没有人，就应当为“推”。究竟用哪个字合适，只有贾岛知道。韩愈评断为“敲”，未必恰当。朱先生学问渊博，文章雅训，但这个解释却不免要引起质疑。以寺里有人和没有人作为决定“推”和“敲”的根据，人们马上就会想到贾岛怎么连寺里是否有人也没有想到，却在那里推敲不决呢？韩愈怎么没有先问明寺中是否有人，就决定“敲”比“推”好呢？照这样的解释，这两位诗人文学家同样变成了糊涂人。我举这个例子，是说诗文解释太“落实”，反而显得寡味。至于朱先生说的，文字的推敲是思想感情和不同境界的推敲，自是的论。我那两行字中没有用“四面”，而用了“十面”，主观上无非是想表达自己的一点情感。不过信口占来，未谙藏拙，与方家不可同日而语。

岳阳对我来说是桑梓之地。四十多年以前我曾去岳阳楼游览。那时国家

---

① 原载《湖南日报》1984年9月19日第3版。——编者注

民族不知何日才睹光明，湖光山色，景象萧瑟。现在祖国已经在伟大的社会主义道路上走过了光辉的三十多年。人们再登上此楼，面对着的是一个改造了旧世界的整个新世界。眼底心头，湖山何止“十面”？各人的心会有异，但美好的客观环境，一般总激发人们美好的情怀。浅见如此，不知道是否也算得上一种解释？

《文化生活》周报编者附语：本文作者是我国当代著名历史学家，现任中国社会科学院近代史研究所名誉所长、研究员。

不久前，刘老从北京来信。信中说：“忽然想起其中有朱先生‘文章雅训’一句。‘驯’‘训’本可通用，但习惯上用‘驯’，而不用‘训’。请给改一下，以符习俗。”三千字之外，尚记一字之不当，学者之严谨，亦可见一斑。

访刘大年[①]

刘　扬

刘大年40年前最早从事革命工作是在硝烟弥漫的华北平原充当“抗日宣传员”。但本星期一（2月20日），当他在中国“国会”上，慷慨陈词批驳日本某些要人为那场侵华战争的辩解时，他只是“觉得有必要讲一讲”，而不是为了“宣传”。

“我今年73.55岁。”刘大年幽默地对记者说：“1915年8月1日[②]我出生在湖南华容一个小地主家庭。”

看上去，这位著名历史学家的头发已然灰白，脸上布满了老人斑，说起话来缺乏底气。

日前，刘大年在北京木樨地他家的书房里接受记者采访时说：“我首先是革命队伍里的一个兵！然后才是搞历史的。”

刘说，1938年为了爱国和做一名有志青年，他从家乡秘密奔赴陕北参加革命。同年加入中国共产党。在那里，他先是在“抗大”学习，后来就去河北从事游击战争，担任抗日政府的宣传教育工作。解放战争期间，他就职于共产党创办的北方大学，在范文澜主持的历史研究室任副主任。从那时至今，他一直“在革命阵营里的历史研究岗位上当一个兵”，致力于中国近代史的研究。

教授说，他最早接触历史“是出于宣传工作的需要”。然而“文革”初期，他却因为公开驳斥某种想使历史学成为阴谋政治所用的“宣传”企图，遭到严厉打击。

这位前年即被写进《世界名人录》一书中的历史学家，早在1955年就当选为中国科学院学部委员。当时他整整40岁。但从50年代起，他却只能“业余”进行历史研究。因为很多年里，他被冠以相当多的行政头衔，主要

---

① 原载《中国青年报》1989年2月28日。作者刘扬为《中国青年报》记者。——编者注

② 刘大年实际生日是8月8日，但他把进入抗日军政大学学习、参加八路军视为自己人生的新的起点，此后长期以8月1日为自己的生日。——编者注

从事学术组织和研究机构的领导工作。

早些年，著名学者翦伯赞曾用通常只有历史学家才能听懂的双关语取笑他说："你是科学院的'行走'和'检讨'。"这两个词分别是古代不同朝廷某种高级官员的职称。

刘大年笑道："翦老当时是在说我扮演了一种跑腿的角色，而且，如果跑腿不好，还得做检讨。"

直到"文革"结束后，他才摆脱了这种处境。他说，尽管他 1977 年开始担任中国科学院近代史所的所长，但"我的至少四分之三的学术成果，都是最近 10 年完成并发表的"。

教授自称是那种"稍微性急的人"，"有点事就要赶紧做完，否则休息不好"。近日，当他发现日本某些政要一再为侵略战争辩解却没有得到"有力的反击"后，"就急不可耐地想在人大常委会上讲一讲"。于是，在星期天（19 日）晚间，他着手查阅资料、草拟发言稿。"可是，两个小时过去了，稿子还是没有写好。"

"那天晚上，我没睡好。第二天一早我赶紧爬起来，总算（把发言稿）写完了。"

二十日下午，当这位已经连任了四届的人大常委会委员，"用平静的语气"驳斥日本要人的辩解后，"反应特别热烈"，立即就有 21 位委员联名要求公开发表他的讲话。

"后来，新华社记者就把我的发言稿拿走了。"他说，"见报时基本没什么改动。"

从 60 年代起，刘大年便开始同日本历史学家频繁交往，并多次出访日本。有一次，日本一家大报"大肆渲染"了一桩他同日本人不同寻常的"友谊"。

"那是抗战时期。"刘说，"我们经太行山去延安，可是由于迷路遇见了日本人的碉堡。紧急中，我们只好从悬崖跳下，结果我的肺部大出血。那时我正犯肺结核，病情急剧恶化。"

"当时我以为活不成了，特别难过。"

"后来，幸亏八路军医院里有位叫山田一郎的日本医生，用中药为我止住了大出血，我才活过来了！"

刘教授健康状况"一直不好"，同时却生活简朴，不讲究饮食。

他的家中几乎没有一件高级家具，电冰箱是“雪花”单开门的。唯一一个现代化的摆设是20英寸“东芝”彩电。

他说他除了每天有半个来小时的户外散步，“一切娱乐和业余爱好，都没有”。而“中央电视台的新闻联播”几乎是他“唯一喜欢看的节目”。

在接受记者采访时，刘大年委员穿着一身褪了色的深灰涤卡中山装。这种服装三四年前就已在北京市场上销声匿迹了。

教授的夫人已于1983年去世。他现在有两个儿子和一个女儿，并有“一个外孙女、一个孙女和一个孙子”。

“我家的计划生育可是相当严格的！”他笑着说。

刘大年散记[①]

蔡　栋

据说上次岳阳楼征联，几千副来联中，历史学家刘大年的一副颇耐咀嚼。全联是：“鲁肃兵轻，范公文远，万般气象观今日；滕王歌歇，黄鹤踪杳，十面湖山上此楼。”可下联为什么写“十面”而没有用“四面”？这一点，还有一些读者嚼不太透。刘老能不能写一小文，作点解释呢？我准备给他去封信，可转念一想：他是全国人大常委会委员，中国社会科学院近代史研究所名誉所长，大头衔还有好几个，想必也够忙的。况且，小事去打扰，未免贻笑大方。可不知怎地，虽犹豫再三，最终我还是把信投进了邮筒，就碰碰运气吧。

事有凑巧，没多久，刘老正好来长沙开会，一个电话打给我：“文章遵嘱写好了。”我不禁喜出望外。在蓉园宾馆，我见到了这位历史学家。刘老高高的个子，虽然只差一年就七十了，可他腰板挺直，行走敏捷，看文章也不用戴老花眼镜。他的字，笔力遒劲，没有一般老人的那种颤抖笔画。哪怕是一个标点符号，也写得清清楚楚。刘老指着最后一段说：“这几百字是我在火车上续完的，车子摇摇晃晃，字也写得大点。”想起在颠簸的火车上，年近七旬的刘老持笔疾书的情景，我心里好一阵热乎。

中国有句古语：“知今不知古，谓之盲瞽；知古不知今，谓之陆沉。”作为一个青年，了解一点我国的近代史，这恐怕是应具备的起码知识。刘老是专攻近代史的专家，是否可为青年推荐一两本较好的研究书籍？问到这里，刘老毫不犹豫地推荐了胡绳同志的《从鸦片战争到五四运动》。“这是一本不可多得的好书！虽然有的人还有不同意见，但我看书中的基本观点是站得住脚的。这本书文字也漂亮……”刘老热情地介绍说。对于一些重要的历史，现在还有没有争论？我向刘老打听。老人大笑说：怎么没争论呢？几乎每一

---

① 原载《湖南日报》1984 年 7 月 29 日第 3 版。——编者注

个问题都还有不同看法，如太平天国的政权是什么性质，义和团运动的历史作用是什么，等等。不过，发表不同意见是好事，真理越辩越明，随着探讨的深入，看法就有可能趋向一致。

我读过刘老的《赤门谈史录》，那是他在日本东京大学研究院的讲学稿（日本东京大学的校门叫赤门，故书以“赤门”名之）。书中有一段话给了我很深的印象：刘老在讲课中提倡研究生对他讲的东西盘根究底，他说：“欢迎大家反驳我的观点。大家的追问反驳，对我不外两种结果：一，没有驳倒，使我要加强论据；二，驳倒了，使我要重新研究，这二者都是积极的。”这是多么博大的胸怀。谈到这段话，刘老肯定地说：我是这个观点。今年研究所要我带两名攻读博士学位的研究生，我也希望他们能主动地学，能有自己的创见。说句实在话，真正有见解有深刻思想的研究生是不会受学问平平的导师束缚的。我不主张学生跟在老师后面亦步亦趋，尤其是大学生、研究生，重点要放在培养自己独立分析问题解决问题的能力上。在日本讲学，我就把讲稿发给研究生，让他们自己去钻，实在有疑问，我再讲几句，这样学，印象就深些。

刘老是我省华容县人。他 1938 年从长沙赴延安参加革命，打过仗，做过宣传工作。他只上过几年私塾，在长沙国学专修学校读过半年书，全部学历就是这点。现在却成了中国社会科学院近代史研究所研究员，日本东京大学研究院特约教授，这可不简单！谈到自学，刘老兴致勃勃地说：“这也是一条路，出了不少人才。严北溟是大学教授，他只念过几年私塾；郭绍虞著作等身，却只有小学文凭。事在人为啊！当然，能上大学更好，这样，可以系统地学许多知识。搞四化建设，大学生越多越好。但如果没有考上大学，我看也不必那么悲观。可以在实践中去学，去钻！尤其是社会科学，依赖自学的成分很大，它不像有些自然科学，离不开实验室。当然，自学的道路比起上大学，要曲折得多，要准备付出更多的努力，人一能之，己十之；人十能之，己百之，只要舍得花功夫，总有一天会收到果实的！”

珍贵的献礼

——访《孙中山书信手迹选》主编刘大年①

人民日报海外版记者　王志光

在孙中山先生诞辰一百二十周年将要到来之际，一本装帧精美的《孙中山书信手迹选》将和海内外广大读者见面，作为献给这个隆重节日的一件珍贵礼物。这是全国解放后出版的第一本孙中山书信手迹。手迹出版前夕，记者访问了这本书的主编、中国著名历史学家刘大年。

访日的启发

一进家门，扑入眼帘的是一间宽敞明亮的客厅兼书房，两排直冲墙顶的书柜参差错落着各种书刊，使人感到置身于书的海洋之中。年过七十的刘老，高高的个，稀疏的头发有点花白，但步履轻快，思路敏捷，给人一种干练的感觉。刘老亲切地招呼我坐下，沏上一杯黄山绿茶，话题很自然就从将要出版的这本书谈起来了。

“为什么要编《孙中山书信手迹选》呢?”我开门见山地提出了这个问题。刘老像很早就猜透了我心思似的，耐心地回答了我。他说：“去年四月我访问日本时，曾经同当年孙中山的日本好友宫崎滔天的后代见面，他们热情地把家藏的一批孙中山书信手迹影印本送给我们作纪念。就在这时，我蓦然想到，为什么我们自己不能编一本孙中山书信的手迹呢？正是这件事启发了我，就算是编这本书的缘起吧。”

---

①原载《人民日报》（海外版）1986年10月5日第2版。作者王志光为人民日报海外版记者。——编者注

填补了空白

谈到解放前后孙中山手迹的收集出版情况，刘老告诉我这样一些统计数字：从一九二七年起，到一九七五年近五十年中，编辑成书的孙中山手迹不下二十种，总共刊印保留了孙中山的文稿、函电、批牍、题签等五六百件。但是由于历史的原因，这些出版物中有的取材为我所需，有的名曰“手札”，其实是本人签名的“代笔”，有的只是将已刊行的版本改头换面，重新出版。在所有这些出版物中，真正孙中山的亲笔书信约有三百一十件以上，过去刊行的只占一半左右。我们现在编印这本《孙中山书信手迹选》，就填补了这个空白。

一本比较满意的孙中山书信手迹，当然不能只是过去已经出版手迹的整理翻印，必须提出新的要求，作出新的努力。刘老告诉我，这本书显著特色之一是新。《手迹选》共收集一八九六年至一九二四年间孙中山的亲笔书信七十四件，其中文字和手迹过去从未刊行过，或者文字发表过、手迹没有刊行的占百分之七十六，手迹刊行过、散见于国内外出版物上流传未广的占百分之十九，旧中国印行过的占百分之五。就是说，书中的手迹大部分是第一次同读者见面，所以，这是一本新书。

刘老高兴地告诉记者，在收集整理过程中，不仅得到国内有关部门的大力支持，还得到海外朋友的热情帮助。他特别提到，美籍华人林文光先生，不远万里，把珍藏多年的孙中山亲笔的《致希炉同志函》和其他文物，慷慨捐赠给孙中山研究学会。林文光先生的父亲林智早年居住在美国夏威夷，曾追随孙中山从事反清政府的革命活动。林智先生生前珍藏这些文物多年，并叮嘱子女，一定要把这些文物送回祖国。研究孙中山的日本学者久保田文次教授的夫人博子先生，主动把她收集到的孙中山书信印件送给我们。这些都是对我们的极大支持和鼓励。

一封长信

孙中山作为一位伟大的革命先行者，一生奋斗，献身民族，在中国乃至世界都受到尊敬和景仰。刘老说："我们编印孙中山的书信手迹，力图通过他本人的亲笔书信，使人对这位杰出人物有一个鲜明的印象。"这些书信的收信人来自各个阶层，或为支持革命的普通群众，或为影响显著的领导人物，或为始终与孙中山密切合作、勇敢献身的革命者，或为一时"革命"、阴谋夺取权力的野心分子，还有同情中国革命或者与日本侵略势力直接联系的日本人。信中的内容丰富，涉及许多历史事件和人物，对于了解和研究孙中山的思想和活动无疑是很有意义的。

刘老特别向我们提到，孙中山一九二三年秋写给日本犬养毅的一封长达三千余字的信稿手迹，是一份十分重要的孙中山文献。这封信分析了当时的国际斗争形势，批评了日本政府虎视亚洲、侵略中国的政策，认为列宁领导的社会主义苏联是世界被压迫人民的希望，呼吁全世界被压迫民族同苏联一道反对帝国主义的"横暴"。这封信说明，孙中山对世界局势和中国革命前途的认识，跨进了一个新阶段。这封信最初刊载在人民出版社一九五六年出版的《孙中山选集》上，其他各种版本的孙中山文集，包括一九七三年台湾的《国父全集》均无此信。一九八二年远东图书公司出版的吴相湘《孙逸仙先生传》就有此信的摘录，被删去一些重要段落近千字。吴相湘在书中说，《孙逸仙先生传》引用信的日期是"十一月十六日"，而《手迹选》上的信则写于十月二十四日。显然，两者根据的是不同的底本，内容亦有差异。这封信稿手迹在海内外是第一次发表。

孙中山的手迹，无疑是十分珍贵的文物。刘老在介绍孙中山的书信手迹时，强调它不仅有重要的学术价值，还有很高的文物价值。俗话说，文如其人。孙中山的手迹之所以能流传下来，固然他的书法可观，主要的在于他是一位伟大的革命家、爱国者。宋代大文学家欧阳修说过："古之人率皆能书，独其人之贤者传遂远，使颜鲁公书虽不工，后世见者必宝之。非独书也，诗文之属莫不皆然。"文物的价值是由人的品格、对社会贡献的价值决定的。因此，人们多年来以收藏有孙中山的文物而感到荣幸，十分珍惜，道理就在这里。

可喜的成绩

刘老是中国孙中山研究学会的副会长，对孙中山研究工作的开展十分关心和重视。他高兴地告诉记者，近几年来，国内外对孙中山的研究和资料整理取得了可喜的成绩。就说将于今年十月出齐的《孙中山全集》吧，这是目前国内外孙中山文献中最丰富的一部。全书十二卷，包括正文十一卷，附录一卷，收集了包括孙中山从一八九〇年至一九二五年三月十一日的论著、函电、公牍、谈话、杂著，共八千多篇，五百多万字。孙中山是中国受到列宁评价的唯一革命人物，也是目前世界学术界广泛研究的人物。前两年有人做过统计，国内外关于孙中山的传记或专门著作，约有四百种以上。

刘老学识渊博，尤其注重对中国近代史的研究，是中国社会科学院近代史研究所研究员、名誉所长。他向记者谈到，孙中山一生留下许多可资我们借鉴的汲取的精神财富。他随即举了个例子，孙中山就曾提出过建设两个文明的主张，他说："发展文明非仅关于财富一方面（即物质文明），并须谋人民之幸福安全（即精神文明）。"这是十分难能可贵的。刘老特别强调，我们今天整理孙中山的文献，研究孙中山的思想和活动，不仅有助于总结近代史上重要的经验教训，而且有助于我们全面地认识中国和世界的关系，瞻望未来。刘老希望，今年举行的纪念孙中山诞辰一百二十周年的各项活动，将成为我们今后孙中山研究的新起点。

关于《孙中山书信手迹选》的出版[①]

江山多娇，人物代起。中国民主革命伟大的先驱者孙中山先生诞辰临到一百二十周年了。中国学术界决定出版一系列有关文献和著作，来纪念这个重要的日子。《孙中山书信手迹选》是这些出版物中的一种。它不是用其他资料和研究者的论述、分析来表现孙中山的思想、活动等等，而是由他本人的亲笔书信对许多问题直接提供说明，更显得亲切而有意义。从文物角度看，这些书信手迹十分珍贵，自不待言。双重的作用结合在一起，使我们觉得编印这样一本书纪念孙中山诞辰一百二十周年是可取的，可以填补一项空缺。

关于这本《孙中山书信手迹选》的学术价值，我想稍稍说得具体一点。它收集信札七十四件。其时间始于一八九六年，止于一九二四年，以辛亥革命，国共合作为中心的两个光辉事情都显示在里面了。收信人多达三十余名。他们中间，或为支持革命的普通群众，或为影响显著的领导人物，或为始终与孙中山密切合作、勇敢献身的革命家，或为一时"革命"、阴谋夺取权力的野心分子；他们中间也有官僚，也有军阀，也有宫崎滔天那样的同情中国革命的日本友人，也有犬养毅一类与日本侵略势力直接联系的政客。信中涉及许多历史事件，许多对内对外的斗争。其中给黄宗仰、王鸿猷、宗方小太郎、黄兴、黄芸苏、徐谦、蒋介石、廖仲恺等人的信，讲的事情更多些。一九二三年给犬养毅的长信，内容尤其丰富，与早年发表的文字有些差异，是一个以前少为人知的底稿。对它们客观地、仔细地加以利用，很有益于学术研究，当无疑义。

孙中山在历史舞台上活动了凡四十年，著述不少，广有交游。单凭这些有限的亲笔书信，当然不能够充分表现出他的思想发展过程、全部革命斗争的生涯。书信中谈到的某些人和事，也还需要加进其他材料去了解、论证。但是这些书信还是足以使人对于中国近代历史上这位杰出人物产生出一个鲜

---

① 原载《光明日报》1986 年 11 月 10 日第 4 版。——编者注

明的印象。

孙中山作为伟大的爱国主义者、民主主义者，一生关怀祖国和人民的命运，对革命前途始终充满着必胜的信心。辛亥革命以前，多次起义遭到镇压，反袁斗争、反对陈炯明叛乱和反对曹锟、吴佩孚等北洋军阀的斗争，军事上屡遭挫折、失败。其他一些人彷徨动摇，孙中山总是从黑暗中看到光明的前景。例如一九〇九年给宫崎滔天的信上说：防城、镇南关、河口三次起事，都没有达到目的。准备暂时养回元气，以图再发。清廷帝、后丧亡，各省人心大变，无不跃跃欲动，有不可终日之势力。革命党人一旦筹集到必要的财力，其他问题可以迎刃而解。一九一一年广州起义，即牺牲惨烈的黄花岗一役以后，他在写给宗方小太郎的信上说：广东虽败，幸无大伤，而影响于中国人心，实在非常之大，且败犹胜。再待数年，军心民气皆可成熟，必能学步葡萄牙革命之伟烈。坚信革命必胜的精神，信中随处可见。国内外的研究者中，对于孙中山的杰出表现在哪里，其说不一。一种看法，认为在于他取得了伟大成功；另一种看法以为事情恰恰相反，虽然屡遭失败，仍然坚持革命，奋进不息。后面的看法明显较为接近实际，也合乎孙中山自己认为“革命尚未成功”的认识。

凡称得上大革命家的人，总是善于顺应历史潮流，勇敢地跟着时代前进的。孙中山的这种品质也表现得相当突出。第一次世界大战结束，俄国十月革命胜利，孙中山对世界局势，对中国革命前途的认识，不久就跨进到了一个新的阶段。在游说犬养毅的长信里，他反复叙述，欧战以后，世界大势已为之一变。强盛如英国，加上战胜的余烈，也不得不承认爱尔兰、埃及、印度等有权独立、自由。欧洲被压迫的人民已经觉醒起来了。“夫赤露者，欧洲受屈人民之救主，而强权者之大敌也”。亚洲人民受压迫比欧洲更甚，要求解放更为迫切。日本不改变其“步武欧洲帝国主义之后尘”虎视亚洲、侵略中国的政策，亚洲人民只有把希望和目标转向革命的俄国，别无选择。特别值得重视的，是他把《礼运篇》上讲的大同世界，和俄国革命后的社会主义制度直接联系起来，加以申述。他引用《礼运篇》上关于“大道之行，天下为公”的一整段话以后，断然地说：“露国之立国主义不过如此而已，有何可畏！”据考证，《礼运篇》大约为秦汉间人所撰，它反映封建社会里人们要求摆脱阶级剥削压迫的愿望，与科学社会主义相隔几个时代。孙中山以往多年为中国革命奋斗，采取的理论是欧美资产阶级理论，向往的是欧美资本主义制度。如今，当他看到现实世界中，正在取代资本主义的社会主义社会出现以后，就结合中国传统，开始赞美、向往这种“天下为公”的新制度，一往情深。不管那种申述怎么不合乎科学理论，思想上巨大而又迅速的前进十足引人注目。《礼运篇》不止他讲过，在他以前康有为也讲过。康有为先写《礼运注》，然后又写成《大同书》，发挥公羊三世说，阐述自己的理想社会是太平世，以为现在的欧美资本主义已经进入生平世，并接近太平世，真正的太平世即大同世界则要等到千万年后才有可能实现，也就是说实际上并无实现之日。康有为没有也不可能找到一条到达大同的道路，并且美化资本主义。孙中山则认为俄国革命、消灭资本主义剥削压迫制度，便是走向世界大同的道路。他们两人都讲《礼运篇》，联系的现实世界根本不同。一九二四年孙中山给蒋介石的信坚决地指出：“今日革命非学俄国不可。”从上述给犬养毅的信可以知道，这是他放眼观察世界，结合中国实际，长时间深思熟虑，然后作出的历史性决断。三民主义思想体系与这个决断并不协调，是显而易见的。但事情是变化发展的。中国革命“以俄为师”，是孙中山思想认识发展的最为光辉宝贵的篇页。台湾和海外有些历史撰述，讲到“联俄”、第一次国共合作时，极力解说是孙中山出于一时利害，采取的所谓“策略”。那样一来，孙中山一生思想事业先进伟大的重要部分，就被当作坏东西抛弃了。

阅读这些亲笔书信，我们还可以看到另外的一面。其中讲到辛亥革命推倒清政权，似乎出于意外，他把眼光局限于自己领导的革命党人活动上，而不理解广大群众斗争的力量。辛亥革命后，讲到三民主义的时候，也不只一次地强调民权民生两主义还没有实现，似乎民族独立已经不是重要问题。对帝国主义、尤其是对日本一些侵略分子长期抱有不切实际的幻想，以至希望日本当权势力支持中国革命，承认苏俄政权，成为亚洲的救主。如此等等，都是很明显的。可贵的是到一九二四、一九二五年，反帝思想终于完全明确起来了。我们不应当片面夸张事实，也不应当讳言掩饰，无视局限性的这一面。

中国有种说法，文如其人或书如其人。科学地研究历史人物，需要说明他们的社会关系、社会联系和时代特征。唯有这样，人物研究才真正构成科学历史研究的一个组成部分。人物又总是有血有肉、有自己的文化素养、处事方式、不同性格的。孙中山这些亲笔书信的学术价值，也在于可以帮助我们了解他的文化背景、风度、性格等等。他长期受欧美资本主义文化熏陶，熟悉西方生活，而且还曾经是悬壶济世的合格西医。最初梁启超描述他的面貌是陈胜、吴广一流，即农民造反者。章太炎根据自己的接触，说他“无他犷状”。后来反对他的人，轻蔑地称之为“孙大炮”，意思是说大话，无实际，牛皮客，空谈家。毛泽东说，听过孙中山多次讲演，感到他有一种宏伟的气魄。黄季陆说，孙中山讲话声音并不大，却清晰明朗。从现存的两小段录音带听到他讲话，极其斯文。这些亲笔书信所表现的，却是一个谙熟中国文化传统，重视讲求实际，遇事从容沉着，富有坚忍不拔精神的人物形象。表面上不同性格、风度的结合，或者就是近代中国这个特殊过渡时代的过渡性历史代表人物的性格、风度的特点。

研究孙中山和他的时代，是一项长期的学术工作，搜集有关的资料文物也是一项长期的工作。现在的《孙中山书信手迹选》可以作为这项工作的一个新的起点。

至于孙中山的家书，近年来颇有发现，收集在一起，本可以反映书信作者的一个侧面。《手迹选》中没有收录，是由于它们或者内容过于简略，或者年月未能考定，编排难臻妥帖。这只有到刊印更为完备的书信手迹时一并解决了。

（本文是作者为《孙中山书信手迹选》一书写的序言，本报有删节）

与《朝日新闻》记者谈话[①]

一、中国历史学家代表团这次是应京都日中学术交流恳谈会和东京一些学界朋友的邀请参加纪念“七七”事变50年学术讨论会的；目的是总结历史的经验教训，加强两国人民之间的相互了解和友好交流；性质是民间的、学术的；并介绍代表的情况和文章内容。

二、“七七”，对中国人民和日本人民都是值得纪念的。回顾那一段历史，使大家都感到两国关系正常化睦邻友好，显然是不易。我们应该珍爱这种关系。纪念“七七”自然要谈到这次战争的性质。那场战争，在日本方面是日本军几次发动的一场侵略中国的非正义的战争，在中国方面是进行的自卫的反侵略的正义的战争。这么说道理很简单。日本派出百万以上的大军，深入大半个中国领土，连续进行战争八年以上，中国死于战争的多达二千万人，财产损失合计约一千亿美元。最后目的是要全中国变成“九一八”以后日本军阀一手炮制的伪满洲国那样的日本殖民地。战争末期日本接受《波茨坦公告》，宣布对同盟国投降，就是承认了它所进行的是侵略别国的不义之战。但是这样举世公认的事实，日本却有一小部分人，力图加以否认，翻案。先后几次掀起日本教科书问题就是这样。第二次世界大战中，日本、意大利、德国是轴心国。关于轴心国所进行的战争是否是侵略战争的问题，至今只有日本一小部分人抱着否定的看法，这可以说是很独特的。据我所知，意大利没有为墨索里尼侵略埃塞俄比亚翻案的。墨索里尼在他的国家很臭。在德意志联邦共和国，过去现在也没有哪个当权势力为希特勒法西斯主义对外侵略辩护的。1985年我去西德出席世界历史科学大会，西德总统在会上讲话，他说看来德国的历史科学比德国历史要受人尊敬。马克斯·韦伯、斯宾格勒等等。意思很明白，希特勒的统治历史是不受人尊敬的。前几年法国议会代表团访问中国，其中一位副议长是历史学家。我们谈话之间，他问

---

① 未刊手稿，1987年7月6日。——编者注

我，日本有人否认中日战争是日本对中国的侵略，有无此事？我回答说，确有此事。他表示太令人震惊了。日本人应该有自己的自豪感，比如现在经济成就举世瞩目。但这种自豪不应该依靠掩饰，篡改过去的错误，而应当来自正视历史，批判过去错误的勇气。前面我说过，我们参加这次学术讨论会，主要为的是总结历史经验。它将涉及广泛的方面。“前事不忘，后事之师”。对于抗日战争那段不幸的历史，我们一贯采取向前看的态度，而不是要去算老账，但这不等于可以容忍少数人任意歪曲篡改那段历史。因为它不止涉及如何看待过去，也直接涉及现在、未来，涉及中日两国睦邻友好前途。——那种翻案所要达到的目的，看来是不言自明的。为了中日两国人民的根本利益，有必要讲清楚这个问题。

三、今年不止是“七七”事变50年，又是中日邦交正常化的15年。这两个时间碰在一起，说明历史的变化是极其迅速的，而且是向着光明的前景极其迅速地变化着的。中日关系正常化，中日友好条约签订，这是中日关系史上值得大书特书的重大事件。我们应该充分肯定它的历史意义。从历史的角度来看，我认为在今后长远的中日关系中睦邻友好将是历史的主流。为什么？现在的中国是一个在共产党领导下建立起了初步工业体系、屹立于世界东方的社会主义国家。过去那种四分五裂受制于列强的软弱状况一去不复返了。坚持四项基本原则是中国不可动摇的基本国策。中国社会主义又处在初级阶段。它必须用很长很长的时间来实现国家现代化。一个长期稳定的国内外和平环境对中国是至关重要的。日本在上个世纪后期本世纪初期通过对外主要是对中国的侵略扩张，进入了资本主义强国之林。但那些成果在第二次世界大战大部分付之东流了。而且日本人民遭受到了战争带来的深重苦难与巨大牺牲。战后四十多年来，日本在和平环境中，靠自己的卓越努力，取得了世界经济大国的显著地位。中日关系正常化以后，政治经济都有巨大发展。这符合日本人民、日本民族的最大利益，又有什么理由不继续保持和发展这种关系，而要阻止或改变这种关系呢？所以我认为中日睦邻友好必将长期成为中日关系的主流。

但是也必须指出，中日关系中也存在消极现象。有些问题处理得不好，就会使两国关系发生重大的波折。目前大家关心的光华寮就是这样的问题。它涉及背离中日友好关系的基本原则，因此引起了广泛的注意。大阪高等法院裁判的错误是显而易见的，因为它违反了《中日联合声明》《中日友好条约》的实质。每个国家奉行什么政治制度，那是各国内部的事情，与别国无关。三权分立制度，在历史上起过进步作用，在今天的日本恐怕也是重要的。但三权分立不等于日本同时存在三个政府的分立。如果因为三权分立，法院就可以不遵守国际条约，那么人们就会问，日本政府对外是代表日本国家的，还是不代表日本国家的？外国与日本订立条约是与一个政府打交道呢，还是同时需要与几个政府打交道？最后要与谁打交道才能算数？按大阪法院现在的判决，是明显地造成两个中国或一中一台。中国古书上说，“履霜坚冰至”，意思是脚下一旦踩着霜，就知道寒冬要到了。中国又有一句俗话，“冰冻三尺，非一日之寒”。这两句话的意思都是说，目前的迹象告诉我们，对未来要有所警惕。突然严重的事件之所以出现，是由许多不吉祥的事情积累造成的。不管用什么形式，只要实际上造成两个中国或一中一台，那可以预料，中日友好关系就要发生倒退，甚至《中日友好条约》变成一纸空文。我相信这是中日两国广大人民、日本有远大眼光的人士所不希望看见的。

战后的中日关系与前面讲的战争的性质不是同一个问题，但它们又有联系。研究历史关心现实是理所当然的。中日两国没有理由不睦邻友好。还是那句老话，中日两国人民应该世世代代友好下去。

四、关于这次学术讨论会，我认为将是一次很有水平的讨论会。我看过的日本学者的一部分论文，很有创见，是真正的科学研究。参加这次会议的学者，有一些同我是老朋友，也有一些是新朋友。他们中间有不少日本第一流学者。开好这次在京都和东京的讨论会，对两国历史学家是一次很好的学术交流，对增进两国人民的彼此了解，也会很有益处。历史研究者不掩饰，不夸张，把历史的本来面目告诉他们和比他们更年轻的一代是很必要的。因为未来的中国和日本，未来的中日关系是由他们来掌握的。历史是不断前进的，人们的认识也是前进的。可以相信后来人比前代变得更聪明、更理智，比今天一些人要高明些。但是把今天经过研究、了解到的历史告诉他们，仍然是我们的责任。至于我自己亲身经历了战争，又以研究历史为专业，显然更有责任。

最后，我借贵记者先生的笔，向举办这次讨论会的京都中日学术恳谈会，也向这次讨论会的后援单位《朝日新闻》的朋友，向日本学术界的朋友，这里面有年轻的、年长的，还有德高望重的长老，谨向他们致以亲切的问候。

历史学家刘大年谈——“全盘西化”的由来和为什么行不通①

《瞭望》周刊记者

1月24日下午，本刊记者就当前社会上有人主张所谓“全盘西化”问题，走访了中国社会科学院近代史研究所名誉所长、著名史学家刘大年。这位蜚声国内外的史学家就“全盘西化”的由来，近代史上不同的阶级对此所持的不同的态度以及现在中国有些人发出“全盘西化”议论的原因等逐一进行了分析。下面是本刊记者整理的谈话记录：

问：“全盘西化”一说是个老题目了，现在又有人提出来，主张我们解决四个现代化问题必须走“全盘西化”的道路。您可不可以谈谈所谓“全盘西化”的具体含义是什么？按照“全盘西化”的主张去办，对中国将会产生什么样的结果？“全盘西化”的提出，在中国历史上经过了怎样的过程？

答：“全盘西化”这个词出现较晚，但它有长远的前身。鸦片战争期间，林则徐很重视收集材料，了解西方。后来那些材料由魏源编成《海国图志》一书。魏源在序言上说，编述这部书的目的是“为师夷长技以制夷而作”。意思是要学习西方的船坚炮利、军队组织训练等技术，抵御外国侵略。《海国图志》上还介绍美国、瑞士等国的政治制度，认为“其章程可垂奕世而无弊”。说也奇怪，魏源书上有的地方把西方描写成桃源乐土，在当时的中国并没有引起多大反响。流传到日本以后反倒受到重视，甚至影响过后来的倒幕运动。

上一个世纪60年代，鸦片战争过去了20个年头，中国开始落入半封建半殖民地社会的地位。原先封闭的老大帝国这时已与西方资本主义世界有了广泛的接触。西方的政治、经济、文化的侵入，一系列的不平等条约的签订，

① 此文为上下篇，分别载《瞭望》1987年第8期第10—12页和第9期第22—24页。本文合在一起，以“待续”“续完”标示。——编者注

外国商埠在中国的开办以及传教等，还有资本主义在侵略中国过程中所表现出来的强大实力，似乎都说明了资本主义远比封建主义优越。这时太平天国的势力正席卷大半个中国，清朝统治者处在严重的“内忧外患”之中。他们对农民革命没有什么可选择的，唯有血腥镇压；对西方到底抱什么态度，不得不认真思考。

但问题一提出，就表明了这不是一个东方与西方的地理概念问题，而是一个历史概念问题；也不是单纯的东方与西方思想学术异同的概念，是两种不同的社会制度，即不同历史阶段的社会制度的概念问题。也就是说，东方与西方，东学与西学，不是横的关系，而是纵的关系；不是地理上的东西之分，而是不同历史阶段高下先后之分。西方代表的是资本主义社会；东方，即中国，代表的是半封建半殖民地的社会。这就要求人们弄清一件事：不要把现代化与西方化等同起来或混为一谈。现代化决不等同于西方化。现代化指的是现代化的科学技术并以此应用于社会生产。西方化就截然不同了。西方化指的是把中国变为一个资本主义国家。西方资本主义怎么样，中国就“化”成那个样子，越彻底越好，简而言之，也就是后来有人所高唱的“全盘西化”。如果今天有人对这内容不同的两件事看去含含混混，以为不足争辩；而中国前人并不那样，知道它们泾渭分明。前人在采用现代化生产手段、摆脱国家落后贫穷的问题上，没有以死相争的，而对于西方资本主义制度，态度就根本不一样了。这恐怕是现在议论“全盘西化”的人所未曾想到过的。

问：那么，西方化即资本主义化的主张，在中国近代史上起过什么作用，或者说引起过什么反响呢？在近代史上，不同的阶级势力，对此是什么态度？

答：从历史上看，三种不同的阶级势力，对西方化的问题持有三种不同的态度。

第一种是作为地主阶级代表的清朝统治者。其开头有顽固派和洋务派之分。顽固派愚昧保守，他们以为向外国学习，等于用外国文化代替中国文化，因而反对所谓“以夷变夏”。洋务派加以反驳。双方在争论中逐渐形成一套理论。一位名叫冯桂芬的洋务派理论家著《校邠庐抗议》，宣传必须“以中国之伦常名教为源本，辅以诸国富强之术”。另一名洋务派理论家薛福成著《筹洋刍议》，主张“取西人器数之学，以卫吾尧舜、禹汤、文武、周公之道”。最后张之洞著《劝学篇》，把清朝统治者对西方的态度，简单明了地概括为八个字：“中学为体，西学为用”。虽然这个说法在1895年的《万国公报》上就出现了，经过张之洞的宣传，便俨然成了官方公式。封建统治者的态度非常明确，可以采用外国的科学技术，但坚决排斥西方资本主义的社会制度。

第二种阶级势力是带有资本主义倾向的改革家、资产阶级革命家、资产阶级和小资产阶级言论家。这个阶级势力与洋务派不同。他们主张学习西方，不但要学习西方科学技术，也学西方政治制度。以康有为为首的维新派，首先出来要求变革封建制度，减少民族资本主义发展的障碍。主张在中国设议院，实行君主立宪政体。他们的口号是“变法维新”“救亡图存”。为反对列强的统治和瓜分中国而斗争，是那时所有革命阶级、革命人民迫在眉睫的任务。维新派最先出来扮演了领导这个潮流的角色。他们是杰出者、先进者。但是，维新派的改革主张是相当温和的。要改革社会制度，发展资本主义，就必须反对封建主义的根基，即以封建土地制度为核心的封建社会经济结构。但维新派不敢触及这个封建社会的经济基础。这是因为他们本身还未脱离地主阶级，政治上也不敢设想推翻清王朝的缘故。他们主张学明治维新的日本，学彼得大帝的俄国，而不学法国、美国。他们反复强调“尊君权”“乾纲独断”，只希望罢黜一班保守大臣，颁布某些带有资本主义性质的命令。这顶多是“半盘西化”的要求。但也不为封建势力所允许，最后以流血而告终。

孙中山为首的资产阶级革命派，较之改良派大大前进了一步。革命派集合体的同盟会，以西方资本主义为楷模，制订出一整套纲领政策，希望这样来使中国全面欧美资本主义化。革命派的旗手孙中山将这套纲领政策概括为民族、民权、民生主义，也就是“三民主义”学说。他们不是空想者、梦想家。他们一开始就投入实际斗争，决心用革命手段，推翻代表帝国主义和封建主义统治的清朝政权，来实现自己的目标。“排满革命”，一时占据着历史舞台的中心。民族、民权、民生都起源于西方资产阶级民族独立运动和民主革命斗争。《同盟会革命方略》上说：今天的革命与前代不同，国体民生，经纬万端，要其一贯之精神，“则为自由、平等、博爱”。人们知道，“自由”是美国《独立宣言》的核心，“自由、平等、博爱”是法国革命的旗帜。这就表明了以孙中山为代表的资产阶级革命派主张学习美国和法国的资本主义制度，主张把中国完完全全地改造成像美国、法国那样的资本主义国家。这是大张旗鼓地号召全面西化的运动。

然而，孙中山是伟大的资产阶级革命家。他知道要变中国封建制度为资本主义制度，完全照搬、照抄西方不行。中国不是在任何方面都可以学习美国、法国的。他深知欧美资本主义社会内部阶级矛盾尖锐，人民贫困。在头一次揭举出“三民主义”的那篇文章里，他就一针见血地指出：“欧美强矣，其民实困”，说那里社会弊端不少，大祸犹在后面。在《三民主义讲演》中阐述民权问题时，孙中山着重批评了照搬西方的做法。他说，“民权问题在外国政治上至今没有根本办法，至今还是个大问题”，“外国的民权办法不可能做我们的榜样，不足为我们的导师”。“管理人的方法，当然不能完全学欧美，一味地盲从附和，对国计民生是很有大害的”。“我们步他们的后尘，岂不是一代更不如一代，还要再革命干什么？”孙中山几次建立过短暂的政权。然而他所向往的西方资本主义国家，谁也没有承认过他的政权。相反，他每一次失败最后都同那些资本主义列强拆台有关。你想西方化，它们不允许，只允许你东方化，即东方殖民地半殖民地化。西方宗主国，东方殖民地半殖民地，它们的关系并非方位关系，是前者统治后者的关系，岂容改变？

“五四运动”中各种思潮激烈论战。1915年，还是资产阶级、小资产阶级激进民主主义者的陈独秀，主张“若是决计革新，一切都应该采用西洋的法子，不必拿什么国粹、国情的鬼话来捣乱”。这个话载在《新青年》第五卷一号上。“一切”云云，似乎有点“全盘西化”的味道。但这主要表现了言论家与封建势力势不两立的革命精神。其实际意义完全不同于后来的“全盘西化”论。毛泽东同志在《新民主主义论》上讲民族的科学的大众的文化时说，“所谓‘全盘西化’的主张，乃是一种错误的观点。形式主义地吸收外国的东西，在中国过去是吃过大亏的”。文章后面有一条注释说，所谓“全盘西化”，是一部分资产阶级学者的主张。他们无条件地颂扬那些早已过时了的以个人主义为中心的西洋资产阶级文化，主张中国一切东西都要完全模仿欧美资本主义国家，并称之为“全盘接受西化”。这个注释只是就事论事，注重西洋资产阶级文化。从实质上讲，“全盘西化”当然是指接受欧美资本主义制度的一切。“全盘西化”的主张是什么时候、又由谁提出来的？据我初步考查，最早见于胡适的论述。1929年出版的英文《中国基督教年鉴》刊登有胡适专门论述这个问题的一篇文章。文中写道：“这个问题的解决有三种可能。中国可以拒绝承认这一新的文化并抵抗它的侵入；中国可以全盘地接受这一新的文化；或中国采用这一文化中她所需要的成分，摒弃这一文化中她所认为非本质的或不适宜的成分。第一种态度是抵抗，第二种是全盘接受，第三种是选择接受。”“我本人也一直是选择接受的提倡者之一，但是我现在悔悟到并要指出这种谨小慎微的选择是不可能的，并且也是大可不必的。”1935 年，由王新命、何炳松等人提出“关于中国本位文化建设”的主张，即所谓十教授宣言，参加讨论的人很多，众说纷纭。在此期间，胡适接连发表了几篇重申“全盘西化”的文章。他在其中一篇文章中说：“这几个月里，我读了各地杂志报章上讨论‘中国本位文化’‘全盘西化’的争论……因此我又联想到五六年前我最初讨论文化问题时，因为用字不小心，引起的一点批评。那一年（1929）《中国基督教年鉴》请我做一篇文字，我的题目是《中国今日的文化冲突》，我指出中国人对于这个问题，会有三派的主张：一是抵抗西洋文化，二是选择折衷，三是充分西化。我说，抗拒西化在今日已成过去，没有人主张了。但所谓‘选择折衷’的议论，看去非常有理，其实骨子里只是一种变相的保守论。所以我主张全盘西化，一心一意的走上世界化的路。”

中国的近代，是一个斗争紧张、风云变幻极其迅速的时代。由于所处的地位不同，这第二种阶级势力中的每一个派别也发生了不同的演变。康、梁由维新派变成了保皇派。孙中山认定共产主义是三民主义的好朋友，走上了与共产党合作的道路。陈独秀不久更进而转变为一个早期马克思主义者。胡适在五四运动中倡导白话文，赢得很大声誉，著有功绩。但后来一转，就“人权抛却说王权”，站到蒋介石国民党反人民阵营中去了。1949 年他逃到台湾以后，立即发行一种叫作《自由中国》的杂志。其宗旨是“宣传自由与民主的真实价值”，“援助沦陷区的同胞，帮助他们早日恢复自由”。也就是说，恢复帝国主义买办阶级对中国人民的自由统治，使中国再一次半殖民地化。

“变法维新”——襁褓中的资产阶级西方之梦。

“排满革命”——西方模式在东方舞台上的悲剧演出。

“全盘西化”——半殖民地资产阶级的大彻大悟，确认西方统治东方秩序的不可移易性。

中国资产阶级对待西方的这种不同经历、态度，既表现了系列顺序，又表现了不同的组成部分。他们的不同经历，说明的是同一件事：殖民地半殖民地的中国，想要向压在它头上的帝国主义老家——西方去寻求富国裕民的真理，此路绝对不通。

第三种阶级势力是开始登上政治舞台的中国无产阶级、中国的马克思主义者。他们对西方抱的是分析、批判的态度，认为中国的前途和出路，按照第二种阶级势力的态度是解决不了的。他们学习西方，是学习西方代表无产阶级利益的、指出社会发展最新阶段的学说，即把资本主义制度改变为社会主义制度的科学社会主义学说。按照这个学说，社会主义制度必然代替资本主义制度。从俄国十月革命起，科学社会主义已经不再单纯是一个学说，而是一个现实的社会制度，一个世界范围的实际运动。（待续）

中国无产阶级政党，把马克思主义的科学社会主义理论应用于中国革命实践，有的放矢，经过几十年的斗争，终于战胜了帝国主义、封建主义和官僚资本主义，解决了民族独立和使生产关系适应生产力的发展两大问题，并且在社会主义道路上走了37个年头。尽管这中间有过十年动乱造成的挫折，但建设的成就、速度是极其可观的，也是举世公认的。我想这里用不着再细说。

中国近代史上三个地位不同的阶级，对西方资本主义采取了三种截然不同的态度，其中包括“全盘西化”说，经过反复摸索，其他的出路都被堵死，最后只有代表无产阶级和大多数人民利益的中国共产党选择的社会主义这条道路走通了。

社会主义是一个很长的历史时代。现在我们走进的只是它的最初阶段。但它毕竟是人类历史上最伟大的阶段。它从此在中国人民面前展开了广阔的新天地。人民群众创造历史。人民群众是历史的主人。私有制把主人变成了奴隶。社会主义制度使奴隶们从剥削者的锁链下解放出来，恢复到历史主人的完整地位。这不叫人类历史上最伟大的阶段，又叫什么？

也许有人说，社会主义不是共产党领导人民打败了国民党反动派建设起来的吗？是这样。但是，问题在于为什么共产党能够领导人民战胜那样强大的敌人。社会主义道路不是哪几个人、哪一个党的选择，社会主义道路是历史的选择。谁违背历史前进道路，谁就只能靠边站，以至向隅而泣。当初如果共产党提出的主张违背了历史发展趋势，注定也会失败的。蒋介石坚决反对共产党，又总是反不下去。原因是历史的选择不容违抗。有人说，国民党失败了，那是因为国民党犯了错误。可是我们都知道，共产党从它成立时起也犯过不少错误。为什么山沟里打游击的少数共产党人，竟然能够消灭蒋介石八百万大军，取得一举推翻长达110年帝国主义及其走卒封建主义统治的伟大历史性胜利呢？这只有一个回答：饱经阅历的中国人民要求走这条道路。40年前的美国国务卿艾奇逊发表的《中美关系》白皮书，人们至今记忆犹新。那部长达1054页的大书，集中起来是艾奇逊在《序言》中说的一段话："中国内战所造成的总结果，系在美国政府控制能力范围以外，此乃不幸而不可避免的事实。此一结果，绝非美国在其能力之合理范围以内所已采取或可能采取之措施所能予以变更，亦非由于美国政府未采取某项措施所致。此一结局，乃中国若干内部力量所造成，美国曾对该力量力谋予以左右而无成。"1952年，即中国人民抗美援朝战争进行了两年多的时候，胡适在一篇名为《国际形势与中国前途》的长篇讲演中说：中国革命胜利直到抗美援朝战争，"是三件国际大事，或三个国际上的大错误"所造成的。第一，英国首相丘吉尔由反共变为反对希特勒，使苏联变成了欧洲头等强国。第二，英美苏雅尔塔会议订立秘约，把苏联请回到了远东。第三，"比前两件事更大的错误"，是美国在战后复员太早、太快。"1947年毛泽东发表《目前形势与我们的任务》，后来这篇文章中共译成英文以作宣传，题为《中国革命的转机》，意思即是说，1947年下半年为'中国革命'的转折点。"朝鲜战争起来以后，美国虽然重新动员，但已经来不及了。[①]胡适一向认为中国从来没有受到过外国势力干预，所有贫穷愚昧都是中国人不争气造成的。这一次又把中国革命的胜利全都归功于外国、特别是美国的帮忙了。不过最后还是承认美国后来虽大力投入了侵朝战争，也还是无济于事。这和艾奇逊的说法也还是一致：中国的伟大历史事变，是由中国内部力量所决定的。帝国主义又为了反对中国人民，用尽各种办法也没有收到预期的效果。艾奇逊、胡适谁也没有被"收买"，不会发出违心、溢美之辞。他们不过是迫不得已陈述事实。这告诉我们，中国人民既然有力量选择社会主义道路，也就一定有力量建设具有中国特色的社会主义，跻入世界先进国家之林。世界上不会有什么力量能够阻止这种势不可挡的历史潮流。

问：现在提出"全盘西化"，即把中国变为资本主义社会，有没有一点

---

① 载1952年台湾《自由中国》杂志。

历史和社会根据呢?

答：无历史根据，也无社会根据。

第一，从国内来说，“全盘西化”，首先就要按资本主义国家的一般政治制度，建立反对党，轮流坐庄。可是在今天的现实生活中，试问除了共产党，又有哪个力量能够领导中国来对内对外，来保持国家的安定、发展、前进?全盘西化，当然要改变所有制，变公有制为私有制。要把国家搞了几十年的积累，国营工矿企业，都变成私有，这等于要使海水倒流。用中国的俗话说，这好比“老虎拉车——没有人赶”。

与“全盘西化”论同调的又一种说法：“中国没有经历资本主义发展的阶段，社会生活中的封建性弊端，莫不与此有关。”“中国需要来一次资本主义补课。”关于中国资本主义发展的情况怎样，“补课”从何处补起，例如从工场手工业时期、英国工业革命时期?等等，这里都搁置一边不说。“补课”说的前提，是历史可以任人摆弄，或圆或扁，增肥减瘦，全都可以尽如人意为所欲为。历史假使能够这样地“创造”出来，事情当然很简单。可惜这太缺少唯物论，太多了唯心论。我们反对封建的和其他的弊端，主要依靠马克思主义道理和完善社会主义制度，而不能依靠恢复资本主义。并且我们首先应当想一想，资本主义真的可以当作医治百病的灵丹圣药，那它怎么又在地球上逐渐崩溃下去，而为社会主义制度所代替了呢?“资本主义补课说”的谬误，也正是“全盘西化”的谬误。

第二，历史上的一切，莫不以时间、地点、条件为转移。如果指望中国走私有制道路，全盘西化，“化”到和当初的美国、英国和法国一样，那也是痴心妄想。因为当初，这些国家发展起来靠的是两条，一是剥削国内工人阶级，二是大量剥削殖民地，如南美、非洲，东方大部分也都成了西方的殖民地。中国这样大的国家，如果靠掠夺殖民地来积累起每个毛孔都是血污的财富，在现实世界中，试问你可以去掠夺谁呢?欧美资本主义发展起来的时代条件早已不再存在。人是由猴子演变进化而来的，现在的猴子再也不能变成为人群，就是因为当时的那种环境条件不再存在了。今天的资本主义已不能再现当初的欧美资本主义强盛景象，正同此理。因此，西方化，只能把中国“化”到西方工业发达国家的殖民地的地位上去。

第三，目前西方未来学有所谓悲观派与乐观派的争论。但不管哪一派，都惊呼资本主义处在大变动的前夜。今天的西方，美国、联邦德国、日本最受一些人所向往。西方自己并不这样看。《美国正变成日本的种植园》《日本唱起了日趋没落的哀歌》等等大字标题，不断出现在美国报纸上。时至今日，再要去“全盘西化”，这比孙中山说的“一代更不如一代”犹有甚焉！

问：既然中国不能走全盘西化的道路，那么我们对西方有用的东西应抱什么态度呢？对其先进的科学技术，对其有价值的学术思想，应抱什么态度呢？

答：西方资本主义国家，同样有先进的东西可学。马克思主义学说，不是首先诞生在西方吗？对于科学文化，必须采取科学的、分析的态度。一切先进的东西，不管来自何方，都应吸收过来丰富我们的社会主义物质文明建设和精神文明建设。马克思主义本来就是在批判的过程中不断地更新、丰富起来的。马克思主义的伟大，就在于它善于批判地吸收各种理论、学说、思想、文化中一切合理成分，形成完整的科学体系，并在总结历史和当前社会实践的成果中，成为开放的、生动活泼的、始终能引导人们去正确行动的指南。无力接受先进事物的民族，不会成为优秀的、伟大的民族。从历史总体上看，中国不是闭关锁国的国家，中国人民不是保守的人民。统治中国两千余年的儒学保守性很大，它是停滞社会的产物，不能不那样，但中国社会历史并没有因此永远停留在封建时代，到底前进到了今天的样子。

社会主义制度是刚刚显露其生命力的最新制度，如旭日初升，离中午光焰大盛的时候还很远。清代历史家、诗人赵翼说过：“江山代有才人出，各领风骚数百年。”中国社会主义的江山必定会产生无数社会主义的才人。这些社会主义的才人不在别的地方，就在我们当前的年轻一代人之中。以往数不尽的志士仁人，前仆后继，肝胆涂地，换来的社会主义江山，就靠我们年轻的一代来掌管，中国的社会主义现代化，就靠他们及其后继者来付诸实现。中国人将在建设具有自己特色的社会主义中创造出最新生产力，以此证明社会主义优于资本主义，并最后战胜资本主义。

社会生活是复杂的。简单片面的看法会远离实际。据医学科学上说，每个人头脑里有 100 万个细胞。中国有 10 亿人口，10 亿乘以 100 万，是一个天文学上的数字。至少现代科学上还无法解释出它们运动的秘密。少数人坚持全盘西化有理，那不妨等待现代科学有朝一日把其中的秘密揭示开来。列宁讲得非常深刻：“剥夺资本家一定会使人类社会生产力蓬勃发展。但是生产力将怎样发展，将怎样迅速发展到打破分工、消灭脑力劳动和体力劳动的对立，把劳动变为生活第一需要，这都是我们所不知道而且也不可能知道的。”社会主义前进过程中充满着我们所不知道、而且也不可能知道的事物。一切都在变动中，不要说“不可能”。历史某些情节可以重演，就像电影中某些镜头可以重复出现一样。但这样一条已经由历史最后否定了：中国逆转到半殖民地去，“全盘西化”。（续完）

一个中国历史学家的日本观[①]
——《人民中国》记者采访录

沈兴大

日本当局为何在侵华战争性质问题上出尔反尔?

记者：2月20日，您在全国人大常委会上作了《日本当局为什么在侵华战争性质问题上倒退？》为题的发言，对竹下登首相为裕仁天皇开脱战争罪责，为日本侵略中国的战争辩解提出批评，深得人心。

日本军国主义侵略中国早已是铁证如山。可是，日本当局对此或极力回避，或闪烁其词，或出尔反尔甚至倒退，这究竟是为什么？作为一位历史学家，请谈谈您的看法。

刘：1982年教科书事件发生后，我曾写过一篇文章——《历史是伟大的教师》，讲的就是这个问题。从日本历史的演变来看，它的每一次社会制度的更替，差不多都是自上而下的改良，旧势力的相当一部分常常在新社会中生存、保持下来。第二次世界大战以后，日本在美国军队占领下，实行非军国主义化和民主改革，也是这样；美国垄断资产阶级非常害怕日本人民力量壮大，害怕日本发生所谓“共产革命”，特意对旧势力加以扶植利用。因此，有些被“整肃”的战犯不久又东山再起，并重新掌握权力。

记者：这方面的情况，能否举些例子？

刘：战后日本头一个首相吉田茂，就是远东军事法庭列入战犯名单的人。试想，像吉田茂这样的人能承认侵略战争的事实吗？

还有一个例子。日本外务省档案馆有一个对外开放的陈列室，我去看

---

① 原载《人民中国》(日文版)1989年第8期。沈兴大为记者。转引自刘大年著《我亲历的抗日战争与研究》，中央文献出版社2000年版，第205—213页。——编者注

过。这个陈列室，把日本明治维新以来的重大事件用大幅照片陈列出来，共有二十多幅。其中有两幅特别刺眼，是日本承认“满洲国”和汪精卫“南京政府”的情景。众所周知，所谓“满洲国”和“南京政府”，完全是日本军国主义一手制造的傀儡，是中国人民所不能容忍的。可直到今天，日本当局并不认为这是不义的行动，反而把它们作为正面的历史陈列出来。最后一幅是日本投降签字的仪式。而照片上的说明却叫作“终战”，就不肯承认历史事实。

记者：相比之下，联邦德国的情况却不是这样。

刘：是的。当年德国是无条件投降的，希特勒的法西斯势力基本上被摧毁了。因此，情况就大不一样。1985年8月，我去联邦德国参加国际历史科学大会。到会的各国历史学家有四千来人，规模宏大。开幕的那天，联邦德国总统魏茨泽克致词。其中最有意思的是这么一句话：“看来德国的历史学比德国的历史更加受人尊敬。”话讲得很巧妙，但所表示的态度也很鲜明。这就是说，德国的历史，至少是近代德国在一、二次世界大战中所扮演的角色是不受人尊敬的。

今年2月，魏茨泽克总统去日本参加裕仁天皇的葬礼，有人问他对昭和天皇有何评论。他没有正面回答，而是说了一句意味深长的话：“教育我们国家的人民正确对待过去的历史，是我的任务。”又一次表明了他的态度和立场。

记者：日本当年不也是无条件投降的吗?

刘：日本当年到底是无条件投降还是有条件投降?这个问题日本国内也一直在争论。我个人认为，日本当年说是无条件投降，实际上是有条件投降;这个条件，就是保留天皇制。

军费增加意味着什么?

刘：现在日本右派势力起来，恐怕还有一个原因，就是经济实力发展，大国意识越来越表现得强烈。其中很重要的标志，就是军费的增加已突破国民生产总值的1%。它这个1%可不是小数啊!在世界上仅次于美国、苏联而占第三位。经济大国已不成问题，现在要做政治大国，接着是不是要做军事大国？这不能不令人担心呀！

记者：您这种说法有什么根据吗？

刘：50年代日本经济还很困难，就是60年代前期，这种表现也还不怎么强烈。现在的情况变了。1987年7月，我去日本参加卢沟桥事变50周年中日学术讨论会，在东京街上就看到这样的情景：极右势力的高音喇叭车上插着黄色的大旗，旗上写着一个很大的天皇的“皇”字，车停在最繁华的街道，大肆宣传。有一条标语写着“打倒雅尔塔体制”。我是很注意的。

现在看来，1945年2月，美、苏、英三国首脑在苏联克里米亚半岛召开的雅尔塔会议是存在不少问题的，如把朝鲜分为南北，把日本北方领土划归苏联，把中国东北的中东铁路和旅顺港划由中苏共管等。但它有一个很大的功绩，就是决定打败德国和日本法西斯，这是应该肯定的。日本极右势力今天提出“打倒雅尔塔体制”，其真正的含义恐怕是要恢复日本的旧势力，恢复它在第二次世界大战前的地位吧。

记者：极右势力如此猖獗，恐怕背后是有人支持的吧。

刘：当然。但要说明的是，日本的广大国民和许多有识之士是一直反对军国主义反对天皇制的。这方面的例子太多了。就拿卢沟桥事变50周年纪念中日学术讨论会来说，与会的中日两国历史学家对日本发动了全面侵华战争这一核心问题取得了一致看法。正如日本学术界享有盛誉的历史家远山茂树在会上作总结时说的那样：“对于这一点，讨论会没有任何的暧昧。”他又说：“认识日本侵略中国，不是从‘七七’事变开始，要上溯到1931年、1872年。”“从教科书事件看，日本需要对那场战争的性质进行再认识。只有这样，才有利于探讨从1945年至今的中日关系。”

中国为什么反对日本政界人士参拜靖国神社？

记者：据来自东京的消息报道，今年靖国神社的春季大祭，竹下内阁有12名阁员、自民党的国会议员有215名出席了参拜活动，议员人数比去年增加了二十几名；内阁建设大臣参拜时既签了名又注上了自己的官衔，摆出一副对国际舆论不屑一顾的架势，这在过去是少有的。

刘：我也注意到了。

记者：有一位日本读者，在给编辑部的来信中这样不解地问道：你们为什么要反对日本人参拜靖国神社？那里有我们在战争中死去的亲人。

刘：靖国神社问题，我们不是反对一般的日本国民去参拜他们在战争中死去的亲人，因为一般军人，特别是广大士兵他们除了是战争的加害者外，也是战争的受害者。他们的亲人去参拜，这种人之常情是可以理解的。我们是反对当权者去参拜靖国神社，因为他们并不是要参拜一般国民的亲人，而是去参拜包括像东条英机那样的大战犯在内的军国主义者。作为政治家，他们这样做，就是为日本侵略的历史辩解，为战犯开脱罪责，舍不得隔断与军国主义的联系。

如果日本没有侵略国中国，他们天天去参拜，我们可不必去管，何况各国都有自己的风俗习惯。问题恰恰相反。中日战争结束已经四十多年了，但当权者如果没有正确的态度，也可以说还没有过去。

为民族生存投笔从戎

记者：要请教的问题很多，但限于篇幅，以后有机会再说吧。下面，请刘老介绍一下个人的经历。

刘：我的经历很简单。自出生到20岁，生活在湖南省北部华容县一个偏僻的农村里。父亲是师范学校毕业的知识分子，当过半年小学校长。我14岁那年，年仅31岁的父亲因病去世后，家境很快衰落下来。到1936年我考入长沙“湖南国学专修学校”时，家中已欠下一大笔债。我入学第二年爆发抗日战争，许多热血青年奔赴抗日前线。我也投笔从戎，于1938年夏天到达抗日根据地陕北，入抗日军政大学学习。翌年7月从抗大毕业后，被分配到冀（河北省）南行署任宣传科长。整个抗日战争和解放战争，我就是在那里度过的。

记者：参加过战斗吗？

刘：虽说不是战斗部队，但经常与敌人遭遇。有一次，侵华日军总司令冈村宁次坐飞机指挥大“扫荡”，他的飞机就在我们头顶上盘旋。我们的一个勤务员牵着两匹马，躲在一棵树下，不幸被敌机扫射牺牲了。

记者：为了民族生存和解放，中国人民不知付出了多么巨大的代价。

刘：那时在战斗中，我们的部队经常俘虏到一些日本兵。部队把他们送到军区政治部敌工部，经过一段时间教育，再把他们送到延安工农学校学习，成为反战的力量。因为行署和军区在一起，所以我们常同他们在一起开会，一起去向被包围起来的敌人碉堡喊话。这就是我同日本人打交道的开始。

记者：真是不打不相识啊。

难忘的日本友人之情

刘：1943 年，我因得了肺结核，去太行山部队医院养病。想不到医院主任竟是一位日本人，当时取了个中国名字叫白云。他给我作了仔细检查后说，你的肺结核不那么严重，但肺部血管已经破裂，只有山东阿胶（一种用驴皮熬制成的中药）可以救你的命。当时医院仅有一块阿胶，还因为备战藏在一个山洞里。大概是我的命大吧（笑），居然找到了。吃下后，慢慢地把血止住了。我在那里住了一年，与白云主任结成了好朋友。

记者：这可是不寻常的友谊。后来呢？

刘：战争结束后，他回到了日本，恢复了日本名字，在一家医院任院长。1963 年冬天，我随中国学术代表团首次去日本访问。团长张友渔因病住进这家医院。我去看望团长。等我出来打听那家医院，才知道佐藤院长就是当年为我治过病的白云主任。失之交臂，太遗憾了。以后我几次去日本，但都未能见到他。

记者：后来您到日本去过几次？都是为什么去的？

刘：第二次是 1979 年 10 月，应东京大学校长向坊隆先生之邀，作为特聘教授前往该校研究生院讲授孙中山先生领导的辛亥革命。在那里待了三个月。回国后，以这次讲学的内容为主，出版了《赤门谈史录》，书名“赤门”即东大的校门。

第三次是 1985 年 4 月，应日中文化交流协会会长井上靖先生之邀，我与梅益（当时任中国社会科学院秘书长）共同率领中国历史学家代表团访日两周，这次到了北海道。

最近的一次，就是前面提到的参加卢沟桥事变 50 周年纪念中日学术讨论会，主办单位是日中学术恳谈会和东京日中人文社会科学交流会。此外，还有庆应大学、早稻田大学等。

记者：先生多次访日，请谈谈留下的最深刻的印象和感想。

刘：无论是从历史还是亲身体验来说，我认为日本民族是一个很有特点的民族，一个优秀的民族，一个富于创造性的民族。四次访问，有三次不是秋天就是冬天，只有第三次是四月中旬，赶上看樱花，这是我终生难忘的。我曾经这样想：日本人为什么把樱花奉为国魂呢？原来樱花开的时间很短，只有二三天，但满树的花一下子都开了，是那么的美丽。日本人民酷爱樱花，就是希望像樱花那样，生命虽然很短，但要拼命地干，干出一番事业来。这是很值得我们学习的。

记者：最后，我还想打听一下，先生是从什么时候开始从事历史研究而成为著名历史学家的？

刘：抗日战争结束后，解放区开始创办大学，我又投戎从笔，先后担任北方大学教务处副处长、华北工学院副主任。1947年秋，北方大学校长、历史学家范文澜成立历史研究室，我又被调到那里去工作。从此与历史研究结下了不解之缘。我的第一部历史著作《美国侵华史》，就是这时写的。新中国成立后，参加创办中国近代史研究所并在其中工作至今。

记者：谢谢！

著名史学家刘大年谈党史工作①

郭清彬

《华容风雷》出版之际，为请著名历史学家刘大年审阅，我与严文田同志在北京拜访他。

刘大年是华容县人，1915 年出生于一个教书先生的家里。幼年进私塾，抗日战争爆发前一年，考入长沙“湖南国学专修学校”，从几位湖南知名宿儒处，学习经史哲文。仅读了半年，学校因时局紧张停办，他只得辍学回乡。1938 年夏天，他到长沙见八路军驻湘代表徐特立，请求指教。徐老鼓励他说：“有志青年应该到延安去！”并告诉他：“每个星期有一趟军列从武汉开往西安，可乘那趟车先去西安，再转道延安。”徐特立介绍八路军驻湘通讯处主任王凌波与刘大年作了两次长谈。中国共产党的主张和唯物主义的道理使他折服。就这样，23 岁的刘大年告别家乡，历尽艰辛，奔赴延安。至今，刘老还深沉地怀念徐老和王凌波这两位最早的指路人。

我们拿出《华容风雷》打印稿，请刘老审阅。刘老谦虚地说：“写华容党史，你们是权威，我只看看写我们赴延安的那一则。”他戴起眼镜，认真地读起来，他提出许多疑问，要我们进一步查证核实，并说：“历史资料浩如烟海，任何人也难说自己网罗无遗，毫厘无误。别人对自己提出的某些论点、事件、人物、资料等提出商榷、修改意见，不但是有益的，而且是必不可少的。只有这样，才能去粗取精、去伪存真。”

我们问刘老是怎样走上治史道路的，他告诉我们，到延安后，他进了抗日军政大学，眼前展现出一个崭新的天地。那个时候，只要是新书，不管是政治经济学、哲学，还是中国历史，他都找来读。“抗大”毕业后，他先后在“抗大”干部训练班、抗战学院等处工作，环境促使他走上了研求史学的道路。以后在河北平原上打游击，行军宿营，每有空余，就一卷在手。解放

---

① 原载《湖南党史月刊》1989 年第 8 期，第 14 页。——编者注

后，刘老先后担任过全国人大常委会委员、中国社会科学院学部委员、中国近代史研究所党委书记兼所长，还要带研究生，繁重的行政工作使他的学术研究成了“业余”，但他仍在史学的原野上笔耕不息，采撷不止，出版了《美国侵华史》《赤门谈史录》《刘大年史学论文集》等专著，并多次出国讲学。刘老在学术上虽然硕果累累，但他却说：“我拿出的东西不仅没有自己满意的，而且为数寥寥。如果说有收获的话，那就是懂了一个最一般又带有普遍性的道理：研究学问同从事革命事业中的任何其他工作一样，要取得相当的成绩，关键在人的追求、奋斗！”

刘老关心地询问了我们的党史工作情况。他说：“历史是一门科学，是人们进行斗争的一种武器。党史研究，就是要认真总结党的历史经验，记叙老一辈革命者的光辉业绩，告诉后辈人，社会主义新中国是怎样诞生的，它应该而且必定前进到何处去。因此，党史学家首先是思想家、哲学家，要用马克思主义为指导，以直言为绳墨，写出党的光辉历史。另外，还要注意文史兼通。郭沫若虽然没有出版过近代史研究的专门著作，但他仍在《少年时代》以后的四卷自传里叙述过这段历史，声情并茂，声光灿烂的文字，与其说是传记文学的杰作，不如说是中国近代一段重要历史秉笔直书的实录。”刘老的治学之道，经验之谈，对我们党史工作者是一个很好的教诲和启迪。

刘老高兴地为我们题写了《华容风雷》的书名，并一再祝愿家乡的党史工作不断取得新的成绩。

关于思想改造运动①
——刘大年先生访谈录

刘大年先生简历：1915 年出生于湖南华容。1938 年到陕北进入抗日军政大学学习；1946—1949 年在解放区北方大学工作。1950 年到中国科学院近代史所，1954 年起任该所副所长；1955 年任学部委员，现任中国社会科学院近代史研究所名誉所长。

访问者：王德禄　蔚红宁

访谈时间：1991 年 4 月 22 日下午

问：我们在看一些文字材料和访问调查过程中了解到 1952 年思想改造运动您参加的工作比较多，您能谈谈有关的情况吗？

刘：这个运动不是科学院发动的，是大学里开始的。科学院的年轻人闻风而动，说学校里的教授有思想问题，难道我们院的就没有？要挖亲美、恐美、崇美思想——当时抗美援朝是有人有恐美情绪。所谓思想改造，就是要把封建的东西去掉，把崇美的东西去掉。当时是抗美援朝和土地改革，抗美援朝是反帝问题，土地改革是反封建问题。大学弄起来了，科学院也开始了。

问：在科学院，思想改造运动的体制如何呢？

刘：最初组织了一个学习委员会，院长、副院长都是学习委员会的委员，还有少数所里的人，像我、范文澜。我是学习委员会办公室主任，我只是前台，后台是中宣部。因为关系到这么多知识分子，没有政策怎么行呢？中宣部在科学院成立了“思想改造学习党组”。赵沨是党组书记，我是党组副书记，但赵沨是科学处副处长，中宣部的人，科学处的人在科学院发话怎么行

---

① 原载中国科学院院史文物资料征集委员会办公室编《院史资料与研究》1992 年第 1 期，第 27—30 页。该文脚注说：“访谈内容还涉及建院初期党组织情况、近代史研究所的成立等问题，这里只摘选一部分。”——编者注

呀！所以就由我来做，找院长、副院长谈学习计划、意见等。后来这个运动和批评胡适、俞平伯，批评梁漱溟结合在一起，还是有我在那儿。关于这个情况你们查查报纸就可以知道。郭老发表了几次讲话，我印象中至少有两次。

问：学习委员会里面还有什么人呢？

刘：计划局的人我可以动员，但最主要的还是近代史所的人，近代史所的年轻人我能够指挥。近代史所的人，头一两年就是参加运动：思想改造运动，三反五反等，业务上没做什么，别人也觉得近代史所就是该干这个。我找不到别人，也不好找别人去。直接参加的人不一定要是党员。我指挥近代史所的人干什么呢？整理材料，到各所去了解情况回来汇报，哪里开会就去哪儿听，也不发表意见，回来后分析分析有没有什么要注意的问题。

问：思想改造有何政策界线？

刘：有一段时间，我们觉得高等学校轰轰烈烈，科学院讲政策界线，到底什么是政策界线也搞不清。陈伯达专门为此座谈过一次，他是副院长又是中宣部副部长。他找了一些同志商量，有范文澜、我、汪志华、恽子强、丁瓒，我们也找郭老商量。其实陈已有一些想法，他先前有一个讲话，不是很过头，他说我们这些人，是当宣传员的。接受马克思主义可以通过各种渠道。科学家可以通过科学研究，接近真理，认识真理，来领会马克思主义。他引了列宁的一段话来阐述这个问题。我觉得这次讲话讲得还是比较好，时间是在 1951 年 5—6 月。我是 1951 年 1 月到科学院的。这样工作就比较有章法，一层一层的，每个研究所提出哪几个人是重点帮助的，所谓重点帮助就是要他谈一次，跟他个别谈一次，再人多些谈一次，副院长的会都大概只有十来个人，我们都有个控制，一般不超过十几个人。胡先骕的会人比较多，他的问题特殊一点，他平时表现也比较差，有二三十人参加他的会。

问：是在院里而不是在所里？

刘：对，是在院里，表示重视，其他人就是在所里。在院里的只有两个，一个是胡先骕。一个是社科方面的王静如。王懂西夏文，是陈寅恪的助手。他大概就是跟陈寅恪学了一点西夏文，主要也搞这方面的工作，批评起来也没有多少好说的。他的会有一二十个人，他的地位不如胡先骕高，所以做法也与胡先骕有区别。

问：在帮助胡先骕的会上胡先骕的表现如何？

刘：会上他没说什么，好像会前说过。主要是听别人说，不是让他表态。王静如的会也是这样，开会的议题是关于某某先生在什么方面大家有什么意见。就这么开会，大家提提意见，很温和。只是起初有个自发的会，主要是关于吴有训的。那时还没有成立学习委员会。自发的会我们都不知道，院部的一些年轻人不知在什么场合就给几个副院长提起意见来了。话可能比较尖锐，吴有训感到压力很大，思想很紧张。中央知道以后，就派范长江同志去看他，关照他。为了稳妥起见，院里就成立了学习委员会。可以说，中科院的思想改造学习运动是和风细雨的，比较细致，主要是解决思想问题。

毕生心血汇史坛

——记马克思主义史学家刘大年[①]

姜　涛

一

中国社会科学院近代史研究所名誉所长刘大年，是我国杰出的马克思主义历史学家。

刘大年，1915 年 8 月 1 日出生于湖南华容县一个小康的读书之家。父亲是师范毕业生，31 岁便去世了。到了抗日战争前，他的家境已经衰落。刘大年 6 岁念私塾，1936 年肄业于长沙湖南国学专修学校。他从上小学直至湖南国学专修学校，所受的基本是旧式教育。他把"国学"看作是祖宗立国的根本学问，用力颇勤，从而在青年时代便打下坚实的国学基础。抗日战争的爆发，使得这位渴求新知的青年学子开始接触到许多新鲜事物。1938 年在湖南籍著名教育家、革命老人徐特立和老共产党员、八路军驻湘通讯处主任王凌波的指点下，他不远千里前赴延安，来到中国人民抗日军政大学学习，同年加入中国共产党。这是刘大年人生的根本性转折。到达陕北以后，他所读到的第一本马克思主义原著是《共产党宣言》，马克思主义理论在他的头脑里打开了一个前所未有的新天地。于是只要是新书，不管是政治经济学的、哲学的、外国历史的，他都如饥似渴地去读。从此他确立起马克思主义思想基础，并走上献身革命的人生道路。

在抗日战争最艰苦的岁月里，刘大年长期在河北南部平原打游击，在烽火连天的抗日前线，在争取民族解放的斗争中经受锻炼。敌军"扫荡"频繁，

---

① 原载《湖南党史》1998 年第 2 期，第 21—24 页。——编者注

环境极为不利，但他总能抓住行军宿营的间隙读书学习。国内学者的若干著作，如李达的《社会学大纲》、郭沫若的《中国古代社会研究》、吕振羽的《史前期中国社会研究》《殷周时代的中国社会》，以及一些苏联、日本学者讲中国社会历史的著作，就是这样读下来的。抗日战争时期的这段不寻常的经历，培养提高了他的哲学、历史的学术修养，尤其是马克思主义的理论修养。

抗日战争胜利后，刘大年与老一辈马克思主义历史学家范文澜建立了密切的工作关系，并正式走上了历史研究之路。1946 年中共中央决定创立北方大学，由范文澜任校长。1947 年，北方大学成立历史研究室，由范老亲自主持，刘大年担任研究室副主任。1948 年，北方大学与华北联大合并为华北大学（中国人民大学的前身），历史研究室改隶华北大学研究部。1950 年中国科学院成立，又划归科学院，改建为近代史研究所。这期间刘大年始终是深受范老器重的得力助手。

1953 年秋，中共中央设立了历史问题研究委员会。中宣部提名由陈伯达、郭沫若、范文澜、吴玉章、胡绳、杜国庠、吕振羽、翦伯赞、侯外庐、刘大年、尹达等 11 人组成。毛泽东批准了这个名单。在委员会里，刘大年比大多数人都年轻，属于晚辈后学。在这个委员会指导下，中国科学院筹备成立历史所第一、二所（后合并为历史研究所，近代史所则一度改称为第三所），筹办《历史研究》杂志，筹备哲学社会科学部，制定 12 年科学发展远景规划，刘大年始终是参与者或日常事务的主持者。

近代史所的老所长范文澜年过六旬以后，希望能够减轻行政工作负担，以便专心写书。这一要求得到上级同意后，自 1958 年起，刘大年便以副所长的名义挑起主持全所日常工作的担子。十年动乱期间，近代史所陷入瘫痪状态，刘大年等老同志都“靠边站”，范老也于 1969 年病逝。“文化大革命”后，刘大年出任所长，较快地恢复了所内工作秩序；随着我国社会主义现代化建设的全面展开，近代史所也呈现出欣欣向荣的新气象。1982 年，刘大年从行政工作的一线退出，开始担任名誉所长，但他依然十分关注近代史所的学科建设……

纵观刘大年一生，他始终同历史学、特别是中国近代史结下了不解之缘。

二

刘大年从事历史研究已有50余年，几经风雨，几番耕耘，辛勤的汗水换来了丰硕的果实。

以“文化大革命”为界，从1947年到1966年，也即“文化大革命”前的19年，刘大年先后写了和主持撰写了四部历史著作。

《美国侵华史》是他的第一部历史著作。1947年，他开始了艰苦的搜集资料的工作。书稿完成后，先于1949年8至10月间在《人民日报》连载，同年以《美国侵华简史》为书名出单行本。经过修订增补后，又以《美国侵华史》为书名，由人民出版社在1951年、1954年一版、再版。在抗日战争胜利后的数年中，美国出于其自身利益而一意推行扶蒋反共政策，为中国人民所深恶痛绝。在当时刚刚解放的环境中，这部书叙述美国侵略中国的历史，揭露美国的帝国主义本质，激励了中国人民的爱国主义斗志。此书出版后，苏联、朝鲜、捷克斯洛伐克、民主德国相继出版译本，在50年代初产生了相当大的影响。1953年，苏联科学院决定授予刘大年和华罗庚两人斯大林奖金。华是由于《堆垒素数论》，刘则是《美国侵华史》一书。斯大林去世后，授奖之事不了了之。华罗庚曾诙谐地说，他俩差一点有“同榜之雅”。《美国侵华史》是刘大年开始研究中国近代史的标志，也奠定了他于新中国建立之初在中国近代史学界的地位。

1955年，刘大年与丁名楠、余绳武等人合作，编著出版了《台湾历史概述》。此书后来被授予中国科学院学术奖金。此后直到“文化大革命”，刘大年除发表一系列学术论文外，还主持编写了《中国史稿》第四册（1962年），出版了《中国近代史问题》（1965年初版，1978年再版）。

《中国史稿》是由中国科学院院长郭沫若主编的一部历史著作。古代史部分由历史一、二所合并后的历史所承担，分为一、二、三册，由尹达负责组织编写；近代、现代史分为第四、第五册，由刘大年、田家英主持编写。从提出提纲起到最后定稿，刘大年主持了《中国史稿》第四册的全部编写工作。

以前讲中国近代史的著作，一般带有纪事本末的特点，而且内容偏重于政治史。《中国史稿》第四册有了重大的改变。刘大年认为，1840 年至 1919 年近代中国 80 年的历史，可以 1864 年太平天国失败和 1901 年义和团失败为界，明显地区分为三个不同的时期。在这几个时期里，帝国主义、中国社会各阶级的相互关系、它们之间的矛盾斗争各有特点。其中社会经济状况、阶级斗争、意识形态是结合在一起的，统一的。因此，这部新的著作决定根据历史演变的时间顺序讲述事件：不仅讲政治事件，也讲经济基础、意识形态、文化发展；不仅讲汉族地区的历史，也讲国内各民族在斗争中与全国的联系和相互关系。这本不足 20 万字的书，为中国近代史搭起了一个新的架子，不少地方作出了可喜的概括。它当时被指定为高等学校教材，印数也多，是 60 年代最有影响的近代史著作。

《中国近代史问题》是一部论文集。其中不乏精品力作，如《回答日本历史学者的问题》《亚洲历史怎样评价？》和《论康熙》等。《回答日本历史学者的问题》，是 1963 年 12 月作者访日期间所作的讲演，后经整理发表在 1965 年 3 月 2 日的《人民日报》上。毛泽东看了以后，认为文章中所说的世界历史发展中心应该是世界人民革命斗争的主要潮流所在的地方，讲得很对。《亚洲历史怎样评价？》是作者于 1965 年 5 月应邀出席巴基斯坦第十五届历史年会时所提供的论文，当时即受到与会者的欢迎。1965 年 7 月，《人民日报》将其全文发表，同年 11 月和 1966 年 3 月，《北京周报》英、日文版和德、法文版先后予以译载。《论康熙》最初发表于《历史研究》1961 年第 3 期，是一篇通过典型剖析，解决如何评价剥削阶级杰出历史人物的论文。文章在当时曾引起国内外学者的一些争论甚至非议，但它经受了时间的检验，长期为治清史的学者所注意。这些文章体现了作者高瞻远瞩，从大处着眼的行文风格，至今为人们所称道。

“文化大革命”的十年动乱结束后，刘大年继续研究中国近代史和历史学理论问题。其代表作是《中国近代史稿》（1978—1984 年）、《赤门谈史录》（1981 年）、《刘大年史学论文选集》（1987 年）以及即将出版的《抗日战争时代》。

刘大年所主撰的《中国近代史稿》第一、二、三册，大体上仍采用了《中国史稿》第四册的框架，但通过大量史实的补充，强化了《中国史稿》第四册的那些基本观点，克服了原书“有骨头无肉”的缺憾。而且每一个时期各有总评，成一家之言。

《赤门谈史录》是一部讨论辛亥革命的性质的专著。1979 年，作者曾应日本东京大学研究生院之聘讲授中国近代史，着重讲辛亥革命。此书就是在那个讲稿基础上写出的。他列举经济基础、领导革命的社会力量、同盟会纲领、革命的主力军等四项根据，说明辛亥革命是资产阶级民主革命。在叙述中还分别评价了国外同类论著的代表性观点。

《刘大年史学论文选集》出版于 1987 年。历史学是否以及怎样才能成为一门科学，至今仍是争论的问题。马克思主义的历史唯物主义给历史学奠定了科学的基础，但它并不能代替历史学理论。探讨历史研究如何成为科学，就是历史学理论最后要解决的问题。对于其中的一些关键问题，他都撰文发表了自己的真知灼见。

关于哲学指导思想问题，刘大年认为：自然科学和社会科学研究，都离不开一定的指导思想。马克思主义的历史唯物主义是科学思想中的最大成果，是人类社会发展到资本主义阶段的产物。历史研究要成为科学，只有依靠马克思主义唯物史观作指导。“一部世界历史，无处不是检验、充实、阐发历史唯物论和辩证法的场所。”关于历史研究的对象问题，刘大年指出：判别历史研究的对象，首先要找出它的客观依据。其根据应当是时间上连续性的东西，全面、集中体现出人创造历史的东西和客观存在的东西。私有制社会历史研究对象的本质，不是别的，就是社会阶级、阶级斗争，它们相互关系的消长变迁，和以此为枢纽的全部社会关系的客观体系及其运动。关于历史前进的动力问题，刘大年认为：生产力和生产关系的矛盾运动，生产方式的变化和发展，决定整个社会的变化和发展。在私有制社会，这种变化和发展，是通过阶级矛盾与对抗，通过阶级间的斗争来实现的。因此，说阶级斗争推动历史前进，是对问题的本质回答。关于历史发展规律问题，刘大年认为：历史之所以成为一门科学，就在于它有规律可循。找不出规律的认识，就谈不上科学认识，就不能以科学相矜。历史前进的规律，是社会阶级、阶级斗争、它们相互关系的消长变迁的规律，正是在这个意义上，司马迁说，历史可以让人们“通古今之变”。写得比较好的近代史的书，就是写出了这种运动规律的书。

刘大年的史学理论，也为国外学者所关注。1992 年，俄罗斯东方文献出版社用俄文出版了刘大年的《历史科学问题》一书，系统地向俄国学术界展现了这位中国历史学家的史学理论研究成果。

《抗日战争时代》是作者有关抗日战争史的若干论文的结集。抗日战争的研究，是刘大年近年来着意组织推动、积极身体力行的重大研究课题。

三

刘大年强调研究中国近代史必须以马克思主义为指导，经常号召研究人员加强理论学习，并指出，占有史料是研究历史的前提条件，而不是研究的完成，应当在正确理论的指导下对史料进行深入分析，透过表面现象揭示历史的本质的东西。他指出历史研究需要与现实生活相联系的道理说："历史如果与人们的生活、斗争无关，那它早就不为人所注意，以至早就不成其为一门学问而存在于世了。"刘大年早年主张集体写书，通过这种方式出人才，出成果。80年代以前，所内比较重要的研究项目都采用集体方式，个人写书比较少。事实上，规模较大的项目通常都要依靠集体力量才能完成。但那些年各种政治运动接连不断，再加上十年动乱，搞科研的时间太少。刘大年当时和后来对这个情况一直是不满意的。他认为科研工作组织得好一点，也许能够多出一两本更有影响、有代表性的著作。当然这有整个环境条件的问题。他说：那时对于我们一些人，谈不到偃武修文，放马南山之阳。

从50年代起，刘大年担任研究生导师。80年代又担任新的博士研究生导师。对于博士生的研究工作，他要求研究生解除思想束缚，坚持科学态度，要"根据自己掌握的事实，加以分析，独立作出判断，讲自己的见解"。"谁有研究，谁就有发言权。问题是这种发言权，要是建立在踏实的科学研究基础上的，而不是信手抓来一点什么，就自以为实现了所谓突破之类。当然，别人讲的对自己有启发的意见，必须充分注意，充分吸收，这就在于自己的思想水平，认识能力了"。他勉励学生们充分利用各种条件，珍惜美好时光，力争取得更大的成绩。他说：学术研究的功能在于寻求知识，增加人对世界事物的认识。说来容易做起来难。谁克服的困难多，谁的成绩就大。他回忆起自己长时间在科学院工作，有很多机会向学术前辈和同志学习，深受教益。但政治运动、行政工作又往往把作为研究员担任的科学研究变成了业余，计划经常不能实现。他的感受是：研究学问和从事革命事业中的任何其他工作一样，要取得相当成绩，环境当然有关，关键在人的追求、奋斗。环境影响人，人克服困难，在改造环境中前进。这是他的肺腑之言，也正是他学术生涯的生动写照。

刘大年经历了50余年的学术生涯，但他不属于以往的书斋型学者。“文化大革命”以前，刘大年作为中国历史学家，或参加代表团，或率领代表团访问过苏联、德意志民主共和国、巴基斯坦、日本等国。“文化大革命”后，又到日本讲学，又率领中国历史学家代表团出席在德意志联邦共和国举行的第十六届国际历史科学大会，出席在日本京都和东京举行的“七七事变”50周年学术讨论会等在政治上学术上都有一定重要性的学术会议。在那些活动中他结识了国外同行中一些第一流的学者，如俄国的齐赫文斯基、日本的井上清、卫藤沈吉等。那些活动为促进中国历史学界的对外学术交流起了作用。1979年以后国内召开的中国近代史方面若干重要的国际学术会议，刘大年多半是发起者、主持者。如1979年南京的太平天国史国际学术讨论会、1981年武昌的辛亥革命70周年国际学术讨论会、1985年在涿县召开的孙中山国际学术讨论会、1986年在广州和中山翠亨村召开的孙中山研究国际学术讨论会、1990年在北京召开的近代中国与世界国际学术讨论会、1991年在沈阳召开的“九一八事变”60周年国际学术讨论会和在武昌召开的辛亥革命80周年国际学术讨论会、1993年在北京召开的近百年中日关系史国际学术讨论会，等等。这些会议促进了国内外学术界对中国近代史研究的交流。

在社会工作、社会活动中，刘大年是第六、第七届全国人大常委会中澳友好小组主席，常参与有关的外事活动，又参加和率领人大代表团访问南美、澳新和欧洲一些国家。这些为促进中国和各国人民之间友好交往的活动，同他在历史研究中所做过的工作是分不开的。

刘大年虽已八十高龄，但仍壮心不已，笔耕不辍。近年来，史学界出现了一些对待历史的实用主义观点，刘大年不愿坐视，而是积极参与各种学术活动，撰文进行回击，捍卫了马克思主义史学精神，表现了一个史学家应有的责任感和使命感。刘大年的学识、人品皆称一代楷模。

刘大年先生的“版权观”①

张　扬

刘大年先生最近送我一本新书：刘潞、崔永华编的《刘大年存当代学人手札》。书籍装潢精美，却没有出版单位，也没有版权页和条码，在一般标有某某出版社字样的位置，印着“中国社会科学院近代史研究所”字样。书中辑有刘大年在数十年中参加各种政治、外交、学术活动的珍贵照片十几帧，来往函件影印件数十幅，此外，辑录80余位当代学人手札183封。正如《编辑说明》所指出：“信的书写者，不少是当代最有影响的或知名的学者。他们中有政治、经济、文学、历史、哲学、外交等社会科学方面的学者，有数理、生物、地质、医学等自然科学方面的学者。”

刘大年先生，湖南华容人，1938年赴延安。新中国成立后，历任中国科学院党组成员、学部委员、近代史所副所长，中国社科院近代史所所长、名誉所长，全国人大常委会委员等。他德高望重，是老一辈马克思主义史学家。

我看了看，80余位当代学人的183封手札写作于1946至1992年，时间跨度达46年。写信的人有范文澜、艾思奇、成仿吾、吴玉章、侯外庐、郭沫若、顾颉刚、李济深、黄炎培、王芸生、包尔汉、胡乔木、贝时璋、陈叔通、吴晗、竺可桢、周谷城、王亚南、王冶秋、王炳南、田家英、孙冶方、孙起孟、吕叔湘、华罗庚、何其芳、陈伯达、陈翰笙、杨钟健、罗尔纲、尚钺、郑振铎、张友渔、张孝骞、张际春、胡绳、钱三强、梁思成、黎澍、翦伯赞，等等。稍有知识的人，都知道他们的名字，知道他们在中国文化科学史上的地位。这些书信有长有短，每封信后附有注释，对照读起来很有意思，就像读一部特殊体例的中国现当代史。无疑这是一本极有价值的书，因此，价格一定不菲……

---

① 原载《新闻出版交流》1998年第2期，第25页。——编者注

我习惯地翻寻起定价来了，没找到，倒是在扉页背后、洁白的纸张下端横印着一排醒目的黑体字：“非卖品 · 工本费 20.00 元。”

“这是怎么回事？”我问。

大年先生笑笑：“写信者多已作古，极少数仍健在；但不论是已逝世的还是仍健在的，都有个版权问题，或曰著作权问题……”

我想我立刻听懂了他的话。但又不全懂：“一般来说，写给人的信就等于送给人的东西，所有权也就属于对方了……”

“书信可不‘一般’！得到一封信和得到一个花瓶绝对不一样。书信确确实实是精神产品，有时还涉及隐私权等问题；因此，就算对书信拥有了‘所有权’，在具体运用上也还得注意分寸。不能利用法律的‘盲区’，不能违背著作权法和做人的道德。”

回家的路上，我翻阅着《手札》，想了很多。首先想到若干年来一些文人或“文氓”以各种借口各种方式大肆披露别人私信。这些信件除“既以自炫，又以卖钱”（鲁迅语）外，别无意义；当然，“醉翁之意”还是有的，即揭发隐私，让“仇敌”出出洋相。这些人自以为很聪明，成功地利用了法律的“盲区”，却全然丢失了“做人的道德”！

法律永远会有“盲区”的，但人心不该有“盲区”。人应学会自重自律。

马克思主义史学家刘大年[①]

姜　涛

中国社会科学院近代史研究所名誉所长刘大年同志，是我国杰出的马克思主义历史学家。

刘大年，湖南华容人，1915 年 8 月 1 日出生于一个小康的读书之家。父亲是师范毕业生，但三十一岁就去世了。到了抗日战争前，他的家境也已衰落。刘大年六岁入小学，大部分时间念私塾，1936 年肄业于长沙湖南国学专修学校。1938 年赴陕北进中国人民抗日军政大学学习，同年加入中国共产党。1939 年抗大第五期毕业后，曾长期在冀西和冀南抗日根据地工作，先后任冀西专区行政干部学校教导主任，晋冀鲁豫边区政府冀南行署宣传科长、教育科长，冀南抗战学院、政治学校教员，北方大学工学院副主任，北方大学、华北大学历史研究室副主任，华北大学四部（研究部）领导成员。1950 年中国科学院建立，他担任中共中国科学院党组成员，科学院编译局副局长、中国科学院学术秘书、《科学通报》主编、近代史研究所副所长、中国科学院哲学社会科学部学部委员、中国科学院哲学社会科学规划办公室主任，1958 年后实际主持近代史研究所工作。“文化大革命”中他被作为“走资派”批判。1978 年恢复工作后，任中国社会科学院近代史研究所所长、社科院研究生院教授、博士生导师。1980 年中国史学会重建，他当选为第二、第三届史学会主席团成员、执行主席。他还是孙中山研究学会副会长、中国抗日战争史学会会长。从 1964 年起，他连续当选为第三届至第七届人大代表，第四届至第七届全国人大常委，第六、七届全国人大教科文卫委员会委员。

刘大年从事历史研究工作，得益于两个先决条件：一是坚实的“国学”基础，一是高度的马克思主义理论修养。

他从上小学直至湖南国学专修学校肄业，所受的基本是旧式教育，因而

---

① 原载《史学理论研究》1998 年第 2 期，第 13—19 页。——编者注

把所谓“国学”看作是根本学问，甚至在从湖南到陕北的途中，还提醒自己不可忘记祖宗立国的根本。抗日战争的爆发，使得这位渴求新知的青年学子开始接触到许多新鲜事物。在湖南籍的著名教育家、革命老人徐特立和老资格的共产党员、中共驻湘通讯处主任王凌波的指点下，他不远千里前赴延安。这是刘大年人生的根本性转折。到达陕北以后，他所读到的第一本马克思主义原著是《共产党宣言》，从此在他的头脑里打开了一个前所未有的新天地。于是只要是新书，不管是政治经济学的、哲学的、外国历史的，他都如饥似渴地去读。盲目崇拜孔学的观点，不知不觉烟消云散了。他从此确立起马克思主义思想基础和献身革命的人生道路。那条道路，最现实的就是到烽火连天的抗日战争前线去，从事民族解放的斗争，经受锻炼。那是他们那一代许多有觉悟的知识分子所共同走过的道路。

在抗日战争最艰苦的岁月里，他长期在河北南部平原打游击，敌军“扫荡”频繁，极少有不听到枪炮声的日子。但他总能抓住行军宿营的间隙读书学习。宣传教育部门的工作岗位，客观上也需要他这样做。国内学者的若干著作，如李达的《社会学大纲》、郭沫若的《中国古代社会研究》、吕振羽的《史前期中国社会研究》《殷周时代的中国社会》，以及一些苏联、日本学者讲中国社会历史的著作，就是这样读下来的。抗日战争时期的这段不寻常的经历，培养提高了他的哲学、历史的学术修养，尤其是马克思主义的理论修养。

抗日战争胜利后，刘大年与老一辈马克思主义历史学家范文澜建立了密切的工作关系，并正式走上了历史研究之路。1946 年中共中央决定创立北方大学，由范文澜任校长。1947 年，北方大学成立历史研究室，由范老亲自主持，刘大年担任研究室副主任。1948 年，北方大学与华北联大合并为华北大学（中国人民大学的前身），历史研究室改隶华北大学研究部。1950 年中国科学院成立，又划归科学院，改建为近代史研究所。刘大年始终是深受范老器重的得力助手。

刘大年从事历史研究已有五十余年，可以“文化大革命”为界，分为前、后两个时期。

从 1947 年到 1966 年，也即“文化大革命”前的十九年，刘大年先后写了和主持撰写了四部历史著作。

他的第一部历史著作是《美国侵华史》。1947 年，他开始了艰苦的搜集资料的工作。书稿完成后，先于1949年8—10月间在《人民日报》连载，同年以《美国侵华简史》为书名出单行本。经过修订增补后，又以《美国侵华史》为书名，由人民出版社在1951年、1954年一版、再版。在抗日战争胜利后的数年中，美国出于其自身利益而一意推行扶蒋反共政策，为中国人民所深恶痛绝。在当时刚刚解放的环境中，这部书叙述美国侵略中国的历史，揭露美国的帝国主义本质，激励了中国人民的爱国主义斗志。此书出版后，苏联、朝鲜、捷克斯洛伐克、民主德国相继出版译本，在50年代初产生了相当大的影响。这部书是刘大年开始研究中国近代史的标志，也奠定了他于新中国建立之初在中国近代史学界的地位。1953年，苏联科学院决定授予刘大年和华罗庚两人斯大林奖金。华是由于《堆垒素数论》，刘则是《美国侵华史》一书。斯大林去世后，授奖之事不了了之。华罗庚曾诙谐地说，他俩差一点有“同榜之雅”。

1955年，刘大年与丁名楠、余绳武等人合作，编著出版了《台湾历史概述》。此书后来被授予中国科学院学术奖金。此后直到“文化大革命”，刘大年除发表一系列学术论文外，还主持编写了《中国史稿》第四册（1962年），出版了《中国近代史问题》（1965年初版，1978年再版）。

《中国史稿》是由中国科学院院长郭沫若主编的一部历史著作。古代史部分由历史一、二所合并后的历史所承担，分为一、二、三册，由尹达负责组织编写；近代、现代史分为第四、第五册，由刘大年、田家英主持编写。从提出提纲起到最后定稿，刘大年主持了《中国史稿》第四册的全部编写工作。

以前讲中国近代史的著作，包括拥有众多读者的范文澜的《中国近代史》，一般带有纪事本末的特点，而且内容偏重于政治史。《中国史稿》第四册有了重大的改变。刘大年认为，1840年至1919年近代中国八十年的历史，可以1864年太平天国失败和1901年义和团失败为界，明显地区分为三个不同的时期。在这几个时期里，帝国主义、中国社会各阶级的相互关系、它们之间的矛盾斗争各有特点。其中社会经济状况、阶级斗争、意识形态是结合在一起的，统一的。因此，这部新的著作决定根据历史演变的时间顺序讲述事件：不仅讲政治事件，也讲经济基础、意识形态、文化发展；不仅讲汉族地区的历史，也讲国内各民族在斗争中与全国的联系和相互关系。这本不足20万字的书，为中国近代史搭起了一个新的架子，有的地方作出了可喜的概括。它当时是指定的高等学校教材，印数也多，是60年代最有影响的近代史著作。

《中国近代史问题》（初版时题为《中国近代史诸问题》）是一部论文集。其中《回答日本历史学者的问题》《亚洲历史怎样评价？》和《论康熙》，引起过国内外的评论和争论。《回答日本历史学者的问题》，是1963年12月作者访日期间所作的讲演，后经整理发表在1965年3月2日的《人民日报》上。毛泽东看了以后，认为文章中所说的世界历史发展中心应该是世界人民革命斗争的主要潮流所在的地方，讲得很对。《亚洲历史怎样评价？》是作者于1965年5月应邀出席巴基斯坦第十五届历史年会时所提供的论文，当时即受到与会者的欢迎。1965年7月，《人民日报》将其全文发表，同年11月和1966年3月，《北京周报》英、日文版和德、法文版先后予以译载。《论康熙》最初发表于《历史研究》1961年第3期，是一篇通过典型剖析，解决如何评价剥削阶级杰出历史人物的论文。文章在当时曾引起国内外学者的一些争论甚至非议，但它经受了时间的检验，至今为治清史的人们所注意。而文章所体现出的作者高瞻远瞩，从大处着眼的行文风格，也至今为人们所称道。

在《中国史稿》《中国近代史问题》等的写作过程中，刘大年逐渐形成了他关于中国近代历史的一些基本看法。他认为：（一）历史的运动是一个整体运动。社会生活中经济基础、上层建筑等部门功能各异，而它们又是、也只能是作为一个互相连结、彼此无法分割的体系，作为一个体系的整体存在和发生作用的。社会生产、经济生活是这个体系、整体的核心。人们对一定时间里的基础、上层建筑等必须摆在整体运动上去认识、去理解。这是历史唯物论的基本看法。《中国史稿》上把一定时间里各个领域的状况综合起来叙述，就是为了便于加强这种认识，这个看法。（二）历史运动的动力来自社会内部不同形式的矛盾对抗，那种矛盾、对抗的状况随着不同社会结构的状况而异。帝国主义封建统治势力与中国人民大众的矛盾，是随着近代中国社会结构变异而来的两大对抗性矛盾。帝国主义使中国民族不独立，封建统治使中国社会落后于近代化。这两大基本问题横梗在中国历史前进的道路上。近代中国历史的全部运动就是这样形成和发展起来的。以前我们把中国近代史叫作民主革命时期，把那时的斗争叫作反帝反封建，这是从中国革命的角度所作的扼要而准确的提法、概括。其中似乎缺少要求近代化。民主革命、反封建，正是为的给近代化打开道路，那是很明白的。（三）民族矛盾与阶级矛盾两个矛盾并存，民族斗争的形势影响或作用于阶级斗争、阶级关系的演变；反过来，后者也作用于前者。它们清楚地表现出历史运动的若干客观规律性。讲近代史，最终是要从说明两个矛盾的各自位置、它们的相互关系、作用中所表现出来的客观规律性。具有科学性的历史书，最重要的任务都是要有利于人们认识一定的历史规律性。（四）事物要从运动中去认识。运动表明事物是什么不是什么。中国近代社会各阶级的不同地位、性格、作用，以及它们的相互关系等，都是从事变态势中，从一定时间过程中表现出来的。离开活动，没有一定的过程，就无法认识它们怎样或不怎样。司马迁说，历史可以告诉人们“通古今之变”。按照一定阶段叙述历史变迁过程，就正是有利于人们认识中国近代社会各阶级，谁是什么，谁不是什么，历史是怎样前进的，朝着哪个方向前进的，等等。他的这些看法，讲的是对中国近代历史的认识，实际也是对历史学作为一门科学的一些认识；他讲的是历史观点，实际也涉及历史研究的一些看法。

“文化大革命”的十年动乱结束后，刘大年继续研究中国近代史和历史学理论问题。其代表作是《中国近代史稿》（1978—1984 年）、《赤门谈史录》（1981 年）、《刘大年史学论文选集》（1987 年）以及即将出版的《抗日战争时代》。

刘大年所主撰的《中国近代史稿》第一、二、三册，大体上仍采用了《中国史稿》第四册的框架，对这一段历史也没有提出什么新的看法，但通过大量史实的补充，强化了《中国史稿》第四册的那些基本观点，克服了原书“有骨头无肉”的缺憾。而且每一个时期各有总评，成一家之言。

《赤门谈史录》主要讨论辛亥革命的性质，列举经济基础、领导革命的社会力量、同盟会纲领、革命的主力军等四项根据，说明辛亥革命是资产阶级民主革命。在叙述中还分别评价了国外同类论著的代表性观点。1979 年，作者曾应日本东京大学研究生院之聘讲授中国近代史，着重讲辛亥革命。此书就是在那个讲稿基础上写出的。

《刘大年史学论文选集》出版于 1987 年，讲史学理论的文章排在首位，占的篇幅也较多。刘大年认为中国历史学的传统悠久，中国的和世界的历史学各有自己的科学成分，有了它们我们才能够认识以往的历史。但是历史学是否以及怎样才能成为一门科学，至今仍是争论的问题。马克思主义的历史唯物主义给历史学奠定了科学的基础，但它并不能代替历史学理论。探讨历史研究如何成为科学，就是历史学理论最后要解决的问题。对于其中的一些关键问题，他都撰文发表了自己的看法。

关于哲学指导思想问题，刘大年认为：自然科学和社会科学研究，都离不开一定的指导思想。马克思主义的历史唯物主义是科学思想中的最大成果，是人类社会发展到资本主义阶段的产物。而这个阶段仍在蜕变之中。历史研究要成为科学，只有依靠马克思主义的哲学指导。关于历史研究的对象问题，刘大年指出：判别历史研究的对象，首先要找出它的客观依据。其根据应当是时间上连续性的东西，全面、集中体现出人创造历史的东西和客观存在的东西。私有制社会历史研究对象的本质，不是别的，就是社会阶级、阶级斗争，它们相互关系的消长变迁，和以此为枢纽的全部社会关系的客观体系及其运动。关于历史前进的动力问题，曾有过种种不同的回答和争论。刘大年认为：生产力和生产关系的矛盾运动，生产方式的变化和发展，决定整个社会的变化和发展。在私有制社会，这种变化和发展，是通过阶级矛盾与对抗，通过阶级间的斗争来实现的。因此，说阶级斗争推动历史前进，是对问题的本质回答。关于历史发展规律问题，刘大年认为：历史之所以成为一门科学，就在于它有规律可循。找不出规律的认识，就谈不上科学认识，就不能以科学相矜夸。所谓规律，要从事物的重复性表现出来。重复性就是常规性，常规性及其演变所在，就是规律所在。历史前进的规律，是社会阶级、阶级斗争、它们相互关系的消长变迁的规律，而这一规律也是由重复性表现出来的。写得比较好的近代史的书，就是写出了这种运动规律的书。

刘大年的史学理论，也为国外学者所关注。1992年，俄罗斯东方文献出版社用俄文出版了刘大年的《历史科学问题》一书，系统地向俄国学术界展现了这位中国历史学家的史学理论研究成果。

《抗日战争时代》是作者有关抗日战争史的若干论文的结集。抗日战争的研究，是刘大年近年来着意组织推动、积极身体力行的重大研究课题。这部论文集，同样体现了他重视史学理论、提倡用唯物论指导具体研究的一贯主张，且有新的发展。在本书的压卷之作、题为《照唯物论思考》的长篇论文中，作者全面分析评价了近年来的抗日战争研究，强调指出“科学研究要讲唯物论，要讲辩证法”。刘大年提出：历史是什么？它是人类社会以生产力与生产关系的矛盾统一运动为基础的、由人的思想意识活动作用于其中所驱动的整体运动的过去，是当前整个社会体系的昨天和前天，是这个体系的由来。马克思主义的历史唯物主义，是建筑在对社会整体运动的认识上的，是迄今为止可以引导人们去寻求对社会历史得出规律性认识的思想理论体系。他说："一部世界历史，无处不是检验、充实、阐发历史唯物论和辩证法的场所。哪里社会矛盾尖锐复杂，人民力量兴起，斗争规模宏大，历史运动剧烈，哪里就是检验、充实、阐发历史唯物论和辩证法的好场所。中国抗日战争特有的格局，它的复杂性，无论从哪方面来看，都是发挥历史唯物论的思想力量最好的和令人最饶科学兴味的场所。善于探索者尽可以去开发，去掘进。"

刘大年已发表的论著有一部分尚未集结成书，有的著作尚待完成。上述"文革"前后各四本书是其基本部分。两部近代史稿属于集体成果，但是他主撰的。刘大年自己说，他在"文革"前写的和参与写的四本书，主要解决中国近代史如何写法的问题；"文革"后的四本书，主要解决历史学研究什么的问题。一门中国近代史，一门历史学理论，正是历史学里面与现实关系密切的领域。他把自己研究工作的注意力主要放在这两个门类上。由此可以见出他对历史研究的意向。他强调哲学社会科学研究的主流必须是联系社会生活实际，适应社会前进需要的；不过要摆脱狭隘思想，从广泛的角度看问题。

作为历史学家的刘大年，还是历史学科建设的领导者和组织者之一。新中国诞生后，中国历史学发展到了一个新的阶段，更多的人重视应用马克思主义研究历史。为了进一步推动历史研究工作，1953 年秋，中共中央设立了历史问题研究委员会。中宣部提名由陈伯达、郭沫若、范文澜、吴玉章、胡绳、杜国庠、吕振羽、翦伯赞、侯外庐、刘大年、尹达等 11 人组成。毛泽东批准了这个名单，并指定陈伯达为委员会主任。在委员会里，刘大年比大多数人都年轻，属于晚辈后学。在这个委员会指导下，中国科学院筹备成立历史所第一、二所（后合并为历史研究所，近代史所则一度改称为第三所），筹办《历史研究》杂志，筹备哲学社会科学部，制定十二年科学发展远景规划，刘大年始终是参与者或日常事务的主持者。一些历史学家，如侯外庐、顾颉刚等人调到北京工作，也是由他直接经手的。

近代史所的老所长范文澜年过六旬以后，希望尽可能减轻行政工作负担，以便专心写书。这一要求得到上级同意，于是自 1958 年起，刘大年便以副所长的名义挑起主持全所日常工作的担子。十年动乱期间，近代史所陷入瘫痪状态，刘大年等老同志都“靠边站”，范老也于1969年病逝。“文化大革命”后，刘大年出任所长，较快地恢复了所内工作秩序；随着我国社会主义现代化建设的全面展开，近代史所也呈现出欣欣向荣的新气象。1982年，刘大年从行政工作的一线退出，开始担任名誉所长，依然十分关注近代史所的学科建设。

刘大年的学术观点与办所方针对近代史所科研工作影响很大。他强调研究中国近代史必须以马克思主义为指导，经常号召研究人员加强理论学习，并指出，占有史料是研究历史的前提条件，而不是研究的完成，应当在正确理论的指导下对史料进行深入分析，透过表面现象揭示历史的本质的东西。他指出历史研究需要与现实生活相联系的道理说：“历史如果与人们的生活、斗争无关，那它早就不为人所注意，以至早就不成其为一门学问而存在于世了。”他的这一思想，也对全所的科研方向有重要影响。几十年来，所内许多研究项目都清楚地反映这一思想。刘大年早年主张集体写书，通过这种方式出人才，出成果。80年代以前，所内比较重要的研究项目都采用集体方式，个人写书比较少。事实上，规模较大的项目通常都要依靠集体力量才能完成。但那些年各种政治运动接连不断，再加上十年动乱，搞科研的时间太少。刘大年当时和后来对这个情况一直是不满意的。他认为科研工作组织得好一点，也许能够多出一两本更有影响、有代表性的著作。当然这有整个环境条件的问题。他说：那时对于我们一些人，谈不到偃武修文，放马南山之阳。

从50年代起，刘大年担任研究生导师。80年代又担任新的博士研究生导师。他之将社会阶级、阶级斗争以及它们相互关系消长变迁作为历史研究对象的思想，也充分体现在他所指导的几篇博士论文，如《洋务知识分子研究》《近代中国人口研究》《近代中国通商口岸研究》之中。对于博士生的研究工作，他分别有过多次谈话或写过信。1994年5月，他在写给学生的一封信中，于提出有关博士论文的一些设想后，又强调指出：“上面说的大都是些泛泛之谈，隔靴搔痒，可能不着边际。你必须根据自己掌握的事实，加以分析，独立作出判断，讲自己的见解。对我说的那一些，有几分可取就取几分，了无可取，就彻底干净抛弃之，毫不犹豫。在这里，来不得半点虚假、客气，千万千万。我自己的经验，写一点东西，总要反复推翻前面的想法，然后才能落在纸上。自己认识问题尚且如此，怎么能够想象看了你的提纲讲的一些泛泛之言，就能一概站得住脚！事情可能相反，讲得越具体，情况越会糟糕。总之，科学研究要解除思想束缚，坚持科学态度。谁有研究，谁就有发言权。问题是这种发言权，要是建立在踏实的科学研究基础上的，而不是信手抓来一点什么，就自以为实现了所谓突破之类。当然，别人讲的对自己有启发的意见，必须充分注意，充分吸收，这就在自己的思想水平，认识能力了。'启予者商也'，孔子还重视从他的学生那里得到启发呢！"

从这里可以看出他提倡的研究方法，也可以看出他在学术问题上强调实事求是的态度。他勉励学生们充分利用研究所的条件，珍惜美好时光，力争取得更大的成绩。他说：学术研究的功能在于寻求知识，增加人对世界事物的认识。说来容易做起来难。谁克服的困难多，谁的成绩就大。他回忆起自己长时间在科学院工作，有很多机会向学术前辈和同志学习，深受教益。但政治运动、行政工作又往往把作为研究员担任的科学研究变成了业余，计划经常不能实现。他的感受是：研究学问和从事革命事业中的任何其他工作一样，要取得相当成绩，环境当然有关，关键在人的追求、奋斗。环境影响人，人克服困难，在改造环境中前进。这是他的肺腑之言，也正是他学术生涯的生动写照。

"文化大革命"以前，刘大年作为中国历史学家，或参加代表团，或率领代表团访问过苏联、德意志民主共和国、巴基斯坦、日本等国。"文化大革命"后，又到日本讲学，又率领中国历史学家代表团出席在德意志联邦共和国举行的第十六届国际历史科学大会，出席在日本京都和东京举行的"七七事变"50周年学术讨论会等在政治上学术上都有一定重要性的学术会议。在那些活动中他结识了国外同行中一些第一流的学者，至今仍与俄国的齐赫文斯基、日本的井上清、卫藤沈吉等保持着联系。那些活动为促进中国历史学界的对外学术交流起了作用。1979年以后国内召开的中国近代史方面若干重要的国际学术会议，刘大年多半是发起者、主持者。如1979年南京的太平天国史国际学术讨论会、1981年武昌的辛亥革命70周年国际学术讨论会、1985年在涿县召开的孙中山国际学术讨论会、1986年在广州和中山翠亨村召开的孙中山研究国际学术讨论会、1990年在北京召开的近代中国与世界国际学术讨论会、1991年在沈阳召开的"九一八事变"60周年国际学术讨论会和在武昌召开的辛亥革命80周年国际学术讨论会、1993年在北京召开的近百年中日关系史国际学术讨论会，等等。这些会议促进了国内外学术界对中国近代史研究的交流。

在社会工作、社会活动中，刘大年是第六、第七届全国人大常委会中澳友好小组主席，常参与有关的外事活动，又参加和率领人大代表团访问南美、澳新和欧洲一些国家。这些为促进中国和各国人民之间友好交往的活动，同他在历史研究中所做过的工作是分不开的。

刘大年经历了五十余年的学术生涯，但他不属于以往的书斋型学者。他在回答有人问对于自己有何看法时说：任何时候我们不能根据人们的自我评价去认识那个人，包括所谓“圣人”的自我评价。孔子说他“五十而知天命”，可是我们知道人生中根本不存在“天命”那种东西。足见圣人的话也是虚言，不可凭信。他说：“我的过去，第一，是革命的一个参加者。抗日战争发生，受爱国思想支配走上前线，是无数知识分子走过的共同道路。这没有什么可说的。第二，我是一个马克思主义的学习者、宣传者，通过研究历史宣传马克思主义科学，是职业上的分工。革命工作与学术研究是统一的，但也可以找到区别。恩格斯说，他和马克思是在书斋里战斗的。我常常想到恩格斯那句话与自己面前的现实怎样？”

《百年风云——中国近代史访谈录》第一讲：中国近代史告诉了人们什么？①

主讲：刘大年　中国社会科学院近代史研究所名誉所长　研究员

什么是中国近代史上的基本问题？

学生甲：刘老师，今天是《百年风云——中国近代史访谈录》开讲头一次。你是研究中国近代史的前辈，我们都是在大学里学习中国近代史的学生。有些问题想向你请教。这些问题不止我们关心，可能更多的人也感兴趣。希望听听你的意见。

刘：我赞成举办中国近代史访谈录。这是一项有意义的活动。所谓访谈，换一个说法就是讨论会。我高兴来参加讨论。现在请各位就提问题吧！

学生乙：我们知道，中国近代史一般是指鸦片战争以后一百多年的中国历史。它的内容很多，问题不少。我们首先想请你谈谈，什么是中国近百年史的基本问题。

刘：中国近代史从150多年前的鸦片战争起，到中华人民共和国诞生止，共110年。这段历史时间不长，内容繁多，变化很大。要了解这110年历史的基本问题，有个简要办法，就是看看它同以前以后的社会相比，多了什么，又少了什么。这110年的前面是独立的封建社会，后面是社会主义新中国。在那期间，明显地多了一个帝国主义的侵略压迫，少了一个民族独立，多了一个帝国主义支持下的封建统治，少了一个社会近代化。因此，中国近代史上的基本问题是两个：第一，民族独立问题；第二，社会近代化问题。

---

①未刊稿，时间约1993年。《百年风云》是中国社会科学院近代史研究所组织的电视访谈纪录片的片名，是试图探索中国近代史知识社会化的一次努力。研究所邀请了十多位中国近代史领域的著名学者接受电视访谈。刘大年先生接受的是第一讲。——编者注

学生丙：刘老师，一部中国近代史，重大的事件和斗争一个接连一个。你把那些事件和斗争归纳为两个基本问题，看起来很扼要。现在请你谈谈关于民族独立的问题。

刘：关于民族独立：鸦片战争以前，中国独立于世界的东方，政治上、文化上对周围地区广有影响。英国用鸦片和大炮打开中国大门之日起，情况发生了根本性变化。中国在战争中遭受失败，割地赔款，受到不平等条约束缚。民族不独立了，社会开始走上半殖民地之路。民族矛盾从此成了社会生活里的基本矛盾之一。在第一次鸦片战争以后接着来的英法联军之役，带来更加严重的后果。中国封建统治势力再次向外国屈服，签订了一系列新的不平等条约。清政府作为侵略者的工具的地位确定下来。清政府站在人民的头上发号施令，外国侵略者则站在它的头上发号施令。再往后三十几年，即到十九世纪最后十年特别是日本侵略中国的甲午战争以后中国完全变成了帝国主义瓜分的对象，亡国的危险迫在眉睫。英国、法国、俄国、日本、德国、美国是这时侵略中国的主要帝国主义。它们都要求在瓜分中国中得到自己的份额。1904 年出版的《外交日本》举出三十件事，说明过那种情形。三十件事里面，有全国税务属于英国，东清铁路属于俄国，粤汉铁路属于美国，等等。中国的广大地区这时被列强划作自己的势力范围，中国不能自主。一直到 1936 年即抗日战争前夕，中国的 18 个城市辟有外国租界或租借地，中国领土上驻有日、美、英、法、意诸国军队 28000 多人。中国早已不是一个主权独立的国家。我们的民族生活在外国军队的监视下面。

帝国主义侵入改变了中华民族的地位，也直接改变了中国广大人民的生活状况。以前中国人民只受本国封建势力压迫剥削，现在又加上了一层，同时要受外国资产阶级、帝国主义的压迫剥削。人民因此被迫要抵抗外国侵略，掀起反抗斗争和起义。整个近代史上反抗斗争联绵不绝，第一位的症结就来自这里。

学生乙：对于你刚才讲的，我有一点想法。有一种观点，认为近代中国所以落后，在于“动乱太多”。国家只有安定才能进步，近代中国太不安定，所以落后了。这个观点，听起来不是也有点道理吗？

刘：说“动乱太多”影响了中国落后，乍一听，似乎不无道理。分析一下，就知道这种说法是不对的。第一，我们对于近代中国的所谓“动乱”，不能不分青红皂白，一律看待。它们中间有帝国主义强加在中国头上的，如鸦片战争以下的各次侵略战争，有民国以后旧军阀、新军阀混战和国民党进行的反共内战，有人民对帝国主义封建主义统治的起义，如太平天国、辛亥革命。帝国主义封建主义统治存在，那些“动乱”就是不可避免的，不以人的意志为转移。单是帝国主义侵略中国的战争一项，占的时间就很长。从鸦片战争到1945年抗日战争结束，包括英军进攻西藏、日本两次出兵山东与“九一八”占领东北等，列强侵略中国的战争共12次，历时16年又9个月。也就是说，近代中国每10年中，就有一年半的时间是在外国侵略者发动的战争动乱中度过的。新、旧军阀混战、国民党的反共内战，也与帝国主义的参与或者支持分不开。如果“动乱太多”影响了中国的进步，要算这笔账，首先应该算在帝国主义头上，其次要算在中国反动统治者的头上，算不到人民的头上。第二，中国人民抵抗外国侵略、反对封建统治的斗争，不是有过，而是有功，有最大的功。他们进行的斗争，不是加速了民族丧失独立，而是挽救了国家民族沦于灭亡；不是促使了中国的半殖民地化，而是阻止了中国变为殖民地。就拿本身带有很大落后性的义和团运动来说，义和团发生在中国民族危机空前严重的时刻，它一举打碎了帝国主义瓜分中国的迷梦。1908年，孙中山讲过他与西方某人谈话的故事。孙中山说，列强怀有瓜分中国的野心，对方回答说，那是义和团以前的事情，义和团使情况大变了，如今再谈瓜分中国，那是不识时务。这是西方人的评论。从西方人的评论可以看出，义和团运动建立了何等巨大的历史功绩。用表面的所谓“动乱太多”去说明近代中国的落后，只会使人认不清事实真相，是完全不足取的。

正由于争取民族独立是近代中国的一个根本问题，人们经过斗争实践，在认识和感情上把两个相联系的观念突出起来了，这就是中华民族的观念与爱国主义的观念。它们虽然各有其历史来源，但只有在这时才内容一新，表达了新的使命感。帝国主义越是侵略不已，它们就越是深入人心，由一种思想观念，变为最大的凝聚力量，人们由此能够团结起来，不怕牺牲去战胜敌人。中华民族的观念与爱国主义是中国近代史给我们创造和留下的至为宝贵的精神财富。新的时代条件将使它们更加丰富。

学生甲：关于民族独立问题，你说得很明白了。下面想听你讲讲中国近代史上的另一个基本问题，也就是关于近代化的问题。

刘：关于近代化：近代化的核心是工业化。从落后的封建社会进到工业化，是与资本主义分不开的。中国封建经济相当发达，走上资本主义，实现近代化，是历史发展的一种趋势。但是中国的资本主义还没有来得及露头，就受到了外国侵入的沉重压制。中国的近代化由此陷入了困境，多灾多难。

我们要指出，外国资本主义侵入，对中国资本主义的出现起过刺激和促进作用，那是事实。外国资本主义侵入促使封建经济解体，给中国资本主义生产创造了某些条件和可能，例如机器设备输入，技术引进等。外国既然要利用中国的原料和廉价劳动力，利用中国作为倾销产品的市场，就必须把某些设备、技术带进中国，为自己的利益服务。不那样做是不可能的。然而外国侵入的本来目的，不是要听任中国发展资本主义，而是要变中国为殖民地半殖民地，奴役压榨中国人民，是要阻止中国发展民族资本主义，实现国家工业化。他们为了自己的利益，不这样做更是不可能的。

中国资本主义工业冒出地面，是在19世纪70年代。这时洋务派在统治集团中掌握重要的权力。他们主张学习西方语言文字，引进外国技术来维护封建阶级的统治地位，但也害怕一旦机器满天下，富商大贾仿照外洋机器生产牟利，对封建制度就有更大的危险，因此层层加以限制。到90年代这种情况有了一些改变，但是，封建势力仍旧不愿意鼓励资本主义的发展。所以康有为在著名的公车上书里向清政府建议，要“富国为先”，“以商立国”，要废除限制人民利用机器、开设新式企业的禁令，要准许并鼓励商人用机器自行开采矿产，制造各项器用，兴办各种近代企业等等。90年代中国民族资本主义工业有了一些增长，可是外国在中国办的产业则有了更大的增长。据经济史学家的研究，中国产业与外国产业资本的比例是，1894年中国占39.3%，外国占60.7%；1913年中国占19.7%，外国占80.3%；1936年中国占21.6%，外国占78.4%。外国资本远远超过中国资本。不仅如此，外国资本是商业掠夺性的，它依靠帝国主义的特权，利用投资获取最大的利润。中国资本根本没有力量竞争，处处要仰外国资本的鼻息，求得生存。中国的工业中主要又是轻工业，重工业几乎等于零。以钢为例，1936年全国除东三省外，钢的产量不足5万吨。1949年全国钢产量也只有15.8万吨，相对于英国19世纪初的水平。中国近代工业的状况就是如此。科学、文化、教育的落后人所共知。政治黑暗，没有民主，更不待言。

学生丙：中国要现代化，就要坚持改革开放，我们国家今天实行改革开放的政策取得的巨大成就，足以充分说明这一点。旧中国没有实现近代化，是不是和对外开放不够有关呢？

刘：以为旧中国没有实现近代化是由于对外开放不够，这个看法完全不符合事实。中国门户固然不是自己对外开放的，但它早已被帝国主义用大炮打开了。中国的海关掌握在外国人手里，外国人自由地在中国开设银行、工厂，列强的兵舰商船自由地在中国海岸内河航行，列强的军队驻扎在中国土地上，中国的广大地区成了列强的势力范围，而且一国得利，各国均沾。试问还要怎么开放法？问题在于那种开放不是独立国家的开放，而是丧失了独立的半殖民地的开放。处在那种开放下的社会，只有被无止境地搜刮勒索变得越发贫穷落后，生产凋敝，民穷财尽，而不会产生什么近代化。孙中山说中国是“次殖民地”，比殖民地还次一等，就是指的这种情形。我们知道，殖民地对宗主国绝不存在开放与否的问题，可是哪个殖民地是不落后的，哪个殖民地是近代化了的呢？近代中国对外门户洞开，但是在帝国主义封建势力各种方式的搜刮压榨下不得翻身，这正是表现了半殖民地半封建社会的特点。

学生甲：根据你上面的解说，民族独立与近代化，确实是中国近代史上的两个基本问题。但不知这两个基本问题是什么关系，它们又如何去解决？

刘：民族独立与近代化，不是各自孤立的，它们紧密地联结在一起。没有民族独立，不能实现近代化；没有近代化，政治、经济、文化永远落后，不能实现真正的民族独立。中国人民百折不回追求民族独立，最终目的仍在追求国家的近代化。1949年，毛泽东说：“夺取全国胜利，这只是万里长征走完了第一步。”第二步、第三步是什么，那就是解决近代化问题了。但是民族独立与近代化毕竟是两个不同的问题。它们各有各的特定内容。民族独立是要改变国家民族被压迫的地位，推倒半殖民地半封建秩序。从根本上说是要解决生产关系的问题。近代化则是要改变中国经济、文化落后的地位，要发展以近代工业生产为主干的社会生产力。从根本上说是要解决生产力的问题。两个问题的内容不同，解决的方法也就不一样。人们无法来实现两个任务同时并举，或者毕其功于一役。先从发展工业、发展资本主义入手，实现中国的近代化，然后去解决民族独立问题，行不行？人们不是没有这样想、这样做过。工业救国、教育救国、物质救国的主张者，都从这方面作过了努力。中国资本主义工业在辛亥革命以后并且出现了一个小小的浪潮。但在第二次世界大战结束，帝国主义重新加紧对中国控制以后，中国资本主义的“黄金时代”转瞬即逝了。中国的民族压迫依旧，民族危机日趋严重。这说明此路不通。剩下的唯一解决办法，就是走革命的路，推翻半殖民地半封建统治秩序，取得民族独立，给中国实现近代化打开新的天地。历史就是沿着这条道路行进的，而且终于走通了。这说明它是一条唯一正确的道路。

以前我们把中国近代史叫作“民主革命”时期的历史。“民主革命”里面有民族独立的要求，没有直接的近代化的要求。这当然不是表示革命者不要求实现近代化，而是表示他们知道中国的近代化要从解决民族独立问题来突破难关。难关一旦克服，中国实现近代化的办法就形成了，那就是走社会主义的路，实现国家的近代化。中国近代历史曲折地走过了110年，这就是结论。

学生甲：我们的问题你都解答了。今天就谈到这里。谢谢你。

大年先生要我“多读书”
——记湘籍史学家刘大年①

黄仁国

一次在学习中共十七届四中全会精神的时候，大家谈论起马克思主义的“中国化、时代化、大众化”来，我想到我所熟悉的湘籍史学家刘大年先生，他就是一位马克思主义“三化”的积极推进者。

1997年8月底9月初，我曾对大年先生作过一次连续几天的访谈。8月30日晚上，大年先生谈起他在冀南行署担任宣传科长的往事，其中讲到组织当地士绅召开座谈会。士绅中有不少饱读诗书的高级知识分子，他们熟悉中国传统文化，但对马克思主义知之甚少，对党的方针政策存有疑虑。有次座谈会，一个士绅问大年先生：“中国几千年历史，共产是什么根据？”这实际上就是马克思主义中国化的问题。大年先生当即用自己所熟悉的孔子的言论来与士绅们交流。《礼记·礼运第九》中有“孔子曰：……大道之行也，天下为公。选贤与能，讲信修睦，故人不独亲其亲，不独子其子，使老有所终，壮有所用，幼有所长，矜寡孤独废疾者，皆有所养。男有分，女有归。货，恶其弃于地也，不必藏于己；力，恶其不出于身也，不必为己。是故，谋闭而不兴，盗窃乱贼而不作，故外户而不闭，是谓大同。”大年先生讲，“天下为公”就是一种共产主义思想，并以此讲老有所养等问题，然后由“大同”讲到共产主义社会，在此基础上，结合中国的社会现实谈为什么要搞“共产”。在谈到怎样才能实现共产主义时，大年先生则引用了孟子的言论。《孟子·尽心章句上》有“易其田畴，薄其税敛，民可使富也。食之以时，用之以礼，财不可胜用也。民非水火不生活，昏暮叩人之门户求水火，无弗与者，至足矣。圣人治天下，使有菽粟如水火。菽粟如水火，而民焉有不仁者乎？”大年先生说，“至足矣”就是“太丰富了”，当物质资料空前丰富了，就有可

---

① 原载《中国社会科学报》2009年12月24日第11版。该报编者按语说：今年12月28日，是刘大年先生逝世十周年，本报特约此文，以志纪念。——编者注

能实现共产主义。经大年先生这样古今中外地一讲，士绅们就恍然大悟了，纷纷说："马克思主义虽然是西方的，但它在中国是有根据的。"显然，在冀南行署担任宣传科长期间，大年先生与当时中国各地许多党的领导干部一起，为马克思主义中国化、时代化、大众化努力工作；马克思主义能够在中国生根、发芽，并结出丰硕的果实，与他们的开创性工作分不开。

那次访谈是隔天谈一次。9月1日下午，大年先生拿出一张写有提纲的稿纸，与我谈起马克思主义来，足足谈了两个小时。当时的感觉是特别兴奋、震撼，可以说是我生平第一次发现马克思主义里面竟然有那么多饶有兴味的东西。从我的记录看出，他主要谈了四个方面的内容。

第一，"历史学的研究首先要讲以马克思主义为指导"。他说："这里要强调的是马列理论体系，而不是讲某些语句，不是某些观点，甚至于某些重要的观点。如马克思主义认为社会主义会马上在西方资本主义国家实现，但没有实现，不正确。""马克思主义不是宗教。宗教是神学，神支配一切，不可以讨论。神学是无法用实践来检验、论证的。""经过实践检验是错误的，就要放弃。""尽管个别理论被事实证明是过时了，马克思主义还是科学体系。"他从马克思主义理论体系的基本特点和立论基础等方面谈其科学性，谈他始终坚持马克思主义的深层原因。结合历史学，他谈到唯物论的"物"包括可以量化的生产力和生产关系两个方面及其相互关系，这是结合了科学行为主义方法的一种思考，在他的论著中并没有看到过。

第二，"研究历史必须是实践性和科学性相统一"。他说："实践性也就是马克思过去讲的革命性。列宁说马克思主义是革命性和科学性的天然统一。但现实生活中，革命性与科学性往往不统一。因此，掌握马克思主义不是一句话就能说得清的。'文化大革命'是马克思主义与实践性不统一的表现。那时，只讲生产关系，不讲生产力。'大跃进'后强调抓生产关系，以为解决了生产关系就解决了生产力。新中国成立后，开头几年抓生产力还可以。后来，科学性与实践性不统一。"他从马克思主义的实践性来讲历史研究，认为马克思主义如果不与现实联系，就没有什么作用了，就是"沙龙"马克思主义。他说："学术研究不是靠热情和主观意愿，而是靠事实和对事实的了解。历史研究一定要强调联系现实，科学研究要建立在充实的史料根据上，这样才能发挥史料的作用，也是联系现实最基本的一种途径。讲历史，总要回到现实之中。一个是不能不联系现实，一个是不能勉强联系现实，牵强附会。历史类比、影射根本不是历史，也不能把历史当作解释政治任务的工具。”“古今中外，历史与现实联系在一起。北宋司马光讲三国时称魏国为正统，南宋朱熹则称蜀国为正统，皆因联系现实故。历史研究被用来为政治服务，马克思主义历史学则不能这样，要还历史以真实面目。脱离现实，违反历史，只能让人们造成混乱。”

第三，“研究历史要追寻历史运动的本质”。他认为，历史研究的根本规律是从变动中认识历史的走向。他说：“一切都是变的，只有变是不变的。所以，我们的认识也要变。”

第四，“我们对一些问题的认识要跟着时代去前进，要回答或说明时代变动中的一些最新的事情”。他说：“马克思主义是开放的，不是封闭的。”“中国的马克思主义要发展，一要研究当代的资本主义，一要研究当代的社会主义。”“讲马克思主义指导时，要有新的材料、新的观点。”

综合这四点，不难看出，这是大年先生对新时期马克思主义中国化、时代化和大众化的认真思考。可惜的是，我当时并没有能够很好地理解这些内容。

9月2日，访谈结束后，我在中国社会科学院近代史研究所打电话向大年先生辞行。大年先生要我“多读书”。我很长一段时间误认为是他对我学识浅薄的批评，直到2007年春我在刘潞家查看大年先生的资料时，我看到他的部分读书批注，才猛然醒悟，他对我说的最后一句话“要多读书”竟是他对自己毕生经验的一个总结！大年先生之所以能够在马克思主义中国化、时代化和大众化方面作出贡献，与他终生不断学习息息相关。由此想到，中共十七届四中全会在提出马克思主义“三化”的同时，还提出要建设马克思主义学习型政党的战略任务，这确实是对中国共产党历史发展的经验总结。

面向新世纪　漫谈历史规律问题①

1994年3月21日，我们访问了刘大年先生。大年先生在他的书房里很高兴地接见了我们。我们向先生问候，说明对这次访问，白寿彝先生很重视，曾两次同我们谈到这次访问的事，我们希望大年先生就当前我国史学发展的状况、存在的问题以及中国史学发展的前景等问题谈谈自己的看法。大年先生很忙，这次能接受访问，很不容易，我们感到十分高兴。

大年先生说，白寿彝同志同我谈过几次，你们的刊物《史学史研究》我能收到，刊物上的访问记，我也读了一些。有的访问记讲得很好。你们要我谈的问题，我可能要交白卷。说到这里，大年先生笑起来。他说，我对史学界的情况不了解。不了解也就不好说什么，不了解也就没有发言权。说到你们的刊物，我以为，史学史的研究，实际是史学理论的研究。史学是史学家对历史的看法，史学史是对史学家的看法的认识，是对史学家的思想的认识。用我们的观点去分析他们的认识，来提高我们的认识。历史研究不仅是“还原”，但第一步是要“还原”的。我们从“还原”中间抽出一些东

---

① 原载《史学史研究》2003年第3期，第1—6页。原稿题注如下：

1994年初，根据白寿彝先生的意见，我和瞿林东教授访问刘大年先生。我根据录音整理出访谈稿，原安排在本刊《人物志》栏目内发表。录音整理稿经白寿彝先生过目后，送大年先生审读。刘大年先生要再推敲推敲。

2003年年初，见到刘潞同志，谈及此事。后来，刘潞同志在整理其父刘大年先生文稿时，发现了这篇录音整理稿，大年先生在原稿上作了一些文字修订。她希望发表这篇文章并写了《读后记》。

根据本刊栏目要求，录音整理稿改为专论。原稿的开篇和结尾两部分仍其旧；刘潞同志的《读后记》附在本文的后面。今天，刊物能发表大年先生的文章，要谢谢刘潞同志，我们对大年先生表示深深的敬意和怀念。——吴怀祺。

——编者注

西来，讲出为什么要研究历史的道理来。现在说说自己的想法，进行讨论，也可以反驳，反驳才有意思。

现在是二十世纪快要结束了，是世纪末。二十世纪是人类特别重要的世纪，回顾二十世纪，倒过去看历史，可以看出一些历史规律的问题。马克思说："人体解剖对于猴体解剖是一把钥匙，低等动物身上表露的高等动物的征兆，反而只有在高等动物本身已被认识之后才能理解。"（《〈政治经济学批判〉导言》）到了这个世纪末，再去看看二十世纪的问题，会看得更清楚。面向新的世纪，谈谈历史规律的问题，是很有意义的事。

大年先生谈到了以下几个问题。

一、历史科学研究要注重研究二十世纪的历史

二十世纪的历史特别值得重视。在二十世纪以前，人类经历了不少世纪，发生过不少重大的事件。但是没有哪一个世纪、哪一个事件像二十世纪的变化那样大，那样深刻，那样复杂，那样剧烈。这种变化剧烈，是大起大落。世界历史是这样，中国的历史也是这样。两次世界大战都发生在二十世纪，对历史产生很大的影响。二十世纪的最大的变动是两次世界大战后形成的格局。

人类文明史上战争不断，但是没有像二十世纪那样的战争。两次世界大战后许多国家发生变动。人类历史是在波浪中前进的，两次世界大战前后，各国的历史大起大落。英国在这之前，是资本主义的最主要的国家，但是经过两次大战后，现在已经是资本主义的二等国家。第一次世界大战德国被打败，后来又恢复起来，出现第三帝国。第二次世界大战后德国衰落下去，现在又起来了。日本在二次大战后，衰落下去后又重新发展起来。斯大林在波茨坦会议前后就说过，日本还会兴盛起来。资本主义国家还会大起大落。美国也在变动，在二次大战后，成了超级大国，但也出现衰落的迹象。这些变动是深刻的。

第一次世界大战后，出现了苏联，出现了社会主义制度，这在人类历史发展方向上是最大的、最深刻的变化。以前的制度的变化是私有制的变化。

苏联经过七十多年的发展过程陡然发生了变化，这是人们没有预料到的，西方也没有预料到。这也是发生在二十世纪末。东欧的变化也是这样，二十世纪的四分之三时间是在不断变动之中。

中国在二十世纪也发生了很大的变化。从上个世纪，从鸦片战争以后，中国人是在寻找出路，但一次也没有找到。本世纪初，辛亥革命推翻了君主制，过去只是说辛亥革命没有完成反帝反封建的任务。这是对的。但现在我们要看到，辛亥革命在东方的意义是了不起的，中国第一个在东方建立起共和国。这是很大的变化。推翻君主制，然后才有资本主义、共产主义。建立资本主义、共产主义才有条件。当然它也确实没有把中国完全从封建制度中解脱出来。在这以后十月革命给中国指出了出路。中国出现两大势力，这就是共产党、国民党。国民党起初也是进步的势力。后来发生变化。这期间发生长达八年的抗日战争。这规模也是以前没有的。抗日战争唤醒了人民的觉悟。人民的觉醒是很重要的，也是很不容易的。新中国的建立结束了半殖民地半封建的社会，国家独立了，我们的民族独立了。再有，过去民族分裂，军阀混战，现在是各民族统一，团结起来，找到了发展中国经济、文化的社会主义的道路。最近胡绳同志写有一篇文章，说到毛泽东一生做了两件大事。完成新民主主义革命、开始社会主义的革命和建设。第二件大事做得还是有缺陷。所以无论是从世界上看还是从中国看，二十世纪都是人类历史上重大变化的时期。

二十世纪又是社会生产力、科学技术得到空前发展的时期。以前只能在水上、陆上进行活动，现在可以上月球、探测火星。机器人可以模仿人的功能。试管婴儿诞生以及遗传密码的发现，都有重大的意义。人类的生产一是生活资料的生产，二是人类自身的生产。一代一代地延续下来。试管婴儿的产生，对人类自身的延续产生重大影响，遗传密码可以控制性别。这对生物的发展也产生重大的影响。进而对人与自然的关系上也会发生重大的作用。反过来又对人类的发展发生作用。无论从哪一方面来说，二十世纪都是重大的变化的时期。

反过来，一些消极的东西也在变化、发展，这种情况使生态受到破坏。对此有所谓的乐观派、悲观派。社会的发展使生态受到破坏，在西方，环保是个大问题。另外有一个问题是人口，人口增长迅速，越是落后的地方，人口的包袱越重。中国的人口，报上说有十一亿八千万。如果人口没有这么多，那么我们的日子会比现在要好过得多。马尔萨斯的人口论，过去是说他把工人阶级的贫困化和人口的增长联系在一起，但他的人口论不是毫无道理的。人口对历史的发展影响很大。是以人口解释历史，还是以历史解释人口，这个问题可以研究。斯大林讲的也不是没有道理的，但是他讲得过头了。不能绝对地看问题。

总而言之，二十世纪的历史要着重地加以研究，找出历史运动的规律来。理论的研究最重要的是人对历史规律的研究。

二、关于历史规律的问题

根据历史唯物主义的观点，人类的历史是有规律的发展。在人类的历史上，无处不存在着矛盾，历史运动的规律也是无处不存在的。没有矛盾，也就没有运动，没有运动的规律。人类的历史是按规律运动。这是历史唯物主义的基本的观点。

认识历史运动的规律，一个重要的问题，是把自然运动的规律和社会运动的规律区别开来。社会运动的规律和自然运动的规律不相同，是因为在社会的发展中，是有思想的人在那里活动，在起作用。没有有思想的人在那里活动，也就没有历史的运动。而自然运动没有这种情形。反对历史有运动规律的各种议论中有一种看法，就是抓着这一点，以社会运动的规律和自然运动的规律的不同为理由，否定历史的运动是有规律的。人类历史运动的规律和自然运动的规律不同还有一点，这就是在人类历史运动中，规律所起的作用相对地说，是短期的，有时间性的。而在自然中的情况不一样。比如，氢二氧一就可以化合成水；再如热胀冷缩的规律，不只是在一个时期起作用的。只要有这种条件，就会产生这个结果。而人类每一个社会形态的规律只适合一定的社会，换了一种社会，它就不起作用。

中国史学史上有没有讲规律的史学家、思想家呢？这个问题要研究。中国历史上讲这个意思的最早的可以说是老子。老子说："道可道，非常道。"这句话中的第一个"道"是有规律的意思。但是老子的基本思想是讲"静"，静止的静，这和客观运动规律的思想不一致。在中国儒家的思想里面，孔子的言论中讲"道"的地方是很多的。在《论语》中有不少地方。但讲得很含混，有各种各样的意思，有的是不明确的。他说的“齐一变，至于鲁；鲁一变，至于道”（《论语·雍也》），但这个道是什么呢？不明确。《论语·为政》中说：“殷因于夏礼，所损益可知也；周因于殷礼，所损益可知也；其或继周者，虽百世可知也。”这也还是说制度的，谈不上是在说规律的。至于说“大道之行也，天下为公”，有一点道的意思。但大道是个什么东西？不是一个社会，也不是一个制度。而“道不同不相为谋”则是另一回事。孔子的道，涉及什么，这要讨论，但他并没有明确地涉及规律的内容。

后来阴阳五行讲相生相克，把这个当作一种规律，但这不是一种客观的规律。汉代的董仲舒讲“三统”，赤统、白统和黑统，根据夏、殷、周三个朝代在一年中以哪一个月为岁首来确定。历史按照三统运行。这样的规律完全是种神学的理论。今文家讲的“三世说”，所见世、所闻世、所传闻世，有的人说这是进化论但是这有矛盾，孔子生活的时代，在他们看来，又是最坏的。司马迁说的“究天人之际，通古今之变”，这个天人之际的道，究竟是什么意思？大概还是董仲舒的思想，是天人相通，天人相与。任何一个社会都是天人相通，天人相与。天人相通，天人相与，讲天人关系的和谐。魏源对三世说作了发挥，认为天可以说话。这也完全是神学化。总的讲，古代的中国没有讲客观规律的，就是有，也是很模糊的。《史通》《文史通义》基本上是讲史料学方面的问题，也没有讲客观规律。

讲规律不能把现象当作规律。比如在中国历史上的统一和分裂是不断出现。从秦到宋，这中间有几次统一，分裂，再统一。经过春秋战国，秦统一了。东汉以后是三国。西晋统一后，中国又出现分裂。隋朝统一了，以后是唐，唐朝以后，是五代十国，后周在北方进行统一的事业，赵匡胤先后灭了南方的分裂割据势力和北汉最后建立了北宋。由分裂到统一，这是一个现象，还不能说这就是规律。

有人说，中国历史上起事者多在东南，成事者多在西北。这也是一种现象，也不能叫规律。

同样，类比也不能叫作规律。

但历史确实是有规律的，历史是有规律可循的，这是马克思主义的最主要的思想，是历史唯物主义的基本思想。但是历史又是不可预测的。西方有一个布热津斯基，他写了一本叫作《大失败》的书，说二十世纪预测是资本主义的世纪。但是后来 1917 年出现了苏俄，二十世纪末，苏联解体，这是不可预测的。但是不可预测并不能说历史没有规律。历史规律是什么东西，历史规律有什么特点？华岗写了一本书叫《规律论》。这本书谈到规律的问题，虽然不是专讲历史规律的问题，但是讲了规律的特点。凡是规律的东西总是有重复性。（列宁说重复性是常规性。）规律又具有客观性。他说规律基本的特征有三个，就是客观性、必然性和重复有效性。重复和不重复没有绝对的界限。重复不是说每一个国家都是这样。重复是说从低级向高级的发展，不是说从高级退回到低级。五种生产方式，是说人类历史上先后出现过五种生产方式，不是说每一个国家都要经过五种生产方式。只是说历史发展的程序。奴隶制度不是每一个国家都经过，封建制度也不是每一个国家都经历过。五种生产方式说明历史是从低级到高级。要研究一个国家的内部生产方式生活方式和阶级的运动。最重要的是一个国家的内部的阶级关系的运动，它的运动的趋势。我写过一篇文章讲历史运动的规律。

历史是有重复性的。历史研究的对象是什么呢？历史的研究是要探索人和人的社会关系的运动及演变，私有制的本质和它的运动的形式，要研究这种运动形式。私有制的运动形式是阶级矛盾和阶级斗争，以及它的各种的消长。我们要研究它的阶级矛盾以及各种关系的消长。原始社会有原始社会关系的运动，以及这种关系的消长和变迁。这种社会关系的运动、消长、变迁，就表现出历史的事件、历史的运动。这样来看每一个国家的历史，可以看出历史的重复性，每一个地方的历史都是有规律的。历史的研究不是研究个别的人。个别人的作用是阶级意志的体现，这些个人是阶级的代表。皇帝有至高无上的权力，即使是一个白痴，他也是君临一切，这是他的阶级的意志的表现。所以说历史是有重复性的。

中国近代的历史也是有重复性的。中国近代史上的各种矛盾的转化等都是有规律的，有重复性的。近代史上的每一次运动，都是那些大商人、大地主欢迎、投降外国人的。第一次鸦片战争时，英国人进了长江，人民反抗，英国人到了扬州，去迎接英国人的，向英国人送钱送物的是大商人。反对太平天国的是大商人、大地主，他们和洋人联合起来。第二次鸦片战争，外国人到了通县，迎接外国人的也是大商人、大地主。这是一种阶级的规律性的现象。

重复性到现在也还没有结束。在国际上，凡是对中国有利的，对中国是好事的，美国及西方的资本主义的国家有些人一定反对；凡是给中国制造麻烦的，引起中国动荡不安的，他们一定支持，他们是欢迎的。譬如在人权问题上、在最惠国待遇问题上，都能看出这种重复性。从中可以看出规律来的。

人在一定的条件下可以起作用的。但是客观规律又制约人的作用。

不是说每一条规律都是一样，有些事看得出规律，有些事看不出明显的规律，这个中间没有绝对的界限。有许多东西是处在中间的状态。在自然界，例如鸭嘴兽，是禽，又是兽，这就是一种中间的状态。规律和非规律不是绝对相排斥的。这样来看社会的问题可能更合乎事实。这对我们研究历史是有好处的。这种中间状态可以讨论。但我们从客观性、重复性来看，还是要研究历史的发展的规律。

三、从二十世纪看历史规律

二十世纪的历史发展规律告诉我们什么东西？第一个问题是社会主义的出现是合乎规律的还是不合乎规律？苏联的解体是不是社会主义就没优越性？这实际还是社会主义制度优越性的问题。英国人大卫·科兹有一篇文章谈到苏联的经济改革问题。这篇文章转载在今年第三期的《真理与追求》的杂志上面。作者说到社会主义的优越性的问题。他认为苏联的社会主义制度还是有优越性的。从三十年代到七十年代，苏联取得了重大的成就。国家实现了工业化，城乡人民的生活水平得到了提高。形成一代高教育水平的人口。工人享有社会的保障。七十年代，用作者的话说，这时的“国家社会主义”制度进一步缩小了城乡的差别。苏联成为与资本主义势均力敌的力量同资本主义进行斗争。科学技术有了巨大的成就。这些都是合乎事实的。俄国在十月革命前，在欧洲占第四位，在十月革命后，很快地赶上去了。没有这一个时期的工业化，要在第二次世界大战中打败德国法西斯希特勒，是不能想象的。美国、英国在第二次世界大战中，是为他们的利益。罗斯福说过，他的一切政策、决策都是为了美国人的利益。如果没有实现了工业化的苏联，那第二次世界大战的情况会是怎样的？这位英国人的文章对苏联社会主义制度的优越性的问题，谈得还是合乎实际的。由于苏联的解体，就说社会主义制度没有优越性是没有道理的。

大卫·科兹的第二个论点是对改革方向的分析。根据一项调查，大多数的俄国人还是赞成社会主义的。苏联的解体主要是苏联的内部出现了特权阶层。没有这个特权阶层，苏联是不会那样快地解体的。社会主义在苏联是有基础的。今后的十年，能成为主要的力量。用实行休克疗法来进行改革，是行不通的，结局在一定时期还未定下来。社会主义在苏联还是有优越性的，但是也有弊病。今后的道路也是曲折的。但是历史发展有一种必然，是要按规律前进的。

第二个问题是从二十世纪的历史怎样认识历史的规律。历史规律的认识是一件长远的事。历史没有最后的一页，历史规律的认识也没有最后的一页。进化与退化同时存在。进化中间有退化，在进化的同时也有退化。章太炎提出俱分进化论，他在第七卷的《民报》上的一篇文章中说过，进化有前进的一面，退化也是进化的。善亦进化，恶亦进化，乐亦进化，苦亦进化。比如说，人比起动物来是进化了，但是人死要比动物痛苦。富人的死比穷人的死要痛苦，而穷人的死比动物的死，又要痛苦。这里有些看不出是进化论。但是它其中的一些论述是合乎辩证法的。比利时的学者恩斯特·曼德尔说过，进化不是直线的。经济上的进化有可能把西方的资本主义引向死胡同。马克思主义在承认社会进化的同时，还要承认退步的进化。否定之否定是马克思主义的辩证法，要用辩证法的观点来认识社会的进化的问题。社会发展的不平衡性是社会的基本的规律。过去都说过实现计划经济，在世界上俄国是第一个。但即使这样，它不一定是最先安全实现社会主义的国家。商品经济的消亡、国家的消亡，都是一个长期的辩证的过程。总之，要用辩证法的观点来看待进化的问题。

再以中国为例，新中国成立后，社会在发展，但是"文革"就是一个退步。改革开放是一个大进步，社会生产力的一次大发展，也是空前的。但是我们又看到社会当中，确实存在着消极腐败的东西，确实在文化领域中出现退化的现象，可以说，有些比过去是有过之而无不及。如弘扬传统文化，这是积极的。而另一方面，有的借此宣扬封建迷信。据说在有的地方，出现一种所谓的"共识"，他们肯定《周易》的预测功能，有的还为国家的机构所认可，得到批准成立所谓"预测公司"。这是几十年来没有的情形。用传统的文化来宣扬封建迷信是思想领域内的一种退化，但是它确实是存在的。

历史的前进是波浪式的前进，波浪式前进是一种规律。近代史的发展也是一种波浪式前进。有高潮也有低潮。历史是曲折地前进的。对于社会主义的发展，我们也应当这样地看。以前，我们认识社会主义，在斯大林、毛泽东的论述中，都有这样的说法："要在一个不太长的时期内实现从社会主义向共产主义的过渡。"现在看来，这样的论断有问题，历史的前进必然是波浪式地前进。过去对资本主义的衰亡估计得过快。从社会主义向共产主义的过渡，社会主义跟资本主义的斗争，实现社会主义的过程是要一个很长的历史的阶段。目标是确定的，至于哪一天实现社会主义、共产主义这不是我们所能确定的。

波浪式前进的规律说明了历史在前进中有局部的倒退。中国的历史的总的趋势是统一，但中间也有变化，有分裂。孟子说："天下乌乎定，定于一。"从战国到秦，统一了。但是一直到西汉的武帝，这个问题才解决。西汉的初年，还是要封诸侯王，后来有七国之乱。中国的总趋势是越来越统一。但这中间有变化、分裂，也有倒退。中国的统一越来越强，分裂的情形越来越减少。历史的发展就是波浪式地向前发展的。苏联的历史，中国的历史都是可以看到这一点。

最后，从二十世纪的历史看出一条怎样的规律？人类前进是有规律的，规律是多方面的。对立统一、否定之否定，这些规律支配一切事物。世界上一切事物都在变，只有变是不变的，这是一个总的规律。

二十世纪的变化、变动之大，这是以前所没有见过的。这种变化是在对立统一的矛盾的运动中进行的。社会主义和资本主义是对立的，是相互排斥，又相互吸收的。社会主义的存在，对资本主义并不是都是不好的。美国的教授费正清说过这样一点。资本主义的改变大概和社会主义的存在有关系。资本主义国家也要变化，它是改良主义，是为了缓和阶级的矛盾，但它总还是在改变。日本和北欧的一些资本主义国家，实行的是一种福利的资本主义政策。从高额的税收中取出一部分来，再投到国民的福利中支出。这样的办法用以缓和阶级矛盾。另外，资本主义也是要计划经济的，并不是都是毫无计划的竞争。

同样，资本主义的存在对于社会主义也不是毫无意义的。资本主义的科学技术要引进吸收，资本主义的管理生产的方式同样可以借鉴，社会主义也必须改变模式。我们实行社会主义的市场经济，以这种办法来提高生产力，促进社会生产力的发展。如果局限在原来的模式之中，是不能发展生产的，也不能提高人民的生活水平。

总之，只有不变的变，没有别的不变的东西。这是总的规律。从二十世纪的历史中还可以总结哪些规律，我们并不是都能看得清楚的。有的要到二十一世纪才能看得出来。二十一世纪的变化是不可预测的，历史是在前进，也有停顿、倒退，但总的趋势是在前进，在发展。

二十世纪是一个大变化的世纪，从二十世纪的历史中我们看到历史的发展是有规律的。认识这个规律，对于我们认清历史的前途有重要的意义，对于我们坚持前进的方向也是十分重要的。

大年先生兴致勃勃地同我们谈了两个多小时，在谈话中，他不时地起身从书架上、书桌上找出文献资料阐释自己的观点。胸中汇纳世纪的风云，纵论历史发展大势，以恢宏的气度，辩证的眼光，分析历史发展的重要关节，由此概括、抽象出的对历史规律的认识，自然是深刻的。在这世纪之交的时刻，研究我们时代的历史运动规律问题，是一个史学家的时代使命感的体现。通过这次访问，我们的收获也是多方面的。

读后记

今年二月，在一次会议上，认识了吴怀祺教授。吴教授告诉我，几年前，他曾与瞿林东同志一起采访过我父亲刘大年先生。他对那次谈话的印象很深，他记得录音整理稿曾寄给我父亲。父亲回话说，想修改一下后再发表。可后来就再未提此事。吴教授说当年的录音还在，找出来后他会交给我。最近整理父亲的遗稿时，发现了那份录音整理稿。上面有父亲用铅笔做的一些记号，但显然还没有做认真修改。父亲将此稿搁置未改的原因无从知晓。但从采访的时间看很可能是因为第二年（1995年）是抗日战争胜利50周年，父亲身为抗日战争研究会会长，正在忙于相关活动的组织工作，主编《中国抗日战争史丛书》，并连续撰写几篇长文，因而当时没有精力认真修改录音稿，以后也就放下了。

尽管稿子不是经父亲修改后的定稿，但里面讲到的对20世纪的历史地位的看法、对历史发展规律及史学史的看法，都是他在经历几十年的风风雨雨之后，作为一个马克思主义史学工作者对中外历史现象的哲学思考。至于这些看法的正确性，如他以往对自己发表的见解的态度，任人评说。

今年12月28日是父亲去世4周年，感谢《史学史研究》惠允发表此稿。

刘潞　2003年7月16日

五、工作报告

中国科学院研究人员思想改造学习总结（草稿）①

中国科学院研究人员学习委员会办公室
1952 年 10 月 15 日

中国科学院北京区研究人员的思想改造学习自去年十一月开始，至今年一月因“三反”运动而中止。“三反”结束后做了一些准备工作，于七月中旬重新开始，历时七个星期，进展比较顺利，没有发生什么偏差，至九月初全部结束。九月八日起进入第二阶段，即根据理论联系实际的基本精神，讨论各门科学工作的总方向和目前的方针任务、修订工作计划，以初步改进科学研究工作。现将思想检讨的情况扼要总结如下：

（一）科学院的特点和我们采取的方针

一、科学院研究人员参加这次思想改造学习的共二六一人，另有行政和技术人员四〇人也参加了学习。在研究人员的二六一人中按学科分，属于自然科学的一八七人，占研究人员的百分之七十二；属于社会科学的七四人，占百分之二十八。按职别分，副研究员以上八一人，占百分之三十一。助理研究员以下一八〇人，占百分之六十九。这些研究人员的政治思想与学术思想的特点，总起来说，大多数是具有资产阶级的世界观，极少数的人还有封建、买办、法西斯的反动思想。这种情况说明科学院的研究人员在自觉的基础上进行一次思想改造学习是完全必要的。

二、但科学院的思想改造运动是在“三反”运动以后进行的，在“三反”运动中，全院工作人员的思想觉悟普遍提高。多数研究人员由于本身对思想改造有了长时间的准备，再加上各大学思想改造的影响，对于批评与自我批

① 该草稿是刘大年起草的，原载薛攀皋、季楚卿编《中国科学院史料汇编（1952年）》，中国科学院院史文物资料征集委员会办公室 1994 年 3 月刊印，第 112—116 页。——编者注

评的认识和自我改造的觉悟都有显著进步。这说明科学院的思想改造具备了与大学不同的条件，能够在大家比较自觉的基础上来进行。同时，科学院本身也还有一些特点，如不像学校有学生群众等，思想改造的作法也应与大学不同。经向文委请示：确定科学院的思想检讨，不必采取大规模的群众大会的方式，只用检讨会形式，由检讨者在各种小型会议上作报告，参加会议的人提意见，无须经会议通过。但要求做到严肃认真，真正在思想上提高自己。只有极少数人，可能因其思想作风的某些特点，需要别人着重帮助，可在不同的会上多次检讨。

三、经过七个星期的群众运动，证明对于科学家的思想改造采取这样的方针是完全适宜的。它为大家所普遍接受和欢迎。虽然开始时有少数人认为这次学习可以“轻松愉快”马虎过去；另一部分人则以为和风细雨“不过瘾”，怕不能解决问题，但这些看法，都在运动中很快转变过来了。大家一致反映：这次方针正确，思想分析相当细致。因此真正能从思想上解决问题。如有的人对思想改造本不积极，怕群众整他，在方针宣布后，很快变得积极起来，带头检讨，在自己所在的单位里起了推动作用。有的人自以为是“思想老虎”准备被整，但在运动中群众采取了说理的态度，所提的意见，使他十分心服，收获很大。更多的人则认为科学院的思想改造在接受大学的经验之后，采取了目前的方针完全切合实际，从这里初步领会了马列主义对实际工作的指导作用。同时许多人也从这个方针真正体会到了人民政府对科学工作者团结改造的政策，是十分正确的伟大的。

此外，对于科学院研究人员的思想改造，与上述方针同样重要的，是陈伯达副院长在大家的思想检讨开始以前对研究人员讲话中，着重指出了科学家可以经过自己的道路来承认共产主义思想。这不但为科学家指明了努力方向，扫除了一些作思想检讨的顾虑；同时，也使大家在执行上述方针时有了明确的思想领导，是使科学院的思想改造学习可以顺利进行的一个重要条件。

（二）主要的收获

一、彻底批判了反动思想，暴露和批判了科学工作者中的某些资产阶级错误思想。极少数人在解放以前有严重的封建、买办、法西斯思想，如亲美、拥蒋、反苏、反共、反人民等，直到思想改造以前没有清算，另外有少数人在解放以后仍有着反动思想的影响，如对美英帝国主义有各种幻想，对苏联则怀疑甚至敌视。所有这些思想都遭到群众的严厉批判，对作检讨的人有很好的效果。其中如胡先骕先生在他最后一次检讨中，也诚恳地表示要向人民低头认罪，下决心在新社会里重新做人，坚决跟毛主席走。同时，也暴露和批判了资产阶级的改良主义、宗派主义、自由主义、不关心国家人民利益的思想以及脱离政治、脱离实际的倾向。不少的科学家崇拜西欧资产阶级的政治制度，留恋资产阶级的"自由""民主"。认为只有"学术至上""科学至上"，确信并提倡"工业救国""农业救国"等。一般的以为从事科学工作是"超阶级""超政治"的，自鸣"清高"。在工作上，不要计划，没有明确目的，强调兴趣，为学术而学术，也有少数人在科学上并没有什么抱负，只是把科学看作资本，去从事政治活动，或者是把学问当作商品藉以牟利，因此，科学工作中又有很多人有严重的宗派主义思想，而另外一些人则有粗制滥造，不负责任的作风。所有这些表现也都受到了批评。经过检讨批评以后，大家开始认识学习苏联先进科学，学习马列主义作为科学工作者的指导思想的重要性。有些负责同志检讨完以后，就要求帮助他们组织起来学习马列主义理论。另外有许多高级研究人员在检讨中所提出的改进计划里都列有学习马克思列宁主义毛泽东思想一条。对学习苏联科学方面，有些人已经开始注意，并计划从学俄文学起。

二、在科学家思想上确立了理论联系实际的总方向，为修订今后工作计划作了重要准备。陈伯达副院长讲话中所提出的科学院的工作方向受到普遍的重视与欢迎。在这以前，大家只一般强调理论要联系实际，科学家们不知道到底应该怎样做。陈伯达副院长的讲话，澄清了理论联系实际问题中的一些片面糊涂的观点，有了明确的主张，科学家们已大为安心，因此，对于科学院的大量工作应该在最根本而又最广泛的范围上联系实际、联系群众这一思想，也就很容易接受。思想检讨结束后，科学院邀请了华东、东北各所的负责人来北京听取中央各有关部门的业务报告；并讨论科学院工作方向问题，大家在各种不同场合表示的意见中，说明没有人不愿摆脱学院式的研究。现在各单位正在修订原来已经拟好的今后几年内工作计划的初稿。

三、在科学工作者中认真展开了批评与自我批评。不少的科学工作者，一向自命不凡，自高自大，一个小单位中可以有好几个“天下第一”，对批评与自我批评不习惯。经过思想检讨，这一情况改变了。批评与自我批评在研究人员中已由口讲变成实做。有些单位和有些人已开始把批评运用到科学研究工作中去。这对于今后科学院的工作很有意义。

四、各单位在不同的程度上解决了一些具体问题，其中主要是解决了一些团结上的问题，如领导与群众的不团结，这一小圈子小集团与另一小圈子小集团的不团结，青年与老年科学家的不团结，个别的人相互间的不团结等，在不少的单位都或多或少地存在着，经过检讨批评，有一大部分得到了解决。

检讨结束以后，许多人反映：近两年来科学院搞了几次大运动，都有一些成绩，但这次解决问题最多，也解决得好。目前已经开始出现一些新气象。如有些人在处理问题时表现认识提高，责任感增强，提高了主人翁思想。另外有些人过去对苏联先进科学曾盲目怀疑，现在已自动结合一些具体问题去重新考虑了。

（三）几点经验与体会

一、科学工作者的思想改造，必须坚持启发自觉，依靠群众，思想问题从思想上解决的方针。这个方针的特点应该是：（1）强调改造思想，不是清算历史。有些人在检讨中曾详细交代了历史。但群众提意见时，只是从思想上进行批判分析。大家觉得这样做真是“不追不逼”，是思想改造。（2）强调自觉，不是依靠群众压力，这个精神在整个运动中都是贯彻的，无论大会小会，都是根据事实讲清道理，而不是靠人多势众或硬性的结论去解决问题；（3）强调严肃认真，而不生硬或操切从事，也坚决反对马虎潦草。

二、对科学工作者的思想批判，主要是要求划清思想界限。首先是要求划清敌我界限，批判的武器则是工人阶级的思想。要说明对于科学家一般要求用工人阶级思想来改造自己，并不是立刻要求大家都成为马列主义者，须有一定的过程，接受程度也可以有区别。进行的方法则是要求作具体的思想分析，不能从抽象的概念出发，先划圈子后填材料，不能片面夸大，以为话说得越过火越好，而是要实事求是，具体掌握分寸。应该肯定的必须肯定，不能因为“作检讨”就一笔抹杀。凡是这样做的，检讨的人就心服。反之一概批判倒，就会发生相反的效果。

三、在思想改造开始以前，要做好一些准备工作，主要的是要大家作好思想准备工作。科学院的思想改造学习在去年十一、十二月间认真学了一些文件，着重解决了科学工作者为什么必须进行思想改造和怎样改造的问题，明确了学习目的。“三反”运动中，大家又进一步了解到思想改造的必要。“三反”运动之后，几位副院长带头作检讨的准备工作，推动其他的人相继作了一些具体准备，如搜集群众意见，写书面检讨等。再加上一部分共产党员首先面对党外科学家进行了思想检讨，对于全院的思想改造学习也有一定的作用。由于有了这些过程，科学工作者们对于作思想检讨，不但在思想上是充分成熟的，而且是迫切要求的。这次我们的思想改造学习可以顺利地进行，除了方针正确，有明确的思想领导，思想准备工作做得充分，也是重要的原因之一。

（四）今后科学院研究人员的学习问题

科学工作者在经过思想改造，肃清反动思想，批判资产阶级思想之后，大家一致要求提高自己的马列主义政治理论水平，加强政治理论学习。事实上，这也是我们今后思想建设工作中的中心环节。关于这方面，科学院与其他政府机关还有些区别，所有高级研究人员的学习不同于一般机关的干部教育，有很大一批研究实习员有经常的教育任务，一般机关的业余学习不能满足这样的需要；而且由于科学院人数的日益增多，这个任务是很繁重的。因此，除了适当的学习和教育计划而外，还应设立适当的机构来组织与推动这一工作。也只有这样做，才能巩固思想改造的成果，迎接大家的学习马克思列宁主义、毛泽东思想的学习高潮。

总起来说：科学院研究人员的思想改造学习所采取的方针是正确的，收获是很大的。这个学习运动对于科学院的今后工作将有很大的推动作用。我们一定要足够估计这些作用，肯定它的成绩。但是对于每一个人说来，大家也知道这只是思想改造的真正开始。科学工作者要使自己在目前的国家建设和人民革命事业中有更大的贡献，使自己成为一个名符其实的，光荣的人民科学家，还必须在今后的各种实践中长期地、继续不断地努力改造自己。有了这次学习运动所打下的基础，我们相信这个目标是可以达到的。

（院档 52—1—3）

关于苏联历史学、历史学学术机构和历史学研究方法的考察报告①

1953 年

我们在苏联先后访问了苏联科学院系统的五个历史研究单位，四个大学的历史系或东方系以及其他有关历史研究的机构。在访问中，我们与苏联史学家有很广泛的接触，听取了他们所作的关于苏联历史研究工作各方面情况的报告和谈话。现在把这些材料归纳整理，并加入一些个人的体会，报告如下：

（一）苏联历史研究方面的组织概况

苏联目前关于历史方面的研究工作，在以下几个系统中进行：

一、苏联科学院和各加盟共和国科学院的历史研究部门

苏联科学院过去有社会科学部，其中有经济、历史、文学、语言等研究所。后来由于工作发展，将社会科学部分为现在的社会科学部门的三个部，即经济法律部、语言文学部、历史哲学部（代理院士秘书潘克拉托娃）。历史哲学部最大，下面有八个单位：历史研究所（所长西特洛夫、副所长费列博夫）、东方学研究所（所长阿夫吉也夫），物质文化史研究所、人类学研究所、斯拉夫史研究所、自然科学史研究所、哲学研究所和宗教史博物馆。在这八个单位中，除哲学研究所外，都是直接研究历史的某些方面的，哲学研究所也研究哲学史。历史研究所规模最大，现有科学人员二七〇人。共

① 未刊稿，1953 年。李长莉整理、绘图。——编者注

分十一个组，苏联史四组：（一）古代、封建俄国史组，（二）资本主义俄国史组，（三）苏联史组，（四）苏联史教材编纂组。世界史六组：（一）古代世界组（主要是希腊、罗马史），（二）封建时期史组，（三）近代世界史组（即资本主义时期），（四）欧洲各国现代史组，（五）美洲各国现代史组，（六）世界史资料编纂组。另有苏联史资料文献组（即过去的档案委员会）。此外还有研究生处、资料出版组和《历史问题》杂志编辑委员会。所内有一个全所的学术委员会，为所内科学研究的最高权力机构。在所的学术委员会下有苏联史与世界史两个分学术委员会。所内培养研究生和博士生，现有上述两种研究生的成员包括二十九个民族。所内除有正副所长各一人，还有学术秘书一人。另有事务机构和工作人员。

东方学研究所是苏联科学院系统中历史研究方面的另一个重要部门。东方学研究所目前分列宁格勒与莫斯科两部分、主要部分在莫斯科。所的下面分设三部两组，三部为远东部，印度东南亚部、中东近东部。两组即苏联东方组，古代东方组。远东部最大，下分东方人民民主国家历史经济组，东方各国语言文学组，日本组。其他每部都分两组，一为历史经济组，一为语言文学组。另外还有三个辅助性质的机构，即研究生部，编辑出版部，参考资料部。全所现有一八〇人，其中有一二八科学人员。

物质文化史研究所是苏联考古研究的主要部门，除一般机构外、设有六个组：（一）旧石器时代组，（二）新石器、铜器与早期铁器组（组长吉谢列夫），（三）高加索与中亚细亚考古组，（四）古代俄罗斯考古组，（五）古代东方考古组，（六）档案组。另有一个田野工作部，其工作是批准俄罗斯境内的考古发掘，并审查其发掘报告。此外所内还有一个工作室，其下再分为旧石器、冶金、陶器，植物等若干组，考古发掘出来的材料，第一步即交工作室整理鉴别。各种考古发掘队或调查队则根据工作的需要随时组成。

属于科学院一类的历史研究单位除了上面所讲的，还有各加盟共和国科学院的历史研究所，考古所或东方学研究所。乌克兰科学院与乌兹别克科学院都有这样的部门。乌克兰加盟共和国科学院有社会科学部，下分哲学研究所，历史研究所，文学研究所，语言研究所，考古、艺术与民俗学研究所，经济研究所，谢甫琴科博物馆与国家法权研究组等单位。历史研究所内部的组织与苏联科学院历史研究所大致相同。乌兹别克共和国科学院的社会科学部有经济研究所，历史考古研究所，文学与语言研究所，东方学研究所和乌兹别克历史博物馆。历史考古研究所内的业务机构分为：（一）古代和中世纪部，（二）近代历史部，（三）苏维埃史部，（四）考古学部，（五）人种学部，（六）国家法权和国家法权史部。全所有博士四人，候补博士十七人，实验员五人，研究生三十人，派赴莫斯科与列宁格勒学习的七人，规模是比较大的。东方学研究所组成于一九五〇年，其前身是东方文献研究所，现分两部，一为外国东方各国近代史部，一为东方文献部。

二、苏联共产党中央社会科学院所属的历史研究单位

苏联共产党中央社会科学院直接由苏共中央宣传部领导，是苏联培养马克思列宁主义理论干部的高级机关。其中的教研人员除了领导研究生做候补博士论文，就是直接进行科学研究工作。本院的基本环节为教研室，是科学研究人员的集合处。目前共有十四个教研室，即（一）苏联史教研室（室主任葛列科夫，前苏联科学院历史所所长，为苏联史学界领袖，现年老有病），（二）世界史教研室，（三）苏共党史教研室，（四）国际关系教研室，（五）政治经济学教研室，（六）外国政治与经济教研室，（七）辩证唯物主义与历史唯物主义教研室，（八）哲学史教研室（室主任亚历山大洛夫兼），（九）逻辑与心理学教研室，（十）国家法权史教研室，（十一）国际法教研室，（十二）文学语言教研室，（十三）艺术史与艺术理论教研室，（十四）外国文教研室。最前面的三个教研室全是关于历史方面的研究工作，规模都比较大。

三、苏联高等学校系统的有关历史研究的单位

1. 莫斯科大学——莫斯科大学有十二个系，其中之一为历史系。历史系有系主任一人，助手若干人。系的最高权力机构是系的学术委员会，由校委员会任命本系教授，讲师由少数群众团体代表组成。本系一切大的问题都在系学术委员会上解决，系学术委员会的决议由系主任批准有效，只有授予候补博士学位要由全体会议批准。本系下设三个部，十七个教研室。其组织系统列表如下：

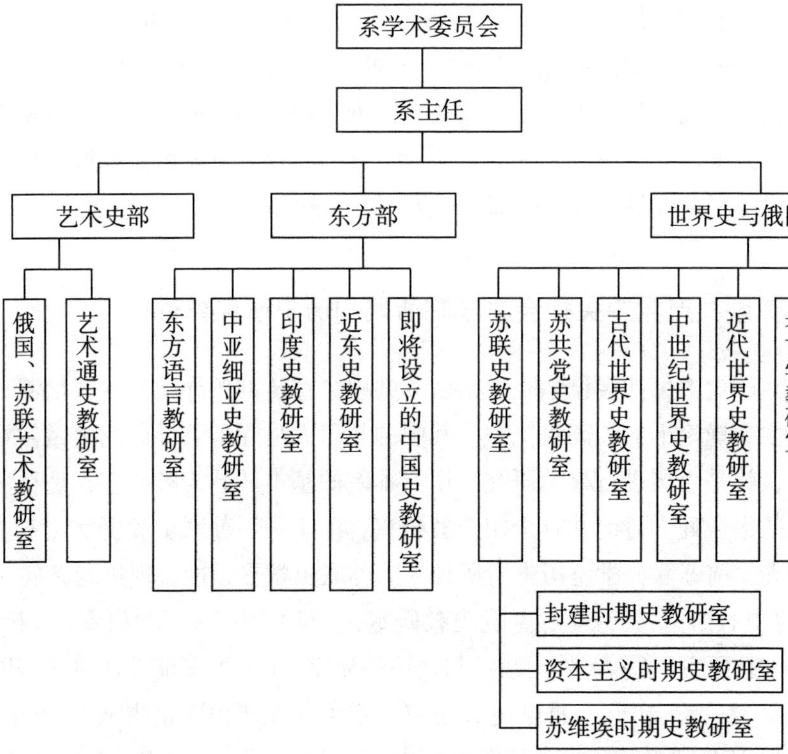

另外全校有马克思列宁主义教研室，与系并列，直属校学术委员会领导。经济、哲学两教研室由经济、哲学两系领导，但负责全校的本门课程。马克思列宁主义教研室内也进行党的研究。

2．列宁格勒大学——全校共十三个系，其中关于历史的有东方系与历史系两个单位。在历史系内有考古学，罗马史，中世纪史，拜占庭史，世界近代、现代史（除东方以外），苏联史，艺术史等教研室，以苏联史教研室人数为最多。东方系规模宏大，有六五七学生，五七研究生，有十二个教研室，九个是关于语言的，包括伊朗、中国、朝鲜、蒙古、日本、印度各民族、土耳其各民族、苏联境内东方各民族的语言研究。关于历史的有远东史、近东史、东方古代史等三个教研室，对中国历史的教学和研究是由远东教研室进行（室主任叶菲莫夫）。

3．基辅大学——全校十一系，关于社会科学的有历史、哲学、法律、经济、地理、语言文学等系。历史系内有国际关系史，世界近代、现代史，党史，古代史，苏联史，中世纪史，考古学等七个教研室，另外还有档案组。

4．中亚细亚大学（在塔什干）——关于历史的有两个系，一为历史系，其中分马克思列宁主义基础、苏联史、乌兹别克史、考古学、博物馆学、政治经济学等专业。一为东方系，由历史、语言两个科组成，分为四个教研室，三个是关于语言的，包括对伊朗、新疆、阿富汗、波斯、印度、阿拉伯、维吾尔、汉族等语言的研究，一个是东方史教研室。

除上面讲的那些研究机构以外，在科学院系统的其他机构中如社会科学总图书馆、谢甫琴科博物馆、乌兹别克历史博物馆等，都有相当数量的科学人员从事历史研究。

苏联科学院历史哲学部的历史研究所，是所有这些历史研究机构的中心。它除了进行大量的研究工作，还有培养研究生、博士生与指导全国历史研究工作的任务。这许多不同的历史研究单位没有很显著的分工，但也各有其重点。大体上是苏联科学院的历史研究所着重对苏联史、世界史作综合性的研究，东方学研究所专门研究东方史，近来特别是着重研究中国史，其在列宁格勒的部分则着重研究欧美帝国主义的历史、近代外交史等，物质文化史研究所着重研究世界古代史与苏联各民族古代史，斯拉夫史研究所则专门研究斯拉夫史。各加盟共和国的历史研究机构除进行一般研究，还着重研究本民族或当地的历史，如乌克兰与乌兹别克的历史研究所着重研究作为苏联史的一部分的乌克兰史、中亚细亚史等。

（二）苏联史学研究的现状

苏联的史学研究工作和其他科学研究工作一样，有极高的成就，第二次世界大战后的几年内，每年都出版大量的史学著作。目前工作的主要情况如下：

一、苏联史学研究的四个方面

1. 关于阐发马克思列宁主义经典著作的研究——广义地讲，苏联史学家们的著作都是阐发马克思列宁主义理论的。这里所说是指对某些个别的马克思列宁主义经典著作的研究。在这方面，苏联史学家们近来的注意力，特别集中在斯大林的《马克思主义与语言学问题》和《苏联社会主义经济问题》两部著作上。研究的题目很多，例如：斯大林是论生产力与生产关系的发展的理论家；斯大林论社会主义的经济基础与上层建筑；斯大林论上层建筑对社会发展的作用；论俄国资本主义生产关系在苏联农业中的消灭与社会主义生产关系的建立；资本主义总危机发展的两个阶段；资本主义经济法则在东方各国的作用；斯大林与历史科学；论封建社会商品生产与俄国资本主义经济的发展；十七世纪西伯利亚生产力的发展；十八世纪俄国农业生产力的分布；等等。

2. 对苏联史的研究。其中又可以分为：

A. 通史——包括苏联通史与苏联史教材，过去出版的有关这方面的著作和教材，都根据斯大林的新著作来改写或重写。编纂教材目前还是苏联史学界的很重要的工作。教材的用途也很广，大学用的历史教材要十万——二十万份，中学用的教材则在百万份以上。

B. 专史——这方面的工作很多，有的正在进行，有的已经得出结果。例如：

莫斯科城市史——六大册、由茹可夫主编，已出一册。

列宁格勒城市史——一九五四年是列宁格勒建市二百五十周年，本书将届时出版。

苏联工人阶级史——三册，潘克拉托娃正在研究。

俄国封建史纲要——九大册、集体著作、一九五四年完成。

俄国农民史——葛列科夫研究的专题。

苏联自然科学史——三大册、集体著作。

此外，有苏联外交政策，苏联近代、现代史中的许多专门问题。

C. 苏联境内少数民族史——这方面的研究有很大的成绩。苏联境内有五十八个民族，其中有许多民族过去没有自己的历史记载，有的在十月革命以前没有文字。经过苏联史学家、考古学家们的努力，现在已经写出的加盟共和国的历史书籍，计有乌克兰史、中亚细亚史、拉脱维亚史、雅库斯克史、布利亚蒙古史、达吉克史、哈萨克斯坦史、吉尔吉斯史、乔治亚史等等。目前正进行研究的，有乌克兰社会主义民族的形成一类的题目。

研究苏联境内各民族史的工作，很多是由苏联的考古学家来进行的。仅一九五二年，考古研究部门就组织了十二个专题调查队。调查的地区包括莫斯科，基辅等大城市附近的地带，第聂伯河，伏尔加河上游的许多地区，高加索，中亚细亚，贝加尔湖沿岸，西伯利亚，乌拉尔山，雅库茨克，以至北极的个别地方与世界屋脊帕米尔高原三千五百公尺以上的地点。这些考古工作都从属于一定的研究题目。此外还配合共产主义建设工程，在古比雪夫水电站，斯大林水电站，列宁运河，克里米亚东北运河，聂斯河，里海沿岸的灌溉体系，西伯利亚依尔库茨克水电站等工地进行调查。这些考古调查为研究苏联古代史或研究苏联境内各民族的历史提供了经济、文化等方面的丰富的资料。

在苏联史的研究中，苏联史学家特别注意研究党史。许多单位有党史研究室。他们除了研究党史中的某些专题，还研究党的理论基础与思想基础一类的题目。这对于提高干部的理论水平有重要的作用。

3. 对世界史的研究。其中也可以分为：

A. 世界通史——这是目前苏联史学界的一项重要工作。苏联史学家认为以往资产阶级学者写了许多世界史，但他们所讲的主要是欧美的历史，对俄国、苏联及东方各国讲得很少。他们的目的是宣传“欧美中心”主义的思想。现在苏联史学家正在编写的世界史，是要以马列主义的观点、方法研究世界各国的历史，批判资产阶级的荒谬、错误的观点，把东方与西方发展的有机联系表现出来。本书共四百印刷页（约合六千四百页），对中国辟有专章。本书共分十大册，第一、二两册是古代史；第三、四两册为中世纪史；第五、六、七三册为近代史；第八、九、十三册为现代史，即十月革命后的世界历史。本书是苏联各方面的史学专家的集体著作，主编者为茹可夫。目前已经完成全部初稿，正进行大规模的讨论，校订、编辑并分别出版，将分两期在三年内出齐。

B. 资本主义国家通史或专门问题的研究——关于这方面的工作，除了介绍某些资本主义国家的历史和从各方面来揭露资本主义国家对殖民地半殖民地的侵略，还研究世界革命运动的历史及一些现实的问题。苏联史学家们特别注意斯大林在十九次党代表大会上的演说，认为这个演说对苏联史学家提出了研究世界共产主义运动的历史的任务。研究的题目非常多，例如：斯大林同志在党十九次代表大会上最后一次演说及其世界意义；斯大林论社会主义阵营的形成发展；第一、第二次世界大战产生的原因和它的性质；世界和平民主运动的高涨；资本主义国家工人运动史；十月革命对各国阶级斗争的影响；各资本主义国家的共产主义运动；美国的门户开放政策；美国对十九世纪太平洋各国侵略史；美国在远东的侵略；美帝国主义不承认政策的破产；一九三七——三九年日本侵略中国中美国所起的积极作用；第二次世界大战时期美国与德国的关系；慕尼黑时期法国对外侵略政策；西班牙内战；英美帝国主义对巴基斯坦的经济压迫；英帝国主义怎样在阿富汗制造民族纠纷；美英在朝鲜侵略的破产；美国在华经济侵略的破产；东方各国近代史纲要；东方各国社会民主党为帝国主义的利益服务；东方各国的土地问题；十六世纪伊丽莎白女王时的英国史；文艺复兴时代的西欧艺术史；古代希腊罗马的商品生产情况；古代埃及军事史；中世纪初期近东各国的城市史；等等。

此外还有综合性的伊朗史，日本史，土耳其史等也正在进行研究。有许多都是多卷的历史著作。

4. 对各人民民主国家历史的研究——苏联史学家对这方面的研究工作也给予很大的注意。在他们的研究计划中，有许多关于人民民主国家的历史和一些专门问题的题目。如蒙古人民共和国史、波兰史、保加利亚史、捷克史、蒙古经济发展史纲要等等。

二、中国历史是苏联史学家重要的研究对象

苏联的史学家以至许多青年知识分子对研究中国历史有极大的兴趣和热情。苏联研究中国问题的中心——苏联科学院东方学研究所，本年有十三个专家集中起来研究中国历史和语言，有十二个研究生写了或正在写有关中国的论文。科学院主席团还正在计划扩充研究中国的专家和研究生的名额，主席团计划把有关研究中国的专家都集中在东方学研究所。他们对中国历史的研究范围很广，包括综合性的中国通史，中国古代史，中国近代、现代史和

其他一些专门问题。

中国通史——论述从远古到现在的中国历史，说明中国各个社会经济形态的形成及其交替的特点，阶级斗争与人民运动在中国社会发展中的作用。在这个巨大的著作中，不仅要阐明伟大中国的政治与经济的发展，同时也要阐明人民中国的丰富文化的发展。对于中国现代史部分将要阐明伟大十月社会主义革命对中国民族解放斗争的影响，还要揭露美帝国主义企图奴役中国人民，把中国变为殖民地的侵略政策。要说明在走向社会主义发展道路的，现在的新中国的社会经济与文化的改革。这部书将分四册出版，正由苏联的史学家、汉学家和经济学家们合作编写。主编人是历史候补博士杜曼，今年起开始进行工作。

中国近代、现代史——除有一部人继续对中国近代、现代史进行综合性的研究外，另有许多专题研究，如：平英团；李秀成；捻党；康有为资产阶级改良运动的破产；中国革命中的土地问题；中国共产党土地政策的几个阶段；京汉铁路“二七”罢工以前的中国工人运动；第一次国内战争中美国的干涉；第二次国内战争中的政权建设；中国共产党是中国人民解放战争的组织者；中华人民共和国的经济制度；中苏关系是新型的国际关系；关于中长铁路的历史纲要；日本与中国历史上的经济关系；等等。

中国古代史——从周代社会制度直到明末农民起义等问题，都有人在进行研究。

除了研究中国历史，苏联史学家们还以极大的兴趣翻译中国的古典历史著作。早期的俄国汉学家丘林所翻译的《通鉴纲目》今年开始付印。从明年起东方学研究所将开始翻译司马迁的《史记》。目前中国史学家们的著作，翻译成俄文的已在十种以上，其中包括郭沫若、陈伯达的著作。还有一些有关历史的书籍则正在翻译和出版中。

苏联史学家们认为《毛泽东选集》俄文版出版，给他们研究中国历史以很大的便利。他们正以很大的注意力阅读，并根据其中的论点来从事有关中国历史的研究。

从上面所述现状中可以看出，苏联史学家们的研究范围是极其广阔的。他们注意东方，也注意全世界。

（三）苏联历史工作的基本特点

一、马克思列宁主义是历史科学的基础

用历史唯物主义观点解释人类历史发展的过程，阐明其中一切最根本的问题，是马克思主义的一个组成部分。这说明历史科学只有依据马克思列宁主义，才能使一切人类社会的历史得到正确的解释；如果有人以为可以把历史科学同马克思列宁主义割裂开来，那就必定是抛弃历史学的科学基础，掉到唯心主义的泥坑里。

苏联史学家有着丰富的运用马克思主义进行历史研究的成功的经验。这不论是从他们发表的大量历史著作或他们介绍的工作情况中，都可以很明显地看到。

掌握历史唯物主义的基本观点，是苏联历史学家在他们的工作中首先注意到的。他们认为把社会历史看作是社会生产发展与社会阶级斗争的历史，是马克思主义历史科学与一切唯心主义的历史学相区别的基本原则。根据这个原则，苏联史学家们很重视社会经济资料的研究，这里包括一切与社会生产关系和社会生产力的发展有关的资料。他们的意见是，经济是历史的灵魂，必须防止研究政治、文化等方面的资料与研究经济资料脱节的现象。只有详细地占有和分析了经济资料，才能说明某个社会的生产发展过程，说明这个社会的经济制度和在这个制度下的阶级关系与阶级斗争的历史。苏联史学家也指出，要研究经济资料并很好地加以总结，是一个非常复杂的工作。在这方面，列宁的《俄国资本主义的发展》《帝国主义是资本主义的最高阶段》，斯大林在各次党代表大会上《关于联共（布）中央工作的总结报告》等著作，是我们学习的典范。在列宁、斯大林的著作中，往往根据许多经济资料所表示出的情况，来分析某些历史上最根本的问题。

由于同样的理由，苏联学者告诉我们：他们对历史时期的划分，就不是依据年代的远近或其他什么原则，而是以社会经济形态为基础的，即按照马克思所规定的社会历史发展过程中的五种生产方式来划分历史时期。如古代史就是指奴隶社会的历史，中世纪史就是封建社会史，近代史是资本主义社

会史，现代史则是十月社会主义革命以后的历史。历史著作的分期是这样，历史博物馆的陈列也是这样。

具体地分析具体情况，是马克思主义的著名原理，苏联史学家成功地利用了这个原理。例如对待历史人物，苏联史学家指出：必须用历史主义的观点去分析历史人物所处的时代，分析他们活动的主要方面与非主要方面，说明历史人物的活动在当时所具有的实际意义等等，然后才能呈现出这些人物的本来面目。假如我们离开了具体的历史情况，用今天的标准去衡量古人，历史上就没有任何进步人物，因为我们今天是站在社会历史上最先进的阶级——工人阶级立场上的。这个阶级在苏联目前已经不存在问题了，可是在封建制度以前的历史上并没有工人阶级，那么在当时，这个标准岂不是就没有对象可以适用？苏联史学家对于彼得大帝、苏沃洛夫等历史人物的评价，是他们真正用历史主义观点对待历史人物的很好的实例。关于彼得大帝，正如斯大林说过的，拿彼得大帝与伟大的列宁相比，列宁是大海，彼得只是沧海一粟。但是这并没有否认彼得大帝是在推动俄国走向资本主义发展道路上起过进步作用的人物。同样的，苏沃洛夫曾经迫害过俄国著名的革命家布克秋夫，但是苏沃洛夫仍不失其为民族英雄。

对于民族运动也是如此。苏联学者根据斯大林关于民族问题理论的指示，指出民族运动可能是进步的，也可能是反动的。研究民族运动的历史，必须具体地分析它是由哪个阶级领导，为了哪个阶级的利益的运动，分析与这个运动有关联的一切重要的因素，然后才能断定它在历史上所起的作用是进步的还是反动的。例如在十九世纪前半叶哈萨克斯坦合并于俄国的过程中，一方面是这个合并消除了哈萨克在政治上被肢解的危险，保证了哈萨克人民与俄国的经济及文化的交流；另一方面，这个合并也带来了俄国地主与资产阶级对哈萨克劳动者的沉重的剥削和压迫。在这种情况之下，有一八三六年到一八三七年的伊萨达伊·达伊诺夫等人领导下的几个游牧部落的回教联盟的起义。苏联史学家指出：这个起义是哈萨克劳动人民反对沙皇殖民制度与哈萨克封建主的解放运动。它是与被压迫的俄罗斯农民的斗争密切结合着的，因此，它是进步的运动。与这同时，也有一八三七年到一八四七年盖涅萨勒·卡塞莫夫等人所领导的武装暴动。苏联史学家则指出：这个暴动的领导者与组织者是哈萨克的一个封建集团，他们的唯一目的，是要求把剥削当地劳动人民的垄断权保持在自己手里。因此，它既不是革命的，也不是进步的，这是把哈萨克人民拉向后退，巩固宗法封建制度的基础，使哈萨克斯坦脱离俄国与伟大俄罗斯人民的反动运动。这两件事看来都是民族运动，而且发生在同一个地区、同一个时期，由于进行了具体的阶级分析，所得出的结论却是完全不同。

苏联学者还有一个特色，就是关于创造性地运用马克思主义来研究历史。苏联史学家告诉我们：应用马克思列宁主义，是要真正懂得马克思列宁主义的内容和实质，不是把马克思列宁主义的个别结论和公式当作教条。他们引证斯大林同志的指示："马克思主义这一科学是不能停滞不前的，——它是在发展着和改进着。马克思主义在自己的发展中不能不以新的经验、新的知识而丰富起来，——因而它的个别公式和结论不能不随时间而改变，不能不被适应于新的历史任务的新的公式和结论所代替。马克思主义不承认绝对适应于一切时代和时期的不变的结论和公式。马克思主义是一切教条主义底敌人。"根据斯大林同志的指示，苏联史学家除了反对胡乱地引用马列主义的词句，还非常善于利用马克思主义经典著作中的新的思想，进行创造性的研究。他们认为正确地把马列主义理论中一切新的东西利用到自己的研究工作中去，永远不使自己的理论水平停留在一个地方，是使研究成果有很高的质量与有高度创造性的保证。例如近来苏联史学家对斯大林的《马克思主义与语言学问题》和《苏联社会主义经济问题》的广泛研究与利用便是如此。他们目前正在根据斯大林著作中的思想，重新编写具有高度科学性的苏联高等学校历史教科书，修改一些专门著作。在这些教科书和著作中，要求结合着不同的具体材料把斯大林的理论加以充分地发挥。也有不少的史学家正在对斯大林关于生产力与生产关系的发展的理论，关于现代资本主义和社会主义的基本经济法则的理论等，进行深入的研究。

关于这方面，苏联学者们特别指出：中国人民领袖毛泽东同志的卓越著作对苏联科学及其他国家先进的人们都起着巨大的作用。苏联的学者以很大的注意力研究这些著作中的思想。苏联史学家们很重视根据毛主席著作中的论点来从事中国历史的研究。

苏联的历史科学同苏联其他许多门科学一样，所以获得了今天这样光辉的成绩，达到了世界最高的水平，用不着说明，正是苏联史学家们真正掌握了马克思列宁主义理论，并善于运用马克思主义理论进行创造性的研究的结果。

至于苏联史学家对于怎样掌握马克思列宁主义，有没有什么“秘诀”，苏联学者对这个问题的意见可以归纳如下：即有高度的求知欲望，自觉地付出最大量的劳动；掌握马克思主义的文献，特别是掌握马克思列宁主义的经典著作；学习运用马克思列宁主义观点，进行独立的创造性的研究，这就是基本的途径。这说明要真正掌握马克思列宁主义，并不是一个简单的过程，而是一个最深入地钻研马克思列宁主义文献，钻研本门科学的复杂过程。但是马克思列宁主义这座科学宝库的大门是敞开着的，人们只要经过辛勤的努力，就能够在这里找到自己所需要的东西。

二、把历史研究作为革命斗争的武器

把历史研究作为革命的武器，利用这个武器与革命敌人作斗争，这是苏联史学研究的目的，也是苏联历史科学的一个重要特点。

我们拜访过的苏联许多著名的史学家，不管他们是哪个范围内的专家，也不管他们是壮年或老年，都一致地认为自己是苏维埃的战士，他们的责任是把自己的科学研究与反对各式各样的敌人相结合，同一切苏维埃的敌人进行不调和的斗争。被认为是这种结合的唯一有效方式，就是通过具体的历史事实，宣传马克思列宁主义学说，宣传共产主义。苏联史学家告诉我们：作为历史学家，只要深刻认识了社会历史发展的客观法则，不把历史美化，也不把历史丑化，就能够使历史科学在整个社会生活中发生影响，在与革命敌人做斗争中取得胜利。

为了实现这个原则，苏联学者强调要根据列宁、斯大林的指示，把爱国主义与国际主义的教育结合起来。关于这方面，他们做了很多重要工作。例如对苏联现代史进行综合性的研究，全面地说明苏维埃社会的历史，是推翻旧制度，进行了伟大的社会主义改造工作，并在列宁、斯大林党的领导下胜利进行共产主义建设的第一个社会的历史。也对苏联现代史的各个方面进行专题研究，分别说明伟大的苏联社会主义建设过程，苏联国家工业化与农业集体化的实现，苏维埃的文化革命与苏维埃民主的发展，卫国战争期间苏联各族人民的英勇斗争，等等。又如对苏联境内各民族的历史进行专门研究，阐述各民族历史发展中一切最根本的问题。同时，在所有这些著作中，都强调说明列宁、斯大林民族政策的光辉成就，说明以全民公有制为基础的社会主义多民族国家，能够把各民族的人民团结在一起，共同繁荣，共同发展；反之以资本主义所有制为基础的多民族的资产阶级国家，必不可免地引向各族人民的内部斗争，各民族的分裂。这些著作也具体指出俄罗斯人民以及俄罗斯工人阶级对其他各族人民所给予的巨大帮助，通过具体事实宣传苏联境内各族人民团结合作的思想。

与进行爱国主义教育的同时，苏联学者们特别注意在自己的工作中批判资产阶级思想，揭穿资产阶级对历史的伪造。苏联史学家指出，资产阶级思想在历史中可以有各种各样的表现。如资产阶级民族主义思想和资产阶级客观主义思想，他们打着不同色彩的旗子，但是有一个共同的特点，那就是抹煞历史的阶级斗争，宣传反马克思主义观点。苏联学者的经常任务之一，是要及时地批判这种思想的实质，清除某些人们思想中的资产阶级思想的残余影响。这是在他们的作品中可以很清楚地看到的。

苏联历史学者对我们郑重地说明，目前反动的资产阶级学者，正在可耻地利用历史学为侵略战争服务。资本主义国家出版了大量的伪科学著作，在那里美帝国主义的辩护士们，竭力宣传“世界主义”，试图在历史上来证明追求世界霸权的狂妄企图是合理的。他们颂扬美国的假民主，捏造第二次世界大战和战后年代的历史，替帝国主义进行侵略战争开辟道路。苏联的历史科学有责任揭发这些历史伪造者的丑恶面目，深刻地阐明世界民主和社会主义阵营在反对帝国主义侵略势力的斗争中所积累的历史经验，帮助人民更好地了解现在事件的本质及其发展方向。苏联科学院历史研究所一九五三年的计划中，就规定要在今年五月间举行关于揭露美英帝国主义伪造现代历史的讨论会，来系统地揭发美英帝国主义对第二次世界大战期间的历史和对苏联史的无耻捏造。

研究世界人民革命斗争与世界共产主义运动的历史，也为苏联史学家所重视。他们为反对帝国主义的侵略，扩大世界人民争取和平民主斗争的影响，进行了许多研究工作。如研究资本主义国家的工人运动，殖民地半殖民地人民的解放斗争，人民民主国家的革命胜利与经济文化建设成就的历史，世界和平民主运动高涨的历史，等等。苏联史学家正在集中力量编写的中国通史，就是关于这方面的工作。

苏联史学界正在从事的这许多科学研究，都有着极大的现实意义，它与人们当前的生活有密切的关联。对于帮助苏联党和政府教育人民向共产主义前进是不可缺少的，对于帮助世界人民胜利地进行争取和平民主的斗争也是不可缺少的。

苏联学者告诉我们，在过去，苏联史学界中有过波克罗夫斯基一派，他们认为政治与历史没有关系，历史只是过去的政治。这是反对把历史研究与现实生活相结合，主张用客观主义处理历史问题，结果只有引导到反历史主义。苏联史学家指出：与波克罗夫斯基相反，我们认为马克思列宁主义帮助人们了解过去，也了解现在，这两者是不可分割的，马克思本人总结了人类的历史经验之后，得出了科学的共产主义的结论，这对所有先进的人们有着极大的启示作用。

三、批评自我批评推动历史科学的发展

批评与自我批评是推动苏联历史科学发展的巨大力量。

苏联学者对于批评与自我批评的看法，并不是像有些人所错误地设想的那样，以为批评是一种惩罚的手段。完全不是这样，他们认为批评是一种克服科学发展道路上的困难的手段，是克服一切与社会主义不相容的、衰老的、妨害我们迅速前进的东西的有力武器，它为科学的发展廓清道路，是苏维埃科学发展的法则。科学事业可以在批评与自我批评中得到发展，科学家也可以由此提高自己的水平。在这个问题上，苏联的敌人把苏联人民描写成为好斗成性的人。这是再荒谬不过了。斯大林同志指出：问题完全不在于他们好斗成性，问题在于他们不愿意回到旧的道路上去。他们想更快地建设新社会，因此就要祛除一切妨害我们向共产主义前进的东西。苏联学者经常引证斯大林同志《马克思主义与语言学问题》著作中关于没有批评与自我批评就不能发展科学的思想来作为科学工作的教训，并在他们的行动中充分地加以运用。

近来苏联史学界最重要的批评与自我批评的事例，是关于别克马汉诺夫写的《哈萨克苏维埃社会主义共和国历史》一书的批评。别克马汉诺夫曾在长时期内不断地歌颂十九世纪初叶的哈萨克封建苏丹盖涅萨勒·卡塞莫夫及其领导的反对哈萨克斯坦合并于俄国的运动。早在一九三九年，苏联史学家中就开始了反对这一民族主义观点的斗争。当时《哈萨克斯坦布尔什维克》杂志曾登载论文，反对关于盖涅萨勒及其运动的违反历史真实的评价。

一九四七年，别克马汉诺夫又写了《十九世纪二十年代至四十年代的哈萨克斯坦》一书，对盖涅萨勒本人及其领导的运动称颂更为厉害了。中间经过几次组织讨论，有不少的人参加，但没有推翻资产阶级民族主义观点。

一九五一年十二月二十六日联共中央机关报《真理报》发表了《为马克思列宁主义地阐明哈萨克斯坦的历史问题而斗争》一文，给了这种资产阶级民族主义思想以致命的打击。这篇文章的作者用马列主义观点分析了与盖涅萨勒及其运动有关的历史资料。指出十九世纪哈萨克合并于俄国的过程中，哈萨克封建主的权利与特权被缩小了，他们决定利用人民对沙皇殖民制度的不满，来为恢复封建主的特权进行斗争。盖涅萨勒发动了这个运动，并由他的家庭和一些封建主的乡勇组成这个运动的主力。他对人民是用恐吓与欺骗的方法，强迫他们加入自己的军队，残酷镇压那些不愿服从他的农民与牧民；而另一方面，又与沙皇行政长官相勾结，争取承认他为汗。全部材料说明，盖涅萨勒运动既不是革命的，也不是进步的，是一个将哈萨克人民拉向后退，巩固封建宗法的基础，使中世纪汗的政权复辟；并使哈萨克斯坦脱离俄国与伟大俄罗斯劳动人民的反动运动。别克马汉诺夫在他的著作里，违反历史事实，企图把盖涅萨勒·卡塞莫夫的封建君主运动说成是民族解放斗争，把盖涅萨勒兄弟描写成为进步的，几乎是革命的人物。在这里，别克马汉诺夫忽视了封建宗法制度下的哈萨克社会中的阶级对立。他完全没有了解到哈萨克斯坦合并于俄国的深刻的进步意义，片面地把事实归结于合并以后产生的殖民制度。哈萨克劳动人民对于哈萨克斯坦的合并于俄国，有着切身的利害关系。盖涅萨勒运动则阻碍了这一合并，这是与哈萨克劳动人民的利益相违反的。

苏联历史学家认为：苏联的历史科学强调反殖民运动的进步性，但是封建君主的反动运动与反对殖民制度的人民运动是根本不能混为一谈的。像别克马汉诺夫的著作中所发生的错误，是作者没有懂得封建君主的民族主义实质，离开了马列主义的科学立场，用资产阶级民族主义观点来估量历史事件的结果。

与批评别克马汉诺夫的资产阶级民族主义思想的性质相同的，还有吉尔吉斯加盟共和国的历史学家对别恩斯坦教授的历史著作的批评。别恩斯坦在他的《吉尔吉斯人民的历史》一书中，把从远古到伟大十月革命为止的吉尔吉斯人民的历史，归结为和其他民族与部落的战争，军事冲突史，归结为对于发动战争与冲突的个别历史人物的描写。特别是把所有过去领导过吉尔吉斯人与其他民族或部落的军事冲突的人物，不论战争性质如何，一律宣布为进步活动家、人民英雄。其中有著名的封建暴君，吉尔吉斯各族人民的刽子手，也有联绵不断的内部争夺与对外侵略战争的组织者和武装反抗吉尔吉斯合并于俄国的阴谋家。一九五二年七月和这以后，《苏维埃吉尔吉斯》报曾发表专文，严厉批评别恩斯坦的错误。指出这是资产阶级民族主义对历史不可容忍的歪曲；并且在历史的叙述上离开了马克思主义历史科学的基本观点。

对别克马汉诺夫与别恩斯坦的错误的批评，是分别在哈萨克与吉尔吉斯共和国党中央的直接领导下进行的。其结果不但是对于批判资产阶级民族主义思想，正确地运用马克思主义理论来研究历史有很大的意义，而且对于改进共和国的思想工作，也被认为有重要的作用。

斯大林同志最后的伟大著作《苏联社会主义经济问题》发表以后，苏联史学界展开了对某些历史著作中不承认历史发展法则的客观性质的唯心论倾向与经济唯物主义倾向的批评。这些批评文章发表在布尔什维克杂志和其他重要刊物上，为苏联史学界所重视。

批评与自我批评在科学上所产生的效果是极其显著的，苏联学者告诉我们，凡是被批评的作者，有义务根据批评意见来检查自己的工作。有许许多多这样的事实：作者接受批评意见，重新付出大量劳动之后，写出了有力量的新的作品。创造性的讨论，批评与自我批评，真正推动了苏联历史科学的发展。

有两种形式是苏联史学家进行批评与自我批评时经常采用的。一种形式是著作没有发表以前，广泛地征求意见。例如科学研究机关的研究人员，先把自己的作品提出在小组讨论，然后在大组或本单位讨论。如果是重要的著作还应该约请本单位以外的专家在一起讨论。根据讨论集中起来的意见反复修改，这个著作才能出版。他们的理由是：事前的讨论越多，出版后遭到的批评可能越少，也只有讨论越多，准确性才越大，越发符合人民利益。在这个意义上，任何人的著作都是集体性质的。另一种形式，也是苏联科学工作中展开批评与自我批评的最高形式，就是苏联科学界广泛利用的科学讨论会。这种讨论会是列入本单位的年度计划内的。例如苏联科学院历史研究所一九五三年度的科学讨论会计划中，有三月间举行的关于波罗的海沿岸各国历史讨论会，有五月间举行的《拉脱维亚史》第二卷讨论会等。又如东方学研究所今年的科学讨论会计划中，有关于东方各国土地问题的讨论会，揭发东方各国社会民主党为帝国主义的利益服务的讨论会等等。

对于如何组织批评与自我批评，苏联史学家们的经验是，组织自我批评要多做一些工作，批评只须正确指出别人的错误，自我批评则除了要承认错误，还要提出改正办法。苏联学者指出：在组织讨论时，不要害怕意见分歧，一个问题只有经过不同意见的争论，才能把性质弄得更加明确。经验也证明：要使讨论会获得结果，会议的逻辑就是作出结论。在这方面有时会发生讨论了问题而不能得到解决，但经过争论，往往可以为解决这些问题开辟新的途径。开好科学讨论会的重要环节是做好准备工作，把不同观点的文章公布，让大家都明白所讨论的是些什么问题、为什么要讨论这些问题。与此同时，苏联学者们非常强调，要对每一争论作出科学的结论，却必须严格遵循科学的原则，采取实事求是的态度。

总之，严肃认真地、广泛地进行批评与自我批评，是先进的苏联历史科学与历史学家们的重要特点。它为苏联历史科学带来了光辉的成就，也推动着苏联历史科学向新的高峰前进。

（四）工作制度与方法

一、研究人员的分工

苏联科学院历史研究所的科学人员分工情形如下：（一）苏联科学院历史研究所的科学人员分为一级研究员、二级研究员和没有学位的二级研究员等三种。一级研究员中包括院士、通讯院士、博士和成绩很好的候补博士。他们的差别只是报酬不同，工作都是一样的。二级研究员一般都是候补博士。也有些单位的二级研究员不分为两种，而是另外有一种实验员。（二）所有一级、二级研究员都是独立进行工作，并不是二级帮一级研究员工作。没有学位的二级研究员要做一些辅助工作，如帮助一级研究员整理资料等，但一级研究员有责任帮助这些人迅速提高科学水平，获得学位。科学院的院士可以有个人的科学助手，其编制属于科学院。（三）一级研究员平日的工作是研究较大的题目，写大著作，二级研究员则一般是研究较小的题目，写文章，但也可以进行专题研究，作主编（苏联许多历史书的出版都有主编人）等。一级研究员每年规定要写一百六七十页（打字稿）文稿，二级研究员可以少一些。（四）一级、二级研究员是全国统一的称号，由文化部授予。在各个单位中确定一级、二级研究员的方法是投票表决，经过主席团批准决定的。在增添新人员时，也可以通过在报纸上公开征求，然后加以审查评定的方法来吸收，这样可以进一步取得社会公众的承认。（五）各级研究人员中凡是没有候补博士学位的应即准备候补博士学位论文，凡已有候补博士学位的应即准备博士学位论文。

二、个人与集体的关系

每个研究单位的研究计划中都包括两部分工作，一部分是个人的专题研究，另一部分是集体工作。苏联史学家们认为这两种工作是不可偏废的。如果不做集体工作，就不容易在理论上提高，要用集体工作来总结个人研究的成果。但是假如不发展个人研究，科学就不能发展，甚至等于取消研究所。他们指出，集体工作与个人研究这个矛盾始终会存在的，依靠领导者和学者个人合理的安排计划来减轻矛盾。长期让一个人做集体工作并不妥当，人们也会合法合理地对领导者提出抗议。也有些单位严格地处理这个问题，把个人研究推到后一年去了。当然也有这种偏向，有些人长期搞集体工作，有些人长期搞专题研究，领导者就要很好地调剂。目前苏联史学家的集体工作，基本上是这样一种形式：即依据研究题目的大小，组织不同情形的编辑委员会。如果研究题目很大，编委会内可以包括科学院内外各方面的有关专家，由大家分章、分节起草，经过反复的集体讨论然后定稿。除此以外，每个人的专题研究在写成初稿后，广泛地吸收批评意见，这也起一种集体工作的作用。集体工作的领导者的责任，一方面是组织工作，一方面是学术思想工作，应该是最成熟，理论上最有训练的人来担任。第一，他要正确地了解集体工作的任务和方向；第二，要正确地选拔干部，分配工作题目，使每个人能顺利地完成自己的工作。同时，领导者要预见各部门之间发生的矛盾，解决这些矛盾，取得一致的意见。集体工作的领导者对一部书从开始到出版负有全部责任。

三、重视资料工作

苏联史学家很重视历史资料方面的工作。（一）是保藏整理历史资料，如苏联社会科学图书馆集中了各国重要的历史书籍，保存了大量的对历史学者所必需的原始资料。其中有国会文件、政府公报，也有很古的历史资料的手抄本等。列宁格勒东方文献部所收藏的东方各民族的历史书籍中，手抄本文献多至四十五种语言，印本书籍有六十种文字。东方学研究所列宁格勒部分的资料库中保存有许多十五十六世纪写在羊皮上的历史文件。其中有一六七五年俄国第一次派外交使节到中国来的有关文件。他们很重视这些文件中关于经济制度的记载。有些文件上记载着某人有多少地、多少农奴、收支情形，由多少人经营，等等。这被认为是说明当时社会制度的最好资料。在这些文献中还有一世纪罗马帝国统治欧洲全盛时期的文件等珍贵资料。乌兹别克科学院东方学研究所则藏有纪元九五五年用阿拉伯文写的《铁木儿胜利的书》等等。这些都是手稿，全是在十月革命后收集的。政府每年支出大量的钱来买这一类书籍文献。这些资料大部分都由苏联史家们在整理、出版和充分地加以利用。（二）注意收集现在的活的资料，如目前的各种报纸刊物，各项调查材料，各国革命领袖和代表性人物的言论等。（三）关于如何利用资料，特别是关于如何利用有关经济的资料，苏联学者指出：我们所利用的往往是资产阶级的材料，因此要有很好的分析和批判。这个工作在历史研究中占有很重要的地位。出版资料的目的是为了挑选一些最重要的材料向史学界推荐。（四）对于如何收集有关中国近代史的资料，苏联史学家提了很好的意见。《日俄战争外交史》著者罗曼诺夫提出：中国目前正如俄国十月革命以前一样，旧制度已经崩溃了，但我们应该从它的废墟上找出一些对我们有用的东西，这就是半封建、半殖民地制度下的历史资料。其中应特别注意这样几个方面：A. 海关资料，这是研究中国近代史首要的材料；B. 各国教士在中国活动的材料及有关的记录；C. 反动政府的外交档案及其他材料。

四、研究历史与向群众进行历史教育紧密结合

苏联的史学家，特别是考古学家们，不是把他们的研究工作孤立起来进行的。他们经常把自己研究的成果，通过各种各样的历史博物馆的陈列展览或其他方式，来和群众见面。历史博物馆的内容是苏联史与各民族史。在这里不是单纯摆上一些实物，是要按照马克思列宁主义的观点，用实物来说明历史，说明社会生产方式，表明是畜牧还是农耕，说明阶级社会的内部差异及其贸易情形、商品内容、交换情况等。同时，也还要说明当时的国家政权机构、文化、宗教的历史等等。总之，就是用实物来表现一个民族历史的全貌。博物馆的工作方法不是单纯等着人来参观，而是从各方面组织群众来参观。学校里的历史老师也利用博物馆作为教学的场所。有许多博物馆每年都有数量很多的参观的群众，这种组织群众参观的方法，除了应用于博物馆，也还应用于有计划的考古发掘的现场及其他场合。

（五）考古研究工作及其他

一、关于考古研究工作

苏联考古学者认为考古学的重要工作之一是野外发掘。但发掘本身并不是目的，发掘必须从属于研究题目的计划。考古学者所研究的，首先是马克思、恩格斯、列宁、斯大林关于原始社会的学说，这是历史唯物论的重要部分。考古学要着重研究原始社会制度，奴隶制度和早期封建制度的历史，特别是经济史，如狩猎、畜牧、农耕、手工业、古代冶金、贸易交换等方面的历史。然后考古学家们根据对这些资料的研究，写成某一个民族的古代史或某种专史。这就是考古学家的任务。

在工作方法上，研究考古学时，必须利用别门科学的成就。因此，在考古学部门除了要有古动物学家、植物学家、冶金专家等，还必须与其他有关的部门密切配合。苏联科学院的考古部门——物质文化史研究所与人类学研究所有密切的关系，凡是发掘来的有关古代人骨的材料，都送人类学所研究，

并经常与人类学所联合起来开科学讨论会。如一九五二年考古工作总结会，一九五三年关于苏联各民族起源的讨论会都是与人类学所联合举行的。考古工作与地质研究部门的关系也很多。考古学方面关于旧石器时代的工作对地质学上第四纪地层时代的划分可以有所帮助。苏联科学院地质研究所第四纪组组长就是物质文化史研究所的学术委员。考古与古动物，植物及化学等研究部门都有联系。苏联科学院考古部门与各加盟共和国科学院考古部门的联系，是通过科学院计划调剂委员会考古组请各加盟共和国考古工作者在一起研究工作计划，调配人力。每年三月一日苏联科学院物质文化史研究所开大规模的科学会议总结上年的考古工作，会上有各加盟共和国代表参加。此外，苏联科学院与各加盟共和国的考古部门与国家博物馆，各地方的博物馆都有联系。有些博物馆有自己的考古学家，考古所的任务是帮助他们进行发掘来充实博物馆的内容。

考古发掘出的材料的处理办法，首先是由考古所写成报告和资料加以出版。现在苏联科学院物质文化史研究所出版的考古学刊物有：(一)《调查勘测简报》，每年六期；(二)《苏联考古》，现已出至一八号，有一百个印刷页，其中可以发表大的研究著作；(三)《苏联考古学资料及研究》，是近四百印刷页的大型刊物，大型的调查报告或专门著作都在这上面发表，考古发掘出来的实物，由文化部的文物局保管或交博物馆陈列。

二、苏联科学院主席团对东方学研究所有关中国历史研究的检查

以苏联科学院东方研究所为中心的研究中国历史的苏联学者们，以往对中国古代史和现代史的分期都有很多不同的意见，如关于中国奴隶制的起点，终点的问题，有些人以为殷代不是奴隶制度而是原始社会。也有人认为汉代还是奴隶制度不是封建制度。对于中国现代史的分期也有不同说法。不久以前他们看见了中国史学家们在报纸、杂志上关于这个问题的争论的一些材料，特别是《毛泽东选集》俄文版的出版，给予苏联史学家们研究中国历史以很大的便利。他们说研究了毛主席的著作就可以更好地了解斯大林的著作。在这种情形下，去年苏联科学院主席团委托苏联的一些著名史学家组成一个社会性的学术性的人数不多的委员会，来检查东方学研究所关于中国历史研究方面的工作，这个检查在中国科学院代表团到达莫斯科以前不久才结束。苏

联科学院主席团根据这个检查的总结与委员会共同作出一个决定，指出东方学研究所过去在研究中国历史的工作上的缺点，在这个决定中还规定采取一些行政的措施。

因为这个决定只送给了有关的机关，到现在没有公布，对其详细内容我们不便询问。按情况来估计，这个决定可能是要纠正对中国历史分期的一些过于分歧的看法。所采取的行政措施，可能是包括集中更多的汉学家到东方学所来工作，这是东方学研究所的负责人讲过的，这件事说明了苏联科学家对中国问题的研究十分重视和苏联学者对科学工作的态度十分严肃；同时，这一措施对于中国史学工作者在解决中国历史分期的研究中也将有些帮助。

三、苏联史学家对中国史学工作者的希望和意见

苏联的史学家一致地希望中国的史学家在自己的工作中获得更多的成就，也希望中国史学家能够供给他们以中国古代史和近代、现代史的各种资料。他们对中国历史研究方面的意见，在不同场合下向我们提出来的归纳起来有以下几点：（一）中国历史学者应研究中国历史分期问题，求得科学的结论。这不但对于写中国史是需要的，对于写世界史也是需要的，没有完整的中国史，世界史就缺少了一部分；（二）研究亚洲史；（三）研究和教学苏联史，这是苏联史学家很关心的；（四）更多地出版近代、现代史资料。

中国科学院关于访苏代表团的报告[①]

1953 年

中国科学院于 1952 年年底提出并经中央人民政府政务院批准组织了访苏代表团。代表团自 1953 年 2 月至 5 月在苏联访问了三个月。这次访问，收获很大，对于我国科学工作者学习苏联先进科学，发展我国科学事业起了一定的推动作用。中国科学院特就访苏代表团的工作向政务院提出报告，并经 204 次政务会议批准。报告中说明中国科学院访苏代表团的任务是：（一）了解和学习苏联如何组织和领导科学院研究工作，特别是十月革命后苏联科学如何从旧有基础上发展和壮大起来的经验；（二）了解苏联科学的现状及其发展方向；（三）就中苏两国科学合作问题交换意见。

代表团由 26 人组成，包括数学、物理学、天文学、地球物理学、化学、地质学、生理学、动物学、植物学、土壤学、农学、医学、电机工程、土木工程、建筑学、历史学、语言学、教育学等 19 个学科的专家，于 1953 年 2 月 24 日出发，在苏联访问时间为三个月。此次访问由于上级指示的明确具体，同时苏联科学院对于此次访问异常重视，加以全体团员的努力，收获很丰富。代表们不仅对苏联科学有了概括的认识，在政治思想上亦有程度不同的提高。

苏联科学院主席团特为代表团组织了七个全面性的报告，其中有关于苏联科学院发展的各阶段，苏联科学院的组织机构及干部培养，怎样制订科学工作计划，苏联科学家如何学习和运用马克思列宁主义的方法论，生产力研

---

①原载中国科学院秘书处编辑《学习苏联先进科学 中国科学院访苏代表团报告汇刊》，中国科学院，1954 年 7 月第 1 版，第 1—8 页。中国科学院院史文物资料征集委员会办公室主编《院史资料与研究》1991 年第 2 期刊载的张稼夫文章《我与中国科学院》说：“我们在苏联参观访问三个多月，于五月底回到东北。为了综合各学科的参观记录，在长春小住，由刘大年同志和汪志华同志起草给中央的‘访苏报告’，最后由武衡同志修改定稿，上报中央。”（见《院史资料与研究》1991 年第 2 期，第 4 页）——编者注

究委员会及共产主义建设协助委员会的工作任务与内容等。各代表还分别参观了各研究机构，先后访问了98个研究单位，其中包括苏联科学院在莫斯科和列宁格勒的研究所、苏联科学院西西伯利亚分院、乌克兰科学院、乌兹别克科学院、苏共中央社会科学院、列宁全苏农业科学院、苏联医学科学院、苏联建筑科学院、乌克兰建筑科学院以及其他专业部门的研究机构。此外还访问了11处大学以及许多工厂、矿山、集体农庄、展览会和博物馆等。

报告着重说明了苏联科学发展的道路和经验。报告中说：苏联科学院是在俄罗斯科学院的基础上建立与发展起来的，已有二百多年的历史，对世界科学曾有过光辉的贡献。由于沙皇政府的腐朽，十月革命前它的发展很慢，规模也不大，但它所遗留下来的科学遗产却是相当丰富的。十月革命后，列宁即注意到这古老的科学院并希望把它发展成为苏维埃的科学中心，虽在极端困难情况下也保证了科学工作的物质条件，并亲手制订了《科学技术工作计划草案》；委托科学院研究并拟定改组工业和发展经济的计划。但当时的苏联科学院并没有能够迅速克服理论与实际脱节和依个人兴趣选择题目的传统，工作的进展是很慢的。1929年苏维埃政府首次检查苏联科学院的工作，审查了全部成员，批准并颁布了研究生条例，吸收了大量的青年科学工作者到科学院中来，从此苏联科学院真正开始了历史性的转变。1933年苏联科学院正式改隶人民委员会管辖，使它的工作与社会主义建设更加密切结合。1934年苏联科学院由列宁格勒迁莫斯科，于是苏联科学院便成为全苏联科学工作的实际的领导中心。1936年共产主义学院合并到科学院，大大加强了苏联科学院的马克思主义水平，增设了有关社会科学的研究机构。

1929年以前苏联科学院还没有专门的技术科学研究机构，由于工程技术在国家建设中的巨大作用，1929年开始成立了一个小组，在这个基础上逐渐建立了动力研究所、燃料研究所等，到1935年才正式成立技术科学部。五年计划开始后，在政府各部之下，都先后分别成立了专业的科学院（如列宁全苏农业科学院、苏联建筑科学院等）和专业的研究所（如中央机械制造及技术研究所、人造橡胶研究所等），以适应国家建设的需要。

1933年到1935年，苏联科学院采取分区发展的方针，先派遣考察队，以考察队为基础先后在各地区成立分院，随后先后在各加盟共和国分院的基础上成立加盟共和国科学院。

目前全苏大约有3000个研究机构，10万以上的研究人员。苏联科学院现有物理学数学、化学、生物学、地质学地理学、技术科学、历史学哲学、文学语言学及经济学法律学等 8 个学部，分别领导 57 个研究所、21 个独立实验室、20 个博物馆；此外，并设有 16 个分院；总共有 3 万多工作人员，其中约有 2 万研究人员。另有 12 个加盟共和国科学院和若干隶属于政府各部的专业科学院及研究所。此外，全苏有 850 所高等学校，其中有 8 万多科学工作者，除教学工作外，同时还广泛地进行着科学研究工作。他们认为教学是必须建筑在科学研究的基础上的。

这就是苏联科学及苏联科学院发展的历史及其目前的状况。在短短三十多年内，其所以取得如此巨大的成就，主要的经验是：

（一）中心环节是培养干部：十月革命时俄罗斯科学院全部研究人员只有 154 人，1929 年后才开始在科学院内培养大批青年科学干部。到 1941 年科学院的研究人员已达到将近 1 万人，比革命前增加了 64 倍，目前则比 1941 年又增加了 1 倍。此外，科学院还给加盟共和国科学院及政府各部的科学机构培养高级研究人员，尤其注意培养各民族的科学干部；目前科学院 4000 多研究生及 500 多博士生中，俄罗斯民族以外的其他各民族的干部占二分之一。

苏联培养科学干部的主要方式是研究生院及博士生院，前者于 1929 年成立，后者于 1947 年成立。各专业科学院及高等学校亦根据条件设立研究生部及博士生部。此外，任何科学工作者都可以利用业余时间准备论文，取得科学院的帮助，通过考试及论文答辩获得学位。

研究生的专业学习在各研究所进行，共同必修的辩证唯物主义和外国语的学习，则由科学院研究生处统一领导。

目前苏联许多有成就的科学家和苏联科学院的领导干部多数是 1929 年以后培养出来的。直到现在，苏联科学院仍把培养干部当作自己的最中心的任务之一。

（二）有目的地、有计划地、有重点地开展科学研究工作：苏联每一个科学家在选定自己的研究题目时，首先就必须考虑到研究这一问题的科学意义与对国民经济的意义，其目的性是非常明确的。最近几年科学院的题目中，有 65% 是由部长会议、政府各部在共产主义建设中所提出来的，每一题目都有其实际应用的意义。就是其他一般探索性的理论的问题及社会科学的问题，也都有其明确的目标。

苏联科学院于1930年第一次制订全面的科学研究计划，起初除了政府所交下来的一部分题目外，其余均先由科学家提出题目，然后由科学院加以调整和汇总。最近已逐渐改变为由上而下和由下而上相结合的办法，这就是先由科学院根据国民经济和科学发展的要求，向各所发出指示，结合科学家的建议，然后据以制订计划。计划制订后交部长会议，由国家计划委员会会同有关部门审查，提出批评及意见，然后交科学院修改，再交部长会议批准执行。

科学计划首先是根据国民经济建设的需要，同时也是以本门科学发展的必要性为基础，找出每门科学发展的"生长点"，集中力量进行研究。因为这些关键性问题的解决，许多相关的问题也能就随之解决，或者能为本门科学的发展开辟出新的道路。所以有目的、有计划、有重点的发展是苏联科学的重要特点之一。

（三）各科学机构之间的明确分工与互相配合汇总为一个有机的整体：苏联科学院与其他科学机构有明确的分工，苏联科学院的任务是解决带有普遍意义的、综合的、理论的问题；各分院及各加盟共和国科学院的任务是结合当地资源、历史、文化及国民经济的需要进行科学研究。各加盟共和国科学院的计划由各该共和国部长会议批准，并由苏联科学院下设立的加盟共和国科学院协调委员会予以调剂，使之既能因地制宜又收互相配合之效。政府各部的专业科学机构，主要负责各该部门有关理论的和实际的研究工作，其计划由各部批准。因苏联科学院的计划既包括各部交来的任务，又送请有关各部提出意见，所以各部所属研究机构的研究计划与苏联科学院计划都是有机地配合着的。

苏联科学院的许多学者都在大学任教或兼做产业部门的研究工作，大学教授及产业部门的科学家同样地也可以被选为科学院的院士、通讯院士和担任各研究所学术委员会的委员，因而工作的配合就更加密切。在研究工作中，常常运用各门科学的成就综合地研究解决一个共同的问题。如乌兹别克的二十多个研究所，大多数进行着有关棉花问题的研究。为了完成一个特定的任务，常常把不同系统的研究机构或人员组织在一起进行工作，苏联科学院生产力研究委员会和共产主义建设协助委员会就是采取这种组织形式进行工作的。因此，苏联的科学工作就真正能够全面地、系统地解决当前国家建设中所提出的一切问题。

（四）培养健康的学术风气：苏联领导科学的重要方法之一是经常举行各种学术讨论会，开展批评与自我批评。科学家把学习与运用马克思列宁主义方法论当作是自己的光荣职责，每个研究所都有科学家自愿组成的哲学讨论会，讨论如何将辩证唯物主义具体运用到本门科学中去。苏联科学院的学者们无论担任多么繁重的行政工作，没有一个人是完全脱离科学研究工作的；就是苏联科学院院长、学术秘书长都实际参加研究工作或在大学中任教。在学术上有重大贡献的学者可以得到斯大林奖金及国家勋章，苏联科学院主席团设有62种以著名学者命名的奖金，各学部、各研究所每年都有评奖。院士及通讯院士是学术上最高的称号，由院士大会选举，凡取得这种称号的人都受到国家和人民的尊重。这种学术风气鼓励着科学不断地向前发展。

报告认为：苏联科学的先进经验，对于改进我国科学工作，一般地说是全部适用的。有些可以立即实行，如培养干部和制订科学计划的精神及方法等；有些则须经过相当时间，当我们创造了条件之后才能实行，如研究机构的分工和院士的选举等。苏联科学院在十月革命后12年才开始全面的改造，中国科学院虽然由于历史条件不同，全面的改造可能提早开始，但仍必须随时防止急躁情绪；另一方面，由于目前国家建设，若干科学上的问题迫切需要解决，这个改造又必须积极进行。因此，认真学习苏联的先进经验就会使我们少走弯路，稳步前进。

报告中说明了苏联科学家对中国科学事业的发展，寄以极大的希望。他们曾向代表团提出许多很好的建议。他们一再谈到中国科学家应加强马克思列宁主义的学习，加强对毛主席著作的学习。李森科院士建议中国生物学者应重视农民经验的总结，他认为："中国人民中的生物学知识，如果总结出来，一定会比现有生物学书籍上的知识还丰富得多。"乌克兰科学院农业机械研究所所长瓦西林科院士建议："研究所不应脱离实际，一个农业机械研究所不应与农庄脱离，也不应与制造农业机械的工厂脱离。"苏联科学院副院长巴尔金院士建议："目前中国冶金方面高温和低温材料的研究尚不是主要的，应先研究一般的合金钢和它们的焊接问题。研究方法上应尽量采用新方法。"苏联科学院物理学研究所所长斯柯贝尔琴院士建议："中国在第一个五年计划时必须注意到电子学工业和仪器工业的建立。"苏联科学院学术秘书长托布契也夫院士建议中国研究遗传学、畜牧学、微生物学及东南亚的历史。乌克兰科学院结构力学研究所所长别列金院士建议："建立研究机构不是立刻把所有的部门同时都成立，应先从重要的部门做起；中国应先设立重工业的研究所、农业的研究所，设立一个普通力学研究所。”苏联科学院动力研究所所长克尔日然诺夫斯基院士建议：“中国应该开展动力的研究，以全国电气化为中心。”此外，代表们听到次数最多的，就是几乎每一个研究所都希望我们多多派遣研究生到他们的研究所去学习。在代表团临别之前，苏联科学院赠送我国一万多册科学书刊和许多标本、图片，并送回一册《永乐大典》。

报告还综述了全国各地科学工作者对代表团工作的反应。代表团返回后，曾向北京、上海、南京、沈阳等地科学界进行了传达，组织了各学科的座谈会，并发表了访苏报告，使得广大科学工作者对于苏联科学的全貌和基本特点有了初步的认识，特别是比较深刻地体会到苏联科学的先进性和优越性，因而鼓舞了学习苏联科学的热情，并推动了学习马克思列宁主义理论的积极性。全国科学工作者都十分感激苏联科学家对我国科学工作的热情的关怀和无私的帮助，并都愿为巩固中苏两国的友谊和加强中苏科学合作而努力。

报告在最后，对于推动我国科学界进一步学习苏联的先进科学，加强中苏两国的科学合作问题，提出了一些具体的建议。

社会科学学部报告（草稿）①

1955 年

中国科学院为了加强学术领导，决定成立社会科学等四个学部。社会科学学部是领导社会科学各所的研究工作的机构。在我国伟大的社会主义革命和社会主义改造时期，社会科学研究工作负担着从各方面向全国人民进行社会主义思想宣传、教育的历史任务。做好社会科学学部的工作其重要性是十分明显的。

一、五年来我国社会科学研究工作的情况

社会科学是研究社会发展规律、总结阶级斗争的经验和指导阶级斗争的科学，是革命人民思想斗争的武器。社会科学研究工作的重要性在我国国家的生活中是一天天在增长。

我国的社会科学研究有着悠久的历史和丰富的遗产，这是大家都知道的。然而不论是我国的经济学或哲学、历史学或语言学，都是只有在近三十年内与马克思列宁主义有了接触时起，才真正找到了自己的科学意义的。

马克思列宁主义理论介绍到中国以后，先进的知识分子首先用马克思主义的观点研究了中国的历史和当时中国社会经济制度的现实，提出和解决了中国革命斗争中许多最重要的问题。特别是毛泽东同志极其光辉地执行了中国革命所需要的各种理论工作的任务。在他的著作里，不但对近代中国社会的经济、政治、文化等各项根本问题作了精辟、详尽的历史唯物主义的分析，而且对于中国历史上的若干重要问题也作了极为扼要的说明。这些分析与说

①该报告由刘大年负责起草，中国共产党中央宣传部以“特急”“急密”函件形式返回要刘大年再审阅。该函件为打印稿，共 13 页，未注明时间，时间应在 1955 年 6 月 1 日中国科学院学部成立大会之前。刘大年对原件作了少量修改，以上所录内容为修改后内容。——编者注

明是把马克思列宁主义与中国的社会历史条件相结合的典范，也正是我国社会科学研究的典型。但是不容讳言的，在近几十年中，中国的学术界本身虽然也做了许多有利于人民事业的工作，而真正的科学成就却实在是很少的。

中国人民革命的胜利，对于社会科学研究工作也和对于其他科学工作一样，创造了空前的有利的条件。解放以后的五年以来，我们的经济学、哲学、历史学、考古学、语言学、文学、政治学和法律学等方面，都做了一定的工作。如经济学工作者对于经济建设中的许多实际问题及某些经济理论问题，作了初步研究。在以往的《学习》《新建设》这两种主要的社会科学刊物上发表的文章中，有不少关于经济的论文。历史学方面，科学院、高等学校和其他岗位上的史学工作者都分别完成了少数专门性的著作和正在从事各种专题研究。高等学校的历史系教师根据新的教学计划和要求，重新编写了中国通史、断代史、专门史和世界史的课程。编辑出版历史资料的工作也有成绩。哲学工作者除了从事马克思主义哲学的教学工作，也开始了中国哲学史等专题研究。语言方面，在少数民族语言的研究、在汉语音韵的研究和汉语方言的调查中，都分别做了必要的工作。汉语语法的研究对于广大人民的语文学习产生了积极的作用。考古工作者几年来做了不少发掘工作，特别是各文物、考古工作干部配合国家基本建设的进行，清理、保存了大批出土文物，使最近两三年的工作大大地超过了以往几十年发掘的总和，为中国历史研究提供了许多极其宝贵的资料。其他方面的科学研究和创作，也各有不同的成绩表现出来。

这当然不是说，我们的社会科学研究工作成绩已经出了不少了，已经可以令人较为满意了；相反地，在我们国家的全部建设事业中，马克思主义的理论工作，或者说社会科学的研究工作今天是最薄弱的一个环节。我们的科学队伍还非常之小，科学水平还很低，我们的许多工作还没有做好，或者还没有认真开始去做。

目前全国从事社会科学工作的总人数是很有限的。全国综合大学和全国高等师范学校副教授以上的历史系教师共有二九六人；全国从事考古工作的把不熟悉田野发掘的都计算在内，不超过四十人；全国语言工作者共计二百四十八人，其中能独立作研究的也只有约四十人；全国高等学校副教授以上的经济学教师只有约二百人；哲学方面的人数更少。而这些科学工作者又多数是在高等学校教书或在其他岗位上工作，没有专门从事科学研究。社会科学的专业研究机构也不多。除中国科学院之外，有十三所综合大学的历史、经济、语文、哲学等教研室和□□所师范大学或师范学院的历史、语文等教研室。其他社会科学研究有关的有各地的财经学院、文物保管机构，有文字改革协会、新华词典编纂处等。说到科学水平不高，这更是大家都了解的。我们大多数的社会科学工作者，还很不善于学习毛泽东同志进行理论工作的方法，不善于学习运用马克思列宁主义来研究中国的历史，研究中国的具体问题。在我们的各种出版物中很缺乏用马克思列宁主义的理论来分析和说明现实问题的著作。运用马克思主义观点来批判和分析各种错误思想的工作也做得很差。反过来，在社会科学的领域中，那种从封建社会沿袭下来的烦琐主义和经院学派的作风，或是从西方反动资产阶级那里贩运来的各种唯心论仍旧占有阵地；而且其影响还将不是一个短时期内所能真正消除的。

上面说的这些事实，归根结底的，是我国社会科学研究工作过于贫乏的表现。社会科学的研究大大落后于国家生活的需要，理论落后于实际，这是应该引起我们充分注意的情况。

二、中国科学院社会科学各研究所目前的工作

中国科学院的三十九个研究单位中，属于社会科学部门的有六个研究所，即经济研究所，历史研究所第一所、第二所、第三所，考古研究所和语言研究所。经济、历史三所、考古、语言等四个研究所同时成立于1950年。历史第三所原为华北大学的历史研究室；经济所是在前中央研究院社会研究所的基础上加以改变和充实而组成的；语言所是由前中央研究院历史语言研究所语言组和北京大学文科研究所的一部分合并组成的；考古所是前中央研究院历史语言研究所的考古组和前北平研究院的历史研究所合并调整组成的。至一九五四年新成立了历史研究所第一所和第二所。

现在经济研究所有各级研究人员三十人；历史研究所第一所有十一人；第二所有十四人；第三所有研究人员四十三人，另有编辑和整理档案的工作人员四十一人；语言所有五十七人；考古所有研究人员二十八人，另有技术人员九人。在研究人员中有百分之六十四是助理研究员以下的青年研究人员。

一九五二年以前，社会科学各所的同仁由于要布置学习、建立制度、和参加一系列的社会改革活动，研究工作做得不多。有现存材料可以列举出来的。经济研究方面：调查了天津、无锡的工人生活概况，写成解放后工资调查报告；又根据海关贸易资料，写成一九三六年至一九四〇年埠际贸易统计概要；搜集了一部分近代经济史资料。一九五三年发表了物价稳定的过程、工业的发展、工业资金的积累、工业中的先进经验等有利国家经济恢复情况研究的报告。历史研究方面：修订了范著《中国近代史》第一册和《中国通史简编》；撰写了《美国侵华史》《中国近百年革命史略》，等等；发表了六十几篇关于近代现代史的小型论文。在史料编辑和档案整理方面，编辑了中法战争、中日战争、北洋军阀等史料专辑，搜集了国民党反动政府的档案约一百五十万卷，初步整理了约九十万卷。语言研究所方面：自一九五一年起，调查了四川、西藏、云南、广西、贵州等省十一个少数民族的语言，研究了七个民族的原有文字，设计了三种原有文字的充实改进方案，为没有文字的少数民族创制了四种拼音文字方案。其中为西藏彝族创制的新文字已在试验推行中。从一九五二年至一九五三年编写了二十万字的《语法讲话》。另外做了一些关于各地方言的资料搜集整理工作。

考古研究方面：一九四九年和一九五一年先后在“北京猿人”出产地周口店发掘；一九五一年在豫西、陕西、东北等地发现新石器遗址多处；一九五〇年再次发掘了安阳殷墟；一九五〇至一九五一年分别在河南辉县和长沙郊外进行了发掘。这许多次发掘中，每次都有新的发现，为历史研究提供了新的材料。

一九五三年我国第一个五年计划开始实施。中国科学院社会科学各研究所，根据国家生活中的需要，选定研究题目，制定了研究的计划。

经济研究所的工作分为经济史、经济问题、区域经济计划、国际经济等几个方面进行。经济史的工作是为满足当前高等学校的教学需要，编辑中国近代经济史参考资料丛刊。全书将分为十一种二十四册，凡是近代经济史上的主要问题都包括在内。现在大部分材料已经收齐，并有一部分已编写脱稿，全部工作将在一九五五年内完成。经济问题是为配合国家对手工业的社会主义改造，进行对手工业的重点地区及重点行业的调查研究，一九五四年开始与国家统计局等单位合作编辑解放后手工业调查资料，并参加国家统计局组织的河南和浙江的手工业试点调查。这两项工作都还在进行中。区域经济方面是配合国家计划委员会根治黄河的计划，进行黄河开发的研究。目前正参加计算黄河淹没损失和梯级开发的设计工作。国际经济的研究也在收集资料。经济研究工作在我们国家的社会主义建设和社会主义改造中有很大的重要性，且目前我们的力量十分微弱，还不能担负起这方面的一些较重要的任务。

历史研究第一所第二所的正式研究计划才开始拟订。历史所第二所准备搜集自然科学史的材料编写中国的自然科学史；修订中国古代思想史，并搜集秦以后的思想史的材料；搜集关于中国手工业和中国农学史的材料，准备编写中国手工业史和中国农学史。根据现有人员的情况，这两所均将注重组织青年研究人员的学习，培养干部。

历史研究所第三所目前的研究工作分为五个组进行。关于近代史的有三个组。第一组研究中国近代阶级关系，现在搜集有关中国资产阶级的发生和发展的材料；第二组研究政治史，现正就辛亥革命一题搜集材料，进行研究；第三组研究帝国主义侵华史，已写出一部分稿件。关于现代史的有一个组，才开始搜集现代史的资料。关于通史的有一个组，继续修改《中国通史简编》。另有史料编辑组，最近专门搜集历史上的地震资料。其他编辑史料、整理档案的工作仍在继续。

语言研究所分四组进行工作。第一组研究现代汉语，准备在对现有各家语法理论作比较研究的基础上，对于汉语语法的规律加以初步的总结；第二组研究文字改革，首先研究汉语构词的规律，准备对于拼音文字的读写问题提出科学性的建议；第三组研究近百年来汉语词汇的变化，探求近百年来汉语发展的规律，目前正在研究“外来语”的变化；第四组研究少数民族语言，现正调查云南的傣族、景颇、民家、傈僳等处的语言；在广西正在调查僮族的语言，其中以僮族语言为重点。一九五四年前政务院指示：今后少数民族语言的研究工作是总结创制彝族文字的经验，继续为僮族和苗族创制文字。语言所根据这个指示，正在进行僮族和苗族语言的调查。

考古所的工作计划是配合国家大规模的基本建设而制定的。一九五四年内主要的工作是在洛阳、西安、郑州等地进行调查和发掘。洛阳王城的调查发掘工作早已开始，一九五四年下半年又组织了一个百人以上的工作队到西安工地去发掘。这些工作都是与中央文化部合作进行的。现在正在整理的发掘报告有长沙报告、塔里木发掘报告等。另有殷墟卜辞研究总结也正在誊写。

中国科学院的社会科学各研究所和其他研究单位一样，几年来，在培养干部方面做了一些工作。如语言所和考古所都与北京大学合作成立考古专业和语言专业，培养了一批青年干部。各所也都注意到所内干部的培养工作。大部分的青年研究人员由于进行马克思列宁主义经典著作的学习，参加了实际的研究工作，业务水平和政治水平均有所提高。各所分别出版了一些刊物，对于推动所内外的研究工作有积极的作用。考古研究所有《考古学报》，历史研究所第三所有《集刊》和《近代史资料》，语言所与中国文字改革委员会合办了《中国语文》，历史研究所第三所与北大、北京师范大学的历史系合办了光明日报的副刊《史学》。《历史研究》《史学译丛》和《经济研究》也都是由科学院几个有关的单位参加编辑的。

从上述情况看来，科学院社会科学研究部门的工作正开始走上轨道。社会科学研究和我们国家的实际生活已有了实际的关系。这些研究所已经不是旧日的学院式的研究所，而是新型的科学工作机构。它是我国人民建设事业的一个组成部分。但是新近成立的几个研究所人力还极不充实，需要适当扩充；旧有的各研究所的具体工作中，则还存在着若干迫切需要解决的问题，其中有些是带有共同性的问题。自从一九五三年起，各所改变了过去没有计划的状态，这是很大的进步。但一九五三年和五四年计划执行的结果表明：我们制定的计划是不够科学的。有的计划还没有完成或有很大的修改，有的是数量上完成了而质量不高。如历史第三所一九五三年只完成计划的四分之三，一九五四年计划中所列的某一专题的实地调查工作，全部未能实现。一九五四年经济所的经济史组距完成计划相当远，语言和考古所也不是全部实现了全年的计划。追寻其原因，一则是对于制定计划没有经验，对人力、条件、时间估计不适当；再则是一部分人临时性的任务太多，不能保证按计划去工作。我们目前不仅需要科学地制定研究计划，还特别要善于制造条件、克服困难，以改造那种有计划而不能执行的状态。各所在培养干部、进行马克思主义学习、集体工作等方面，也都还有不少具体的问题需要进一步解决。

三、社会科学学部今后的工作

中国科学院是全国科学工作的组织中心，学部是代表科学院掌握我国科学发展的方向、规定科学任务的学术领导机构。现在的社会科学学部是由经济、哲学、历史、考古、语言、文学等方面的专家学者组成的，社会科学中还包括着政治、法律等重要的学科。社会科学学部要在这样广大的范围之中去进行工作，既缺少现存的经验，又没有足够的人力，困难是存在的。这要依靠大家的努力创造。兹对今后的工作，提出如下意见，供各位参考。

一、社会科学研究的基本方针是把马克思列宁主义的普遍真理与中国革命的具体实际相结合。这个结合可以有一些是直接的，有一些是间接的，但是归根到底它必须和中国革命的实际相联系。我们的经济学、哲学、历史学、语言学、文学等学科，都不仅需要用马克思列宁主义的观点研究过去，研究历史，而且特别需要以马克思列宁主义为指南研究社会生活中新的现象，研究与当前国家生活密切相关的和实际生活中存在的问题，使社会科学研究工作能够有效地为国家的经济、文化建设服务。

我们社会科学工作者有责任把辩证唯物论与历史唯物论的观点与方法具体地应用于社会科学的各种学科部门，从事有系统的批判、研究的工作，大力宣传唯物论，宣传辩证法，来克服理论落后于实际的现象，改进我们的理论战线上的工作。如果说，近几年来社会科学工作方面的成绩，是初步宣传了历史唯物论的观点，在很大的规模上破坏了历史唯心论；劳动创造人类历史的观点已经为广大的知识分子所接受，并成为广大知识分子进行自我改造的思想基础；那末我们现在和今后就必须在这个基础上继续深入地前进，以求获得更大的成果。

在这里，凡是一切学习运用马克思主义观点研究中国的现实和历史的作品，都应该受到欢迎。这些作品不论其在具体问题上的见解如何，只要它是认真进行了研究，有相当的材料，就应该得到发表的机会，受到鼓励。这就是说，我们的社会科学研究，应该采取“百家争鸣”的办法。只有这个办法，才能有效地提高我们的马克思列宁主义水平，才能使我国的科学事业迅速地、蓬蓬勃勃地发展起来。任何违反学术问题的自由争论的原则的办法，都是不合乎马克思主义的。

二、随着国家建设的发展，各种实际工作中提出的科学要求将日益增多，我们不仅要逐步地去满足这些要求，还要预见到将来更繁重的任务，预见到长远的科学发展的利益。

经济科学是社会科学中可以直接为国家的经济建设服务的科学，需要研究的方面很多。如关于经济理论中的政治经济学、社会主义经济建设理论、我国过渡时期的经济理论等，应有系统的研究。现实经济问题中的工业经济、农业经济、交通运输、计划统计、财政金融、国内外贸易等方面的问题需要进行研究。在进行资本主义工商业和手工业的社会主义改造的过程中，有许多具体问题需要研究。关于生产力的配置及经济区域的划分和调整，是我国社会主义建设中重要的经济问题，必须充分收集资料，组织人力进行研究。在国际经济问题方面，为了发展我国与苏联及各人民民主国家的经济合作关系，了解亚洲各国的经济情况及相互关系，了解资本主义各国的经济状况及发展趋势，需要对苏联和各人民民主国家的经济、对亚洲各国的经济和资本主义各国的经济有计划地去研究。关于经济史的研究中，除了应当对近百年的经济史分段落、分专题研究，还迫切需要编写一部适用的近代、现代经济史的教科书。

历史科学中，首先应重视研究马克思列宁主义理论。这包括结合中国历史的实际，系统地说明历史唯物论的各种基本问题；研究马克思主义经典著作中对于东方历史与世界历史中的专门问题的阐述和理论；研究马克思列宁主义经典著作中的直接有关历史学的著作。为了引导人民群众和青年学生向前看，对于中国近代、现代史和对于党史的研究，今天仍然是值得特别注意的。目前除了需要有一部适用的近代、现代史教科书，关于中国资本主义的发生与发展的历史、中国资产阶级领导中国革命的思想、策略及历史作用；中国共产党领导中国人民革命各个时期的社会条件及党所采取的政策等等，均应作为专题深入地研究。中华人民共和国成立以后，经济恢复时期的各方面的成就和各种民主改革运动的成就也应该研究。对长期的中国古代历史应该找出重点，先就某些关键问题进行研究。例如中国奴隶制与封建制分期问题，就应当从理论和史料上进一步去深入研究；农民战争在长期的封建社会的发展中起着极大的推动作用，应当注意研究。经济史方面的土地制度，手工业、商业发展情况；政治史方面的各时代的政治制度，某一时代的突出的政治事件或政治人物；科学史及思想史方面的许多专题均应着手研究。国内各兄弟民族的历史要有计划地去研究。现在我国的某些少数民族还分别具有原始社会、奴隶制度、封建制度的特征，迅速组织适当的人力，研究这些民族的现实生活，是一项很重要的科学工作。在世界史及国际关系史方面，除了要对世界史作系统的研究，还要着重对帝国主义特别是美帝国主义在经济、政治和文化方面侵略和奴役其他国家的历史，尤其是要对美国侵略中国的历史作进一步的研究。用科学观点研究亚洲的历史，是今天史学界的一个重要任务。对中苏两国人民友谊发展的历史也应注意研究。其他如中国的史学史、近代欧美资产阶级的历史学等，都需要加以研究、批判。

考古学是马克思列宁主义历史科学的重要组成部分。在进行历史唯物主义的宣传中，考古研究中有许多工作要做。例如在旧石器时代方面，我国境内的旧石器遗址一定不少，但现在知道的还很有限。为了充实我国的历史，应当培养人才，开展旧石器时代的发掘和研究工作。关于新时期时代方面，新时期时代早期的文化遗存在中国考古学上是一个空白，应作调查研究；仰韶文化、龙山文化的变化发展，它们和其他文化的关系以及与历史传说的联系等问题应进一步研究；新石器时代晚期的文化遗存也应调查研究；为解决殷周文化的关系问题，应该从事伊水、洛水流域的的调查发掘。有关周代的考古工作中，需要有计划地进行西安地区西周都城及其墓地的调查和发掘，临淄地区齐国都城及其墓地的再调查发掘等。在今后一个相当长的时期内，考古工作还需要配合国内少数民族的历史研究，进行调查发掘工作，配合国家基本建设工程，做好地下的古墓葬、古遗址的清理、保护的工作。

语言科学在我国文化建设中，密切联系着我国社会生活的许多方面，有很多问题需要研究。马克思主义的语言学理论研究，在我国的基础很薄弱，应积极培育这方面的干部。关于现代汉语方面的现代汉语语法、现代汉语方言、现代汉语的规范化等重要问题，应进一步研究。目前迫切需要编写一部有一定科学水平的为多数人所同意的语法教科书。关于文字改革方面的拼音文字和方言、汉语词速写、简体字的整理与推行等问题，均需着重研究。汉语史的研究工作中，应研究汉语音韵史、汉语语法史、汉字的历史，特别是应研究近代汉语的历史发展的内部规律的问题。对国内各少数民族语言进行调查研究，是语言学中的有极大的重要性的工作。为没有文字的民族创立文字，研究少数民族的古文字，对同系语言作比较研究，对各民族语与汉语作比较研究等工作，要分别缓急轻重去进行。对于俄语、亚洲各国语言及欧洲某些国家的语言也要有计划地研究。

其他如哲学、文学方面迫切需要研究的问题同样是很多的。政治、法律等学科更是要结合中国的资料从头研究起。社会科学学部对于这许多问题需要加以讨论，使我们的长远计划能够确立下来。

三、要开展我国的社会科学研究工作，学部除了应考虑制定一个较长远的计划，还特别需要做好组织批评、培养干部、指导科学院社会科学研究人员进行马克思主义学习的工作。这些都是开展社会科学研究的关键性问题。

组织学术讨论，展开学术问题上的批评与自我批评，是科学工作中一种经常的事情。因为每一个知识部门总是会有自己的没有解决，还在争论的问题存在的。

最近几年中，我们的哲学、经济、历史、文学等方面都进行过一些小规模的讨论、批评；也有过像对于电影《武训传》那样引起广泛注意的批评。这些活动，毫无疑问是对于巩固科学中的唯物主义原则，克服反科学的观点产生了有利的影响。马克思主义所指出的只有创造性的讨论、自由的批评，科学才能发展这个原理，已很少有人怀疑。但是我们的社会科学研究工作中存在的问题是那样多，而在一些重要问题上的意见分歧亦复不少。相形之下，我们的学术讨论、批评的空气显得极其稀薄。有的问题被提出来了，没有坚持讨论下去；有的人写出了对某个问题的不同意见，但未能及时发表。这种学术研究中批评空气稀薄的状态，是明显地反映了社会科学研究不发展的状态。只有依靠批评与自我批评，才能使社会科学研究工作得到正常的发展，使新的人才比较迅速地成长起来，并保证社会科学研究中的马克思列宁主义的坚强领导。在这方面，我们完全没有什么要顾虑的。

为了树立学术上的自由讨论批评的风气，除了在报纸刊物上进行学术问题上的不同意见的争论而外，还必须办好各种规模的科学讨论会。科学院内外的各单位应逐渐建立自己的科学讨论会的制度，规模很大的讨论会可以由社会科学学部和有关的单位合作，有计划地召开。讨论时必须有准备，吸收有不同意见的人参加。希望在一九五五年内学部能组织一两次规模较大的学术讨论。

培养社会科学方面的年青干部，是发展我国社会科学研究的中心一环。而我们在这方面的工作是做得很不够的。我们还缺少一个全面的、比较长远的培养社会科学工作干部的计划；没有一套行之有效的制度和方法，缺少系统的经验。

现有青年干部的分配使用也不是所有的都很合理，很有计划。老一辈的科学家和青年干部在这方面还分别存在着一些思想上认识上的问题。社会科学学部担负指导培养年青一代的社会科学干部的重要责任，必须研究和解决这些问题。对于老科学家来说，做好培养青年干部的工作，把自己的所学传授给年青一代是应尽的责任，也是很大的光荣。凡在培养干部上做出成绩来的科学家应该受到尊敬。青年干部则应该尊敬老科学家，努力向他们学习。有些青年对于如何培养，看法片面，强调个人兴趣。有的人不愿深入钻研，缺少像工人农民那样辛勤劳动的精神，而一味急于求成。这些对于青年干部的成长都是有害的。要掌握专门的科学知识，主要依靠自己的艰苦努力的学习。科学是老老实实的学问，我们要掌握它，除了不疲倦的劳动，没有什么窍门，也没有捷径。马克思说："在科学上面没有平坦的大路可走，只有那在崎岖小路的攀登上不畏劳苦的人，有希望到达光辉的顶点。"这个著名的格言，对我们是永远适用的。

社会科学必须建筑在马克思主义的基础上，研究社会科学的人必须努力学习马克思主义。这看起来好像是老生常谈。其实不是的。现在社会科学的出版物中真正运用马克思主义理论进行创造性研究的著作是很少的。有一些企图用马克思主义的观点写出的作品，只限于从马克思主义的经典著作中抽引出一些现存的原理和公式，然后收集事实和统计材料，对这些原理、公式加以说明。这不是由于别的原因，是由于作者对马克思列宁主义的理论领会很差，因而不善于以这种理论为指南从事具体的研究工作。从这样的著作中很难找到马克思主义的思想力量，而令人感到的是教条主义和书呆子的气息。当然更不用说那种单纯摘引马克思主义词句来勉强装潢门面，把马克思主义的语言当胡椒面使用的"研究"方法了。这说明我们还必须认真地有系统地学马克思列宁主义。

近几年来，我们的社会科学工作者学习马克思列宁主义的自觉性已普遍提高，是有成绩的。科学院社会科学各所的同仁们也是如此。但是，也不能否认，现在仍旧有人只是口头上承认有学习的必要，实际上却强调这样或那样的原因而放松了学习。道理很清楚，只有不断地提高我们的马克思主义的水平，才能提高我们的工作质量。那种把学习马克思主义理论和从事社会科学研究工作对立起来的想法，是没有任何根据的。我们的社会科学学部应负起指导学习的作用。

四、最近要做的几项具体工作。（一）建立学部本身的工作制度；（二）检查社会科学各所一九五五年的科学研究计划执行的情况；（三）准备进行中国科学院第一次“科学奖金”有关社会科学著作的评选工作；（四）拟定社会科学各部门的十五年发展计划；（五）组织今年上半年的科学讨论会。

以上所说的，都是学部今后要做的工作，需要分别的、有步骤地付诸实行。

各位委员：我们的党和政府从来是重视科学工作的，当然也重视社会科学的研究工作。过去的共同纲领上曾规定“提倡用科学的历史观点，研究和解释历史、经济、政治、文化及国际事务。奖励优秀的社会科学著作”。现在的《中华人民共和国宪法》也同样地在第九十五条上明文规定了“中华人民共和国保障公民进行科学研究、文学艺术创作和其他文化活动的自由。国家对于从事科学、教育、文学、艺术和其他文化专业的公民创造性工作，给以鼓励和帮助”。在党和政府的关怀、领导之下，中国科学院和有关的单位中，都建立了必要的研究机构。几年来，科学院对于如何组织科学工作已摸索出了一些经验，开始有了一套章程。全国的科学工作者通过历次政治运动的锻炼，通过思想改造学习和科学工作的实践，显著地提高了自己的觉悟水平。凡此一切，都是进一步开展我国社会科学研究工作的最根本的有利条件。现在再加上成立了学部，各位委员将能够更好地发挥自己的专长，来有效地领导和推动各门科学工作，这无疑地对于今后我国社会科学研究工作的发展有着重要的意义。

让我们社会科学学部委员和全体的社会科学工作者为社会主义与共产主义的宣传教育事业、为祖国科学事业的繁荣而共同努力。

参加巴基斯坦历史年会的工作报告①

1962 年

科学院哲学社会科学部分党组并对外文委党组：

巴基斯坦历史学会于二月一日至四日在达卡开第十二届年会，对我发出邀请。我们三人被派前往参加。一月八日开始准备。一月二十四日由北京出发，取道昆明、仰光前往。二十八日到达达卡。会议期间宣读了两篇论文。会前会后在达卡、拉合尔、白沙瓦、卡拉奇等地，进行了访问。二月二十五日离卡拉奇返国。三月五日抵京，总计在巴境活动二十八天，连在京准备与旅途往返共五十七天。

代表团出国前，外交部和对外文委负责同志分析了中巴关系的当前形势，指出代表团的行动方针是：开好学术会议，通过学术活动去主动地多谈发展中巴友好。对于如何处理在巴可能遇到的一些政治性问题，都给了明确指示。我国驻巴使馆对代表团应采取的工作步骤，事先早有安排。在我们到达达卡时，丁国钰大使正在当地访问。丁大使就国内已定方针作了一些具体指示。此后在卡拉奇，使馆针对工作的开展情况，随时有所指示。使馆派文化秘书参加代表团工作，自始至终与我们一起行动。巴基斯坦政府由于他们自身的需要，对我们也采取了比较友好的态度。代表团的工作进行得相当顺利，有一定的收获。

四天会议中，有两天半是宣读论文，其他是开幕式、闭幕式、参观及茶会等。巴方出席会议的代表约七十人。外国代表，除中国外，有苏联、印度、泰国、马来亚、黎巴嫩、法国、意大利、西班牙、美国等共十个国家，十五个代表。宣读的论文，共二十余篇，其中包括外国代表的论文十篇。论文的内容，主要是关于巴基斯坦历史和伊斯兰历史的，也有关于语言学和史料学的选题。苏联学者的论文，在资料性的考证上受到相当的注意。我国代表宣

① 来自报告打印稿，未刊。——编者注

读的《新中国的历史科学》和《中国穆斯林的历史传统》两篇论文，受到最大的欢迎。每次带入会场的论文油印本（有中英两种文字）都不敷分发，一直到我们离开卡拉奇之前，还不断有人索取。达卡和卡拉奇的重要报纸在对会议的报道中，以最大篇幅报道中国代表的论文。报道标题有：《七世纪已经存在的中巴关系》《新疆同样有犍陀罗艺术》《中国教授阐明同巴基斯坦的联系》《中国穆斯林的丰富传统》《北京学者详述同巴基斯坦的古老关系》等等。我代表团的活动一开始就受到对方的注意。在会议上，中国代表团第一个被介绍与大家见面，第一个上台致祝词，第一个宣读论文（连续两天都是第一个宣读论文）。我们的祝词和闭幕时的发言，也都有报道。在外国代表中，马来亚和印度的代表对我表示友好。法国、泰国、黎巴嫩、西班牙的代表都是一般打招呼。苏联代表是亚洲研究所所长加甫罗夫，我们在旅馆有过一次谈话，态度不好。

我们参观访问了达卡大学、旁遮普大学、白沙瓦大学和卡拉奇大学。参观了达卡、拉合尔、白沙瓦和卡拉奇的博物馆。其中，旁遮普大学是全巴规模最大、历史最老的大学，拉合尔博物馆是最大的博物馆。我们在白沙瓦大学历史系作了两个报告（《中国历史科学工作的一些情况》和《新中国的穆斯林》）。在卡拉奇参加了历史学会、信德文学社、乌尔都文发展局、伊克巴尔研究所为我们组织的招待会。在各地，访问了著名的历史家和历史教师。还参观了一些古迹。我们通过各种学术活动，着重宣传了新中国历史科学的成就，也对巴基斯坦历史学界的状况作了一些了解。巴基斯坦的历史教学工作和研究工作都具有一定规模，在东南亚和印度洋沿岸各国里只有印度能够跟它相比。他们的历史学者重视资料的翻译、考订，长于波斯文、阿拉伯文和英文等外国文字。目前巴基斯坦已写出《印巴简史》那样的通史和《自由运动史》等卷帙巨大的著作。但科学水平是很低的。西方殖民主义观点和所谓东方学家的烦琐主义方法占统治地位。有些人还用神学观点来解释历史。考古发掘有了一些开始，还不能进行独立的研究，要依赖英国学者的鉴定。我们针对这种情况，着重正面介绍了中国历史研究中揭露帝国主义侵略、把劳动人民作为历史主体等观点，也赞扬了巴基斯坦的悠久文化，介绍了中国史籍中关于巴基斯坦的历史资料。一般说来，像这样内容的谈话还能引起巴方学者的兴趣。

代表团的活动，远远超过了参加学术会议的范围。在各种场合中接触到的巴基斯坦人，约有一千人左右。其中，听过我们报告、讲演的约四百人，个别谈话的约一百人，接触较多，了解较深的有十多人。我们除了广泛接触历史学者外，还会见了巴基斯坦总统、东巴西巴省督、大法官、内阁部长、国家银行行长、国家计划委员会副主任、外交部秘书、政府局长、专员、大学校长、宗教家、作家、诗人、自然科学家，会见了两个巴中友协主席、国会议员、省议员、工会领袖等社会名流，会见了少数资本家、地主、青年学生。政府人员一般表示友好。一些社会人士接待殷勤，有的妻女出见，有的是子女婿媳全部出席，有的是七十老翁亲自驾车迎送，有的连续数日陪同郊外远程参观。总统阿尤布·汗在年会的第一天、东巴省督举行招待会时，单独接见中国代表团，照了两张相片。我们在这些活动中讲话的内容，一是讲中巴两国人民友好，二是宣传我国的各项成就并解答有关国内建设和中印、中苏关系问题，三是讲反对帝国主义，四是询问对方的情况。巴社会人士一般都强调中巴友好的愿望。其中有些人更赞扬中国革命对亚洲的影响，赞扬中国领袖的伟大，赞扬中国人民的勤劳优秀和文化上的造诣，热情表示对中国的向往。这主要是由于我国的空前强大、我国革命胜利和社会主义建设的成就，对被压迫国家的人民有强烈的吸引力。而巴统治集团出于自身的需要，有意作出一种友好姿态，也是一个因素。也有少数人提出一些问题。如：人民公社既然好，为什么粮食减产？社会主义制度既然好，为什么有人逃到香港？人民公社是否把男女老少分开？妇女为什么穿一种颜色的衣服，不可以打扮得漂亮一点？说是苍蝇蚊子没有了，究竟是如何？也有人提：中国与苏联有何分歧？中国与印度有何分歧？中国对克什米尔抱何态度？中巴是否可以联合起来反对印度？在知识分子中关心较多的，是自由问题。如：学术研究有无自由？百花齐放，百家争鸣，是否还允许？既要争鸣，为什么又说以马克思主义为指导？宗教信仰是否自由？中国穆斯林的生活在新中国有什么变化？他们的宗教信仰跟社会主义制度有无矛盾？他们究竟有多少人口，一千万或是五千万？他们中，为什么会有人跑到香港、台湾去？宗教教育是否还可以在中国进行，如何进行？提这些问题的，一般地是由于不了解，要求知道一些真实情况，不是恶意。由于国内和使馆的指示明确，我们心中有底，对于这些问题的解答还没有出什么乱子。有一两次近于辩论，结果也还圆满。我们在卡拉奇停留期间，大使出面举行了招待会，本来活动可以结束了，巴方学术团体仍连续举行了每次数十人参加的招待会，每会必赠送我们大量的出版物，一直到代表团离巴前夕，巴方的态度是比较友好的。

我们工作中的缺点是：宣传自己的成就多，注意了解对方不够。加上语言条件及对当地知识的限制，对于有些需要了解的情况，了解得不多。在宣传自己的成就时，也往往对于对方估计偏高，以为有些成就我们不讲他们也会知道。工作方法上也欠灵活。苏联学者送给巴方两册历史资料的显微照相，颇引起一些学者的兴趣。我们则只注意近年国内史学著作方面的成就，没有在历史资料方面准备什么宣传品或礼品。代表团成员谢琏造生病，也减弱了某些活动的效力。

通过这次活动，我们有几点初步的体会：一，巴基斯坦统治集团如何对待与中国的关系，在它是一个微妙的问题。在目前情况下，我们通过学术活动，多讲友好，散布我国的政治影响，是一种比较可取的方式。通过学术活动，可以接触到外交人员不易接触的人，而以学者身份说某些方面的话有时较易于使人接受。二，到巴基斯坦这样的国家去工作，除了专业方面的准备，更需要的是政治方面的准备，方针要明确，要准备各种可能提出的问题的正确答案。像代表团在巴所遇到的一些政治性问题，就由于出国前有了准备，解答的效果就要好些。三，马克思主义旗子要鲜明，作法要灵活。隐蔽马克思主义立场是错误的。但不能针对对方的思想情况，采取对方可以接受的方式，就不能收到好的效果。这是在巴基斯坦那样坚决反共的国家里从事社会科学活动的一个很重要的问题。四，苏联学者在这次活动中，表现出有意与我们竞争。这是一个新的情况，我们参加国际学术活动时，为此需要有所准备。

对于我国的历史工作，我们也在这次活动中感到有一个比较重要的问题。我国历史工作中，还颇有一些人纠缠于离当前生活过于遥远的问题，为一些过于空虚狭窄的问题去耗费力量，眼光只看到面前的一些东西，所见不远。我们对于印度、巴基斯坦、缅甸等国的历史注意得很少，至今没有把研究这些国家的历史作为重要工作。西方的历史学在这些国家中仍起支配作用，我们的影响很微弱。研究亚洲邻近国家的历史，传播我国的思想和政治影响，这应当是历史工作上为无产阶级政治服务的一个重要方面。因此，我们建议：一，对于多数史学工作者还要大讲树立为政治服务，睁开眼睛看世界的思想，进一步克服脱离实际的倾向。二，考虑组织适当人力，在较短期间，编选若干中国历史著作译成外文；就现有资料，照我们的观点编写几本印、巴、缅等国的历史书，用外文出版；在中文材料中，编选一批有关印巴等国的史料，向外介绍。对有关伊斯兰的学术研究也应加强，这对于在亚洲穆斯林国家进行工作是不可缺的。苏联在这方面，似比我们注意。

最后，有两件具体的事情，请领导上考虑。这次巴基斯坦历史学会等单位送给我们的书多到四百三十多册，估价值三四千卢比。其中有些书是不易买到的。这是一份厚礼，不可无所酬答。拟请选购一批我国出版物，由巴驻华使馆转交对方各有关单位，此事可由学部联络处办理。再则，巴基斯坦的一些历史家很希望有机会访华。如果可能，在年内邀请几位来我国作短期访问，彼此乐于接受。我驻巴使馆也认为需要这样做。

以上，总结我们赴巴参加历史学年会及访问的情况、我们的体会和建议，是否有当，请予指示。

刘大年　白寿彝　谢琏造

1962 年 3 月 7 日

1963 年中国学术代表团访日工作总结报告（第二稿）①

1964 年

中国学术代表团一行，于一九六三年十一月二十八日到达东京，在日本进行了二十七天的访问，十二月二十六日启程回国，二十八日回到广州。

中国代表团是应日本学术界的邀请，由法学、教育、历史、考古、古典文学、语言、气象、半导体等学科的人员组成的，连同秘书、翻译共十一人。出国以前，我们就访日的方针、任务向对外文委作了请示，进行了一些准备工作。外办廖承志副主任，对外文委张志祥、周而复副主任先后对代表团的工作作了指示。根据指示，代表团活动的方针是：高举中日两国人民友好的旗帜；多讲学术，通过学术去达到政治上的目的；面对中间，做好中间派的工作。在学术方面，代表团的成员就八个专业准备了二十篇论文，分别由中央宣传部和科学院党组作了审查。日本方面的情况，请赵安博、孙平化、林林等同志作了介绍。其他有关的资料也都有所准备。

代表团在日本的二十七天里访问了东京、仙台、横滨、静冈、名古屋、丰川、天理、千叶、京都、奈良、滋贺、和歌山、大阪、神户、广岛、山口、福冈等十七个城市，访问了日本学术会议，参观和访问了二十五所大学和一些研究机构、学术团体，还访问了日中友协、华侨总会、在日朝鲜人总联合会和京都分会，拜访了京都府知事和京都市长，应邀参加了横滨市长的宴会，参观了二所华侨学校和二所朝侨学校。在这个期间，代表团团员一共作了一百多次学术报告和群众性讲演，进行了一百次左右的座谈会，接见了十多次记者的访问。部分团员还分别参观了图书馆、博物馆、古代文化遗址、气象台和一些工厂。代表团在到达东京后和离开东京前，曾两次拜访日共中央。第一次，袴田、安斋、冈正芳、土岐、冈田、石田、冈本等同志接见，

① 来自该报告打印稿，未刊。刘大年是这个代表团的秘书长，负责起草报告。——编者注

张友渔因病缺席；第二天张友渔拜访了野坂、安斋、丰田、高仓、冈田等同志，并听取了日共领导同志对代表团访问的意思。在整个访问过程中没有碰到什么挑衅捣乱行为，修正主义势力没有能够发挥影响。国民党特务分子除了给每个人写了一封反动的信，对个别人打了一次电话，对我们的活动无可奈何。

日本学术界邀请中国学术代表团访问的工作，实际上是由日共发动和领导的。从1961年10月开始，经过两年多时间的酝酿策划，动员的面相当广泛，准备工作细致周到。许多地区都成立了欢迎委员会的组织。欢迎委员会的成员中有不少知名的学者。例如关东欢迎委员会由法政大学校长谷川彻三担任委员长，委员有东京大学名誉教授南原繁、东京大学文学教授小野忍、东京大学名誉教授仓石武四郎、日本国际法律家联络协会会长长野国助、中国研究所所长平野义太郎等人。参观欢迎中国学术代表团活动的包括了相当广泛的知识分子，形成了一定范围内的群众性运动。我们访问的经费，即是靠这些人捐助的。欢迎热烈，接触广泛，是这次访问的显著特点。

日共领导这次行动的目的，是希望通过中国学术代表团的活动提高日本学术界左派的威信，影响和团结中间力量，以利于开展统一战线的工作，鼓舞日本学术界反对美国对日思想渗透、文化侵略的斗争，同时对日本知识青年给以革命思想的教育。这个目的和国内领导上指示的代表团活动的方针是一致的。我们的工作因此能够很顺利进行，取得相当的成绩。

我们这个代表团除了广泛宣传了中日友好、对日本人民的反美爱国斗争给予了支持，主要是在两个方面做了工作。

第一，与日本学术界相当多的人士接触，在他们之中散布了新中国的影响，对上层的中间分子做了争取工作，对青年知识分子做了教育工作。

据日方估计，代表团接触的群众共达二万五六千人，其中大部分是青年知识分子，一部分是学术界上层的中间人士，有些还是中间偏右分子。代表团访问各大学时，一般都是由校长（或总长）出面接待，主持宴会。陪同接待的也都是各部部长（院长）和有关的教授、助教授。有不少的讲演会、座谈会是由校长、部长或者有关教授主持的。有些大学校长还参加了学校内部举行的群众性欢迎集会。对这些上层分子，我们除了就学术性问题交换意见以外，特别注意对他们讲发展中日两国人民友谊、增强中日两国学术交流的意义，效果很好。他们之中一些人主动讲到应当恢复中日邦交，对于增强学术交流更是他们普遍感到兴趣的问题。日本学术会议会长朝永振一郎，著名原子物理学家汤川秀树、坂田昌一、有山兼孝，东京大学校长茅诚司，关西大学校长中谷敬寿，神户大学前校长古林喜乐等人的表现是最有代表性的。朝永振一郎先后四次同我们接谈，并和学术会议副会长桑原武夫等人主动找我们谈中日两国学术交流问题，他表示要为排除中日学术交流的一切障碍而努力；并且说：要是我当了外交部长，中日邦交问题马上就能解决。汤川秀树亲自主持了王守武（代表团中物理方面的专家）的学术报告会，并邀王到他自己的研究所参观，亲切交谈。坂田昌一、有山兼孝在名古屋始终陪着我们活动。坂田昌一在欢迎会上亲自司会，站立达三小时之久。我们离开东京前，坂田昌一、有山兼孝又和东京大学的野上等专程到旅馆里找张友渔，要求加强中日两国物理学界的交流，并提出如何实现周培源和有山兼孝的学术交流协议的问题。茅诚司即将卸任，正在办理交接，抓紧时机安排了对我们的招待。中谷敬寿在关西大学的招待会上领头三呼日中友好万岁，古林年近七十，不仅他本人亲自负责接待工作，同时还动员他的老伴在欢迎宴会上为我们表演日本的民族舞蹈。有些拿过福特基金的学者，如京都大学中国古典文学教授吉川幸次郎、中国思想史教授贝冢茂树等人，也主动地和我们接近。贝冢茂树本人捐款五万日元，担任京都地区欢迎委员会副委员长。中间偏左的如京都大学教授重泽俊郎等就表现得更加积极、更加热心。出席代表团告别酒会的多至五百人。据安斋库治同志谈，他们平常很少接触到的某些日本学者，这次也出席了。还有一些学者，过去对北京中心讨论会不很关心，现在也表现了浓厚的兴趣。这是经过代表团的活动所反映出来的日本知识界的一个值得注意的动向。

广大青年知识分子和一些进步人士，对我国社会主义革命和社会主义建设的某些经验，特别是民主革命时期的某些经验，感到极大的兴趣。在每次报告会或座谈会上，他们都迫切要求解答一些具体问题，如中国的知识分子是如何参加革命斗争的，中国教育工作者是如何为革命服务的，新中国的青年是如何成长起来的等等，他们还要求我们谈自身的革命斗争经历、工作经验和体会，对这类问题，我们都作了认真的答复。这对于启发青年知识分子的革命意识，鼓舞他们的反美爱国正义斗争，必然会有一些影响。

第二，通过学术活动，宣传了我国社会主义建设的成就，首先是宣传了科学事业上所取得的成就；在一些学术问题上介绍了马克思主义观点；对日本学术界的状况也有了较多的了解。

我们的学术报告和座谈会讲话无论是社会科学方面的还是自然科学方面的都受到普遍的欢迎。报告会的听众常常是数百人、千余人，最多的一次达到三千人。学术报告和座谈会讲话一般都有说服力。有的当场反映很受感动，有的说“你们压倒了我”。日方曾再三要求公开发表我们的学术论文，因中宣部有过指示，我们没有同意这样做。代表团成员的工作态度也给日本学者留下了好的印象。大部分活动日程安排得十分紧张，大家都不辞劳苦，力求多做工作，在行动上表现团结守纪律，一切服从主人的安排，说话注意政治；而且业务很熟悉，临时碰到和各人专业范围内的问题都能圆满地解答。了解日本学术界状况和搜集资料的工作，自然科学方面做得更多一些。

对于代表团活动的反映，除《赤旗报》作了比较详细的报道外，其他几家大的资产阶级报纸，如《朝日新闻》《读卖新闻》《每日新闻》《产经新闻》等以及各地方的资产阶级报纸也都有报道，没有看到讲什么坏话。十二月二十日张友渔同志拜访日共中央并征求他们的意见时，安斋库治同志代表日共中央，对我们的访问作了三点评价：一，日本学术界反映中国学者在学术上有很高的质量，日本学术界的某些上层人士，原来认为中国的学术水平不高，现在改变了这种看法；二，日本学术界的一些人，其中甚至包括一些和美国有联系的学者，对中国学者为人民服务的精神很受感动；三，中国学者能接近群众，对群众影响很大。这些评价带有鼓励、表扬之意，但大体上是符合事实的，学术代表团在党的领导下担负着一个战斗的任务，在这场战斗中应该认为是打了一个胜仗。

我们的工作中还存在着下面这样一些缺点：一，准备工作不平衡。对于学术上应付少数专家的准备是注意的，下功夫比较多的，对于青年知识分子要求了解的一般性问题注意不够，准备不足，特别是关于民主革命时期党如何团结教育知识分子的问题，革命知识分子转变的过程、道路、知识分子在革命中的作用问题等等只是多少准备了一点资料，没有这方面的专门研究、专题讲演，这是一个很大的缺陷。准备工作中还有一个不平衡是代表团的人选确定有先有后，准备有多有少。有几个专业的人选或者确定很晚，或者确定了也没有一定的时间来从事准备工作，仓促上道，应该去着重宣传什么，不宣传什么缺少必要讨论。对于国内的有关情况、日本学术界的情况、虽然准备了很多材料，由于没有时间消化，也没有发挥什么作用。二，在有些场合，对象了解不清楚，讲话不准确或者不深不透。又我们的论文往往长达一两万字，每次讲演的时间限制得很短，再加上有些专业的东西很难翻译，这也多少影响到活动的效果。

照我们接触到的一些情况来看，日本今天的形势是处在一次民主革命高潮的前夜，我们党的各项政策、我国社会主义革命社会主义建设的重大成就正在对日本人民产生越来越大的影响。这一次，广大青年知识分子和学术界的进步人士不单单是把我们当作专家学者来接待的，实际上是把我们当作一个革命国家、革命人民的代表来接待的。那种情况很容易令人想起俄国十月革命以后中国进步青年接待俄国来华人士的情景。代表团在不少的学校碰到青年群众的夹道欢迎欢送。东京早稻田大学、教育大学、京都立命馆大学、京都大学等学校的大楼上、校门口都张挂巨幅欢迎标语，写着“我们要到中国去学习”“恢复中日邦交”“撤退美国军事基地”等口号。不少集会上红旗招展，《东京—北京》的歌声和日中友好的欢呼声洋洋盈耳。一位日本学者说：“中国延安从前是中国革命的圣地，现在新中国是全世界的革命圣地。”讲这种话的当然是左派，但是它反映了许多青年知识分子的一种心情，反映了今天日本人民的一种要求。

根据这种政治形势、政治要求，我们应该多做工作。对日本知识界进行工作是一个很重要的方面。为此，我们建议：

一、增加中日学者之间来往。我们接触的许多学术界人士，都渴望来中国访问，同时也希望中国能多派一些学者访问日本。在我们拜访日共中央时，安斋、丰田两同志也正式提出了这个建议，认为这对于争取知识分子、鼓舞日本学术界反对美帝文化渗透，反对学术界的修正主义都是必要的。他们还特别提到自然科学和社会科学的经济学界更需要加强这种交流。我们认为需要增加来往，派去的人要少而精，要政治上坚强，学术上有一定成就，真正能够解决问题，特别是学术上的反修问题。邀请来我国访问的日本上层的学者则要多而宽，主要对象不是进步的，是中间派甚至中间偏右的知名人士。青年学者则要邀请进步的，学些东西就可以回去做宣传，影响很大。人员的选择可请日共或日中友协考虑。邀请方式有两种，一种是个别的，一种是集体的，不同对象可采用不同的方式。

二、加强资料交换工作。在我们和日本学者，特别是研究中国问题的学者交谈中，他们普遍反映中国方面的资料很难看到，有些资料还是1957年以前得到的。有的研究中国问题的进步朋友向我们提出，他们研究中国问题但得不到有关的资料。这种情况继续下去怎么办？许多大学和研究机构都正式向我们提出交换资料的问题。这个问题如不适当解决，会挫伤一些人的积极性，同时我们自己也将因此难于得知对我有用的日方资料。无论从政治上或者从学术上考虑加强和日本学术界的资料交换工作是十分必要的，请对外文委考虑规定：凡是国内公开出版的书刊有一定质量的，对特定的学校和研究机构准许交换并且要尽快付诸实行。

三、给日本华侨学校一些援助。我们参观了横滨和神户的两所华侨学校，他们在教员教材和经费几方面都存在困难。但是他们的爱国热情非常高涨，工作很有意义。请有关方面研究一下这个问题。

以上报告是否有当，请予指示。

中国学术代表团团长　张友渔

副团长　江隆基

侯外庐

1964年1月8日

出席巴基斯坦历史学会第十五届年会代表团工作总结报告①

1965年

学部分党组，并转送

中央宣传部、对外文委、外交部：

一九六五年五月，刘大年、夏鼐二人奉派参加巴基斯坦历史学会第十五届年会。我们于五月四日出国，二十三日回到北京，历二十天。

五月五日到达卡拉奇，当天即向我驻巴使馆汇报出国前国内的指示和我们准备工作的情况。丁大使除了肯定国内指示的方案，还强调要高举中巴人民友谊的旗子，把巴高级知识分子作为工作重点，并且指出要放手活动，不要拘谨，这一些，对我们的宣传工作都是很重要的。使馆并派译员一人，从头到尾协助工作，给了我们很多帮助。

巴十五届历史年会自五月七日至十日在卡拉奇举行，三天开会，一天会外活动。巴方出席的代表约一百二十人。在开幕会上正式介绍的外国来宾有中国、阿联、伊朗三国的代表，另外有一个印度人是以私人身份参会的。苏联、美国都没有来，会上没有什么斗争。三天共宣读论文四十二篇。我们宣读的两篇论文都还受到欢迎，引起注意。四天会议期间，我们始终与巴方代表一致行动，坚持"三同"，同开会，同吃饭，同会外活动。巴方主持人曾对此一再称赞，表示感谢。

五月十二日，我们向使馆汇报开会经过，总结那一段工作。丁大使对我们多所鼓励，认为百分之百地完成了任务。使馆文化处又对他们离卡拉奇赴外地访问的计划详加考虑，具体安排，我们以后的活动也因此得以顺利进行。五月十三日至二十二日，先后访问海德拉巴信德大学、慕恒佐大罗、塔克西拉、白沙瓦、拉合尔和达卡。虽然是走马观花，但会晤的人员不少，也看了

---

① 来自打印稿，未刊。——编者注

一些东西。

根据使馆的分析和我们的接触来看，我国派出人员参加这次会议是必要的。巴方邀请的国家很多，但去的人很少。阿联代表一人只出席了开幕式（闻系驻巴使馆的三等秘书），伊朗代表始终没有见面。开会前夕巴方仍估计苏联会派代表团，结果没有到。在这种情况下，中国派去代表对巴是一种明显的支持。我们在年会上活动也很频繁。三天之中，一次宣读中国史学会贺电，一次致代表团贺词，两次宣读论文。报纸上天天都有代表团活动的消息。官方最大的英文报纸《黎明报》先后全文刊登了我代表团讲话和论文。巴联合通讯社和报纸记者几次来访，广播电台约代表团录音广播（广播稿送使馆审查过）。这样我代表团的地位就更加突出，有利于增进友谊和多传播一点中国的影响。使馆在开会期间又举行招待会，招待年会全体代表，也起了很好的作用。缺点是我们准备不足。出去时共带论文和致词稿各一篇。与巴方主持人见面后，他们提出祝词由他们宣读，中国代表团另作一次讲话。然后又提出请中国代表每人宣读一篇论文。对此无法谢绝。在开幕前拟出了中国史学会贺词和另一篇论文摘要。使馆同志加班加点，翻译打印，很是辛苦了一番。我们这次出去对政治方面的准备是比较注意的，学术方面由于时间短，准备不足。出席这类会议需要事先作好论文准备，临时赶制，错误、缺点很难避免。

开会期间，我们有意识地注意会内会外的活动相结合。通过会内会外活动，我们接触到一批高级知识分子。他们之中，很多人具有明显的反美情绪。一谈到美国援助印度，这种情绪就表现特别激烈。在一些小型座谈会和个别谈话中，我们提出越南问题同他们讨论，大多数人并不回避。他们用各种不同的措词谴责美国。表示这种态度的人中包括前驻日本、印尼、德国大使马立克，一些大学系主任、教授，博物馆馆长等。对美国侵略越南前途的看法有各种各样。一，认为和平谈判解决总是好的；二，越南人民很英勇，但没有外援，恐怕不能持久；三，担心中国公开援越抗美，美国会乘机大规模破坏中国社会主义建设。我们根据我国公开文件的观点回答这些问题，没有引起过争论。我们带去的致词稿中有两处明确讲到反对美国侵略越南。使馆认为在正式会议上不明确提美国为好。向国内请示后改用“帝国主义”字样代替“美国”字样。其他未变。巴官方报纸很快将全文刊登出来。看来这样做效果是好的。今后这类问题还会碰到。驻外使馆对当地情况熟悉，根据他们的意见处理，是比较适当的。

巴基斯坦的历史学，照我们的了解完全是处在封建主义和伊斯兰神学观点的严密统治下面。新的思想在坚决排斥之列。年会主席、卡拉奇大学穆斯林历史系主任斯力克作开幕演说，其中心思想是：努力恢复伊斯兰文化的纯洁性，把巴基斯坦建立成一个伊斯兰国家的榜样，让其他穆斯林国家看齐，然后在世界上形成第三势力，取得世界地位。年会的最后一次会上由著名牧师、前司法部长布劳希主讲《从哲学看历史》。黑格尔、马克思都扯到了。结论是有了伊斯兰教义以后才有科学的历史，历史不能归结为物质的基础，而是人的思想、信念起作用，最后是真主的作用云云。与斯力克的讲话是一脉相承的。因为巴在表面上是以伊斯兰教义立国，伊斯兰教义为其国家指导思想。要是不极力强调，并在各方面加以贯彻，就失去了立足之点。我们一开始就注意到，出席这种学术会议，决不能要求在学术思想上有什么共同语言。我们的共同语言在政治方面。中巴友好，反帝反殖，亚非团结等等，范围很广。学术思想可以各讲各的，不强加于人。但是一有机会就应当宣传一些马克思主义的道理。只要不去正面驳斥对方，就不至于引起什么问题。我们就是这样做的，对方接受多少，那就不去管它了。

与巴方人员，我们到处都相处得很好，没有发生任何问题。只有在拉合尔时，与美国人打了一个小小遭遇战。五月十九日上午旁遮普大学历史系教师招待我们，举行座谈。中间突然插进来一个美国人。主人立刻介绍：这是他们系里的美国教授，名韦斯吞佛，是根据《富布莱特法案》在巴基斯坦教书的。一开始我们就用高屋建瓴的姿态与美国人谈话，接谈约二十分钟，对方始终紧张、被动。最后我们说："听说你不久要回国，中国人民主张跟美国人民友好，请你把这个意思转告美国人民。"他说："很好。希望我们在东南亚不要再增加热度了。"我们立刻回答说："这不是我们的责任，不是我们挑起的。"美国人再也不吭声了。主人也有点紧张，提前宣布散会。据事后了解韦斯吞佛是一个美国军事特务，整他一下还是对的。

最后还有几件具体的事情。一，巴历史学会秘书长哈克要求访华，使馆意见认为可以邀请。白沙瓦大学考古系主任达尼在学术界有一定地位，对我态度一贯友好，访华后将能起些作用。我们建议可以邀请他们在最近访问中国。巴考古局长 F.A. 汗也可以考虑邀请。如受外汇限制，要他们自己支付巴航机费用，在国内由我方招待也可以。二，我们访问拉合尔时旁遮普大学历史系指派一位名叫哈立得的应届毕业生陪同参观。哈向我们表示他是巴共党员。我们没有表示什么态度，只是向他问一些问题。从他的谈话中看出，他对苏联、美国、苏美关系、印巴关系、伊斯兰教义、巴农村状况、工农生活、法律制度、历史学状况等等，都是采取批判态度的，许多看法都比较正确。此人现三十六岁，自称做工人、学生运动已十八年。曾执行律师业务，受组织指派重新入学做学生运动。官方控制很严，与我方没有什么接触。这个情况，如有必要，可转有关部门参考。三，巴使馆新到一批李六如《六十年的变迁》一书英译本。此书是否应向外发行，可以查对一下。

以上如有不当，请予指正。

刘大年　夏　鼐

1965 年 5 月 27 日

给中国社会科学院党组关于访问日本的报告①

1980年

中国社会科学院党组：

根据乔木同志与东京大学校长向坊隆先生的创议，我应聘去东京大学讲学。去年十月十日出发，今年一月十一日回国，为时三个月。现将情况简要报告如下：

一、讲学过程

去以前日方聘书载明，我的名义是东京大学研究生院特聘教授。一个月讲学，一个月研究，一个月参观访问。去以后对方告知：给我的工资出于文部省学术振兴会聘请诺贝尔奖金教授基金项下，条件是必须完成讲课任务。我携带有近十万字的讲稿。其中《论辛亥革命的性质》六万余字。对方很赞成这个题目。确定每星期讲一次，讲六个星期。我由于要有时间了解情况，回答问题，十二月二十六日才讲完最后一课。参加听讲的是东大研究生院攻读中国明清史、近代史的研究生，东大和其他大学有关的教授、副教授等。每次二十余人至三十人。讲解讨论顺利进行。与讲课的同时，穿插在其他的大学、研究所、学术团体举行了十一次讲演会、座谈会。其中有早稻田大学、法政大学、《读卖新闻》社、中国研究所、京都大学人文科学研究所、东京大学东洋文化研究所等。

讲学的反应，在我去以前，东京大学由研究生院评议委员会護雅夫、原东洋文化研究所长佐伯有一等，组织了一个五人接待委员会，表明日方对这件事是认真对待的。研究生备课尤其认真紧张。他们把我的讲稿依次编成提纲，仔细核对其中的材料。接待委员会的教授田中正俊对我使馆文化参赞讲，

① 来自该报告打印稿，未刊。——编者注

东京和外地约三十位研究中国近代史的教授，相聚在一起，以刘先生“为纲”，进行了交流。相处犹如同僚，讨论认真，对今后的研究会有深刻影响。使馆文化参赞认为这样的评价是出于诚意，比戴高帽好。一月九日我举行答谢宴会，接待委员、前校长加藤一郎等都出席了。向坊隆说，他作为校长，经常聘请外国教授，送往迎来，没有见到像这次反应热烈的，对乔木同志、社会科学院表示感谢。我的讲稿如果愿意出日文本，他们可以协助。《读卖新闻》登了多半版的座谈纪要，标题是《中国的历史研究：以解放思想为立足点，通过实践探求真理》。《朝日新闻》横滨版也登有消息和照片，标题是《刘氏巡礼孙中山先生的遗迹》。日本研究中国近代史的头面人物首推市古宙三、坂野正高。市古编写的东西不少，又担任过大学校长，但学术思想极其落后，对新中国怀有成见。先后见面四次，前几次都摆出一副架子，勉强应酬。一月六日最后一次座谈，大有转变，态度谦逊，几次带头鼓掌，显得前倨后恭。坂野正高是东大名誉教授，曾与费正清合编《日本对现代中国的研究》等书。第一次座谈后就表现比较热情，给我写信、送书。看来对这些人的工作多少起了一点作用。

二、收获与缺点

收获：（1）正面讲述了我们关于辛亥革命、中国近代史的基本观点，通过事实着重驳斥了苏联齐赫文斯基等人以讲历史为名所进行的反华宣传。对日本个别研究者的作品也有批评。加上其他座谈、讨论，做了一点交流思想的工作。（2）日本研究中国历史、中国近代史的人不少，他们的观点、方法如何，经过这次访问，有了一些具体了解。他们之中可以分为三种情况。第一种，在近代国际关系上维持战前的军国主义观点。外务省外交史料馆陈列室，一共陈列二十多件大事、大幅照片，关于中国的部分非常突出。马关条约谈判的大幅油画，承认伪满洲国、汪精卫“南京政府”时郑孝胥、汪精卫签名的“国书”，全部原件陈列，极为刺目。鹿岛守之助（本人为资本家、前两年去世）编的《日本外交史》十几大册，几千万字，他自己写的《外交史论文集》几百万字，基本维持军国主义观点，裕仁亲自授给奖状，定为学士院院士。中小学教科书里没有讲中日战争的内容，或者用中日“事变”遮掩过去。一个名叫林房雄的人专门宣传“大东亚战争肯定论”，某些刊物上不时刊载侵华日军暴行的照片、描写，吸引读者。头号战犯东条英机的牌位又进了专门供奉侵略分子的靖国神社，等等。这明显反映了大资产阶级上层、旧势力的思想观点。第二种，不涉及现在的问题，极力钻研一些细小的题目，它的意义看来重在打好研究基础。以东京大学研究生院东洋史研究生的训练为例：几年以前，研读《租核》（作者陶熙，叙述同治年间江苏吴县一带农民遭受地主剥削的情况）一书，全文不过一两万字，花了三年的时间。最近又研读《一斑录》（作者郑光祖，记载道光年间江苏昭常地区农民的抗租斗争）中的“乡民不法”一节，全文几千字，已经花了两年时间，还没有完毕。他们一般都能阅读古汉文，但不能讲现代汉语。研究中国历史的教授、副教授中这类情形最为普遍。第三种，思想活跃，对中国近代史的看法与我们比较接近。东京、京都均有一些这样的研究者。他们年龄在三四十之间，已发表了一些有一定水平的著作。老一辈的学者中如井上清的学术成就还是比较突出的。他所以在日本不为人所称道，一是思想左，受到排挤；二是近些年受“四人帮”的害，讲了一些错话。处境孤立，但仍有少数忠实信徒。这些情况，对于我们展开日本学术界的工作，可以做参考。（3）搜集辛亥革命的资料，访问孙中山、同盟会活动的遗迹，发现了一些新的资料。那些遗迹的调查访问很有意思，材料整理出来可以增加一些历史的感性知识。此外，关于日本研究生院的制度、学术流派等，也收集到若干资料，了解到若干情况。

缺点是绝大部分时间限于谈论学术问题，很少有机会解释我们党关于一些现实问题的观点。回国以前，就这个问题同两位主持接待的教授交换意见。他们的看法不一样。一位认为计划安排上存在这种缺点。另一位认为日本情况复杂，人们对现实问题的观点极不相同。谈得多了，容易发生分歧、争论。现在的做法是较为妥当、圆满的。各次座谈会上几乎都要求讲中国近代史研究的现状这个题目。我抓住机会讲了关于统一台湾，批判苏联、越南的侵略扩张、霸权主义等内容。全文近一万字，中国研究所《中国研究月报》准备发表。

三、建议

（1）日本号称“福利国家”，“财产再分配”。依我所见所闻，有些工人农民亦工亦农，部分人、部分地区三个差别确实在缩小。资产阶级各方面处于支配地位。单个的资本家兴起衰落，变化迅速。国家征税额很高。所得税最高达到95%，遗产只有二千万元免税，其他部分要抽去75%—95%。但资产阶级仍然掌握着巨大财富。而且各公司间斗争激烈，都拼命继续增加自己的财富、利润。劳方与资方的斗争，目前主要集中为每年三月的“春斗”，即争下一年度增长工资的比例和每年两次“双薪”中所包含的实际收益。马克思主义指出的社会生产力的发展、前进，最后将消灭三个差别，这个真理正在为事实所证实。但是资本主义发展肯定存在一些新的现象，新的情况。它们是不可能从经典著作上找到现成答案的。马克思主义要发挥它固有的思想力量，就必须研究这些现实材料，从中得到新的看法。日本代表资本主义的一个部分，西欧、美国代表另外的部分。理论研究只限于本国的情况是不够的，必须放眼观看世界。我建议社会科学院认真计划、组织一下这方面的研究工作。材料可以从各种渠道收集，也可以利用外国的学术基金等派人出去。做好这项工作，产生马克思主义的成果，会有极大的理论意义，也有现实意义。

（2）改进报纸上关于日本情况的宣传报道工作。日本大多数知识分子、相当多的群众至今是看不起中国人的。“文化革命”以前，一部分知识分子因为中国革命胜利了，有过某种敬畏的心情。现在这种心情早就不存在了。中间一点的人也是认为中国古代行，现代不行。我们的留学生、爱国华侨深深感到这种气氛。去年大平访华前后，日本报纸反应冷淡，有的冷嘲热讽。我们的报纸上谈日本这也好，那也好，要学习。一些留学生、华侨甚不以为然。有的说肉麻，有的说教人啼笑皆非，有的说中国社会主义国家的品格到哪里去了！因为有的宣传讲的只是表面现象。日本的事情，一切都有两面。一面经济繁荣，一面就业困难。大学、研究院历史专业毕业，找工作很不容易。多半要靠做临时工、家庭教师等，等待机会就业。他们自己说日本“博士过剩”。去年十月东京某个研究所招一名职员，五百人去投考。我所知道的最近几年从中国留学回国的日本学生六人，除一人在贸易公司就业，其他都没有找到正式工作。城市建筑，一面高楼林立，一面高楼背后几十米，百把米，就是曲折狭隘的陋巷，陈旧木屋。人们的生活，一面资产阶级极尽豪华、铺张，如东京赤坂、京都某餐馆，教授职位的人根本不能进去，一坐下起码是五万元。一面，在东京就见到个别要饭的，跪在地下擦皮鞋的，京都大街上就看到成群六七十岁的妇女割草劳动。资本家做生意，一面“童叟无欺”，一面大宗偷税漏税，投机破产。今年元旦大报纸上的重要新闻，就是某歌唱歌星漏税几亿元被捕，某资本家投机破产，全家自杀。社会秩序，一面小偷小摸少，“道不拾遗”，一面住宅里防偷防窃严密。我住的公寓，大门等于无人看管。但房间里有三道防盗设置，外加一个警报器。站岗的警察全都有三种装备：手枪、短棍、喊话器，特别警戒的地方另外加一条大木棒。过年期间，警察晚上成群巡逻。人和人之间，表面上礼貌十足，有些场面滑稽可笑。在商店里即使买一块豆腐，店主也对你又鞠躬又感谢。另一面，商业上、政治上，争权夺利，公开攻击，毫不留情。我同新华社驻日记者等中的一位同志谈到上述报道，他说可能是为了“刺激”国内一下。如果是这样，也要适当、有分寸。

（3）日本学术界有些人注意中国台湾地区近、现代的研究，编印了不少资料。我发现这个情况太晚，只买回了一部《台湾社会运动史资料》。他们是据日本警察局档案编的，内容相当充实。今年十月二十三日，他们将举行一个“雾社事件”（1930年雾社高山族人民起义，消灭日军三百多人的事件）50周年学术讨论会，届时将出一批资料。他们的会议公开举行，不需要邀请，交三百日元就可以参加。到时如果我们有人在日本访问，应当利用这个机会去收集资料。日本与中国台湾来往频繁，台湾的资料在那里比较容易找到。我们应当有计划地去进行收集工作。

（4）去年成立的人文社会科学交流协会会长有泽广巳，年过八十，仍担任日本学士院总干事（相当于副院长）。据说日本“马克思主义”经济学家有两大流派。一派叫“劳农派”，主要代表人物为大内兵卫（已去世）、有泽广巳。一派为“讲座派”，以在岩波书店出版《日本资本主义发展史讲座》一书而得名，主要代表人物为平野义太郎（现为苏联控制的世界和大主席）、井上清。有泽广巳的观点大概说不上马克思主义，但日本学术界都很推崇他对日本当前的经济政策起过重要作用。去年十月他作为代表团团长访华，时间短促。私下同代表团个别人谈话，词意之间，大概认为宝钢的设置、大量引进日本的成套设备值得研究。估计没有坏意。今年四月，此人将再次访华。我建议领导同志和主管同志与他就有关的问题深入交换一下意见，也许可以收到参考之益。我去拜访，他相当热情，但因译员水平不行，没有多谈下去。

四、费用的情况

日方这次为我讲学支出的全部费用，包括往来机票，共 2316400 日元。扣除所得税，实际给我的钱是 1634800 元。其中三个月工资 1291200 元，住房补助费 240000 元，国内旅行费 58000 元，又增加工资 45600 元。总支出共 968545 元。其中生活费 380000 元。（我和我的女儿刘潞两人，平均每天 4220 元，一个人一天 2110 元，交通、洗衣、理发等都在内。中国派往日本的留学生有科技生、访问生等名称。科技生每月生活费 3 万元，交通费实报实销。访问生每月 8 万元，买书在内。我们的生活在科技生与访问生之间。日方材料，中国访日代表团的生活费，一般每日 1 万元至 2 万元。观光地区、公园，凡是要花钱的地方我们一概不去，也没有进过电影院、剧场。）房租 348545 元，看病 25000 元，旅行 85000 元，答谢、应酬 130000 元。收支相抵，节余 666255 元。去日本时用人民币买的飞机票，日方用日元偿还，共 132000 元，带回交给了外事局。工资节余加上飞机票钱，合计共收入外汇 798255 元。节余的工资中花 50 万元给近代史所买了一架复印机，买书花了十几万元。买的书有劲草书房《中国共产党历史资料》（十二册）、日文《蒋介石秘录》（我所的中文本不全）、《明治文库》胶卷等。我另外有 95000 元的讲演费、稿费收入，用来买了一架电视和其他用品、小礼品。使馆告知可以零用的外汇若干元，没有动用。买复印机和一部书籍的单据还没有出来。等单据来了最后结账。又，我初去住在一家叫“国际文化会馆”的旅馆里。会馆主持人松本重治去年十月底访华，小平同志曾接见。松本回国以后表示要以实际行动促进中日友好，代付我女儿住在会馆期间的费用 184800 元。这笔钱收入、支出都没有计算。我回国前给松本写了一封信告辞，并道谢，也报告大使馆文化参赞，要他们见到松本时提一下这件事，表示知道了。

其他还有一些情况，不在这里一一叙述。如果需要，另行口头汇报。

敬礼

刘大年

1980年10月22日

参加第十六届国际历史科学大会中国学者代表团工作总结[①]

1985 年

第十六届国际历史科学大会，于 1985 年 8 月 25 日至 9 月 1 日在联邦德国斯图加特市举行。中国学者代表团一行 18 人代表中国史学界第一次以国际历史科学委员会团体会员身份出席了大会。

一

中国学者代表团自去年春季开始筹组。同年 7 月 6 日至 18 日，国际历史科学委员会秘书长阿维勒夫人为我代表团参加此次大会事专程访华，由马洪、胡绳、刘大年等同志接待商谈。由于我国史学会作出加入国际历史科学委员会的决定较晚，那时大会的课题及报告人、发言人早已基本确定，因而我国学者正式提交的论文数受到很大限制。虽然如此，代表团成员还是积极做了准备，大多数写出了论文，代表团组织了团员对论文进行了前后共为期一周的讨论，最后请中华书局在大会开幕前出版了《第十六届国际历史科学大会中国学者论文集》。

我代表团在出国前对代表团的基本任务和活动方针进行了认真的讨论。中国社会科学院赵复三同志对代表团的方针任务作了布置。代表团的基本任务是：宣传我国历史科学研究的成就；了解国际历史科学研究的情况。它的活动方针是：认真、谨慎、做好充分准备，贯彻我国和平友好和独立自主的外交方针，按中央规定的外事口径办事，处理好可能遇到的各种政治性问题，同时又要解放思想，积极主动地发挥作用，广泛结交朋友。我代表团于今年

① 来自该报告打印稿，未刊。——编者注

8月23日自北京启程赴联邦德国，9月5日返抵北京。大会期间，代表团出席了开幕式、闭幕式、招待会、各部类课题会议，团长还出席了国际历史科学委员会全体会员（即代表团团长）会议。我代表团受到了国际历史科学委员会、大会、各国学者及联邦德国主人的欢迎。大会组织委员会主席之一尼契克教授亲赴车站迎接代表团。在开幕式和闭幕式上，国际历史科学委员会前后两位主席都在致词中特别表示欢迎中国代表团。国际历史科学委员会的秘书长阿维勒夫人说，中国出版参加大会的中国学者论文集，反映了中国历史学家对国际历史科学大会的十分重视。刘大年团长被破例邀请在闭幕式上致词。在开幕式后，刘大年、季羡林同志被邀出席一个只有执行局委员和组织委员会主席等到场的小型招待会，联邦德国总统在会上亲切接见了他们。南德电台采访了季羡林同志。当地报纸也报道了我代表团参加大会的消息。

我代表团向大会正式提交的论文为4篇，其中3篇分别由作者在会上宣读了摘要。季羡林同志的论文是《商人与佛教》，通过论证古代印度商人与佛教的关系，阐明了佛教的经济基础和背景。齐世荣同志的论文《论中国抗日战争在第二次世界大战中的地位和作用》，充分论述了中国抗战对二战胜利的重大贡献。华庆昭同志的论文《关于中国抗日游击战争》考察了中国抗日游击战争的地位及根据地的建设和作用。另一篇高望之同志的论文《中国历史上的犹太教和犹太人》由课题主持人介绍了要点。余绳武、金应熙、张广达、陈之骅同志分别在有关的课题讨论中上台阐述了自己论文的要点或作了专题发言。余绳武同志在“历史学家与保卫世界和平”圆桌会议上，阐述中国自鸦片战争以来备受列强侵略战争之害的历史经验，表明了中国历史学者保卫世界和平的决心。金应熙和张广达同志在课题讨论会上，分别根据自己的论文《作为军事防御战和文化会聚线的中国古代长城》及《古代欧亚的内陆交通》的要点，作了发言，阐明了地理环境固然对人类交往有重要影响，但文化交流和会聚程度的终极原因还要到社会生产的发展中去寻找。陈之骅同志在十月革命史国际委员会讨论会上发言，简要介绍了新中国对十月革命及早期苏联史的研究情况。其他同志的论文在会上散发。不少外国学者向我们学者的论文和发言表示赞赏，来向我们祝贺。一些学者发言支持季羡林同志论文的意见，认为对研究宗教的经济基础具有普遍的意义，希望尽快用外文全文出版。虽然代表团人数有限和在语言方面存在的障碍（会上任意使用英、德、法语），但大家还是努力克服困难，尽可能地参加了各种课题会议，以期了解更多的情况。

代表团成员在大会期间除在会内与各国学者广泛交流外，还积极进行了会下的交往活动。主要有：

团长在各个正式场合与国际历史科学委员会和大会的领导人以及各国代表团长进行了交谈。

以代表团名义会见了国际历史科学委员会卸任主席盖茨托尔（波兰），对他在任期内接纳中国史学会为团体会员表示谢意，并赠送礼物。

代表团各成员分别会见了以下国际史学界人士和学者：

国际历史科学委员会顾问埃德曼、秘书长阿维勒夫人；该委员会卸任第一副主席、美国代表团团长克雷格；美国史学会执行主任甘蒙；苏联院士基姆、教授库库什金、赫罗莫夫、古雪夫；美国教授伊格尔、西格尔；日本教授西川正雄；瑞士教授贝尔热；蒙古教授比拉；意大利教授皮舍勒、苏西尼、科拉蒂尼；法国人文研究中心副主任埃马尔等。交谈了有关扩大交流、进行合作和比较研究等问题。

部分团员还应联邦德国蒂宾根大学之邀前往该校访问，由该校副校长纳格尔教授代表校长招待午餐，以表示对我代表团的敬意。

代表团中莫阳等三位军队史学家，因出席第十届国际军事史学术讨论会而先期到达联邦德国，并在大会开始后参加代表团一起活动。他们接触了大批外国军事史学家，进行了广泛的交往和学术交流，做了许多工作。

第十六届国际历史科学大会是一个有数千名学者参加的大会，中国代表团在国内进行准备工作时就估计到会有我国台湾学者参加，因此可能出现“两个中国”或“一中一台”的问题。

3月25日大会开幕式前，我们在“与会者名单”中发现有两名来自我国台湾的学者，其通讯地址有“中华民国、台湾（TAIWAN ROC）”字样，另发现在一位我国大陆学者的地址后加上了“中华民国、台湾”字样。我代表团当即报告了我国驻联邦德国使馆。在使馆的关心下，由我代表团向大会组织委员会进行交涉。组织委员会主席迈耶对我国大陆学者的地址作了更正并向代表团道了歉，还在国际历史科学委员会执行局扩大会议上对台湾学者地址所出现的字样作了解释，并且强调只承认一个中国，绝无搞“两个中国”之意，希望德中之间学术交流不因此受到影响。我代表团在处理此事过程中一直和使馆密切保持联系，做到了既坚持原则，又不伤害中德友谊，并得到了各国代表团的同情。

中国学者代表团通过参加大会了解了国际历史科学的现况，提高和扩大了我国史学在国际史学界的地位和影响，结识了一批外国同行、打通了一些交流渠道，基本上完成了肩负的任务。

二

国际历史科学大会的内容比较丰富，学术交流量也比较大，参加此次大会的有来自61个国家的2200余名历史学者。其中西德500人，超过100人的代表团有东德、美国、日本、匈牙利等，苏联代表73人。第三世界的代表较少，如拉美及东南亚便有许多国家无人出席。

大会分为两大部分，即：大会本身7天，国际史学会直属委员会和附属组织会议2天。大会本身分重大课题、方法论和编年史3个部类进行。重大课题3个：印度洋；异邦人的形象；对法西斯主义、纳粹主义和日本军国主义的抵抗。方法论课题3个：考古与历史；电影与历史；马克斯·韦伯与史学方法论。编年史课题17个，按古代、中世纪、近代及现代区分。也有个别跨代的。以上23个大会课题一般探讨半天至一天，都有主报告、论文摘要宣读及即席报名发言。此外，大会本身还组织了10个课题的圆桌会议，内容以现代为主，如“历史学家与保卫世界和平问题”“史学刊物与新技术”“核时代中的妇女与和平运动”等等，主要由参加者即席报名发言。国际史学会的31个直属委员会和附属组织有的搞地区史，如非洲史委员会，泛美史地研究会，东南欧研究协会，阿拉伯史学家联合会；有的研究断代，如现代欧洲史学会，拜占庭学国际协会；有的是专科性的，如外交史、国际关系史、人口史、城市史、比较军事史、钱币史等国际委员会；有的是专题性的，如大学史、二战史、法国大革命史、十月革命史等国际委员会；有的专搞史学方法，如应用计量方法于历史国际委员会。各委员会和组织除讨论各自的会务外，还分别进行了48项与本学科或专题有关的课题讨论。在整个大会期间总共举行了81个学术课题的会议，每个都有主报告，共宣读论文摘要500篇以上，即席报告上台发言者（不少人也是宣读论文要点）无计其数。

通过对课题的内容和实际交流情况的分析，我们感受比较深刻的有以下几点：

1. 强调德国在国际史学界的地位，突出地表现为宣传马克斯・韦伯的史学方法论。大会在 8 月 24 日提前举行预备会。给韦伯课题讨论破格增加了时间。大会的宣传活动和组织委员会主席的致词都强调了韦伯的学术影响。通过对韦伯的宣传来强调德国在国际学术界的地位，两个德国是一致的。因而西、东德学者分别担任了韦伯课题的正、副主席兼正副报告人。大会突出宣传韦伯还有其他原因。韦伯虽已去世数十年，但他主张历史不能指导未来，认为知识永远不能完整，恐惧理性主义会压制个人自由，怀疑科学和计划能否给人类带来好处。他这些对待世界和未来的消极态度，与当前西方不少人和学者对前途和社会感到茫然的心情产生了共鸣，因而为他们所推崇。当前他的观点的理论不但在西方一些大国中很有影响，东方的日本和印度也在流传。苏联、东欧虽对他持批评态度，但亦比较重视。在会前即已确定参加韦伯课题报告的进行评估的 26 名各国学者中，苏联、东欧学者便占了 7 名。其次，韦伯的上述唯心史观是与马克思主义相对立的，有的人确实想搞“以马压马”，即利用马克斯・韦伯来贬低和反对马克思。大会组织委员会主席迈耶在开幕式上便说，社会科学方法论中影响最大的是马克思和韦伯，特别是后者。还有人说，近一二十年来马克思主义在西方大大衰落，是韦伯受到重视的原因之一。有东欧学者和西方学者在会上对韦伯的观点和理论进行了批评。英国著名史学家霍布斯鲍姆指出，韦伯不是理论家，想以韦伯史学取代马克思主义史学是徒劳的。第三，重视韦伯反映了历史科学与社会科学领域内其他学科及自然科学日益紧密结合的趋势。韦伯并不是历史学家，主报告人说他是涉足史学的经济学家、社会学家和“文化科学家”。组织委员会主席迈耶在致词时指出西德史学界当前重视社会史和工运史，强调社会科学方法论对史学的影响，探讨历史的心理学和人类学范畴，以及加强对于人们日常生活和遭遇的研究，便可说明这种情况。历史科学与其他学科互相渗透结合的趋势值得引起我们的注意和重视。

2. 二战史具有重要地位。今年是反法西斯战争胜利 40 周年，大会重视二战史，除了这段历史本身的重要性外，还包含着纪念意义。大会期间，二战史国际委员会和比较军事史国际委员会联合召开了关于二战经济的讨论会。大会本身则进行了关于抵抗运动的重大课题会议。抵抗运动课题会议开会第一天，由苏联代表团团长齐赫文斯基和美国代表团团长克雷格共同主持（他们分别为国际史学会执行局委员和第一副主席）。主报告者 2 人，论文摘要宣读者 17 人，即席报名上台发言者 31 人，还有十余人要求发言因时间已到而未果。参加会议者达 500 人，是这次大会最热门的课题之一。由法国学者贝达里达和捷克斯洛伐克学者科比拉克（由赫尔曼代表）所作的主报告叙述了各国抵抗运动的概况，但主要是对这一运动的定义、特点、起因、效果、与一战期间的情况相比较以及研究中的问题等等进行了阐述和分析。各国代表的发言主要是讲本国抵抗运动的情况。我们从论文和讨论中注意到：一方面，对抵抗运动的研究已从一般史实的叙述深入到对这一运动的本质和意义进行探讨；另一方面，虽然本课题把对日本军国主义的抵抗列为三项主要内容之一，但迄今为止，研究范围还是局限于欧洲的抵抗运动，主报告涉及中国及亚洲只是寥寥数语。这不能不使国际史学界对抵抗运动的研究长期陷入片面性，影响学术水平的提高。二战史国际委员会急切而热情地希望中国史学界参加该委员会。大会期间，该委员会通过专门决议，授权主席在中国提出入会申请时便立即加以接纳。可以预见，随着国际上对二战史及抵抗运动史研究的深入，中国抗战及敌后抵抗运动的重要性将会日益被认识。

3. 跨学科的课题很多，而且往往是跟现实相关的。例如第一重大课题“印度洋”，便是综合性的。方法论第二课题“电影与历史”是边缘性的。至于断代、圆桌会议和各委员会的课题，跨学科的更是大量存在，如“凯恩斯以来”“革命与法律”等。有些与科学技术密切结合，如“18 世纪以来的技术革新，变革的因素”“生态学，自然科学，人文科学”。特别是近现代课题“100 年来道路变通的汽车化及其影响”，受到了代表们的重视。除主报告外，还由欧、亚、非、美四洲的学者提出了 15 篇论文，探讨汽车 100 年来对各国社会、经济、生活方式和人民思想感情产生的巨大影响。

4. 一些课题涉及现实国际政治。第二重大课题“异邦人的形象”实际上是在探讨从古到今各国社会对外来移民、少数民族及与本社会格格不入甚至不同政见者的看法。“1914 年以来的外交新领域结构、保卫和平及方法”这一断代课题吸引了大批学者，其内容涉及从两战之间到冷战、和平共处等一系列外交方面的问题。前面已讲到的圆桌会议有许多课题与现实相关，其中最突出的是由苏联代表团长齐赫文斯基主持的“历史学家与保卫和平问题”会议。会上由苏、美两国代表团长及英国学者联名发起，与会者通过，发表了一份呼吁书，要求改善国际局势，防止核战争的威胁。这实际上已是现实国际政治活动了。

综上所述，可以看出，国际历史科学委员会及其主持召开的国际史学大会是一种居于广泛国际性的学术性组织及活动。史学大会在相当程度上体现了国际史学界当前的研究水平及研究趋向。在大会上可以看到，虽然有时超级大国的学者在自己主持的课题会上给本国学者以冗长的发言机会，而对其他中、小国家学者施加苛刻的时间限制，以及利用某些课题进行自我宣传，但是他们并不能控制整个大会的进程。以苏联为例，他们到会 73 人，采取集中主持几个课题的办法，使自己的影响体现出来，而置许多别的课题于不顾。不同阶级思潮的斗争，主要通过学术讨论体现，而不表现为政治上的争论。大会期间，国际历史科学委员会召开了全体会员大会，改选了每届 5 年的执行局。原为波兰学者的主席改由墨西哥学者担任，匈牙利学者成为副主席，苏联的齐赫文斯基连任执行局委员，秘书长仍为法国的阿维勒夫人。这种局面使得这一国际组织不可能为一个或两个超级大国所控制。随着墨西哥籍主席的就任，对第三世界历史及史学的重视及有第三世界历史学家参加的活动将可能日益加强和增多。

三

为了让外国学者代表团在此次大会上的收获在我国史学工作中产生积极的效果，加强和扩大我国史学界的国际交往，以利于我国史学为国家的四个现代化做出更大贡献，我们根据这次大会的体会提出以下意见：

1. 认真分析研究从大会带回的学术资料，并通过刊物、讲座、教学、报告把其中的优秀成果向我国史学界作介绍。

2. 根据我国史学工作的需要和可能的条件，积极参加国际历史科学委员会的活动。在中国史学会内应成立专门机构负责与国际历史联系委员会联系，并从事参加下次大会的准备工作。下次大会将于 1990 年在西班牙召开。国际历史科学委员会将在希腊召开预备会议。我们从现在起就要开始抓大会的准备工作，包括组织提交大会的论文，编印我国历史科学的重要论著目录（1985—1989，中、英文）。应及早确定参加预备会议的中国代表人选，事先收集信息，对大会课题有所准备。一方面要使出席下届大会的代表团的论文与大会课题相吻合，另一方面要力争在下届大会上的中国代表主持若干课题，并把中国历史文化的发展和在世界上的影响列入下届大会的课题。

3. 要重视对内与其他学科的协作，对外与各国史学界的交流。可以考虑在适当时候在我国召开例如“亚洲抵抗运动史”“敦煌学”这样一些具有我国特色或是属于我国强项的国际学术会议，这同时也是为我国代表主持下届大会某些课题创造条件。

4. 对于国外当前流行的各种史学理论和方法，首先要了解，然后进行分析研究，去其糟粕，取其可资借鉴的地方，按照我国实际情况和学术研究发展的规律，提出自己的看法。这次大会突出的马克斯·韦伯方法论，我国学者研究甚少。大会有的重要课题如“山脉、河流、沙漠、森林是障碍物还是会聚线”，明显地受到年鉴学派的影响，对于这类影响较大的学派，我们的研究也不够。要加强对外国史学理论、方法的信息收集和研究工作，为此目的，还可考虑选派学有根底、外语过关的优秀中青年史学工作者专门出国在这方面进修。

5. 此次大会的实践表明，外语能力是我国史学界必须下大力提高的一个方面。要采取有力措施来使更多的史学工作者（特别是中、青年）具有一种至几种外语听、说、看、写的能力。在筹组参加下次大会的代表团时，要注意从这方面物色人选。

1985年12月19日

关于中国历史学家代表团访问日本的报告[①]

1987 年

中国社会科学院党组：

应日本京都日中学术交流恳谈会和东京日中人文社会科学交流协会的邀请，以刘大年同志为团长、由八人组成的中国历史学家代表团于 1987 年 7 月 5 日至 18 日访问日本，出席为纪念“七七”事变 50 周年举行的以“近代史上的日中关系”为主题的日中学术讨论会。讨论会于 7 月 7—8 日、10—11 日先后在京都和东京举行。13 日，早稻田大学邀请刘大年同志讲演。12—18 日，应学术振兴会邀请，继续在日本参观访问。这次出访，诸事顺利，收获超出预想。现将这次讨论会的主要情况报告如下：

一、这是一次民间的学术活动，但受到了日本官方、尤其是舆论界的相当重视。据了解，事先日本外务省曾向学术振兴会了解我代表团的情况。文部省也关照学术振兴会研究接待代表团的问题。学术振兴会召开了课长以上干部会议，安排接待工作。在讨论会闭幕后，学术振兴会破例由常务理事（第二把手）出面举行宴会，欢迎代表团。日本防卫研究所、外交史料馆分别由所长、部长和馆长、副馆长出面接待，陪同参观。防卫研究所作出姿态，请代表团参观了从来不对外开放的档案库。

日本舆论媒介对这次讨论会的报道是比较多的。据不完全统计，从 7 月 6 日至 8 月 7 日，《朝日新闻》、《每日新闻》（京都）、《读卖新闻》、《京都新闻》等报刊八次报道讨论会的消息和发表评论文章。《朝日新闻》、共同社、日本广播协会分别采访了刘大年同志。《朝日新闻》社论委员会吉田实参加了全部讨论会和早稻田大学的讲演会，跟踪采访。7 月 9 日《朝日新闻》发表了专访报道。7 月 11 日晚，在全国电视新闻节目播发了刘大年同志和井上清先生关于这次讨论会的谈话，每人约两分钟。据吉田富夫讲，在这个

① 来自该报告打印稿，未刊。刘大年任中国历史学家代表团团长。——编者注

黄金时间，向全国播放四分钟的节目，是少有的。特别是对井上的谈话也给予了同样待遇，更是多年未见。共同社记者在采访刘大年同志时说，为纪念“七七”事变50周年，日本民间举行了一些活动，但都是零散的、小规模的，在此情况下，这次讨论会就显得有分量了。总的看来，日本新闻界的报道还是客观的，在重要问题上没有歪曲。特别是《朝日新闻》以标题形式，突出报道刘大年同志在论文中披露的，在抗日战争期间，中国死亡2000万人，财产损失1000亿美元，在日本引起了一些人的注意。早稻田大学校长在欢迎我代表团的宴会上说：“看了这个数字，使我感到更加痛苦。”井上清认为，日本新闻界对这次讨论会的反映是可以的。我驻日使馆负责同志说，这次讨论会是有影响的，在“七七”前后，日本的报纸上几乎天天都有讨论会的消息。一次学术讨论会有这么多宣传报道，反映了日本人民对中日关系的关心。

日本出席这次讨论会的人数，比会议组织者最初设想的要多。出席京都讨论会的最多时达到120人，原来他们预计出席的人数为70—80人。东京讨论会的会场设在庆应大学很讲究的图书馆里，150个座位都坐满了人。头天晚上举行的招待会，因为临时要求参加的人很多，为赶办膳食，不得不推迟半小时开始。

出席讨论会的有研究中国近代史的学者，也有研究日本现代史、日中关系史、国际关系、经济史、日本防卫问题、教育史等方面的学者。一些知名的和有活动能力的学者，如井上清、远山茂树、今井清一、田中正俊、藤原彰、北山康夫、木坂顺一郎、古屋哲夫、池田诚、野泽丰、江口圭一、小野信尔、藤井升三、山田辰雄、松尾尊兑、山本四郎、石田雄、荒井信一、山崎广明等都参加了讨论会。一次讨论会，包罗的学术领域这样广、到会的知名学者这样多，也是少有的。

这次讨论会的影响超出民间和学术的范围，在政治上产生了好的效果，极富有现实意义。事实证明，我们对这次讨论会采取积极态度是必要的，有收获的。

二、这次讨论会引人注意的焦点是日本侵华战争的性质问题。近年来，日本不断发生教科书事件、参拜靖国神社事件、光华寮案件等。右翼分子破坏中日友好的活动相当猖狂。日本官方和某些学者不断制造为侵华战争翻案的舆论。归纳起来，主要有四种，即所谓正当防卫论；日本侵略外国是避免被欧美列强侵略论；世界上不仅日本侵略过别国，欧美列强也侵略过别国，不能只批评日本侵略论；大东亚战争肯定论等。它的背后是日本大资产阶级翘尾巴，军国主义势力妄图再起。如何看待抗日战争，与如何估计当前和今后的日中关系直接联系在一起。在这种情况下，以“七七”事变为开端的全面日中战争的性质，自然是人们注视的焦点。京都讨论会的组织者在这方面是有把握的。井上清说，在京都宣读论文的是日本第一流的学者，观点也是正确的，东京方面的情况可能复杂一些。我们代表团赞同这个看法，并对讨论会中可能出现的否定侵略性质，掩盖侵华罪行的谬论作了反驳的准备。但是，四天的讨论会，在这个原则问题上，没有出现挑衅性的言论，也没有显露出分歧的见解。日本学者在讨论中有些不同意见，但都是在肯定日本侵略中国这个大前提下，对某些具体问题的不同看法。东京讨论会结束时，在日本学术界享有声望的远山茂树（横滨市立大学名誉教授）作了一个很好的总结发言。他说：“这次讨论会对以‘七七’事变为开端的日中全面战争的意义更明确了。这个意义的核心是，日本发动了全面侵华战争，激起了中国全民族的抗日战争。这场战争以中国争取民族解放的胜利与日本的彻底失败而告结束。对于这一点，讨论会没有任何的暧昧。”又说：“从世界范围看，那一场战争是殖民地半殖民地人民争取民族独立、和平、社会主义，反对法西斯的胜利。从教科书事件看，日本还需要对那一场战争的性质进行再认识。只有这样，才有利于探讨从1945年至今的日中关系。”全场以长时间、热烈的掌声，表示赞同远山的闭幕词。会后，几位日本学者对我代表团成员说：“远山先生的闭幕词讲出了我们要讲的话。特别是他强调的日本对华战争的侵略性质，在当前的日本有特殊重要的意义。”当然，并非所有与会者都持同样的态度。担任东京讨论会准备委员会的卫藤沈吉为组织这次讨论会出了力、出了钱，特别是由他牵头还是非常必要的。但是他的主观愿望并不想把讨论会开得这样有明显的政治性和现实性，而是想把它开成一个不痛不痒的学术性的会议。在东京讨论会开始时，他的基调是：“不能开成一个谴责的会，也不能开成一个表白的会。这次讨论会是为大家提供一个讨论的园地，而不是思想斗争的地方。”7月31日他在《朝日季刊》撰文评论这次讨论会，尽管还是极力强调它的学术性，但还是承认这次讨论会开得好，取得了积极的成果。早稻田大学教授岸阳子说，卫藤是花了钱没有达到目的。这个说法合乎实际，更显得讨论会是成功的。

三、这次讨论会开得比较好，分析一下原因，有这样几点。

1. 以“七七”为开端的日本全面侵华战争，给中国人民的生命财产造成惨重的损失，也给日本人民带来重大损失，凡有良知的人无不加以谴责。尽管日本右翼分子进行了许多破坏、伪造活动，历史事实毕竟无法改变。正义、真理在中国一边。日本政界和学术界的进步人士，坚持客观态度，尊重历史，力促日中友好，这股潮流，不可抗拒。共同社记者富元明确表示，日本有人否认对华战争的侵略性质，这是一种偏见。我们代表团带去的论文，一般观点明确、有史有论，坚持历史研究的科学性。这也赢得了与会日本学者的赞赏。

2. 当前中日关系在政治上的大气候对我有利。围绕光华寮案件，我党和国家领导人，多次发表谈话，严正表明我国的原则立场，给日本当权者、右翼势力以有力的回击。日本进步的学术界人士本来同我们站在一起。抱不同态度的人，在这个大气候下，也不愿挑起争论，遭受孤立。

3. 参加讨论会的人中，日本学术界有影响的进步人士占优势。他们当中有一批自50年代以来从事日本进步运动、日中友好活动的积极分子，还有相当多的人近年来与中国社会科学院、大专院校有较密切的联系。刘大年同志在东京大学讲学时的学生（现在都是教授、副教授）就有10人以上。十一届三中全会以后，我们实行对外开放政策，加强同日本学术界的联系，特别是中国社会科学院做了大量卓有成效的工作，在这个时候，它的作用显现出来了。

4. 日本学术界有影响的日共党员同被日共开除的“反党”分子，在多年分离之后，在这次讨论会上携手合作。现在的日共党员、知名学者远山茂树在多年没有露面之后，这次不仅参加了讨论会，而且被推举致闭幕词；野泽丰担任了一次大会的执行主席；日共曾告诫江口圭一等不要参加井上清举办的活动，但他置日共组织的告诫于不顾，不仅在京都的会上发表学术讲演，而且跟到东京参加完全部讨论会。7月11日，以远山茂树为首的一批东京地区的学者，设宴欢送以井上清为首的学者。据说双方都极为兴奋。吉田富夫认为，这是一件很有意思的事。他们之间的合作，对保证这次讨论会的顺利进行，取得较为满意的成果，起了很好的作用。这也和我方多年的、各个渠道的工作是分不开的。

四、几点体会。

1. 讨论会取得的结果证明，中国社会科学院重视这次讨论会，决定派团出席是完全正确的。井上清和东京一些学者一再表示感谢中国派代表团出席这次会议，并对代表团的工作给予积极评价。这次讨论会，进一步加深了我们同老朋友之间的了解和友谊，同时扩大了接触面，结识了一批新朋友。这些年来，每当中日关系出现曲折，日本右翼势力挑起事端的时候，总有一批可靠的老朋友或进步人士站出来讲话。这是非常可贵的。中国社会科学院是对日本学术界做工作的一个重要渠道，官方的、民间的工作都要做，今后应继续注意加强民间学术交往的工作。

2. 我代表团组成以后，利用有限的时间，努力做了学术方面的准备工作。但在看过日本方面的一些论文以后，感到我们对抗日战争的研究相当薄弱。对国内正面战场，蒋管区的群众运动，战时经济、文化、社会思潮，对日本的政治、军事、外交、经济的研究都显得欠缺。对日本否定侵略战争性质、歪曲历史真相的种种谬论更缺少专门系统的研究，对此应引起高度重视。在日本当权者至今没有认真反省对外侵略罪行，军国主义分子不臭，大资产阶级翘尾巴，极力想由经济大国变为军事大国的情况下，日中关系的发展会要不时出现曲折，对此应有足够的估计。因此，对抗日战争的研究，无论从它在我国历史上占据的地位，还是从发展中日正常关系，警惕军国主义、侵略势力再起，都是应该长期注意的课题，应该用一种战略的眼光对待这一问题。建议中国社会科学院考虑，如何集中力量，把这项研究工作很快认真抓起来。

3. 讨论会结束后，社会科学院利用同学术振兴会的协议项目，安排代表团继续在日本访问一周，也是完全必要的。这一周参观访问不仅使我们对日本防卫研究所、外交史料馆收藏的有关中国的档案有所了解，而且通过同东京大学、早稻田大学、东京辛亥革命研究会一些学者的接触，进一步扩大了讨论会的成果，较为具体地了解了对讨论会的各种反映，使我们有可能较为切实估量和分析讨论会的成果。外事局事先为此作了安排，是设想周到的。

上述报告，请审示。

中国历史学家访日代表团

1987 年 8 月

刘大年同志会见卫藤沈吉和山田辰雄谈话纪要①

1989 年

1989 年 9 月 13 日下午，刘大年同志在近代史研究所 105 会议室会见了日本亚细亚大学校长卫藤沈吉和庆应大学教授山田辰雄。卫藤沈吉和山田辰雄是近来我所接待的第一批日本客人。以下是会见时的谈话纪要。

卫藤沈吉教授主要谈了三个问题。

一、1991 年夏威夷孙中山国际学术讨论会筹备情况

卫藤说：负责筹备这次讨论会的中村哲夫告诉他，讨论会经费仅筹到 200 万日元，这笔钱计划全部用作中国学者在夏威夷期间的招待费，中国学者的往返旅费希望由中方自己解决。他听到这个情况感到吃惊，几乎想从飞机上跳下来。他为此到了夏威夷大学。在那里碰到了美国夏威夷东西方文化研究中心负责人维克多·李（李的爷爷是黄埔军校毕业生，曾当过孙中山卫队队员），经他说明召开这次讨论会的重要及经费不足，李同意把会议经费纳入 1991 年东西方研究中心预算，会议在文化中心召开。

卫藤又说：他在夏威夷与美国方面的一些学者商定，由卫藤担任筹备委员会委员长。筹备委员会成员 8 人：美国 2 人（人选待定），日本卫藤沈吉、中村哲夫，法国白吉尔，苏联齐赫文斯基，中国大陆、台湾各 1 人。

以下提出几个具体问题：（1）中国大陆派谁担任筹备委员？今年 10 月或 12 月在夏威夷开筹委会，中国委员一定要参加。（2）学术讨论会题目，“辛亥革命”这个题目已经否了，因为范围太小。重新拟了两个题目：“孙中山与辛亥革命”和“中国近代史的各种问题”。是否可以？或有更好的题目？（3）会期定在 1991 年 8 月底。（4）计划在世界不同区域成立分委员会。西

① 来自打印稿，未刊。——编者注

欧由白吉尔组织；苏联东欧由齐赫文斯基组织；日本包括东南亚、南朝鲜，由日本组织；希望中国成立分委员会，把朝鲜考虑进去。

二、与台湾的联系

卫藤说：原计划明年1月4日在广州召开的孙中山国际学术讨论会，想请台湾学者参加。因为考虑到如由大陆单方面召开，台湾学者绝对不会参加，所以决定与日本神户孙中山研究会一起召开这次讨论会。后来成立了大型组织委员会。日方组委会由山口一郎（委员长）、井上清、卫藤沈吉、中村哲夫（秘书长）组成。正准备派山口一郎去中国台湾邀请台湾学者，碰上了天安门事件。日本学者为此分为两派：一派认为学者不要管政治，还应出席会议，有卫藤、山田等人；大部分日本学者主张不参加会议，以表示对中国政府的抗议。京都以井上为首的五十多人都签了名。中村哲夫没有参加签名，但看到这个情况，山口写信给广州的黄彦，提出会议延期召开。就在这以后不久，卫藤受日本外务省委托去中国台湾，把日本的态度告诉台湾。主要是三点：（1）天安门事件是中国内政问题；（2）日本政府必须采取慎重方针；（3）作为日本学者个人有支持学生的自由，但日本政府不能妨碍中日友好关系。台湾情绪非常激烈。在此一周前，日本东京外国语大学中岛岭雄教授去了中国台湾（不是日本政府委派的）。中岛受到中国台湾热烈欢迎，受到了李登辉的接见。在这种情况下卫藤到台湾，会见了"行政院"副院长及各部部长（"行政院长"李焕原安排见他，临时有事没有见到），还会见了"大陆工作委员会"主任。当时气氛很严峻，他受到攻击，经他解释才有所缓和。最后"行政院"副秘书长施××表示了一个结论性意见：日本政府和"北平政府"之间关系，他们不干涉，但希望日本政府加强与中国台湾的关系。还有一些其他具体问题。他随后即把这些情况向日本驻中国台湾的"交流协会"负责人作了汇报。"交流协会"会长（原是驻南朝鲜"大使"）立刻报告日本政府。

之后，他和秦孝仪联系，又到"中央研究院"近代史研究所座谈，有二十多人参加。会上有很多学者提到了能否到广州参加会议的问题。听说台湾这二十多位学者事前都收到了会议的邀请。

他曾问秦孝仪去不去参加会，秦回答：日本学者建议推迟，台湾学者就可以考虑去参加，如不延期则不好参加。台湾与大陆学者能否一起开会，这个问题正在研究。他说：如不延期，会议会成为缺翅膀的鸟。这样，日本大部分学者将不去，他也不去。

这时，山田表示，他也不去。

三、关于李延江回国的问题、日本学者邀请体改会的人员参加学术讨论会问题

卫藤说：李延江是东京大学政治学系第一个中国博士生，很好。是他的学生。现是亚细亚大学客座讲师。李的签证明年3月31日到期。事件中参加了游行，因此不敢回国。又说：他常劝李不要参加政治活动，但还是参加了。那时中国驻日本大使馆态度也很暧昧，也同情支持学生。这事怎么办？并说他与法务省关系很好，还有个学生在那儿主管办签证事，可以帮忙。现在看是让李继续在日本学习还是回来安全？

山田说：他们原定今年在日本召开一个关于政治体制的学术讨论会，准备邀请十多名中国学者参加，其中有政治体制改革委员会的唐××、陈一咨等人。他们学者都不能来，看来计划要改变。

山田又说：他这次来中国是为了发展中日学术交流。对中国青年学生，他是同情的。但这是中国内政，不应干涉。最近他写了一篇《政党试论》论文，讲民国时期与现时期的情况，可以说明最近发生的事件。

对于夏威夷的讨论会，刘大年同志回答说：上次卫藤、山田先生来，在兆龙饭店吃饭时，曾谈过这个问题，我希望卫藤先生能把这次会议组织起来。卫藤先生出面组织了几次会，像1981年在东京召开的“纪念辛亥革命七十周年学术讨论会”，1987年在京都、东京召开的“日中卢沟桥事变五十周年讨论会”，都很成功。听了刚才卫藤先生介绍的情况，我觉得这次会有希望开成的。下面回答提出的几个具体问题：

1. 1991年在夏威夷召开孙中山国际学术讨论会，真正筹备的是日本朋友和美国学者。中国可以作为筹备委员会成员，但今年的筹备会，我们要暂时缺席。胡绳先生和我都去不了，胡腿有点病，我脚有病。金冲及工作很忙，

也不能去。只能由你们偏劳了。不过，这个问题还有补救办法。明年是我所成立四十周年，我们计划明年 8、9 月份举办一次国际学术讨论会，主题比较广泛，大体上是“近代中国与世界”这类题目。我们正考虑邀请一些著名学者与会，邀请的名单中就有你们二位，不知二位肯否赏光？（卫藤、山田都欣然表示乐意参加，卫藤并说对此感到光荣。）如果你们能把夏威夷国际学术讨论会筹备委员会委员名单给我们，我们就可以考虑把这些人列入邀请名单来参加我们的会。这样既开了我们的会，同时又可以乘此机会开后年的筹委会。（卫藤说很好，那就是第二次筹备会议。）

2. 关于夏威夷会议题目，同意你们的建议，题目放宽。有一条要肯定：一定要限于学术问题，不要把现实政治问题搅在一起（卫藤表示同意）。如果不确定这么一个原则，参加会议人多，就会提出各种现实问题（卫藤说：这一点很重要，我要把这一点告诉台湾方面）。如谈孙中山，我们与台湾不会有多大分歧，有分歧也就是学术问题，如谈天安门事件就不同了（卫藤：这很重要，如在会上讲日本帝国主义暴行就不好办了）。

3. 对于会期，我们没有意见。

4. 考虑在世界不同地区成立分委员会，这可以。但我们能否把朝鲜包括进来，还要与朝鲜科学院联系，征求他们的意见，不能先有定论。但我们愿意以积极态度对待这件事。

这里，还有一个问题，我要作点说明。今年 1 月中村哲夫先生来北京，见到我和金冲及，谈到中国学者参加夏威夷学术讨论会旅费由会议组织处担负，今天卫藤先生说的似乎与中村不一致。我看这个问题还是留给金冲及和中村两位先生去解决，这里就不讨论了。

对于卫藤去台湾的活动，刘大年同志只是听取了卫藤的说明，没有表示任何意见。

对于李延江回国等问题，刘大年同志着重指出：改革开放是中国的既定方针，不会改变。学术交流也是这样。刚才山田先生提到体改委的人，我一个都不认识。但体改委有的人在这次动乱、暴乱中的确做了坏事。例如他们把国家重要机密泄露给天安门制造骚乱的人。这种事在任何一个有法律的国家都是不允许的，美国再自由，它也不允许泄露国家的机密。对于涉嫌的人当然要查清楚。山田先生原先邀请的人如果碰到了这种情况，应当是可以理解的。你还可以再物色别人。关于国外的留学生，我们党中央和政府领导人一再强调讲过，留学生因为他们对国内情况不了解，有过一些过激言论，或参加游行，都不予追究，希望他们学成回国。这些话是算数的。我们共产党从来是按事实讲话，相信大多数是好的。李延江也不必担心。（山田问：对组织者、积极的人呢？）在国外，情有可原。只要不是走到不能回头了的地步，就不存在什么问题，请放心。（山田问：什么是走到不回头？）比如提出政治避难。当然他申请了避难，要再回头也可以。总的讲，在那种情况下，对青年人是情有可原的。他们中的多数人最终也会理解党的方针政策。（卫藤：李延江就再等一下，看看北京的政策。）

接待井上清简报[1]

1990年

一

8月20日上午10时，刘大年同志到光华饭店拜访井上清先生，交谈两小时，要点如下：

刘大年：这几年我们的国家确实有很大进步，但是困难、问题也不少。去年的天安门事件，也给你们带来了困难。井上先生的声明、签字我们看到了，对于你们的处境我们是理解的。那种困难只有老朋友、左派朋友才会发生的。其他人不会发生，不只是日本的朋友碰到了这个问题，其他国家的朋友也碰到了同样的问题，对此，我们充分理解。今天回头看天安门事件，比当时看得更清楚了，问题的发生，有它的根源，有国际反共潮流的影响，也有我们自己的失误，但是说到底，正如小平同志说的，问题出在党内。之前我曾在一次会议上说过这样的意见，我认为，这次事件有敌我矛盾，但多数是人民内部矛盾。人民群众对我们工作中的失误不满，对这几年削弱党的领导不满，对党内的腐败现象不满，两类矛盾交织在一起，处理起来有相当的难度。当时我讲，中国共产党领导中国人民取得革命斗争的胜利，对我们的民族作出了伟大的贡献，然后又领导人民搞了四十年的社会主义，虽然犯过错误，但是决没有理由由此失去人心，使那么多人要来反对共产党。那么多人去游行，多数不是要推翻共产党。事情已经过去一年了，应该如何看待那次事件，总结什么样的经验教训，我有一些看法，但是我想首先听听井上先生的看法，我们可以做一次学术讨论，是当代历史的讨论。

井上清：中国发生天安门事件，日本的左派、右派谁也没有想到中国会

---

[1] 未刊稿。——编者注

发生那种事情。当时日本人全神贯注地注意中国形势的发展，几乎是24小时守在电视机旁，日夜不停地看，我们想不到，不理解。我在声明上签过名，也起草过一个声明，在我起草的声明上有280人签名，我过去还没有力量征集过这么多签名。社会主义的中国，北京解放的时候也没有这么干过。肯定有少数坏人，但是党哪，党难道没有力量解决少数坏人的问题，好像无能为力了。法制呢，好像也不起作用了。我们不知道如何解释这个因果关系。

学生要求反腐败，不是反党反社会主义。报纸报道了学生的要求，后来又说舆论导向错误。从言论自由的角度讲，学生可以讲他们的意见，报纸也可以反映他们的意见。学生有正确的意见，当然也有资产阶级自由化，正确的意见应该反映，资产阶级自由化也应该批判。学生的意见不能等同于资产阶级自由化。对学生问题的理解和处理我想不通。不能促使矛盾激化。

我们这些热爱中国的日本人，从内心里祈求中国社会主义成功，那一段时间，我们内心的痛苦，受到的冲击是无法用语言形容的。天安门事件之后，有很多人吃不下，睡不着。那时，我看《邓小平文选》，想从他的书中得到解释，看看对上次天安门事件他是怎么说。他说要允许人民发表意见，最可怕的是人民的沉默。为什么这次事件，邓小平的思想不能用呢？我很苦恼，找了许多经济界和其他各界的人交换意见，从他们那里也了解中国的情况。许多访华的日本人对我说，现在的中国人一是沉默，不大讲话；二是丧失了奉献精神，消极。这种状况，正是邓小平讲的最可怕的情况。中国这几年有一种金钱万能的倾向，我们非常看不惯。广岛有一个访华团回国作报告，说在中国受到非常周到的照顾，但是有一天，代表团的成员想吃一碗面条，不行，必须要达到一定的标准才能接待。没有来过中国的日本人，想来，因为中国是一个历史悠久的文明古国，有吸引力。来了，受到热情的照顾，但是要有钱，是在赚钱的基础上的热情。我从1960年开始，多次来中国。这几年一些中国人的理想、奉献精神、民族自尊感情不知道到哪里去了。现在比60年代差多了，我很难过。我相信人民的大多数是好的，应该允许人民讲话，丧失民族感情，只要赚钱的是少数。允许人民讲话，错误是可以改正过来的。民族自尊心，好的传统也是可以恢复的。人民消极、沉默，这种情况发展下去是不会好的。社会科学院是专门研究理论的，在理论上应该有所突破。我一直觉得在理论上存在问题。哲学家、历史学家、经济学家应该在理论上突破，应该有建树。对一些理论问题，我一直有怀疑。意识形态方面的错误，恐怕是天安门事件的原因之一。

天安门事件的原因我不去谈了。如何处理更好一些，我也不想谈了。天安门事件当然有国际的原因，有中国本身经济问题和意识形态方面的原因。我是作为一个学者看中国的政策，我特别注意中国理论界的情况，我看过许多中国的理论文章。中国的改革，对我来讲也是面临着一个新的情况，我也需要研究，我感到改革从一开始在理论上就缺乏准备，实际是唯生产力论。有时回避现实问题，理论不敢面对现实生活，不敢用马克思主义去解释实际生活中发生的问题，而是顺着领导人的思路走。天安门事件以后，又把过去的拿来用，简单地重复过去的东西，恐怕不能很好地解决现实的问题。马克思主义的观点应该全面地讲述生产力和生产关系的关系，既要讲生产力对生产关系的推动作用，又要讲生产关系对生产力的反作用。我觉得现在中国是唯生产力论，只强调生产，只要生产能上去就行，生产关系如何不大注意，人民的思想如何也不大注意。特别是现实生活中的生产力和生产关系的关系解释不清楚，走一步看一步，必然造成混乱。还有自由的问题，自由当然有阶级性，但是现在的情况同马克思当年讲这个问题的情况不同了，在无产阶级专政的条件下，无产阶级的言论自由如何保障，学生反腐败，报纸报道学生的意见，不能叫作资产阶级自由化。关于社会主义的许多理论问题理论界没有讲清楚，理论界的这个缺陷，也是青年人不满意的一个原因，青年人感到饥渴，不满足。现实生活中出现的许多问题，得不到理论上的解答，从马克思主义这里得不到解答，必然从资产阶级那里寻找答案。我作为一个社会科学工作者，我也没有能力作出解释。对马克思毛泽东的理论不能简单化，应该发展，这不光是中国马克思主义者的任务，而且是全世界马克思主义者的任务。中国发生了天安门事件，苏联出了不少问题，东欧也发生了变化，面对这种形势，很多人认为社会主义走到头了，没有出路了。我认为马克思主义、毛泽东思想是正确的。搞社会主义也是正确的，但是对社会主义的理解上、认识上以至于在做法上可能有错误。至今我们仍旧认为社会主义道路不错，但是做法上有错误，你们对社会主义的长期性准备不足，我也准备不足。有错误，纠正了，最有前途的还是社会主义。我做梦都没有想过赞成资本主义，不赞成社会主义。天安门事件，东欧的事件使一些人更认为社会主义没有出路。天安门事件之后我们更加困难了，但是我的社会主义前途观念不变。我这次来不是来辩论的，是来研究的。今天先谈这么多。

刘大年：已经十二点半了，该吃饭了。我们还有时间，到北戴河可以继续谈。

井上清：那好，到北戴河继续谈。

王玉璞整理

1990年8月20日17时

二

8月20日晚，胡绳会见并宴请井上清时，井上说：我知道中国现在在经济上、思想上有许多困难，解决这些困难，中国社会科学院的理论家们负有重大的责任。

我作为一个热爱中国的旁观者，作为一个旁观的日本学者，我希望中国尽快摆脱困难，继续发展。

胡绳说：井上先生不是一般的旁观者，就算是一个旁观者，中国还有一句古话：旁观者清。希望对我们的工作多提意见。

刘大年说：我赞成胡绳先生的看法，井上先生不完全是一个旁观者，三十年来井上先生在促进中日友好，促进文化学术交流方面做了大量的工作，在某种范围里可以说是参与者。

井上：在座的各位先生都身负重任，困难比我要多些。我现在是无所事事，因此我比各位幸福一些。从另一个角度讲，我生活在日本这个资本主义国家里，碰到许多问题，在这个意义上，我又没有各位幸福。

刘大年：有一次我问狭间先生，井上清先生身体好吗？现在做什么事情？狭间说，身体还可以，专门反天皇制。可见你不是无所事事。

井上：1945年我写了一篇批评天皇制的文章，到1947年成为一本书，因为我最早反对天皇制，在日本也似乎成了反天皇制的专家，一有这方面的事情就来找我。尽管日本政府不时要找我的麻烦，但是我一直没有停止过反对天皇制。这一辈子大概也就是这样了。

王玉璞整理

1990年8月20日22时

三

8 月 21 日上午，井上清及夫人专程到近代史研究所祝贺建所四十周年。在范文澜铜像前行三鞠躬礼，并赠送了京都著名手工艺品“西阵织”。刘大年、余绳武、王庆成、张友坤、张海鹏等同志亲切接待了他们。井上清讲了许多发自内心、热情诚挚的话。他说，近代史研究所对于我太重要了，我来到近代史所就像回到了老家，我与中国的关系是从近代史所开始的。1960 年我第一次访问中国，代表中国科学院接待我的是刘大年先生，从那时起，三十年来，我同刘大年先生、同近代史研究所保持着密切的联系，不断地加……[①]

四

8 月 22 日，自北京到北戴河的火车上。

刘大年：从报纸上发表的消息看，海部俊树在关于日本侵略中国问题上的说法与前几任首相的说法似乎有所不同，真实的情况怎么样？有什么背景？

井上清：海部毕业于早稻田大学，在学校里是辩论的冠军，很会讲话，出任首相后，充分发挥了他这方面的才能，讲话比较婉转周到。在自民党内，海部是继承了三木武夫派，这一派势力较小，以清廉自居，所以他的讲话比较小心谨慎，不像前几任首相那样气粗，他要注意搞好同自民党内其他各派的关系。其本质与前几任首相没有区别。日本并没有放弃做政治大国的打算。前几任首相根本不承认侵略中国、朝鲜和东南亚国家这个历史事实，因此，这些国家对日本反感，日本在世界上的形象也不好。海部同样也不承认侵略，但说法婉转一些，在做法上也有所变化。例如，他和外相不去参拜靖国神社，其他阁员照样去。日本要想做政治大国，首先必须搞好同周边国家的关系。日本对外关系的重点首先是美国，其次是中国、朝鲜、东南亚几个国家。过去战争的重点放在这个地区，现在经济的重点也放在这个地区，向这个地区大量投资，企图通

① 原稿残缺。——编者注

过经济手段改善同这些国家的关系，改变日本的形象。所以在七国首脑会议上，海部首先提出解除对中国的制裁。战争时期，日本在这个地区搞“大东亚共荣圈”，现在是在搞经济上的“大东亚共荣圈”，用心良苦。

金丸信号称自民党内的邓小平。去年他去了台湾，见了李登辉，说明日本对华政策，不久将访问中国，然后访问朝鲜。日本的领导人认为，目前，苏联国内问题很多，自顾不暇，美国也顾不上亚洲，这是日本插手中国、朝鲜和东南亚地区的最好时机。日本很想占领中国市场，要超过美国，要比美国更有发言权。以前就是这个战略，现在他们认为是极好的时机。中国人有一种看法，好像日本人是光说不干。其实，日本人是真想干。

我研究了日本政府战前和现任领导人的讲话，除了把“支那”改为“中国”以外，其他都同三十年代日本领导人的讲话本质一样，比如“善邻友好”“睦邻友好”等。现在的中国同三十年代不一样了，但是日本还是一样的，要警惕，历史在重演。

刘大年：我与井上先生有同感。近代史所几位同志写了一本《日本侵华七十年史》，我写了一篇序言，题名为《七十年与四十年》，也讲到了历史重演这个意思。日本有一个右派杂志《宝石》，它发表文章，谈日本称霸世界要从现在起十年里决定。称霸必须具备四个条件，即经济、金融、军事、价值观念。前三条已经具备了，只差第四条了。我在序言中批评了这篇文章的论点。有的朋友觉得，《宝石》不是一个权威的刊物，不值得点名批评。这件事，我拿不准，想请教井上先生。

井上清：《宝石》是个右派杂志，不是一个严肃的学术刊物，什么文章都登。但是它的发行量大，在群众中传播较广，有相当的影响。正因为它不是一个严肃的刊物，所以它敢讲别的杂志不敢讲的话，还是值得评论的。

中曾根时代，日本完成了成为经济大国的任务，提出要重视文化宣传，成立了由梅棹忠夫（大阪日本国立民族学博物馆馆长）、梅原猛（国际日本文化研究中心理事长）为领导人的国际日本文化研究中心，本部设在大阪，任务是宣传日本文化，宣传日本的价值观，宣传日本文化是世界上最优秀的文化。这也是日本要做政治大国的一种准备。

王玉璞整理

1990年8月22日22时

五

8月27日上午9时至12时，在北戴河金山宾馆，刘大年同志同井上清先生继续交谈，要点如下：

井上清：上次来中国访问时，我曾同刘大年先生谈过，我认为中国对初级、中级教育重视不够。刘大年先生是人大常委会教科文卫委员会的委员，希望在促进重视教育工作方面发挥作用。

刘大年：日本明治天皇的教育敕语，在日本的历史上起过很大作用。

井上清：1890年10月，明治天皇颁布了教育敕语，它不仅仅是针对学校的教育，而是培养一种国民精神。敕语的内容有问题，因此，我在谈教育问题时，一般不引用这个敕语。如仅从教育的角度讲，说明日本重视教育，注意从小就培养一种精神。小学生从入学开始，尽管他不理解，但都要背诵敕语，每年的新年、建国日、天皇生日，全校师生集体背诵，唱国歌，向天皇行鞠躬礼。从1890年10月到1945年8月日本战败，一直背诵了五十五年。教育敕语的内容有四个特点，即包含着日本神道教的思想内容，中国佛教的思想内容，强调了学习先进技术，宣扬了忠君报国。教育敕语强调国家整体观念，它没有用热爱祖国这样的语言，而是突出忠于天皇，报效祖先。对日本人来说，只要忠于天皇，就等于热爱祖国，用不着思考是否存在对或不对。五十五年这样的教育在国民中产生了深刻的影响，我以为这是日本军国主义的思想基础。我一贯反对明治天皇的教育制度、教育内容以至教育方法，我之所以重视明治天皇的教育敕语，是因为他看到了教育对于一个国家、民族的重要作用。一个国家要强大，必须重视初级、中级教育，这是基础。从这个意义上讲，日本的统治者是高明的。1945年日本战败，美军取消了天皇教育敕语。但是，日本对教育的重视并没有改变，战前实行六年义务教育，战后，在那样困难的条件下，从1947年开始却实行了九年义务教育。到1955年美军撤走，日本自己管理自己，结束了战后恢复调整阶段，开始走上发展道路，这时国家需要大批人才，由于实行了义务教育，就是从山沟里出来的人，经过三个月的专业培训，也可以适应生产的需要，这是战后日本发生巨大变化的基础。因此，我建议中国必须重视教育。

刘大年：井上先生谈到这些情况对我们很有启发。我还想听听井上先生对东欧、苏联形势的看法。

井上清：这是个很大的问题，日本社会有些什么看法，我没有做过全面研究，只能讲讲我自己的意见。我认为，去年东欧几个国家发生的变化，是从社会主义走向资本主义，从历史上看是倒退，实质上是反革命的。今年5月我去过东德，主要是了解情况。我的看法，东西德统一不是合并，是西德吞并了东德。东欧原来是搞社会主义，后来的改革，不是拿资本主义有用的东西为社会主义所用，而是全面资本主义化。东西柏林车站，我看到许多罗马尼亚人讨饭，这些罗马尼亚人是在齐奥塞斯库倒台之后逃到东德的难民。他们在东德得不到什么帮助，又逃到西德去讨饭。看到这种情景我很难过。社会主义国家自己没有搞好，给西方资本主义瓦解社会主义提供了机会。东德的统一社会党有三分之二的党员退党，还有三分之一留在党内。少数既得利益者在留恋他们的权利、利益，不愿退党；大部分是社会主义观念坚定的党员不退党。东德搞社会主义四十多年，想不到在三个月的时间里迅速瓦解，从历史的角度讲，可以说是瞬间瓦解。为什么？我调查的结果是，东德人民最大的不满是没有民主，人民受到秘密警察的严密监视，把人民正当的意见看作是西方资本主义的渗透，搞运动、整肃。不能把人民群众的民主要求看作是要打倒党，而东德的党恰恰是把这个等同起来了。西方资本主义对社会主义国家的侵蚀一直没有停止过，为什么能够发生骤变，主要是东德内部的矛盾长期没有解决，社会主义没有搞好。不是社会主义不好，而是没有搞好，所以发生了历史的大倒退。东德蜕变的另一个原因，它是依靠苏联的力量形成的社会主义，不是依靠自己的力量建成的社会主义。60年代我去过东德，那时就感觉到东德是苏联的附庸国，有一点独立性的表现，苏联就不答应。勃列日涅夫又主张过有限主权论。东德的社会主义本来就不稳固，再加上第一个原因，就经不起西方资本主义的侵蚀、吸引，一下子就倒向资本主义去了。

关于苏联的问题，我考虑的时间长一些。60年代中苏论战时，中国给苏联戴了一顶社会帝国主义的帽子。在此之前，我就是这种看法，至今我仍然认为中国的批评是正确的。当然，我不知道中国自己今天怎么看这个问题。我举几个例子，二次大战中，苏联杀害了三千波兰友兵，过去他们一直讲是德国法西斯干的，最近正式承认是苏联干的；二次大战后吞并了爱沙尼亚等三个国家，特别是雅尔塔会议，本来是讨论日本问题，苏联却提出要占领满洲、租借旅大。中国是受害国、战胜国，苏联对中国提出这种要求是不合理的。1945 年我了解到这个情况就认为是帝国主义行为。对于戈尔巴乔夫的改革是不是搞社会主义我有疑问，因为我没有亲自去调查，许多情况不了解，一时还难以判断清楚。我认为，苏联不会像东欧那样迅速地被西方征服，因为它毕竟搞了七十多年的革命，社会主义的理论和经济基础比较牢固，还有相当多的人坚守社会主义信念，包括戈尔巴乔夫在内，也是想搞社会主义，今后如何发展很难说。苏联目前最大的问题是民族问题，戈尔巴乔夫还没有有效的解决办法。三个加盟共和国尽管是被吞并的，但是毕竟也有五十年了，它们要独立，可行性怎么样？处理不好要出问题。总的看来，苏联不会像东欧那样简单地变化。

中国有自己独特的情况，与苏联、东欧不同。中国同帝国主义战斗了一百年，才建立了社会主义国家。历史条件不同，跟今后的发展很有关系。因为我们是老朋友，我不隐讳自己的观点，中国受了不少斯大林主义的恶劣影响，请原谅我也用了斯大林主义这个词。中国还有两千年皇帝统治的历史。一个国家，不管它的结构如何变化，但是历史像河水一样地流，历史有自己发展的规律，每个国家有不同的历史传统、不同的生活方式，一个国家的历史对这个国家的发展必然产生影响。中国建立社会主义已经四十多年了，人民的生活水平、认识水平不断地提高。人民必然要进一步摆脱两千年听命于一人的历史。人民要求变，青年要求变，我以为这是理所当然的事。前几天，我直言不讳地谈了我对天安门事件的看法。中国的报纸讲，那次事件是帝国主义策划的。对帝国主义插手、策划我毫不怀疑，方励之逃到美国大使馆决不能说是爱国行动，美国插手也是不对的，但是这决不是造成天安门事件的主要原因。毛主席说过，外因通过内因才能起作用，如果你们能把内因讲清楚，我们这些热爱中国的外国人就安心了。我们是老朋友，而且是知心的老朋友，我坦率地讲了这些意见，可能不对，也希望你能坦率地批评我。

刘大年：我很高兴听到井上先生的看法，有些看法我们是相同的。东欧的变化同苏联的变化有区别，不是完全一样的。苏联今后如何发展，现在还不能预测。发生了东欧和苏联的变化，回头来看天安门事件，从长远看，似乎更清楚一些了。天安门事件，外部原因起了重要作用，如果我们内部没有原因，外因也不可能起作用。内部的原因，还是小平同志讲的，问题出在党内。主要是党中央领导集体中的问题，发生了意见分歧，赵紫阳同其他中央领导同志意见不一致。

开始的时候，学生大多数要求反腐败，对经济工作中的失误不满，对党风不正不满。这时也确实有人把学生的注意力引向歧路。一批“精英”事先制造了大量的舆论，如要求民主。群众本来要求的不是民主问题，他们引导到这方面。党内有分歧，没有能够很好地处理这个问题。如果在学生刚一起来，就很好地加以处理，不会发展到以后那个样子。

回头看是什么意思呢？发生了天安门事件当然是坏事，对我们的建设也有影响。但是既然发生了，也平息了，可以从中总结一些经验教训。

赵紫阳所代表的那一种，是一种向资本主义滑下去的倾向，经过这场斗争，那种倾向受到了阻止。赵在两个关键问题上提出了自己的主张。一是他当总书记不久就说：什么是社会主义，谁也讲不清楚，以后只讲坚持共产党领导就行了。二是他提出党外是否可以有党即多党制和党内是否可以有不同派别存在，可以议论。如果这两条实行了，社会主义、共产党领导就成了空谈。前一条，报纸上有过不点名的批评。后一条，不久前《求是》发表了一篇批评胡绩伟的文章，胡的观点也是赵的观点。那种倾向不加阻止，中国的社会主义就真的要发生危险。解决了天安门动乱，避免了一场可能出现的更大的动乱。可以想象，事情如果发生在东欧事变以后，就不会是现在这个样子，在中国可能引起真正的混乱。我们因为解决了天安门问题，后来东欧骤变，苏联也出了问题，中国则很稳定。

从世界范围看，以美国为代表的西方势力力图把社会主义瓦解掉。但它至少在中国受到了挫折。西方认为，中国出了天安门事件，东欧、苏联改革，社会主义完了。其实，天安门事件的迅速解决正好说明它是对西方瓦解社会主义的坚决抵抗，是与东欧变化的方向相反的。

历史不能由人任意取舍。按照我们的主观愿望，谁也不愿意发生天安门事件，这次事件给我们很重要的教训是如何解决好党与人民群众的关系，解决党内腐败问题。这是对我们极大的督促。

井上清：中国社会科学院哲学研究所有一位中国籍的日本人叫腾款①，

---

①中国社会科学院哲学研究所有一个中国籍的日本人学者，名叫刘奔，男性，已去世。一个坚定的马克思主义者。——编者注

五六年以前我见过她。我对她在“文化大革命”中的处境很同情，她同我谈话时一句也没有谈她个人的苦难，却谈了党和人民的关系。她认为 1957 年以前党和人民是一体的，后来变了。我认为，中国革命之所以能够取得胜利，就是因为党和人民是一体的，党应该是人民的侍奉者，现在我感觉党是人民的支配者。党和人民是鱼水关系，现在鱼在水中游得不那么顺畅。抗美援朝，那么困难，因为党和人民一体，不怕战争，取得了胜利。现在，党和人民一体，就不怕和平演变。这是我这个老人对中国的唯一希望。

刘大年：这是真正的老朋友发自肺腑的话，我们应当努力去解决这个问题。我们在意识形态领域里看到一些现象很不满意，又自愧无力解决，内心里也是很焦急的。我的研究计划里要写一部中国近代史，已经出了三册，还应该再写两本，我把它放下了。我感到这些书别人也可以写。最近十年来，我写的文章主要是讲要坚持马克思主义。有的朋友对我讲，一部书写不完很可惜。我认为，如果在宣传马克思主义方面做得少更可惜。我宁可不写那部书，还是要写我认识到的、应该讲的那些马克思主义的道理。总结到一条，中国还是要走社会主义道路。马克思主义是科学，不是宗教。如果有人一定要把马克思主义比作宗教，那我就像个和尚，一辈子就念这一本经了。我同井上先生是三十年的老朋友了，从你过去发表的著作、文章和今天的谈话，我认为井上先生也是念马克思主义这本经，坚持社会主义这条路的，我们信念上是一致的。

井上清：5 月我到德国，见到了一位二十年前认识的老朋友，他在反对日、德法西斯的侵略，反对资本主义方面，同我的观点是一致的。这次是二十年后相见，我问他，有人说社会主义要灭亡了，你怎么看？他说社会主义不会灭亡；东欧发生的变化，是他们背离了马克思主义。马克思不是神仙，不能预见今天发生的所有问题，要靠我们根据马克思主义的原理，解决今天的问题。我相信中国共产党会找到自己正确的道路，一定能够解决自己的问题，一定会用自己的实践证明马克思主义的正确性。我本来想在近代史所学术讨论会上讲这些话，但政治色彩太浓了，在那个场合不讲为好，今天同老朋友谈谈。

王玉璞整理

1990 年 8 月 28 日 14 时

六

8月27日下午4时至6时，刘大年同志同井上清先生继续交谈。

刘大年：有两个问题想先请教一下。第一个问题是，不破哲三不久前有一个讲话，批评东欧、苏联向国际垄断资产阶级靠拢、投降。并说，社会主义不会因此就没有前途，世界一定要走社会主义道路，等等。应该怎样看待这个讲话？第二个问题是《朝日新闻》或《读卖新闻》不久前发表过两篇文章，一篇讲现在的国际形势很像19世纪初奥地利首相梅特涅组织神圣大同盟，抵制法国大革命的影响。另一篇文章说，现在的国际形势令人想到第二次世界大战前历史的重演。这两家报纸为什么刊登这样的文章？

井上清：《朝日新闻》《读卖新闻》的文章我没有看过。这两家报纸都是民办的，《读卖新闻》与自民党中曾根派关系密切。在这些报纸上发表文章讨论社会主义同资本主义的关系，在日本是一种时髦。目前，在日本左派、右派、进步的、反动的学者们都在议论，社会主义是否在破灭，为了证明各自的观点，他们的论证已经不仅限于斯大林、勃列日涅夫时代了，而是追溯到列宁、马克思时代，这是当前论战的一个特点。一个基本的倾向，右派认为社会主义破灭了，马克思主义不能解释现在，要重新考虑社会发展的文明，不能以什么主义、哪个国家为标志。

关于日共的问题。日共对苏联、东欧的变化持批判态度。日共最近开了代表大会，宫本显治、不破哲三作了报告，他们认为，苏联、东欧事件不是社会主义的破灭，是斯大林、勃列日涅夫强权主义的破灭。日共提出上述观点的同时，一再表白他们一贯反对一党独裁，主张社会主义的民主、自由。日共虽然主张社会主义革命，但是很抽象，叫作远大的理想，不能指出日本现在通向社会主义的是什么道路。口头上主张社会主义，日本国内没有人认为日共是在坚持社会主义。日共除了同罗共、越共关系好之外，同世界各国共产党的关系都不好。齐奥塞斯库被打倒了，日共党员质问他们，如何说明同罗共的关系。他们说受了齐奥塞斯库的骗。日共同越共关系好是为了反对中共，如中越关系恢复，日共领导集团又不好向党员交待。日共表白，他们是世界上最革命的，日共与东欧各国党关系不好，早就支持这些国家的民主自由派，现在东欧发生事变，又指责人家，不能自圆其说。日共从来不提马列主义，只提建立科学的社会主义。所谓科学的社会主义，实际上是抛弃马列主义，宫本主义的社会主义。日共自大，自以为一贯正确，实际上什么也没有做。

井上清：我想提个问题。

马克思讲过社会主义的发展阶段，社会主义初级阶段是中国的发明。为什么叫初级阶段？中国理论界对这个问题有些什么论断？

刘大年：中国理论界对这个问题的判断，我也说不清楚。邓小平同志有个说法，人均收入达到2000美元，就是说达到小康水平，那时就有资格说社会主义优于资本主义。总的讲，生产力发展到一定阶段，就可以升级了。

井上清：初级阶段的提法出来以后，日本学术界有各种说法。一种认为，中国过去把资本主义清算得太多，太干净了，现在要重新认识，把一些东西重新拿回来，放在社会主义制度下发挥作用。另一种理解是旧社会遗留下来的不可能清算干净，清算干净了就脱离了初级阶段。资本主义从来没有放弃提高生产力，但是它是盲目的，无前途的。社会主义的优越性是可以实行计划经济，自觉地进行调整。中国好像有一种看法，把一些不合理的，社会上不应该存在的东西都归之于初级阶段。无论采取什么办法，只要能发展生产力就行，这就是我讲的唯生产力论。不应该以初级阶段为借口容忍那些不正确的东西。

下边我谈谈关于天皇的问题。国家与国家的关系我不能干涉，我只想谈谈我对天皇的看法。明仁天皇很想访问中国，中国也有意让他来。天皇来中国是会说些婉转的道歉的话，如因此而让他来，对日本的进步运动将是一个打击。从外交上讲我不能干涉。日本的周边国家应该清楚，日本昭和天皇是最大的战争罪犯。现在的日本政府仍然利用天皇达到一些政治目的，应该警惕。

今年11月，日本新天皇继位，据说美国总统、英国王子要去，中国也可能派一位副总理级的领导人去。天皇继位仪式有十分重大的政治含义，对日本国民有重大影响。天皇继位仪式是重申天皇的统治地位。继位仪式的方案是，在皇宫里搭起一个离地面一米高的台子，台子有一八角座，天皇坐在上边，参加仪式的各国元首、领导人都要站在一米以下的地方，天皇自己宣布继位，总理上台致辞后，下边山呼天皇万岁，各国元首、中国去祝贺的领导人怎么办？

昭和天皇继位时是各国驻日大使参加，现在平成天皇继位，日本政府拼命邀请各国元首出席。现在的元首们，1962年前年龄还小，不了解天皇继位的仪式，以为同英王继位一样，我们现在就是要告诉大家日本天皇继位是怎么回事。日本外务省也可能估计到各国元首不会接受这种仪式，有可能请来，不参加仪式，而在仪式后，举行酒会祝贺。外务省一定不会像我站在反天皇的立场上讲这些问题，可能用一些话加以掩盖。如果外国元首也喊天皇万岁，日本的民粹主义肯定会狂热起来，犯战前的错误。如果中国一位领导人喊天皇万岁，我想中国人民不会容忍，那时千万不要镇压。

刘大年：不久前，德田教之教授来看我，他讲天皇问题是日本一个很敏感的问题，极右势力迫害反天皇的人。像他这个年龄（60岁左右）的人对昭和天皇是有感情的。他在位的时候，发动战争，战败，又复兴，这个年龄的人都是跟着天皇走过来的。“侵华战争是日本一亿人的忏悔”（按：这是日本一个亲王讲的，目的是掩盖天皇的罪责）。现在的天皇，没有人承认。昭和天皇永远过去了。日本人对现在的天皇没有什么感情。这是德田先生讲的一番话。照我看，从外交礼仪上讲，天皇继位，中国会派人去，在日本反天皇是少数先进分子，多数日本人还有一种感情，要照顾到多数人的感情，至于中国领导人会不会喊天皇万岁，我想不会。

井上清：日本80%的人认为保留天皇制是好事，人们对昭和天皇和现在的天皇感情不一样。明仁天皇给人的印象是开明、开放，皇后是个大资本家的女儿，皇太子和一位教授的女儿结婚，逐步向平民靠拢。我前些年写的《天皇的战争责任》一书，最近五六年销售10万册，可见还有人看。这次天皇继位用神道教的方式，基督教反对，因为违反了宪法规定的政教分离的原则。佛教徒当中的本愿寺教派则反对用神道教仪式继位。日本一亿人随大流，一千万人强烈反对。

王玉璞整理

1990年8月28日17时

于北戴河至北京的火车上

六、会议讲话与致辞

新中国建立以来中国历史学的研究状况[①]

1963 年[②]

一

亲爱的朋友们：我很高兴我有机会来访问我们的邻邦你们的伟大的祖国，并且在这次访问中能够和日本的史学家见面。现在请允许我代表新中国的史学家向你们表示我们真诚的亲切的像兄弟一般的友谊。

为了增进我们在历史研究方面的相互了解，现在我先把解放以后几年来新中国的历史研究的情况简单地介绍一下。

解放以后的几年来在中国历史研究方面，提出了许多新的问题，现在我只想说到其中的一个最主要的问题，这就是中国历史分期问题。

正像日本史学家所熟知的，中国过去的史学家对于中国历史的分期，一般都是按照朝代进行断代，换句话说，就是按照政治上的表面现象，作为划分历史时期的准则。显然，用政治上的表面现象来划分历史时期，是不可能接触到历史的真实内容的。为了正确地了解中国历史的发展，我们以为必须研究中国历史上各时期生产力发展的历史，研究因为生产力的发展而引起的生产关系的变化这些最基本的问题，只有这样我们才能从政治的表面现象的背后发现历史过程的客观规律性，才能综合地全面地阐述和解释中国历史发展的整个过程。为了这样的目的，新中国的历史学家很自然地就提出了中国历史上各时期的社会性质问题，提出了按照社会性质来讨论历史的分期问题。

---

① 未刊稿，李长莉整理。——编者注

② 时间不确定，据刘大年历次出访日本时间暂定为 1963 年。——编者注

二

先说中国古代史的分期问题。

在对中国古代史的研究方面，中国的史学家肯定人类所经历过的社会发展的各种形态或各个历史阶段，同样是在中国存在过的。在中国存在过原始公社制、奴隶制、封建制，而且在外国资本主义侵入中国以前，在中国封建社会内的商品经济中也自发地孕育着资本主义因素的萌芽，如果没有外国资本主义侵入，中国的历史，也会缓慢地走向资本主义社会的。因此，在讨论中国古代史分期问题中碰到的问题，不是这个或那个历史形态或历史阶段在中国史上存在或不存在的问题，而是这些历史形态或历史阶段的起讫问题。其中最主要的是奴隶制向封建制过渡的时间和条件问题。

从奴隶制向封建制过渡的时间和条件问题，对于中国进步的历史学家来说并不是一个新的问题，而是二十几年前就提出来了的问题，有很多日本的史学家，在过去也参加了这个讨论并表示了他们的意见。但一直到现在这个问题还存在着各种不同的看法，还没有获得解决。要解决这个问题，尚有待于继续作更深入的研究和讨论。

关于这一问题，争论的焦点是在公元前十一世纪到前八世纪的西周社会是封建社会还是奴隶社会。有一种主张认为奴隶制在殷代已经结束，西周已经是封建社会的初期；另一种主张说是西周还是奴隶社会，而把春秋战国时代作为奴隶制向封建制过渡的时期。但这两种说法都还没有被大家普遍接受，现在中国的史学家正在对殷周历史作进一步的深入研究来继续讨论这个问题。

主张西周是奴隶制社会的史学家认为西周还没有出现铁制工具，因而不可能在生产力中引起巨大的变革从而不能产生封建社会。但主张西周是封建社会的史学家，则认为这是一种纯工具论。判断一个社会是奴隶制还是封建制，不仅仅在于有铁无铁，同时也要在意生产关系的变化。因为同样的生产工具可以具有本质不同的两种社会属性。

主张西周是奴隶制的史学家认为《左传·定公四年》记载的“殷民六族”“殷民七族”“怀姓九宗”都是奴隶，以此用为西周是奴隶社会的证据之一。主张西周是封建社会的史学家，又引据《左传·隐公六年》的记载，认为“怀姓九宗”不是奴隶而是农民。(《左传·隐公六年》:“翼九宗五正顷父之子嘉父逆晋侯于随，纳诸鄂，晋人谓之鄂侯。”)

主张西周是奴隶制的史学家，引据《周书·多方篇》周公对殷遗氏说“今尔尚宅尔宅，畋尔田”，认为这些田宅不是奴隶所有，只是归他们使用。主张西周是封建制的史学家，不同意这种说法，认为奴隶根本不能继续保有自己的田宅，《多方》《多士》二篇是针对殷周亡国贵族奴隶主说的。

主张西周是封建社会的史学家，引据《诗经·大田》“雨我公田，遂及我私”，又引据《诗经·臣工》“命我众人，庤乃钱镈，奄观铚艾”，认为西周的生产者已经有了自己的劳动工具和实际上属于他们的土地，他们以一部分时期在自己使用的土地上从事生产，而以另一部分时期在领主土地上生产，这种直接生产者的被榨取形态，已经是封建社会的被榨取形态。主张西周是奴隶社会的史学家，则认为“雨我公田，遂及我私”所指的私田，是当时的田官的私田。至于“命我众人，庤乃钱镈”两句，则是国王对田官们讲的意思是“叫农人们调整好田官们所管理的耕具”。

主张西周是封建社会的史学家，引据蒙古工作者发掘了一五〇至一六〇个西周的墓葬中，仅仅发现三个墓葬里有六个殉葬的人，以此证明商周有不同的上层建筑，因而商周有不同的经济基础，主张西周是奴隶社会的史学家，则认为安阳的商墓是商代帝王的墓，而上面所说的周墓，不是周代帝王的墓，身份不同，不能相比。

主张西周是奴隶社会的史学家认为西周的宗法制度，实际上是一种家长制，是氏族制的残余，主张西周是封建社会的史学家，则以为这种制度是和封建生产关系分不开的，是封建社会的上层建筑。

总之关于这个问题，意见很分歧，究竟西周是奴隶社会还是封建社会，尚在科学的讨论阶段。只有当我们掌握了更多的史料时，才能有根据地断定西周的封建生产关系是否已经占统治地位，或者他还是奴隶制社会中的一种结构，也才能断定殷周之际的变革，是仅仅把奴隶制的基础震撼了一下，或者是对封建制的确立有了决定性的意义。然而我们现在所掌握的有关西周时代的史料，包括解放几年来我们在安阳、辉县、洛阳、郑州等地新发现的地下文物在内，还是十分不够。

这是日本的史学家所熟悉的，我们所掌握的西周的史料，一部分是中国的古典文献，如《易经》《书经》《诗经》等，另一部分是保留在周代青铜器物上的铭刻，还有一部分是出土的周代实物。在这些资料中主要的依据是古典文献上的资料，特别是一部《诗经》。然而对于《诗经》中的诗歌的时代性有不同的意见，对诗歌解释上也是各执一词。此外对于许多极其重要的社会经济名词，如像“农夫”“隶农”“黎民”等名词所内含的实质，即他们究竟是指的奴隶、农奴，还是自由人，中国的史学家也没有一致的意见。许多其他的名词，如“公田”“私田”，亦复如此，因而对这个问题的解决，一方面有赖于新地下的史料的发现，另一方面则有赖于对古典文献作更深入的研究。

三

在中国古代史研究方面除了西周社会性的争论以外，还有个别的史学家主张秦汉还是奴隶社会而把黄巾起义和后来游牧民族侵犯中国所引起的汉帝国的崩溃看作是封建割据的开端和封建生产关系取得胜利的表现，而认为奴隶制向封建制的过渡在公元第二三世纪。

这种主张者认为在秦汉时期，国家的和私人的奴隶很多，有很多数量的奴隶被利用在手工业、矿坑、盐场、贸易、建筑、牧畜、搬运上，还可以找到在农业上利用奴隶的证据，但他们承认构成农业生产基础的不是奴隶，而是农民，他们认为《史记》《汉书》和《后汉书》上所指的农民，不是封建社会内的农民，而是奴隶社会内的公社社员，因而这些农民之沦为奴隶，不是由于封建剥削而是由于奴隶制瓦解公社的结果，从而他们对于两汉统治者释放和禁止虐杀奴婢的诏令以及王莽改制，都解释为奴隶主为了缓和奴隶的反抗。

主张秦汉是封建社会的史学家，认为从战国时期以来，土地已属地主个人私有，到秦代“富者田连阡陌，贫者无立锥之地”。到两汉时代很多大地主利用贫者作为备耕而大事[①]封建榨取，故秦汉时代的主要的生产方式已经不是奴隶制，而是封建制。这种主张者并不否认在秦代和两汉时期有大量官

---

①“事”字原文不清楚。——编者注

私奴婢的存在，但他们认为这一时期的奴婢已经不同于奴隶社会的奴隶。只是残存封建社会中的奴隶制残余。而且奴婢的数量在当时人口总数中所占的比例，是极其微小的，同时奴婢的主要来源不是像奴隶社会的奴隶一样是战争中俘虏的外族人而是本族的贫穷人民。这些贫穷人民不是公社社员，而是必须把自己土地上的收获物的一半当作地租缴纳封建地主的农民，他们之变成奴隶，不是公社瓦解的结果，而是被封建地主阶级从土地上驱逐出来的破产的农民。主张秦汉是封建社会的史学家也承认秦汉时期还有一些奴婢被用在手工业、贸易、矿坑、盐场、搬运上，但大多数的奴婢是作了非生产上的使用，成群的官私奴婢变成了生产者的重荷。至于用于农业生产上的那就更少，然而封建社会中的主要生产特别在我们中国，事实上却是农业。当时的农业生产的主要担当者是农民，而当时的农民，已经不是奴隶，因为他们的主人，已经不能自由屠杀他们；也不是公社的社员，因为他们和土地所有者，已经有了封建性的人身隶属关系。此外他们又指出假如法律是为了它的经济基础服务的话，秦汉时期的法律已经不是替奴隶制服务，反而是替封建主义的进一步发展开辟道路。最后，他们又从意识形态上来证实自己的主张，他们说，“西汉初年崇尚黄老学说，事实上是自足自满的小地主阶级的思想。到了汉武帝则尊孔子，崇六经，把大地主阶级的一套完整的意识形态搬上庙堂，社会不仅在基础上起了变化，连上层建筑都全然改观了”（郭沫若语）。

关于中国奴隶制度衰亡和封建制度兴起这一非常重要的历史问题，虽然存在着如此分歧的意见，但对于下列的问题上意见是一致的：如中国是经过了奴隶制社会时期的，封建的生产关系很早就在中国形成着，中国是古代社会中第一个摆脱奴隶制枷锁的国家，而在摆脱奴隶制以后的很长时期中，奴隶制的残余仍然在中国社会经济中起着一定的作用，等等。

四

在中国古代史分期问题中，还有一个问题，就是中国资本主义因素萌芽问题，也就是中国封建社会在什么时期开始瓦解的问题。

关于这一问题，过去的中国史学家还很少有人作过专门的研究，最近在讨论《红楼梦》的时代背景时，才引起广泛的讨论。

中国有着资本主义的萌芽，这是不成问题的，成为问题的是这种萌芽状态的资本主义因素最初出现在什么时候，关于这一点也有不同的看法。

一种意见认为资本主义因素的最初萌芽，远在南宋（一一二七——一二七九年）和元初（十三世纪末），就可以隐约看到，但这种主张者接着又说，当时劳动者，似乎还没有脱离封建行会的束缚，手工业作坊中的生产关系是否就是资本主义的关系，还很难说。

另一种意见，认为资本主义因素的萌芽最初出现在明初（十四纪下半期）。这种主张者指出在明初由于市场的需要，出现了备置生产工具和原料的资本家，以及出卖劳动力的工人，因而当时除封建地主对农民的剥削以外，又产生了资本家对工人的剥削关系。

又有一种意见认为资本主义的萌芽最初出现在明正德嘉靖年间（十六世纪初叶到中叶），这种主张者认为在当时的农业中大部分的农田转为丝绸业等原料生产，私有土地迅速发展着，出现了经营地主，徭役制度开始变化和解体。在江南沿海一带出现了直接生产者与土地所有者的契约关系，在手工业中由于国内外市场的发展，丝绸业和陶瓷业飞快地发展。在十六世纪末苏州至少有万人左右的工人。但这种主张者又指出当时的雇佣劳动还具有工役制度的缚束。

又有一种意见，认为资本主义因素的萌芽，应在明嘉靖到万历年间（十六世纪初到十七世纪），他们认为这一时期是转折最显著的阶段。

又有一种意见，认为明万历以前的社会经济状况，反映到社会风习方面，基本上没有多大的变化，万历（十七世纪二十年代）以后变了，因为城市工商业发达了。

这样看来，关于中国资本主义因素萌芽问题的意见也非常分歧。从上面列举的意见中我们可以看出，最早的到了南宋和元初，最迟的到了明万历。中间相差五百年左右。

和奴隶制向封建制过渡的问题一样，中国的史学家对于资本主义因素萌芽问题，虽然意见分歧，但也有共同之点，即大家都认为在外国资本主义侵入以前中国已经有了自发的资本主义因素的萌芽。而其时期则一般地倾向认为是在明代中叶以后。

由于对明清时期中国社会经济发展过程研究得不够，所以对资本主义因素萌芽问题的探讨，还很不充分。要解决这些问题，显然有赖于更深入地研究这一时期的历史，特别有赖于对这一时期的城市经济作用，手工业、农业、国内贸易和对外贸易等问题的研究。

五

现在说到中国近代史（从鸦片战争到五四运动）。关于中国近代史的研究，是中国史学家研究的主要领域。但也和中国古代史一样，过去的中国史学家都采取的方法是逐一地叙述中国近代史中若干突出的主要大事，没有根据这些事件的性质划分阶段，因而就不能反映出近代史发展中的本质的东西，也就不能说明任何问题。

解放以后，中国的史学家也提出了近代史分期问题。和中国古代史的分期一样，对于中国近代史的分期也有各种不同的意见。一种意见认为中国近代史是充满了阶级斗争的历史。因而主张在基本上按照阶级斗争的表现来做分期的标志。从而他们就以中国近代史上的三次革命——太平天国革命，义和团运动，和辛亥革命——作为划分时期的标准，把中国近代史分为七个阶段。这种主张者，在他的论文中，批评了用外国势力侵略形态或单纯用社会经济生活的变化来做分期的标准的说法。

另外一种意见认为以阶级斗争的表现来作为一个社会经济形态内划分时期的标准，基本上是合适的，但是运用这个原则于中国近代史实际时，必须考虑中国近代社会是一个半封建半殖民地社会，因此，就需要注意到这个社会性质上的某些变化，而不能只拿革命的高潮作为分期的标准，这种主张者同意不用外国势力侵略形态的变化做划分时期的标准，但他们认为侵略与反对侵略是一个事件的两面，在半殖民地的中国处理分期时，不应该排斥侵略性质的变化对中国近代史分期的主要意义，因此他们以为分期的主要标准应该根据外来的和内在的两方面矛盾的变化。他们用这样的标准把中国近代史分为四个时期。

又有一种意见认为中国近代史分期的标准应该是将社会经济的表现和阶级斗争的表现结合起来。这种主张者认为充满了阶级斗争，并不是中国近代史的独有的特征，而是一切阶级社会中的共同特征，他们也不同意以阶级斗争形势、阶级关系演变的叙述来代替对封建经济结构变化的具体分析。他们还批评了用外来因素的演变发展代替内在历史规律的分析。因此他们就根据他们的主张把中国近代史分为五个时期。

还有一种意见，认为在中国近代史上除了封建主义与人民大众的矛盾以外，还有外国势力与中国人民的矛盾，而且从某种意义上说来，这两种矛盾也就会并成一个根本矛盾，即以外国势力为主，以中国封建势力为辅的反动势力成为矛盾的一面，人民大众成为矛盾的另一面而形成的对立。这种主张者就根据这样的看法把中国近代史分为四个时期。

这样看来中国近代史的分期问题，也存在着分歧的意见，要解决这个问题也需要进一步地探讨，主要地要探讨下列的问题，如中国资本主义关系的形成，原始资本的积累，它的特点和对中国经济的影响，新的社会阶级——资产阶级和无产阶级的形成和其参加经济生活和政治生活。农民、城市贫民和资产阶级反对满清政权，反对封建压迫和反对外国资本对中国人民的奴役的政治斗争的发展，外国势力的经济侵略政治侵略的具体形式与此有关的买办资产阶级的形成过程与中国的军阀政治等等，而这些问题，至今还没有展开应有的研究。现在中国的史学家所展开的对中国近代史的广泛研究，将逐步深入来解决这些问题。

六

最后说到中国现代史的研究。中国的史学家正以巨大的兴趣从事中国现代史的研究，这是容易理解的，因为正是现代时期，由于中国人民革命运动强大的发展，使得在这一时期的中国发生的历史事件的国际作用特别加强了。因此研究中国现代史的问题就具有最实际的科学的和政治的意义。

在中国现代史研究方面，可以说刚刚开始，胡乔木的《中国共产党的三十年》替这一方面的研究开辟了道路，此外还有一些中国的史学家的著作，对中国近代史上的一些关键性问题，作了历史唯物论的说明。

在中国现代史研究方面也提出了分期问题，胡乔木在他的著作中，根据毛泽东主席的著作，中共中央的一些重要文献，把中国现代史按照革命战争划分为四个时期，并且把现代史上的一些带有基本原则性的问题，作了扼要的说明。

关于中国现代史的分期问题，还没有什么不同的意见，但这不是说在若干具体问题上就没有了和不可能再有需要研究和讨论的问题。例如三十年来的国际环境，外国势力彼此之间在中国的矛盾。又如近三十年来国内的经济情况的变化，以及因此而引起的各阶级的地位和对比的变化，中国工人运动和工人阶级斗争的历史等等，这些问题就是中国史学家研究的对象。

以上是解放六年来中国历史研究的主要内容。当然除此以外，中国的史学家也研究了一些其他的历史问题，如像关于汉民族形成问题，中国少数民族史中的某些问题，农民战争问题，历史人物评论问题，以及中国思想史上的一些比较重要的问题，并在这些方面的研究上取得了一定的成绩。

应当指出所有这些成绩的获得是和中国共产党的领导，和毛泽东主席的著作是分不开的，毛泽东主席的著作，不仅对中国近代史上的各项基本问题，作了精辟详尽的历史唯物主义的分析，对中国古代史上的若干关键性问题，也作了极为扼要的说明，因而他的著作，就替马克思主义历史学在中国奠定了坚实的理论基础。

七

亲爱的朋友们，解放以来，中国的史学是做了一些工作，但是这些工作对于新中国人民的要求来说，还是十分不够。我们的历史科学的队伍还是很小，我们的学术水平理论水平还是很低，我们有许多工作要做还没有做，有许多工作还没有做好，为了进一步推进我们的历史研究工作，这就是要求我们学习，同国外的先进科学家学习。

中国的史学家热爱我们自己的文化遗产和自己的劳动果实，同时对外国史学家的成就也是异常尊重的，因此，中华人民共和国成立六年来，在历史研究方面也和其他的科学研究一样，曾和很多国家进行了学术的交流和合作，我们和苏联以及各人民民主国家的史学家取得了愈来愈密切的联系和合作，就在今天以前的两个多月，在荷兰莱登举行的西欧汉学家会谈中，我们又和西欧、美洲、澳洲的史学家们包括美国的史学家在内发生了接触，取得了联系，并且准备进一步地合作。这些国际的接触联系和合作，对于我们来说，实在受益不少。

日本的史学家和中国的史学家，从遥远的古代起，就保持着密切的联系，而且对于中国历史的研究，也有了很久的历史并获得了很好的成就，这是中国的史学家所周知的。只是在最近的一个很短的时期，我们之间的联系才被打断，这对于我们双方来说都不能不是一种损失。现在我们有机会来访问日本，并且有机会和日本的史学家们见面，这对于我们今后在历史研究工作上的合作是一个很好的开始，中国的史学家以极大的热情欢迎这个开始，并热情地盼望我们之间的友谊和学术研究上的交流，将以此为出发点，得到进一步的巩固和发展。

亲爱的朋友们，请允许我代表中国的史学家再一次向日本的史学家们表示我们的友谊，让我们在真理的面前团结起来，为中日两国历史科学的发展，为世界和平的崇高事业献出我们的力量。

巴基斯坦历史学会第十五届年会中国代表团祝词[①]

1965 年

主席、各位代表

女士们、先生们：

中国历史学家代表团承巴基斯坦历史学会邀请参加您们的第十五届年会，感到很荣幸。首先请允许我以中国历史学家代表团的名义并代表中国史学会向巴基斯坦历史学界的同仁们和朋友们致意，预祝会议圆满成功。对于巴基斯坦历史学会的盛情邀请，我们十分感谢。

中国历史学界与巴基斯坦历史学界有相当的交往和交流。巴基斯坦历史学家在学术研究、历史教学中取得的成就，给我们留下了深刻的印象。我们深信您们为自己的国家、自己的人民已经作出了和正在作出有益的贡献。中国历史学家对于您们的成就感到由衷的高兴。

中国和巴基斯坦的人民都生活在亚洲地区。亚洲是世界文明最古老的发祥地之一。亚洲的绝大部分地区在近代又是帝国主义长期奴役、统治的殖民地和半殖民地。亚洲历史上有各种各样的值得研究的问题。

帝国主义侵略亚洲、把亚洲变为殖民地半殖民地的罪恶活动和亚洲人民反抗帝国主义及其走狗的斗争的历史，就是亚洲的一部近代史。第二次世界大战结束以来，亚洲、非洲、拉丁美洲都卷起了震撼世界的人民革命斗争的风暴。亚洲、非洲、拉丁美洲人民的反帝国主义反殖民主义斗争，对世界人民的革命斗争，起着越来越大的影响，帝国主义的殖民体系在亚非拉美人民的斗争下，正在土崩瓦解。旧世界在这些地区正被推翻，新世界在这些地区正在成长起来。我们作为历史学家，强烈地感觉到：亚洲的历史是在经历一个新的转折点，殖民主义长期奴役的亚洲，正在变成独立的亚洲、人民的亚洲。这是一个非常深刻的历史性的变化。

---

① 未刊稿。——编者注

帝国主义对亚洲的侵略与亚洲人民反对帝国主义斗争的历史中，有许多迫切需要研究的问题。中国、巴基斯坦的历史学家和亚洲各国的历史学家在这方面可以做许多工作。历史不是现实，但是历史总要这样那样对现实产生影响。大力研究这方面的问题，深刻地总结历史，揭露帝国主义侵略的罪恶，阐述人民反帝斗争的正义性质，对中巴两国人民和亚洲各国人民反对帝国主义的现实斗争，一定会产生积极的影响。特别是目前美国帝国主义正在疯狂扩大侵略印度支那的战争。亚洲更多地区的人民面临美帝国主义的战争威胁。世界各地人民、包括美国人民正在行动起来支援越南人民的抗美爱国正义斗争，要求美国侵略者从越南滚出去。历史学家们常常又是社会的活动家，理所当然地要关心这方面的问题，研究这方面的问题，使自己的活动对人民的斗争有所贡献。

中国历史学家参加巴基斯坦历史学年会，这已经不是第一次。中国历史学家代表团把您们的年会看作是一个很好的学习场所。巴基斯坦历史、亚洲历史、世界历史都是我们要学习的。通过您们的年会，我们将要学到许多东西。

中、巴两国领导人的互相访问，更加深了两国人民的了解和友谊。这是值得我们庆幸的。中国人民一向珍视这种友谊。中国历史学家代表团向巴基斯坦历史学家、并且通过您们向巴基斯坦人民致以最良好的祝愿。让中巴两国人民的友谊不断发展，万古长青！

中国历史学家代表团

团长　刘大年

纪念辛亥革命七十周年学术讨论会开幕词①

1981年

各位同志，各位朋友，女士们，先生们!

纪念辛亥革命七十周年学术讨论会现在开始。首先，我代表组织委员会向各位来宾、向撰写论文的各位作者、向应邀远道而来的港澳地区、澳大利亚、加拿大、朝鲜、法国、印度、日本、罗马尼亚、泰国、英国、美国的各位学者和所有与会的同志们，表示热烈的欢迎。

孙中山先生和他的同志们发动、领导的辛亥革命是中国近代史上一次伟大的革命斗争。到今天，过去七十年了。中国学术界对这段历史的研究一直是很重视的。二十年以前，也就是辛亥革命五十周年的时候，我们在这个革命首义的城市举行了第一次全国性的学术讨论会。不少辛亥老人，现在已经去世的老一辈革命家、著名学者吴玉章、范文澜、李达、吴晗等同志都亲自参加。今天我们举行的这次讨论会，是隆重纪念辛亥革命七十周年的一部分。二十九个省市自治区的研究者都有代表出席，他们提出的许多论文将在会上宣读。港澳地区和外国有四十多位学者出席讨论会，将要进行广泛的学术交流。我们抱着一个目标：检阅成果，交换心得，把辛亥革命史的研究推向科学上的新的境域。

与会者的名单里缺少台湾地区的历史学者。今年八月间，组织委员会曾正式邀请台湾学者莅会，“以文会友”。近些年里，台湾的同行们在辛亥革命研究中做了不少工作，整理出版史料，成绩显著。我们出的《近代史资料丛刊》《辛亥革命回忆录》等，台湾的学者也经常引用。单就这一点说，彼此也需要正常来往，互相促进。现在台湾的同行们还是没有来得了，这是人为的分裂造成的。最近叶剑英委员长郑重宣布、胡耀邦主席又郑重加以申述的解决台湾问题的九项方针政策，为克服这种分裂提供了强大的推动力。爱

① 未刊稿。——编者注

国之心，人皆有之。结束分裂状态，完成祖国统一，是我国各民族人民包括台湾同胞和广大侨胞的共同心愿。要长期阻止这种统一，阻碍历史车轮的前进，是什么力量也办不到的。孙中山先生在辛亥革命以前和以后，反复讲过中国只应当统一，不应当分裂的道理。他强调指出，“提倡分裂中国的人一定是野心家”。中国必须统一，不应当分裂。孙中山的遗训至为宝贵，不可忘记。台湾学者这次没有来，是一件令人感到遗憾的事。以后什么时候来，我们都会乐于接待。

中国近代史研究中，辛亥革命占有重要地位。研究这段历史所具有的意义，回顾一下事件本身就知道了。辛亥革命一举打倒清朝政权，废除持续二千多年的君主专制制度，确立下共和国制度，给了旧的统治秩序沉重有力的打击。太平天国运动到武昌起义，费了半个世纪，孙中山建立南京革命政府到中华人民共和国成立，只花了三十几年。后面这三十几年中，所有的反革命统治，没有一个不是短命的。这说明辛亥革命以后，人民革命力量不断地发展起来了。辛亥革命没有完成反帝国主义、反封建主义的任务，解决民族独立和国家民主改造的问题。旧民主主义进入新民主主义，无产阶级、中国共产党的领导实现了这个任务。孙中山和其他革命志士们为之牺牲奋斗的宏愿，由此变为现实，而且远远高出当时所能够设想的水平。民主主义转变为社会主义就成了历史的必然。我们研究辛亥革命，就是要第一，客观地评价事件本身。那场革命虽然过去了，千秋功过，必须如实评说。先驱者们的爱国主义、民主主义精神是垂奕世而不可湮没的。正确对待过去，才能正确对待现在。表彰前代的先进正是为了推动现在的先进。第二，说明中国跨进社会主义的由来。社会主义不是无缘无故产生的。它的根据、来龙去脉就在民主革命的特点里面。对辛亥革命的结局、演变了解越深刻，对社会主义道路的合理性、必然性了解就越深刻。昨天和今天直接联系在一起。无产阶级、共产党能够引导人民赢得社会主义，也能够引导人民把落后的中国改造建设成先进的社会主义新中国。

就像辛亥革命以后中国前进的步伐相当迅速一样，学术界对那段历史的研究、认识，进步也相当迅速。我们这次讨论会提出以“辛亥革命中的中国资产阶级”为主题，说明过去的综合性的研究，已经达到某种限度，需要在一些关键性的方面作专门的详细研究，然后才能有新的综合提高。中国资本主义、资产阶级的情况是研究工作中的薄弱环节，而又关系到更进一步认识那段历史的全局，所以我们选择了它作为这次讨论会的主题，或者说是讨论的主要问题之一。

辛亥革命以前，中国的大工业很少，但是有了资本主义。辛亥革命是一场资产阶级革命。存在着资本主义、资产阶级，是这场革命的前提。我们主张研究历史要以马克思主义为指导，遵守历史唯物主义，绝不意味着可以像庸俗唯物论那样，无论什么事，无论什么情况，都要直接从经济上寻找原因，做成答案，或是随意地贴上某某阶级的标签。谁这样简单地看待社会经济、阶级状况等研究的必要，谁就会走向反面，陷入荒谬的境地。马克思主义的历史唯物主义是科学，不是什么“经济唯物论”“机械论”之类的东西。它要求一切以客观的、全面的、反映历史本质的事实为准，对具体情况作唯物主义的具体分析。问题在于不可以无视社会经济基础，拒绝阶级分析，专门用小原因去说明大事件。前人早就指出过：历史上常常有人搜集许多奇闻轶事，当作大事件的小“原因”，而事实上那只是一种导因，只是一种外部刺激，“事件的内在精神完全可以不需要它”。把历史描绘成阿拉伯式的图案画，显得是很巧妙的；阿拉伯式的图案画上面就是大花朵长在纤细的茎上，但是这样来解释历史是非常肤浅的。重大历史事件的爆发，革命的胜利和失败，都不应该从一些小的原因，例如从偶然事件，从几个领袖人物的个人动机、缺点、错误中去寻找，而要从社会总的状况、特定条件、人们的生活环境中去寻找。我们研究辛亥革命，如果把中国资本主义、资产阶级的状况搞清楚了，而又能做历史唯物主义的具体分析，就一定可以极大地提高科学水平，最准确、最有说服力地回答这方面人们关心的问题。

同志们，朋友们！

这次讨论会将要谈到的内容很多。辛亥革命是在国际上引起广泛兴趣的研究题目。某些观点，国内国外互相影响，分歧意见不少。这是科学研究中的通常现象。百家争鸣，各抒己见，真理只会愈辩愈明。中国古人把胜友如云，千里逢迎，看作了不起的盛事。我们现在的讨论会，胜友高朋，逢迎不止万里。可以期待它将以思想活跃、科学水平的显著提高，记载在辛亥革命研究的前进篇章上。

祝讨论会成功，感谢同志们、朋友们的大力支持。

刘大年

1981 年 10 月 12 日

在莱比锡大学纪念爱吉士教授诞辰九十周年和庆祝东亚学院成立三十周年学术讨论会上的祝词[①]

1981 年

尊敬的拉特曼教授、尊敬的区克教授、尊敬的爱吉士教授夫人，
各位朋友、女士们、先生们：

在爱吉士教授诞生 90 周年和东亚学院成立 30 周年之际，我受到古老的、世界著名的、曾出过那么多杰出人物的莱比锡大学和校长拉特曼教授的盛情邀请，来参加这个有意义的纪念会和进行学术交流，请允许我并代表我的老朋友南京大学赵瑞蕻教授，首先表示衷心的感谢，并转达中国社会科学院和南京大学有关同志对各位学者、各位朋友最良好的祝愿。

二十五年前，即 1955 年 10 月，我有幸来到贵国，参加莱比锡召开的国际东方学会议，来到这个诞生了世界无产阶级革命导师马克思、恩格斯的国度进行访问。那一次，同爱吉士教授和各位学者交流学术思想、共叙友谊，至今记忆犹新，情景历历在目。赵瑞蕻教授于 1953 年至 1957 年曾在贵校东亚学院任教 4 年，得到了爱吉士教授亲切的帮助、合作和指导，一起为中德文化交流，与在座的许多同行结下了美好的友谊。二十五年过去了，我们抱着怀念在中国学术文化研究上卓有贡献的爱吉士教授和与同行们重温旧日情谊的愿望，再次来到这里，感到格外高兴。

各位是研究东方现状和语言、文学、历史等方面的专家。你们对中国各方面情况的了解，或许可以用一句成语来形容：了如指掌。我们党的十一届三中全会实现了党的方针、政策的有历史意义的转变。今年举行的六中全会和会议通过的《关于建国以来若干历史问题的决议》，在党的指导思想上完成了拨乱反正，意义至为深远。我们社会主义建设的各条战线，正在出现一

---

① 未刊稿，来自打印稿。祝词时间是 1981 年 10 月 23 日。——编者注

派新的、生气勃勃的景象。社会科学研究工作也是一样。拿学术讨论为例，我们最近刚刚举行过鲁迅诞生100周年纪念和辛亥革命70周年纪念两个大型学术讨论会，科学水平都有显著提高。这说明我们的工作，在十年动乱以后，恢复了力量，并且在迅速地发展起来。我有理由相信，朋友们会把这当作一个好消息来看待，因为它意味着中国方面已经创造、而且正在努力创造更好的开展国际学术交流的条件。这种交流，对你们和我们都是需要的，有利的，对于保卫世界和平、加深各国人民互相了解、促进人类的进步和幸福是富有意义的。学问以多闻益智，以实地查考为尚，彼此有没有直接来往，情形大不一样。

马克思、恩格斯的故乡对于遵循科学社会主义道路的人们总是富有吸引力的。我们的再次来访，将要学到许多新的东西。同时我们也带来了中国人民、中国学者对贵国人民、贵国学者的友谊。只要我们共同努力，坚持不懈，这种友谊和学术文化交流就会开出繁盛的花朵。祝这次纪念会圆满成功，祝莱比锡卡尔·马克思大学和各位同行们、朋友们取得最好的成就，祝爱吉士教授夫人、贝喜发教授健康长寿。谢谢!

在国际历史学会第十六次大会闭幕会上的讲话[①]

1985 年

尊敬的主席先生，尊敬的各位学者，女士们，先生们：

国际历史学会第十六次大会取得了丰硕的成果，取得了圆满的成功，中国历史学家代表团代表中国史学工作者，对主持大会的各位学者，对各位同行们致以热烈祝贺，对东道主联邦德国的朋友们致以诚挚的谢意。中国历史学者作为国际历史学会的成员出席大会，这还是第一次，对于今后国际历史学会的工作，我们将努力作出自己的贡献。如各位所知，中国历史学以传统悠久著称，近半个世纪以来更有崭新的发展。人们对历史的认识和历史本身一样，在不断前进，我们深知必须广泛寻求知识，来推进自己的工作。我们国家奉行独立自主、对外开放的政策，我国历史学研究者永远珍视与各国同行们的友好情谊，并且寻求不断增进这种友好情谊。本届大会的举行，正值世界人民庆祝反法西斯战争胜利四十周年，为争取世界和平而斗争，会上宣读了不少关于这个主题的极有价值的论文。世界需要和平，中国需要和平。把我们参加历史学会活动的目的与希望用一句简短的话来表述，那就是：知识、友谊与和平。我们向各位学者、各位朋友致以最良好的祝愿，祝您们在学术研究上与日俱增，攀登上光辉的高峰。中国近几年出版的历史学著作斐然可观。现在我们从中拣选出若干，谨呈送给主席先生，作为向这次大会的献礼。衷心地谢谢各位。

---

① 未刊稿，来自该讲话打印稿。——编者注

在苏联科学院孙中山学术讨论会上的发言①

1986 年

主席，尊敬的各位学者，各位朋友，女士们，先生们!

我和我的中国同志，很高兴来参加苏联科学院举办的纪念孙中山诞辰一百二十周年学术讨论会。我代表中国孙中山研究学会和我们一行，对你们的盛情邀请，谨致谢忱。

苏联公众熟悉孙中山这位中国的爱国主义、民主主义者，这是我们知道的。在孙中山从事革命活动的早期，《俄国财富》杂志就介绍过他的事迹和言论。孙中山是无产阶级革命导师列宁给予充分评价的唯一中国革命人物。苏联学术界研究孙中山，岁月悠久，积累丰厚。孙中山在世的时候，苏联就出版了较有规模的他的传记。近几十年来，苏联出版的孙中山研究著作、研究资料，中国学者总是愿意了解和感到有兴趣。在这次讨论会中，我们指望看到你们研究的新成果，新进展。

在这里，我想就正在准备的中国学术界纪念孙中山诞辰一百二十周年学术讨论会情况，向各位简要作点介绍。我们彼此的学术交流中，这方面的内容，看来也是不可缺略的。

中国的这次讨论会，订于十一月上旬在广东举行，那里是孙中山的家乡，也是他头一次和以后多次发动革命斗争的地方。讨论会共进行五天。中国学者的论文，经过评选，提到讨论会上去的有七十多篇。国外和港澳地区，将有五十位对孙中山研究有素、成绩卓著的专家学者与会。我们很高兴齐赫文斯基院士和其他两位苏联学者，已经决定应邀出席这次讨论会。从规模和与会人员情况来看，这将是关于孙中山研究的一次有重要意义的集会。

广东国际讨论会的主题，叫作“孙中山及其时代”。提出这个主题，是着眼于推动今后进一步开展孙中山研究工作。孙中山的时代特征是什么？我

---

①来自印有“中国孙中山研究学会”抬头的打印稿。讲话时间为1986年10月13日。该稿注：“此件发表在苏联关于这次讨论会会刊上（？)”——编者注

们可以用一句话来加以概括：这个资产阶级民主革命从兴起到失败。半殖民地半封建社会的民族资产阶级，一面要求革命，一面又受制于帝国主义封建势力，力量十分软弱。孙中山作为资产阶级民主革命的伟大旗手，领导辛亥革命，制定三大政策，实行国共合作，在推动中国历史车轮前进中，建立了光辉业绩。他毕生为创造一个资产阶级民主共和国而不懈努力，屡遭挫折，最后仍然失败了。在他的思想和活动中，有高于同时代大多数人的，也有显然落后在同时代人后面的。通过对孙中山的研究，我们可以从这一个方面，去具体地了解他的斗争环境，时代特征，从中探索中国近代历史带有普遍性、规律性的东西。

人物研究是历史研究的一部分，它们不可分割，系统论等现代科学，指出了整体观念的重要性。历史是一个整体，历史时代，从基础到上层建筑，统一在一个整体运动中。某个部分、某种秩序发生变动，就牵动其他部分、其他秩序发生变动。历史本身的整体性，决定了科学的历史研究必须有整体观念。中国封建时代撰写的所谓正史，人物传记占有最多篇幅。其中也有生产、经济、思想理论、文学艺术等基础与上层建筑的部分。他们把人物活动和同时代的有关资料汇集到一起，反映出了那个时代的各种事变和社会现象。但从那些旧史书上，人们无从了解历史作为一个整体运动的过程。古代欧洲历史名著，与中国正史写法有别，也同样不能让人知道历史是如何作为一个整体去运动的。马克思主义历史唯物论出现，提供了这种整体的科学历史观和方法论。把孙中山和他的时代联系起来研究，符合于从整体观念看待历史。换一个说法，我们主张把历史研究的整体观念，建立在历史唯物主义这种整体的科学历史观和方法论的基础上面。我们确定广东国际学术讨论会用“孙中山及其时代”作为主题，就是由于有这些想法。

与讨论会同时，中国将出版一批有关文献和著作。《孙中山全集》是文献中主要的一部。全书共十二卷，大小8000篇左右，500多万字。与台湾出的《国父全集》相比，多出100余万字，多出文献近2000件。我主编的《孙中山书信手迹选》，内容与以前印行的同类书籍颇有不同。共收入手札74件，文字及手迹从未刊行过的，和文字发表过、手迹没有刊行的，两项共占百分之七十六。研究著作中有《回顾与展望——国内外孙中山研究述评》、《建国以来孙中山研究论文集》、其他几种专著和《孙中山生平事业追忆录》等。它们会在各自不同范围、不同的程度上有助于往后的孙中山研究工作。

关于广东国际学术讨论会，传递信息的话，就说到这里吧！

同志们，朋友们，我们把参加这次孙中山学术讨论会，看作一个学习、交流研究心得的机会，看作一个交流友谊的机会。孙中山和列宁一道，为架设中苏两国人民友谊的桥梁，做了巨大的工作。历史把它记载下来了。科学的历史研究，是要不虚美，不讳过，实事求是，帮助人们客观地认识历史，发挥本门学科的思想力量。我们是这样认识的，也将这样去努力。再次感谢主人的邀请，祝讨论会取得圆满成功。谢谢各位。

历史与展望

——1987 年 7 月 13 日在早稻田大学的讲话[①]

1987 年

今天我的讲题叫“历史与展望”。这个题目没有固定的范围，可以从各个角度去论述。我这次是同中国历史学家代表团来参加“七七”50 周年学术讨论会的。讲历史与展望，想着重就中日两国和两国关系的历史举些例子加以说明，免得完全停留在抽象的议论上面。

一、历史与展望这个命题能否成立

历史指过去的一切，历史研究的人和事限于过去。展望则属于未来，历史无法研究未来。它们两者截然不同，能够联系在一起加以讨论吗？完全可以的。说到历史，不管它的具体内容如何，人们首先一个感觉，它意味着时间的流转消逝。时间无始无终，过去—现在—未来分不开，也斩不断。《论语》上的“子在川上曰，逝者如斯夫”，用这句话形容历史，其中包含着新陈代谢的意思，也指出了历史过程的川流不息。一切现存状况无不从以往历史演变而来。一切未来事物也无不胚胎或萌芽于现在人们的生活、斗争之中。一切未来又都被更长远的未来所取代。来龙去脉，原因和结果，它们不间断地相互交换位置。不过不是循环式交换，而是螺旋式交换。历史与展望不但完全可以联系起来讨论，而且确切地说，这也正是历史研究的社会功能所在。如果历史与现实毫无关系，与未来杳不相涉，那么，为什么古往今来，历史总要受到人们相当的重视，以至大多数国家和地区，历史照例被列为一门课程，从小学、中学起就去攻读？难道仅仅因为那些真真假假的故事，就

① 原载《史学理论》1987 年第 4 期，第 99—102 页；同年 9 月 1 日《北京周报》（日文版）第 25 卷第 35 号译载。——编者注

引起人们强烈的兴趣和关心吗？故事有引人入胜的，有令人厌恶的。它们之所以让人关心，就因为它们或多或少，直接或间接关系到现在，以至关系到未来。

当然，在这个问题上有各种各样的观点，存在激烈的争论。例如照历史唯物主义观点看，历史是遵循着一定规律发展前进的。历史唯心主义相反，拒绝那样的看法。两种观点对立，看上去是如何认识以往历史演变的对立，实际上则是如何看待现状、以及现状将向何处演变的对立。也就是说，人类社会历史的发展，最终是否将由社会主义代替资本主义。又例如世所周知日本历史教科书问题，关于这方面的争论，从所谈论到的各种事实来说，已经过去四十多年了。大家知道，所以一再发生争论，是因为它关系到中日两国以及两国间关系的现实，也关系到两国间关系的未来。如果仅仅为了过去，人们至少会平心静气一些，不至于那么激动吧！因此，我们越是为了争取好的未来，就越有必要客观地对待历史，还历史以本来面目。真正的历史家决非知古不知今的好古家。深刻地研究过去，认识过去，正是为了更好地了解现实，改造现实。重视历史与现实以至将来的联系，这是关心我们共同的未来，关心人类命运的历史家的职责。我们没有理由不来尽到自己的职责。

二、历史与展望的一些出发点

世界上新兴的科学门类中，我们知道有未来学这门学问。历史学上的展望，与未来学不同，这里不去详加比较，只简单地说一下历史与展望几个重要的出发点。

头一个出发点，是历史的和现实的基础。这个道理很简单。如果我们的展望不是建立在历史和现实基础上的，那就会成为无根之谈。学术研究并非江湖占卜术，更非旧中国民间的“推背图”“烧饼歌”之类的游戏。展望中日两国关系的历史和现实的基础是什么？中日两国都是文化悠久的国家，中日两个民族都是优秀的民族。中日两国有上千年的文化交往。至今历史学者把那种交往，作为美谈，津津乐道。中国学者此次为“七七”纪念学术讨论会提供的论文，就有《中日文化交流的历史再回顾》这样的题目。近代的中国沦入了半殖民地半封建社会，日本则成了东方工业强国。一个处在遭受侵略的地位，一个处在发动侵略的地位。抗日战争和战争结束后，中日两国各自发生了深刻变化，中日两国关系经过演变，现在进入了历史上最好的时期。我们展望今后，首先就要以这个历史和现实为基础。只有这样，才有可能给人们提供尽可能客观的认识。

再一个出发点，是当前时代潮流的所向。当前时代主流的一个重要内容，是世界人民要和平，第三世界要发展。战争势力在增长，制止战争的势力也在增长。第一次世界大战到第二次世界大战只有二十来年。第二次世界大战以来四十多年过去了，局部战争不断，热点彼落此起，新的大战毕竟没有爆发。归根到底，这是由于人民群众觉醒，人民民主力量增长了。人民的觉悟不限于某个地区，某个世界。第三世界中过去的一些殖民地不满足于政治上的独立，要求摆脱帝国主义和原来宗主国的经济剥削控制而不断进行斗争。超级大国不能任意支配它们。展望中日关系，不能脱离世界潮流这个大局。中日关系影响远东，影响世界，世界大局也影响中日关系。中日关系正常化的过程，就充分证明了这一点。

又一个出发点，历史总要在矛盾斗争中前进。历史无时无刻不在矛盾运动中。每一个时代潮流，都只有在矛盾斗争中才能反映出来。在阶级社会里，矛盾运动归根到底是阶级间的矛盾和对抗。西方有些研究者强调现代新技术的应用缓和或消除了阶级矛盾。日本经济学家与政治评论家的文章，都有与此持相反观点的。我以为日本这些学者的意见是合乎实际的。历史的运动既然是矛盾的运动，我们就不能排除其中出现各种可能性，如暂时倒退，老戏重演等。“不可能”，这个话，无论在社会历史运动中或现代技术科学发展中，都不适用。但不管怎么曲折，历史总要由低级阶段向高级阶段演进。人类从原始社会进到了奴隶制、封建制、资本主义，又进到了社会主义。这就证明不断革新、不断前进，这是历史的客观规律。人类历史有它的上升线，也有它的下降线。现在人类历史进入文明时代，充其量不过四五千年。全世界社会生产的发展还远不足以进入科学共产主义阶段。人类历史还正在上升线上运行。所以不管道路如何曲折，前进的规律还是起支配作用的规律。目前世界上还有数量大得可惊的人们在苦难中挣扎，饥饿、灾荒、短命而死。“朱门酒肉臭，路有冻死骨”。将来还有许多灾难、困难要去克服，但我们对前途应该乐观。否则我们就没有理想，无所作为，没有什么要奋斗的。这一条，在展望中日关系的时候，尤其值得重视。

又其次，全面了解经济和政治、基础与上层建筑的关系。上层建筑产生于一定的基础，又服务于基础。人们创造自己的历史，头一件事就是要从事物质生活资料的生产，解决衣食住行问题。没有这些东西，人们就不能生存下去，就谈不到任何政治活动、科学文化创造等。生产与再生产的技术条件，不断革新，不断变革。因此，经济始终是为历史前进开辟道路的因素。中国现在奉行的改革开放政策，日本今天的经济发展，都是或主要是经济领域的。谁都承认它们在本国以及在国与国的相互交往中，在政治、文化等关系方面，引起了和正在引起许多深刻的变化。不全面了解经济基础与上层建筑的关系，和它的矛盾运动，就不能从社会生活的底层，即历史前进的最终决定因素来展望未来。我们反对机械唯物论，但认为要坚持辩证唯物论。因为前者不科学，后者则合乎科学。

三、中国与日本未来关系鸟瞰

中国与日本的未来关系，用一句话来说，睦邻友好将是历史的主流。我所以这样讲，决非出于主观臆断，而是从以往历史和当前现实出发作出的分析、估量。中日两国关系的古代用不着去说了。日本历史书上的“元寇”，中国历史书上的“倭寇”，毕竟成了我们遥远的过去。现在的中国，是一个在共产党领导下建立起了初步工业体系、屹立于世界东方的社会主义国家。过去那种四分五裂、受制于列强的软弱状况一去不复返了。坚持四项基本原则是中国不可动摇的基本国策。中国的社会主义又处在初级阶段。它必须用相当长的时间来使国家实现现代化。一个长期稳定的国内国外和平环境，对中国是至关重要的。中国越是接近与世界先进工业国的水平，就越有保证向社会主义、共产主义的高级阶段前进。如果说它过去不曾有过所谓成为“扰乱东亚和平”的资格，那么，今后达到现代化使先进的社会制度更巩固了，它只能彻底鄙弃任何那类的资格。日本在上个世纪末至本世纪初，通过对外、主要是对中国的侵略扩张，进入了资本主义强国之林。但那些成果在第二次世界大战中很大部分付诸东流了，而且人民遭到了战争带来的深重苦难与巨大牺牲。战后四十多年来，日本在和平环境中，靠自己的卓越努力，取得了世界经济大国的显著地位。1985 年，当“富甲天下”的美国变为纯债务国的时候，日本则一跃而上升为世界最大债权国的地位。据一桥大学佐藤定幸教授的研究，1986 年，日本银行在海外的资产达到了 10194 亿美元，超过美国而居世界第一位。目前的外汇储备也居世界第一位，超过了西德。日本的广大阶层有什么理由要改变这种道路，而去走另外的道路呢？战后中日关系的演变，特别是中日关系正常化以后，双方平等互惠，政治经济关系都有巨大的发展。这符合日本人民、日本民族的最大利益，又有什么理由不继续保持和发展这种关系而要阻止或改变这种关系呢？我说睦邻友好，将成为今后中日关系的主流，就是以近代历史和当前现实为依据的。

前面说过，时代主流要从矛盾运动中体现出来。中日两国情况有很大不同。相互间的了解也很不够。日本极少数人仍旧做着军国主义迷梦，而且能量不小，这是事实。凡此一切，在今后睦邻友好的长江大河主流中，发生大大小小的风浪波折，不足为奇。目前大家关心的光华寮就是这样的问题。它涉及背离中日友好关系的基本原则，因此引起了广泛的重视。中国古书《易经》上有句话，“履霜坚冰至”。意思是脚下一旦踩着霜，就知道寒冬要到来了。中国又有一句俗语：“冰冻三尺，非一日之寒。”这两句话的意思都是说，目前的迹象告诉我们，对未来要有所警惕。突然严重的事件所以出现，是由许多不吉祥的事情积累而人们又没有及时妥善解决所造成的。解决这方面的问题是政治家们的直接责任。历史研究者也应当关心并可以做工作。如果有朝一日，真的出现了冰冻三尺，也没有什么了不起。中日两国地处温带。过去的事实告诉我们，即使悬崖百丈冰，春天一到，就会消解融化。这就是说，历史前进的规律，适用于中日两国的历史，也适用于中日两国关系的发展规律。我们所以指出这个规律，是便于人们自觉地去运用它，尽可能在前进周折中减少支付沉重的代价。

看问题要有历史眼光，这是我们时常听到的一种说法。所谓历史眼光，无非说，不论对什么事，不要只注意鼻子尖底下那一点地方。看中日关系的未来，更要有历史眼光。经济最终为政治开辟道路，这个原理同样适用于看待中日关系的长远未来。1923 年 11 月，孙中山写给犬养毅一封长信，劝日本政府承认苏俄政权，其中说：“夫苏维埃主义者，即孔子所谓大同也。孔子曰，大道之行，天下为公。……露国之立国主义不过如此，有何可畏。况日本为尊孔之国，而对此应表欢迎，以为列国倡，方不失为东方文明之国也。”孙中山在这里把社会主义解释为孔子大同之道，并且相信日本有一天会走向孔子大同之道。孙中山在那时提出这样的主张，固然表现了他的远见和广阔胸怀，但实际上不过是一种幻想。从科学观点看，社会生产力的高度发展，把历史推进到更高的阶段，不但是可能的，而且是不可避免的。日本高度的经济发展，有一天会实现孔子所说的“人不独亲其亲，不独子其子，使老有所终，壮有所用，幼有所长，矜寡孤独废疾者，皆有所养，男有分，女有归。货恶其弃于地也，不必藏于己，力恶其不出于身也，不必为己。是故谋闭而不兴，盗窃乱贼而不作，故外户而不闭，是谓大同”。这不是幻想，是以历史唯物主义为根据的。只是它在什么时候、以及将要通过什么形式来实现，则是我们所无法知道的。到了那个时候，中日两国的历史发展，正是殊途而同归，在两国的和平友好交往中，别有一番繁华景象。

历史与展望，还可以讲许多内容，我就说到这里。上面举了一些中日关系的例子，对于这方面有兴趣讨论的各位同志，请把它看作不过是引玉之砖。

太阳照在新中国的上空
——在鸦片战争150周年座谈会上的发言[1]

1990年

今天，各方面人士、众多的青年朋友同各位领导同志在一起，来座谈鸦片战争。研究、学习历史的人理应格外关心。鸦片战争是英国侵略中国的战争，这在外国人中间有争论，在中国人里面不存在争论。这当然不是说没有问题可以讨论，没有认识需要提高了。我不谈那些具体问题，说一两点感想，不成片断，向各位请教。

第一点，我们提倡爱国主义，是出于什么理由?

爱国主义毫无疑问是一个历史的范畴。不同国家、不同时代，爱国号召起过不同的作用。在中国，从鸦片战争到现在，历史发展了，爱国的内容也发展了。但是有一条，在全部近代、现代史上，爱国一直是和广大人民群众的进步斗争连结在一起显示其作用，闪耀出光芒的。鸦片战争中，林则徐雷厉风行禁烟，是与广大群众的爱国斗争，维护民族尊严，反对外国侵略连结在一起的，所以禁烟运动产生了巨大影响，成了近代中国历史上爱国斗争的第一声。以后，康有为、梁启超讲爱国，是把它同维新、变法连结在一起的，于是掀起了戊戌维新运动高潮。孙中山讲爱国、反帝，前期是与反满、推翻清政府连结在一起，由此取得了辛亥革命的胜利；后期是与坚持同共产党合作连结在一起，由此给大革命的发动奠定了基础。抗战时期，中国共产党领导建立起了全国各阶级、阶层的抗日民族统一战线，蒋介石与共产党合作，参加抗日，站到爱国者的行列之中，于是他为抗日战争取得完全的胜利作出

---

① 原载《光明日报》1990年6月5日第2版。——编者注

了重要贡献。这一些，是民主革命时期众所周知的事。现在我国是人民民主专政的国家，实行的是社会主义制度。社会主义是中国人民正在为之不懈努力的伟大进步事业。除此再没有更伟大的进步事业了。因此，现在我们讲爱国主义，它的内容是内在地与社会主义相统一的。如果说，中国人民在鸦片战争和以后的爱国斗争，是正义的和合乎历史前进需要的，那么，现在的爱国主义就是它的继承和高度发展了。我以为，这应当就是我们为什么主张爱国主义的道理。这个道理我想是推翻不了的。

从爱国问题历史的另一面来看，事情也是一样。康梁在变法失败以后，一变而为号召保皇，反对革命。转眼之间，他们原有的影响消失干净，徒然留下了一个保皇党丑名。蒋介石在抗日战争结束后，又撕毁与共产党的协议，依靠美国一意“剿共”“戡乱”，三四年工夫，几百万军队也没有挽救得了他的统治。总而言之，在中国，只有坚持进步斗争的与人民根本利益相一致的爱国主义，没有其他什么爱国主义。行动相反，前途结局就一定相反。某些人反对社会主义，又自称是爱国。他们显然知道自己处境狼狈，也为他们的前途、命运担忧。

第二点，中国收回香港主权是宣布了什么样的历史信息？

香港在英国殖民统治下度过了漫长岁月。现在大家知道，中英两国政府的联合声明和有关文件规定香港归还中国，圆满解决了这个世人瞩目的历史遗留问题。中国已经公布《香港特别行政区基本法》，再过七年就要在香港恢复行使主权了。旧中国的各个政权只有拱手向外国奉送领土主权的资格，没有谁提出或者实现过收复香港的要求。清政府谈不上这样做，北洋政府谈不上这样做，蒋介石政权也不例外。老外交家、抗战时期中国驻英大使顾维钧在他的回忆录里有一段关于香港交涉的记载。据他说，1942 年中英就签订新约、取消治外法权进行谈判。中国方面提出，英国归还香港是绝对不可少的条件。蒋介石召开会议讨论。他的态度是中国必须坚持条件，否则不应签约，“香港必须交还！”蒋介石说这话时表现了他的爱国心。那时中英正结为同盟国，共同对日作战，时机、环境完全对我有利。但是英国丘吉尔政府根本不答应，蒋介石不敢坚持，收回香港成为泡影。如今我们按照一国两制原则，经过谈判，把这个问题顺利解决了。应当怎样看待英国在这个问题上转的弯子呢？回答说，中国的外交政策正确。这当然对。但是，一百五十年前中国人保卫国家领土主权的正义斗争为什么不发生效力呢？从整个过程来看，关键是在中国历史的走向里头。

鸦片战争时，英国掌握全球霸权，号称“日不落之国”。中国则在那个时候不由自主地向资本主义世界打开大门。在以后的一百年间，中国被外国侵略者加上被它支配、利用的封建统治势力变成了半殖民地、殖民地。人民备受剥削压迫痛苦，民族险遭覆亡。列强侵略中国的过程也就是中国争取民族解放斗争的过程。人民多次的斗争失败了，又给下一次的斗争开辟了前进道路。中国无产阶级登上政治舞台是一个转折点。中华人民共和国诞生更是一个伟大的历史转折点。这个转折点结束了鸦片战争以来民族遭受压迫的灾难，从根本上改变了旧日国际关系的格局。四十年来，中国又在社会主义道路上牢牢站稳了脚跟。新中国是世界大国的一员。在国际事务上它享有充分的发言权，说话算数。丘吉尔、撒切尔政府面临的情况大不相同，不转弯子行不通。它们易地皆然。它们都是根据自己的力量，选择最有效的方式，来最大限度地保障自己的利益的。这就是说，收回香港主权，最后是社会主义道路改变了中国的孱弱地位所决定的。事实证明，中国找到了自己前进的走向。观察整个过程，香港归宿主要不就是宣告的这个历史信息吗？

第一点和第二点，显然不是同一性质的事物，它们彼此各不相干，不好相提并论。但它们都是鸦片战争所直接提出来的，又同样涉及到或者让人联想到大家普遍关心的社会主义价值观的问题，同样给这个价值观的合理性提供了依据。这使我们有理由说，中国近代历史的每条线索、每件大事都是向人们指出这样一个认识：旧中国进到社会主义新中国，体现了世界历史发展的长远趋势。社会主义新中国是值得热爱的。它起步艰难，但前途美好。太阳照在社会主义新中国的上空！

辛亥革命研究与历史前进观点

——辛亥革命 80 周年国际学术讨论会开幕词[①]

1991 年

辛亥革命是中国近代史上的重大事件之一。80 年前那场斗争的爱国主义性质已经为人们所充分理解。从历史研究的角度来看，那场巨大斗争过去了，而它提出的需要研究的问题，需要和可能阐述的观点、认识则并没有过去。

前进是人类历史运动的基本规律。辛亥革命以来中国的 80 年，在世界历史全过程中不过是短暂的一瞬间。1911 年到 1949 年即辛亥革命到中华人民共和国成立，中国处在半殖民地殖民地统治下面，但是人民的革命斗争仍然使它前进了。有了旧中国人民斗争的前进，才有新中国代替旧中国。新中国 42 年来的奋斗取得了社会主义革命、社会主义建设的胜利，取得了社会主义现代化建设初步的又是举世瞩目的成就。中国的综合国力大为提高了，人民的物质文化水平明显改善了。社会主义中国在前进中。所以最近的 80 年，在中国全部历史上和世界历史上都是最不寻常的一瞬间。

前进是人类社会运动的基本规律，这不是什么人捏造出来的，而是以往全部历史运动提供给人们的科学认识。进化论提供了这种认识，历史唯物主义推进了这种认识。有了过去的不断前进，才有世界的近代和现代。穴居野处变成了摩天大厦，独木舟由宇宙飞船所代替；石块、弓箭改成了多弹头核导弹；昔日嫦娥的广寒宫月球，如今也由凡人登上了着陆了，如此等等，数也数不尽。伴随那些物质、文化上的进步的就是社会制度上的不断改变、更新，一种制度为又一种制度所代替。前进既然是全部过程所遵循的基本规律，那么，历史的未来也就必定要按照这个规律运行下去。尽管历史学者们在历史是否有客观规律这个问题上首先就存在分歧，那也不会改变历史运动的本身。

---

① 原载《湖北日报》1991 年 10 月 17 日第 4 版。——编者注

当然，这里必须马上指出，历史的前进从来不是笔直的，它是曲折回旋，有起有落的，有时还要倒退重演。中国一部“二十四史”记载的事实是这样，一整部世界历史记载的也是这样。历史研究者面前，经常摆着根据客观事实，说明社会历史发展，给人以科学历史观的任务。历史运动中，就像有些旧事物往往不能简单排除新事物一样，新事物往往也不能一次就推翻旧事物。它们要通过多次反复较量，最后才成为一个定局。奴隶制一千四五百年前在罗马就灭亡了，上一个世纪在美国还出现了保护奴隶制的战争。资本主义生产方式几百年前在欧洲就出现了，反对封建的资产阶级革命运动在世界上延续了两个世纪。对于历史的重演，不应该只看到历史倒退那种重演。倒退会重演，前进也同样会重演。而且后者必定是超过前者的。不然的话，人类历史便会永远停滞不前，连进化论也要站不住脚了。黄河不知有多少弯曲，其中更有河套那样的大弯曲，但它终归朝东流入大海，与众流汇合了。历史运动也就是人类社会生活中奔腾向前的黄河。可以说，坚持科学历史观点，头一条就是要坚持历史前进、世界历史由一种制度到另一种制度、由低级到高级发展的观点。世上没有人会向你提供每件事的答案，根据历史运动的过去展望未来远景，谁都知道不同于谈论每件事的答案。凡是采取或不违背历史前进观点原则的历史学论述，它们就会直接间接起到一种作用：让人们了解短期的潮流、局部的倒退不会改变人类社会历史发展的大方向，让人们看到前面的远景。

历史前进观点帮助人们如何瞻望未来，也帮助人们如何观察现实生活中与历史有关的问题，答难辨惑。由于历史前进是曲折的多变的，我们的答难辨惑必须坚持实事求是，坚持科学分析，指出历史过程中的主流与支流、本质的东西与非本质的东西、短期的潮流与长远的行程等等，使它在人们面前呈现出本来面目。例如我们说，新中国正在取得伟大的成就，反对者说，不对，中国不过是“一个装有核牙齿的没落的帝国”。我们可以问一问，旧中国四分五裂，软弱无能，长期遭受外国侵略欺凌，四亿多人口中广大劳动者饥寒交迫；新中国民族独立，国家统一，人民民主，42 年里国民生产总值年平均增长率为 7.37%，居于世界前列，1979 到 1989 年的年平均增长率达 12.0%，远超过主要资本主义国家。11 亿人口解决了温饱问题；新中国到底是在衰落还是在前进中呢？又例如在苏联，有人说是社会主义制度把俄国闹穷了，使苏联落后了，必须实行资本主义。可是我们知道，十月革命以前的俄国，生产力一直落后于欧洲列强。1913年，俄国工业产值在欧洲排列第四位，落后于英法德三国，更不必说与美国相比了。经过十月革命，到第二次世界大战前夕，苏联实现了工业化，工业生产居欧洲第一位，世界第二位。社会主义制度给它带来了迅猛前进。这就是苏联为什么在第二次世界大战中成了打败德国法西斯的主要支柱，也就是为什么罗斯福、丘吉尔作为盟国主要领导人，他们都反复强调苏联在战争中的特殊重要性。《丘吉尔回忆录》和罗斯福的有关文献俱在，历历可案。再说，如果社会主义制度确实使苏联落后了，何以50—60年代苏联的工业增长仍快过美国，苏联并且成了与美国相匹敌，势不相下的又一个超级大国，以至美国要竭尽全力与它相对抗，这又该怎么解释呢？社会主义制度到底使苏联前进了还是落后了呢？法国《问题》周刊今年9月出版的一期上，载有现在居住在西方的勃列日涅夫时代的不同政见者苏联作家、哲学家亚历山大·季诺维耶夫的谈话，其中说："在俄罗斯历史上，最好的时期是苏维埃联盟这段时期。不必去美化革命前的俄罗斯。那时候，90%以上的人是文盲，一片贫穷，永远摆脱不掉的饥饿。读读那些俄罗斯伟大作家的书，难道他们说谎吗？那时候，反抗和暴动年年不断。幸亏十月革命，俄罗斯才从贫穷中走出来。"苏联学者对俄国历史和苏联历史的这种评述，无疑是严肃的，公允的。苏联今天发生了严重困难，笼统把困难归咎于社会主义，肯定是违反历史事实的。社会主义是科学，同科学无缘的体制与路线的失败，不足为怪。按照历史前进的观点实事求是地加以分析，人们就可以从中了解基本事实，真相大白。

历史研究必须解决一个个具体问题，我们这次讨论会的主题"辛亥革命与近代中国"里面包含很多具体问题。论述那些问题，必定要谈到历史时代，具体分析，给予评价。我讲了一些历史运动规律的话，没有着重讲辛亥革命与近代中国的关系怎样，但从基本观点上看，辛亥革命尽管只是上层建筑领域的革命，把它看作是近代中国前进帷幕的启动，应该是可以取得共识的。

做什么，怎么做?

——在中国抗日战争史学会成立大会上的讲话①

1991 年

一、为什么要成立抗日战争史学会

为什么要成立抗日战争史学会，我们讲得很明白，是要推动抗日战争历史的研究，促进我国抗战史研究的繁荣，提高它的科学水平。七七事变50周年的时候，人民出版社出版了一本书，叫作《七七事变五十周年纪念文集》，杨尚昆、胡乔木、胡绳等诸位同志分别写了文章。我也写过一点东西。那本书和其他论著中讲的抗日战争的历史意义和抗日战争需要研究的理由，基本上也就是成立抗日战争史学会的理由。抗日战争需要研究，但是为什么要成立一个专门的学会来办这件事呢？这是一个问题，应当说一说。

有一种意见认为，抗日战争过去四十多年了，今天提出来要研究它，令人费解。照此下去，许多近代现代的事情，例如抗美援朝、“文化大革命”等，也拿来一一加以研究，那还有个完吗？对此给以简单回答：人是要靠生产劳动，靠不断创造新的环境条件来生活的，不能靠历史来生活。但是忘记或者抛弃历史不是文明社会的规则。要了解中国为什么是今天的样子而不是别的样子，了解中国今后将往何处去，就要了解它过去是从何处来的，怎样来的。历史没有也不会完结，历史事变层出不穷，历史研究就不会有完结。孔子、秦始皇人们还在研究，抗美援朝、“文化大革命”等，凡有意义的都应当研究，就看事件的重要性如何。抗日战争是近代中国历史的伟大转折点。那段历史过去了，在许多方面又与今天的现实存在着联系。我们强调“四个

① 原载《抗日战争研究》1991 年第 1 期，第 3—15 页。——编者注

坚持”，讲共产党领导、社会主义道路，处处跟抗日战争联结在一起。加强这段历史的研究，意义明显。文化知识中包括我们民族起码的历史知识。在有些人的头脑里什么叫抗日战争，一派迷茫恍惚。这也说明推进抗日战争研究，了解我们民族这段历史的必要性。

再一种意见说，抗日战争可以研究，但北京和各地的社会科学院与大学历史系多半研究近代现代史、党史，也还有专门研究各革命根据地历史的，它们都能够研究抗日战争，现在又成立一个专门的抗日战争史学会，岂非叠床架屋，事出多门！这个看法不能说没有一些道理。社会科学院、大学的历史学部门是抗日战争研究的基本阵地，那个阵地上的同志们做了许多工作，成绩俱在。但是他们各有分工，业务限于一定范围。抗日战争有很大的特殊性。敌人占领了半个中国，全国局势剧烈变动。各地许多情况至今没有闹清楚，材料有待于大家动手去收集。例如敌后战场情况很复杂，有的文章主要根据国民党遗留下来的零散资料作出结论，而那些资料上涉及的事实的可靠性却是很有疑问的。这就需要大家协作，深入调查。学会是全国性团体，便于从全局来推动工作。学会又是群众性团体，并非新设同类性质的实体机构。不论怎么看，都不存在叠床架屋问题。学会办得不好就自行撤销，也不影响其他的床和屋。

又一种意见，认为抗日战争过去了，就定型了，不会跑掉，没有学会也可以慢慢研究，又不是现代化建设，要“引进新技术”，何必如此紧迫？说不紧迫，理由不能成立。档案材料要抓紧收集，不见于档案的战争亲历者头脑里的活材料更应抓紧收集。当年参加过抗日战争的人很多已经不在世了，健在的人多半胡子头发也白了。按照“春秋三世”的说法，抗日战争在这些人是所见世，在今天四十多岁以下的人是所闻世或所传闻世。我们应该抓住所见世的人掌握的资料，把许多事情弄准确，留下信史。举眼前的例子，今年1月8日《人民日报》刊载的熊向晖同志的《周总理的魅力》一文所讲的第三次反共高潮的内幕，刷新了事情的面貌。以前的讲法如今需要改变。而且照熊文记载，其意义超出事件本身之外。又如杨成武同志在我们学会成立大会上的讲话中提到的冀中地道战，也有新的内容。冀中地道战很著名，但是恐怕很少人了解那里的地道长达一万六千里的实际状况。中国人民如何勇敢顽强与敌人进行斗争，正应该依据这类事实作出叙述。活资料更多地保存在广大的老年人中间，研究者不能不有紧迫感。

日本研究中国抗日战争的学者早就提出了抓紧搜集口述资料的问题。1987年宇都宫大学教授笠原十九司在论述南京大屠杀的文章中说，现在到了战争和战后两代人共存的最后时代，尽可能把战争亲历者的回忆、日记等第一手资料收集起来。这个工作只靠专业研究者是不够的，有待于社会各方面的努力合作。希望中国抓住这个最后的机会，尽快建立一个类似新加坡那样的“文献 · 口述历史馆”，收集保存更多的口述资料。日本防卫研究所有一批当年日军遗留下的资料，但不许我们查阅。日中双方的档案馆应尽快公开发表这些史料，有利于南京事件的进一步研究。日本学者所说战争和战后“两代人共存的最后时代”，每天都在缩短，亲历过战争的一代人每天都在减少。抗日战争一百年、几百年以后，也还会受到人们的研究讨论。但那时和现在的研究条件就不同了。今天的人们想要尽到自己的一份责任，就不能放过这“最后时代”。

为什么要研究抗日战争，以及成立这个学会有何必要，大家在今后工作中还会碰到这方面的问题。我说的这一些远不周到。请各位去发挥，好开展工作。

二、做什么，如何做

抗日战争史学会是一个学术团体，做什么，如何做，已经由团体的性质作出了规定。我们的工作必须符合学会的性质。学术研究工作的领导或指导、或推动，归根到底是思想理论、研究方向上的领导或指导。学会没有这样的“法定”使命，也不具备那种地位和条件。但是学会要发生作用，就不可能离开学术研究的特点来考虑问题。也就是说，学会要做的首先是在学术思想领导或指导上发挥某种作用。我们虽然没有“法定”的地位，团体的性质赋予了我们这种不可推卸的任务。学会如果不能在这方面起一定的作用，那它就会失去创立和存在的大部分价值。也许有人说，道理固然不错，但悬得过高，恐怕难于达到。我认为，我们有没有能力做到这一点是一回事，是否充分意识到了这一点，努力去加以实践又是一回事。学会是一个团体，这样的实践当然不能靠少数人，而要靠整个学会和它联系的学术界。不管哪样的少数人是很难办成什么事的。

抗日战争研究的思想理论、研究方向内容为何，如何提法，这要大家来讨论。我觉得，首先值得提出的，是要有一定的要求和目标。要求、目标弄明确了，前进方向也就弄明确了。这里说的要求、目标，不是指搜集整理出国内国外哪些资料，在国内进行何种调查，完成哪些专题研究，出版多少卷书、怎样的书等等，而是指思想理论上要求探索、解决哪些问题，在哪些方面去提高认识，提高科学水平。这样的要求和目标，似乎基本上可以归结为两项：即一，认识我们中华民族这个伟大民族；二，认识抗日战争在中国近代历史上的独特重要地位。抗日战争中的一切问题，各种题目，细大不捐，中外不论，都在研究讨论之列，没有框框，更无禁区。但是到头来，应该是通过所有那些研究，总结出对我们的民族，对抗日战争与后来中国历史关系的合于科学的系统认识。所以强调研究抗日战争，主要意义也就在这里。

当然，对此也许有人马上加以否定，认为这样提出要求、目标实在太片面了。认识抗日战争在中国近代历史上的特殊重要性，自是正道。中华民族是个有五千年文化的民族，时至今日还提出如何认识我们民族的问题，岂不过于妄自菲薄！而且更有甚者，抗日战争是日本发动全面侵略、中国民族全面抵抗侵略的世界东方规模空前的战争，日本的行动竟然不放在研究目标之中，试问这算哪一门子道理呢！

道理不难讲清楚。第一，对于我们这个民族的物质、精神力量，对于它作为一个整体的悠久存在，过去没有、现在也没有真正统一的认识。大家知道，在抗日战争中出现过亡国论与速胜论。速胜论在事实面前消失得无影无踪了，亡国论则像幽灵一样，时时游荡踯躅着。它们固然是表现了对敌人力量估计的错误，更主要的则是表现了对我们民族认识的错误。抗日战争以前将近一百年里，中国多次抵御外国侵略，但每次又以失败投降告终，没有例外。不少人对自己的民族丧失了信心。统治阶级被打怕了，要去依靠外国来保住自己的阶级利益。抗日战争中他们或者这样做了，或者跃跃欲试。然而经过八年抗战，中国最后取得了战胜日本军国主义的完全胜利。近百年来的老规矩居然改变了。是来自哪个星球的神奇力量使那个老规矩不再灵验的，我们的民族暴露出了什么样的秘密呢？科学知识告诉人们，事物要从运动中去认识，物体只有从运动中显示出是什么，不是什么。近代中国历史上，中华民族这个硕大无朋的物体一直处在快速运动中。抗日战争时期的运动最剧烈，最迅猛，最足以显示出它的强点和弱点，显示出它的性格特征、强大的生命力和凝聚力。中华民族的觉醒前所未有，前所未闻。中华儿女的鲜血使我们的民族受到了一次空前的洗礼。不去追求提高对我们民族的认识则已，追求那种认识，抗日战争研究就必须把这个主题作为首要目标。这是为了认识历史，也是为了寻求对今天的生活的了解。

第二，抗日战争是中国抵抗日本侵略的战争，确认抗日战争的性质，关系到研究讨论的一切重要方面。谁也不会荒唐到如此地步：撇开日本的行动来谈抗日战争研究。那么，日本的战争目的何以没有列在研究方向之中呢？理由很简单，日本进行的战争是日本侵略中国的战争，这个性质从卢沟桥的枪声一响——再往前算，从柳条湖的枪声一响，就无人不知，无人不晓。对于日本进行的这场战争的性质，中国人，无论哪种观点的中国人不怀疑，没有争议，世界上不怀疑，没有争议，日本马克思主义的、自由主义的、客观主义的众多历史家和广大知识分子不怀疑，没有争议。1988 年日本出版的《日中战争与日中关系》那部书可以充当代表。把不存在怀疑分歧的问题作为研究方向提出来，可能被看作堂吉诃德与风车战斗，徒然留下笑柄。在关键性的地方不应给自己制造混乱和让别人目迷五色。日本的战争行动，对于抗日战争研究者来说，不存在认识上的分歧，这自然不是说，日本在战争中的军事、政治、经济、军国主义灌输、奴化思想统治的许多具体问题，我们都了如指掌了，不必研究了。不是那样。问题在于不要把关键问题上的明确和在大量具体情节上的若明若暗混为一谈。日本高层的活动有的隐而不彰，日军在华暴行还没有全部揭发出来。它们都需要不断深入研究。很显然，这里不发生基本思想理论、研究方向问题。

反驳者说：不对呵！我们在抗日战争的性质上与日本一些人的分歧、争论可谓尖锐。以前的不讲，至少自 1982 年发生“日本历史教科书问题”以来，日本方面不断发出和发生否定那场战争是日本侵略中国的战争的议论和活动。而且不止一次的争论中，还引出双方的“外交表态”。抗日战争研究的方向中，完全有理由把这种争论分歧放进去。

争论存在，而且也并非不尖锐。但是如果以为日本一些人要求把“侵略”改为“进入”以及提出与此相关的种种，是在谈论什么学术问题，那就差之毫厘，谬以千里了。那些人鼓吹侵略战争“否定论”，篡改历史，中国和亚洲一些国家的舆论严厉批评那种行径，双方的着眼点不是在如何看待和表述过去，而是在如何对待现实和关切未来。侵略战争“否定论”反映了日本旧势力中不满足于现状，准备有朝一日重走老路的要求与愿望，我们批驳“否定论”，所关切的也正是现实关系和日本将要走向何处去。这才是问题的实质。去年 10 月，日本自民党议员石原慎太郎对美国一家杂志发表谈话，说“南京屠杀事件是中国人捏造的谎言”。他是主张日本可以说“不”，即可以把自己的旨意凌驾于别国之上的政界人士。国际经济评论家长谷川庆太郎则认为中国的现状导致了亚洲继续存在冷战，鼓吹日本防卫应该针对中国。他预言中国早晚要放弃毛泽东思想，“到那时，中国将不再是单一的共和国，将成为国家联邦或完全分裂的国家”，也就是指望中国倒退到抗日战争以前的衰败孱弱地位上去。这些话写在作者不久以前出版的新书《新的世界秩序和日本》上。石原、长谷川谈论的事情密切关系抗日战争的历史，他们的着眼点是在说“不”，是在直接表述他们对中日关系现在和未来的看法与希望。如果我们把这些言论看作是谈论学术问题，跟他们去争论抗日战争的性质，那岂非找错了对象，牛头不对马嘴！

科学研究中不存在“誓约”问题。我们不去着重讨论日本对中国的战争是侵略战争，并不等于在研究中要把它拥在一边，甚至避而不谈。日本一些人的“否定论”重复到什么时候，抗日战争研究者的批驳论就会继续到什么时候。世人的社会常识终究无法违反。“否定论”给鼓吹者带来的效应，恰恰只是所希望的反面。以南京大屠杀为例，石原的谈话在美国杂志上刊出以后，读者纷纷投书刊物，指责石原篡改历史。他们说：第二次大战后，德国对纳粹战犯进行了起诉，向纳粹集中营的幸存者支付了补偿费用。相反，日本一些人至今尚在拼命为日本侵略中国的举世周知的事实辩护，掩盖自己的罪行，并且扮演这种角色的政界人士不止石原一个人。日本的历史教科书则把第二次世界大战说成只是广岛和长崎被原子弹轰炸以及东京空袭等几个事件，其他一笔带过。读者投书之多，以至杂志编者不得不在卷首来信栏中表明，“不能刊登所有的来信，实在遗憾”。不迟也不早，就在石原谈话引起舆论界注意的时候，当年德国驻华外交官罗森有关南京大屠杀的报告在德国联邦公文图书馆波茨坦分馆发现。报告记述了日军在南京市内残杀手无寸铁的市民、奸淫妇女、疯狂掠夺等暴行的大量事实。罗森乘船去上海，在南京郊外看到“堆得像山一样的平民打扮的人们的尸体”；“在郊外下关港，由于大屠杀，有约三万浮尸”。日本立教大学教授粟屋宪太郎认为，这是迄今为止，外国人关于“南京大屠杀”的证言中最具体详尽的资料，因为是外交文件，可靠性高。中国有句俗话，搬起石头砸自己的脚。侵略战争“否定论”所做的就是这种搬起石头砸自己脚的事情。

“否定论”是不是因此就会接受教训，收起来不唱或少唱了呢？看来不可能。它的土壤在日本国内现实生活里面。只要我们的目标不变成为日本现实政治、经济等等的研究，抗日战争史研究也就没有理由被“否定论”一类喧嚷牵着走，把它列为研究的方向。这个道理是最明显不过的了。

讨论了做什么，还要说一下如何做。

做什么的要求明确了，如何做，当然主要就是做端正思想理论、研究方向的工作。学会的各项活动，例如召开年会、举办专题学术讨论会、组织调查、出版文献等，都离不开某种方向，都可以表现出一定的导向。为了做好这方面的工作，需要办一个抗日战争研究的专门刊物。学会通过刊物提出问题，展开讨论，反映导向，促进认识。

在学术工作上，我们历来主张百家争鸣。抗日战争研究当然要贯彻这个方针。刊物又要在端正方向上发挥作用，又要实行百家争鸣，这没有矛盾吗？没有矛盾。第一，方向也就是一定的指导思想的反映。没有哪个自我封闭的思想理论能够成为科学的思想理论。科学的思想理论必定是开放的，不断由新事物、新认识加以丰富和完善的。科学的指导思想必须坚持，但不能凭重复已有的认识去坚持。它需要在研究中，在各种不同认识的讨论、争鸣中去坚持。错误的导向、思想理论也不能靠别的办法克服，而要在辩论、争鸣中去克服。坚持什么方向，本身就要百家争鸣。在历史科学的整个思想理论上是这样，在抗日战争研究的思想理论上也是这样。第二，抗日战争去今未远，关系复杂。某些问题看法上不但矛盾对立难以避免，而且可能触发人们情感激动。科学问题不能靠情感去解决。这就需要百家争鸣和在争鸣中使方向趋于端正。端正的方向，必须重视发现新见解、新认识。支持一切以事实为根据的新见解与认识，和必须坚持实事求是，反对在新见解或其他什么名义下否定基本事实。第三，百家争鸣是一项阐扬真理，推进科学的方针。它讲的是认识论中的方法论。它的本质是开放的。但百家争鸣本身没有特定的导向。一旦导向不端正，走入歧途了，百家争鸣就不能发挥促进认识的方法论的作用了。前几年我们国家生活中发生的“一手软”，使意识形态领域形成另外一种导向：反驳、歪曲马克思主义，否定社会主义，信奉形形色色的西方资产阶级的社会历史学说，一味歌颂资本主义。中国整个近代历史也随之大颠倒，鹿指为马，黑变为白。神圣的抗日战争竟然也在颠倒之列，以为抗日抗错了，不抗比抗为好。百家争鸣的开放性于是变成了非开放性。资本主义倾向的一家大鸣大放，社会主义一家差不多免开尊口。人们对此感到奇怪。实际上这并不是中国前几年独有的事情，也是当今世界其他地区已经或正在发生、或世界历史上从来就存在的事情。由此可见，在思想理论、科学研究方向上要求得端正，就必须坚持百家争鸣，不能只许一家独鸣。万马齐喑，一家独鸣，就没有科学思想理论的地位，对于抗日战争研究来说，也就难以循着康庄大路前进。

学会需要承担某些学术活动的协调组织工作。我们需要有准备地举办讨论会，有计划地搜集整理共同有关的资料，给发表研究成果创造条件。这些做起来都不容易，但要去努力。大量的有意义的工作，主要依靠各地区分头去行动。例如设立口述资料馆，对日军暴行及某些活动的遗址采取保护措施，很有意义，也不难做到。关键是要抓紧时间，尽可能减少讹误，以免贻误来者。

抗日战争史的书现在出了好些部。以前我讲过这个问题，主张集中力量写一部反映中国和世界各地现有研究成果，在科学上具有权威性、代表性的著作。现在我仍然这样主张。所谓权威性、代表性自然不好由谁主观地给以规定。但有些要求是可以提出来的。这样的书要反映历史的主要过程，要表达历史的基本内容，看法不要有大的偏颇。抗日战争最根本的特点是中国全民族的对外战争。中国各族人民、各种社会力量都在战争中出了力，也在战争中发生了不同程度的乃至重大的变化。中日两方之间、中国内部各种力量之间，有主动，有互动、被动。它们的地位作用不一样，又互相联结，彼此对应。抗日战争的全部过程，就是那些力量自身消长变化和彼此间联结、对应联系演变的过程。看到这个演变过程，才看到了历史的运动和它的实质。只讲中国一面，或者只讲中国内部的某一面，就必然割裂事变中不同地位的力量所起的作用，割裂它们的联结、对应关系。历史云云，就会只剩下一些漂浮在表面上的东西。详尽叙述了河流表面上的泡沫、漩涡，没有提及底下的激流，不能认为说出了河流真正的样子。抗日战争史资料浩繁，庞然杂陈。哪些是表现历史基本内容与实质的，哪些是表面文章，叙述必须有分析、抉择。有闻必录，什么都记下一笔，会被人们看作记狗肉账。分析、抉择才能有科学，才有接近实际的认识。历史叙述不能离开一定的观点看法。撰写抗日战争史是叙述我们全民族如何觉醒兴起、战胜强敌的光辉历史。民族观点在这里不能不占有特殊位置。在整个抗日战争过程中，民族矛盾与阶级矛盾，始终有最后谁服从谁的问题。牢记民族观点，又作阶级分析，是我们应当采取的研究方法。真正的历史家总是思想家。他既不能成为法庭上某一方的辩护士，也不能成为裁判者。他另有分析、抉择，掌握住事变的基本内容，来表达出对它的深刻认识。台湾出版的吴相湘长达120万字的《第二次中日战争史》，在凡例中说，它是叙述中国地无分东西南北、人无分男女老幼全面抗日的翔实记录，“让文献本身来显露当时当事人的见解，读本书的人们更可以相信不是本书编撰人的主观解释”。用当事人的解释作为编者看待事件的解释，书上确实做到了，不过所做到的地无分南北、人无分男女老少的解释，全部叙述的是国民党政府、蒋介石的活动、文告、见解和解释。在抗战中兴起的民主运动不见踪影。国民党政府中坚决主张抗战的冯玉祥、李宗仁出现在纸面上也是“反叛将军”“阴谋活动家”。关于共产党抗战的记载，就只有在批判、否定时才出现了。一部中国全民族觉醒、战胜强敌的历史，于是成了一部国民党政府中蒋介石以外，其他人几乎无不应当受诛罚贬责的历史。恐怕读者无论如何也难以相信这是叙述了历史基本内容的记录。大陆上早几年出版的抗日战争史，也有内容狭窄，视野不广的。听说军事科学院、中央党校等单位已经完成或即将完成新的抗日战争史的写作。后来居上，希望这些将要出版的新书，能够吸引招徕更多的读者。

三、学风、会风

学风、会风不必展开去讨论，作点简短解说。学会章程上写着尊重历史，遵循科学，对学风作了扼要概括。我是赞成的。有的同志嫌要求偏低，不够味，主张写上以马克思主义为指导。章程上写不写上这几个字，其实并不重要。重要的是我们在研究工作实践中能否表现出马克思主义的科学性。前几年一些刊物上连篇累牍批判马克思主义、社会主义，指为空想。查看一下它们的宗旨，又多半冠冕堂皇，戴着马克思主义的闪光帽子。郑重其事地宣布，然后又反其道而行之，不能有比这更辛辣的自我讽刺了。再说尊重历史，遵循科学，切实做到，谈何容易。上面讲的有些抗日战争史的书，与尊重历史距离不少里程。我们所说的马克思主义，不是指它的个别观点或结论。我们说的马克思主义是指这个学说的科学体系。马克思主义出现以来的一个多世纪里，人们对社会历史的研究取得了这样那样的进展。但迄今为止，没有哪个学说足以代替马克思主义的科学体系，代替这个学说的指导地位。毛泽东说，百家争鸣说到底是两家，即资产阶级一家，无产阶级一家。毛泽东的话后来遭到了不少反对和责难，认为百家争鸣从此难乎为继了。我觉得所谓无产阶级一家，如果指的是马克思主义的科学体系——事实上也只能指这个体系，那么，这个话就没有什么可以反对的。除非当今世界上出现了足以取代马克思主义的最新科学，否则，人们就无法否认它的科学地位，否认它是有资格居于指导地位的一家。所谓无产阶级、马克思的一家，当然不能理解为科学可以由谁自封或由谁赐予。它的是与非，要在百家争鸣中去实现。学会章程中载明遵循科学与承认以马克思主义为指导充分一致。所以没有写上，是表明并不以此为入会条件，抱着各种思想观点的学人，都可以加入到这个行列中来，使队伍浩浩荡荡。

学会会风一句话就说完了：不务虚名，多干实事。徒有其名，又何必多此一会。

一个国家、一个民族要自尊自信，要有合理的信念信仰。这种自尊自信和信念信仰，必须是经过历史考验，以历史事实为根据的。孔子说，“民无信不立”。照注经家的解释是，治国不可失信，失信则国不立。改换为“国无信不立”可能更加明白些。“国无信不立”，就是说一个国家必须以大信大义鼓舞、规范众人，作为精神支柱、人格力量。这和唯意志论、精神统治一切的思想是根本不同的。唯物论者反对唯意志论，坚决摒弃精神万能思想，无论哪种精神万能都不行。辩证唯物论强调意识形态在社会生活中的地位和作用。今天我们国家的自尊自信，合理信念信仰，要而言之，无非来自两条：历史证明中华民族是一个有能力自立于世界民族之林的伟大民族，历史又证明，中国走上社会主义道路，走的是一条符合中国国情的道路，它表现了马克思主义的普遍适用性。抗日战争史研究正是这方面科学研究的一部分。它是值得大家努力以赴的。

哪个国家、民族一旦失去了自己宝贵的信念、信仰，便难免陷于动摇倾侧。殷鉴不远，就在眼前。阐述我们民族自信和合理信仰的任务不能仅限于意识形态中历史研究一隅。新局面的创造，有赖于整个社会科学研究，历史学在其中是可以有所作为的。首先，我们要以抗日战争史研究的成绩告慰关心这项工作的同胞，告慰学会联系的学术界。

九一八事变60周年国际学术讨论会开幕词[①]

1991年

“九一八”是日本军国主义侵略中国的一个严重的日子，从那时起，开始了学术界所说的日本对中国进行的15年战争。“九一八”又是中华民族觉醒的日子，从那时起，人民间的救亡运动兴起，最后形成为巨大的时代潮流，推动了全民的抗日民族解放战争的实现。15年战争、中国人民的救亡运动和抗日战争，带来了中国、也带来了日本的深刻变化。研究那段历史，现在是，今后一段时间里也将仍然是历史科学的重要课题。我们对它的研究讨论，一定会有助于推进近代中国、以至近代东方历史的研究，给人们的认识提供新的东西。

本次讨论会的主题，名为：“抗日战争与中国历史”。抗日战争是一次国际间的全面的战争，需要研究的问题很多。我们为什么选择了抗日战争与中国历史这个主题呢？整个抗日战争时期的历史，完全可以把它看作一部断代史。中日双方的势态、战争本身以及与之有关的政治、经济、国际关系，都应该加以研究讨论，概莫能外。但是从抗日战争的全局看，在我们的研究工作中，至少有两条可以认为是根本性的，这两条是：第一，如何认识中华民族这个近代积弱而又伟大的民族，第二，如何认识抗日战争在中国历史上的重要地位，它与往前往后中国历史的关系。研究抗日战争，归根到底无非是要解决这些根本性的认识问题。本次讨论会的主题就是从这个设想提出来的。

关于认识中华民族，抗日战争提供了一个最为重要的机会。中国近代从遭受外国侵略起，就开始了自己的民族斗争、民族运动。鸦片战争以后的各次反侵略战争，都是在一定范围里的民族斗争、民族运动。但是它们都没有成为统一的民族运动，它们都失败了。中华民族陷入了愈来愈悲惨的境地。

---

① 原载《抗日战争研究》1991年第2期，第1—3页。——编者注

外国侵略者因此认为，中华民族只有落后性，没有先进性；中国、中国人与欧美不同，不能处于同等的地位，而只能被剥削受奴役。日本军国主义决心发动全面的侵略战争，就是认定了中国没有成为一个近代国家，民族分裂，不统一，中国抗战力不足，是不堪一击的。抗日战争重新铸造了历史。在抗日战争中，中国实现了民族统一。以前历次民族斗争、民族运动所以失败了，不是中华民族没有先进性，或者民族精神萎缩枯槁了，而是由于人民受到压制，他们巨大的能量没有释放出来。人民力量一经得到发展，事情就起了决定性变化。中国在抗日战争中胜利了，这是人民力量壮大、全民族奋起抵抗日本侵略所获得的胜利。日本失败了，那是它与以人民为主体的中华民族为敌所遭受的失败。由此可见，统一和人民力量壮大起来了的中国是不可侮的。外国势力要长期加以压制破坏，到头来只有自食其果。抗日战争是中国历史的光荣篇章。今天海峡两岸的中国人和他们的先辈，都是从抗日战争的民族运动中走过来的。他们有共同的过去，就有共同的未来。

关于认识历史，抗日战争是中国近代史研究中的一个关键性领域。以往每一次革命和改革运动、每一次对外战争，对历史各有影响，不可忽视。但是没有哪一次革命运动、对外战争，其地位足以与抗日战争相比。抗日战争是历史的一个大转折。它的胜利为新中国代替旧中国作了准备，加速了中国走向社会主义。抗日战争奋斗的目标是民族独立与政治民主，没有提出社会主义。抗日战争结束以后，再经 1946 至 1949 年的国内战争，结果是中国赶跑帝国主义，然后进入了社会主义。怎么会这样？当然同共产党、人民群众的主观愿望分不开。但仅仅从主观愿望去分析，说明不了任何问题，因为我们知道，当时存在的主观愿望并非一种，而是共产党与国民党两种，它们南辕北辙，势同水火，而且在物质上和外部条件上，后者远优于前者。这向我们提出，半殖民地半封建的中国在选择自己前进道路的时候，是受什么东西支配的，到底表现出了怎样的客观规律性。抗日战争的历史，对此可以作出重要解说。

15 年战争也好，卢沟桥事变以后的 8 年战争也好，都是日本帝国主义侵略中国的战争。半个多世纪过去了，日本国内旧势力中一些人仍然坚持军国主义思想，企图为日本侵略中国和亚洲翻案。就在今年“八一五”那天，日本自民党某负责人便讲过令人吃惊的话。他宣传战争所以发生，“世界上的每一个人”都要进行反省。这等于说强盗闯进别人家里杀人与在自己家里无辜被杀的人负有同样责任。谁都可以看出这种“同等责任”论的逻辑谬误，以及它的用意所在。抗日战争研究中对各种翻案必须给以回答。我们抓好根本性问题的研究也是一种回答。“九一八”后的半年多时间里，国民党政权一直把希望寄托于国联调查，向国联呼吁，它除了“剿共”，毫无作为，全国死气沉沉。当时《大公报》发表题目叫作《警告政府国民反省》的社评说：政府与一般社会，专注意于外交，而疏于自身的努力。“易言之，唯忙于望其在人，而不能尽其在我”，中国必定继续遭殃。改动一下这个话的意思，对于抗日战争研究，应该说，我们的根本任务，是要求认识中华民族，认识中国历史，要尽其在我，不是望其在人。所谓“务其内，不务其外也”。认识自己，我们就有了力量，也才能有力量。这个道理是很明白的。我们要通过全面的各种具体问题的研究，来实现这个任务。

九一八事变60周年国际学术讨论会是一次很有特色的会议。出席的学者众多，其中有国际间名声久著，为学术界所景仰的人士，有以新的斐然成绩来参加交流的学者。出席这次讨论会的又有亲身经历抗日战争的老前辈，名闻遐迩的老将军。他们本身就是历史的某个部分，他们将以见证人的资格来解说历史。我谨祝各位开一个百家争鸣的讨论会，开一个成功的讨论会。

第二届近百年中日关系史国际研讨会开幕词[1]

1993 年

各位学者，各位女士，各位先生：

在新年开始的时候各位聚集北京，接续 1990 年 8 月在香港开始的工作，对近百年中日关系的历史，展开学术研讨，这是一项值得我们为之努力的工作。

什么叫近百年中日关系，我想是指近代开关以来至 1945 年日本投降期间的历史，这在时限上，大体相当于我们通常所说的中国近代史。近百年不过是一个大致的说法。

中日两国经济、文化交流的历史长达一千多年，其中有不少题目可以研究，令人饶有兴趣。大家所以选择了近百年的中日关系来研究讨论，当然是由于这段历史有极大的重要性。它的时间不算很长，重大的历史事件却很多，变化剧烈，中国和日本的历史都深受其影响。1874 年日本军队进攻台湾，是一个开端。在那以后，陆续有甲午战争、“二十一条”、日本出兵山东、九一八事变和引起中国八年抗战的卢沟桥事变。中国在甲午战争以后被进一步抛进了半殖民地半封建社会的深渊。中国领土台湾、东北地区以及抗日战争中的沦陷区先后受到了日本殖民统治。中华民族所蒙受的损害和灾难不是简单用数字可以讲清楚的。日本在甲午战争及以后，由于在中国获得巨额赔款及种种权益，一下子富裕起来了。工业得到发展，军国主义势力膨胀。日本顺着那条路走下去，把自己变成了世界上最富于侵略性的帝国主义国家之一。第二次世界大战结束，日本情况才有了重大改变。这是大家都熟悉的。在这里，我们还应该看到近百年间中日关系上的一系列大事，不但直接作用于中日两国间的历史演变，它们还影响到近代国际关系的局势，造成了远东国际关系一个又一个热点。欧美列强都曾因中日关系的重要演变，而发生种

---

① 原载《抗日战争研究》1993 年第 2 期，第 1—3 页。——编者注

种新的政治、经济的组合，采取新的行动。那些行动，归根到底，又都是为了宰割中国，使中国更加危机四起。我们说中日关系有极大的重要性，从这个角度来看，也是事实。

中日关系的近百年，距离当代很近，对于今天来说，它好比还是昨天。其中“九一八”、抗日战争距离今天的时间更近。经历过这一段历史的人，还为数众多。在座不少先生，恐怕都是抗日战争的亲历者，能够讲出许多事实。中国古人对历史有所见世、所闻世、所传闻世的分法。“九一八”、抗日战争的历史就是我们的所见世。其他如甲午战争、“二十一条”对我们也不过是所闻世，大家耳熟能详。因为今天是直接从昨天发展而来的，昨天的中日关系与今天的中日关系有着直接的影响和联系。现在中日两国关系正常化了。这是中日两国人民共同努力的结果，是历史发展的总趋势所向。我们对中日两国将在已经开辟的道路上走下去可以充满信心。前事不忘，后事之师。对近百年的中日关系，我们检讨得越是彻底，认识得越是深刻，就越是能够知道两国今天应该怎样相处，如何更好地推进中日两国关系的发展前进。

关于近百年中日关系历史的研究，学术界已经做了很多工作，成绩很大。无论在中国，还是在日本，在其他国家，关于近百年中日关系的资料和专题研究，都已经有不少出版物问世。19世纪中日关系的资料和专题研究成果出版的可能要多一些。本世纪中日关系，由于档案资料公布不够，研究成果要少一些。总起来说，以往各国学者的研究成绩虽然很大，但尚需了解的东西仍很多，研究工作还要进一步深入下去。1991年9月中国抗日战争史学会在沈阳召开九一八事变60周年国际学术讨论会，这次召开的第二届近百年中日关系史国际研讨会，其用意都在于把这一研究推向深入。我们要尽可能多地搜集、整理、出版史料，我们要在充分的史料基础上，从政治、军事、经济、文化、国际关系各方面展开研究，总结出近百年中日关系史的规律性的认识，大大增进我们的知识，提高学术水平。这是符合人们的生活需要的，也是学术界所期待的。

与会的中外各国学者，有国际知名的前辈，有各方面的专家。各位的莅临使讨论会生色不少。学术问题总会仁者见仁，智者见智。这就是我们所说的百家争鸣。知识需要日新又新，真理可以愈辩愈明。希望我们的讨论会能够在百家争鸣的良好气氛中进行，取得圆满成功。

谢谢各位。

在中国社会科学院授予井上清教授名誉博士称号仪式上的讲话[①]

1997 年

尊敬的井上清教授，各位来宾，同志们，朋友们：

今年是中国社会科学院成立 20 周年。前不久，我们刚刚举行过中国社会科学院授予国外知名学者名誉高级研究员称号的仪式，今天，我们又在这里举行授予井上清教授中国社会科学院名誉博士称号的仪式。井上清教授是国际知名的日本史学者，是中国社会科学院、中国学术界最值得尊敬，最可信赖的老朋友。经过中国社会科学院推荐，国务院学位委员会业已批准授予井上清教授中国社会科学院名誉博士称号，我们感到无上荣幸！

井上清教授于 1961 年起担任日本京都大学人文科学研究所教授，1977 年退休后任名誉教授、日中友好协会京都地区代表召集人。他专长于日本史研究，长期担任日本国内权威的学术机构——日本学术会议的成员，在日本学术界有很高的威望。他所著有关日本史著作多达二十余种，尤以《昭和五十年》、《日本军国主义》（四卷本）、《日本帝国主义的形成》、《昭和天皇的战争责任》、《关于钓鱼岛等岛屿的历史和归属问题》等为中国学者所熟悉。他的大部分著作都已译成中文，是中国学者研究日本史和日中关系史的重要参考书。

作为日本马克思主义学派——讲座派的元老和中坚，井上清先生历来主张用马克思主义的唯物史观指导历史研究，提出要深刻批判战前日本的历史学，建立人民的历史学，他的著作着力批判日本军国主义，批判天皇制度，批判日本侵略中国，他是著名的京都学派代表人。

尤其可贵的是，当 70 年代初，中国东海大陆架发现石油储藏，日本政府一反以往承认中国对台湾省所属钓鱼岛列屿为中国领土的立场，指使冲绳

---

① 未刊稿。——编者注

县当局声明对钓鱼岛列屿拥有主权。此事引起中日关系的紧张，成为中日之间的严重政治问题，井上清先生于1972年在日本公开发表《“尖阁列岛”等的历史和归属问题》《钓鱼岛等岛屿的历史和领有权》等多篇论文，利用中国、日本、琉球的历史资料，充分论证钓鱼岛列屿从来就是中国的领土，理应按照《开罗宣言》和《波茨坦公告》，随着被日本占领的其他中国领土一起归还中国。他还明确指出，日本反动统治者“捏造领土问题”，是“驱使日本人民卷入军国主义的大旋涡中去”。1996年秋，正当日本一股势力无视历史事实，再次宣称钓鱼岛及其附属岛屿是日本领土的时候，井上清先生在其所著《“尖阁列岛”——钓鱼岛的历史解析》一书的再版前言中明确指出，日本政府对于日本右翼团体在钓鱼岛的活动未加干预，“这是东山再起的日本军国主义对中国的严重挑衅”，鲜明地表明了自己的态度。在钓鱼岛列屿归属问题上，作为日本人的井上清教授在事实和理论上，明确而又坚定地支持了中国人民的立场。这种真正实事求是的学者态度，是特别令人崇敬的。

自1960年以来，井上清教授已三十多次访华，曾多次受到毛泽东主席、周恩来总理、王震副总理、全国政协邓颖超主席等领导人的接见。他和郭沫若院长、胡绳院长，和范文澜所长、刘大年所长是多年相知相交的老朋友。他首次访华，就访问了近代史所。1990年近代史所建所40周年，井上清先生专程前来祝贺，并且表示中国社会科学院近代史研究所是他的第二个“家”。这种种说明，井上先生不仅是我国老一代领导人的朋友，也是我院老一代学者的朋友。

正如井上先生所知道的，中国社会科学院的前身是中国科学院哲学社会科学部。我院文、史、哲、经等几个老研究所，在50年代就是中国科学院的重要研究所。中国社会科学院自1977年5月成立，已经走过了20年的历程。作为中国最大的人文、社会科学综合研究机构，我院拥有高、中级专业研究人员3000多人，有31个专业研究所，还有专门的科研出版机构和研究生院。院藏图书516万册，编辑出版学术期刊82种。中国社会科学院目前主管101个全国性专业学术社团，并与全国各省、市、自治区社会科学研究机构有着密切的学术交流关系。

中国社会科学院作为中华人民共和国的社会科学研究中心，它的发展历史与中国社会现代化特别是改革开放的历史密切相关。我院为在中国建立高度的社会主义物质文明和精神文明，为促进中国人文社会科学事业的发展而开展各项研究工作。

我院的经济学、法学、社会学这些与现实关系密切的学科，近年来取得了大批的理论和对策研究成果，为政府许多重要的宏观决策提供了对策性建议，对国家某些政策的制定起到了重要的参考和咨询作用。

我院在历史学、考古学、文学和哲学等人文科学的基本研究方面，也取得了长足进步。文、史、哲等学科在我院具有传统学术优势。近年来，这方面的基础研究和学科建设不仅保持了已有的优势，而且还不断拓展了新的领域，特别在弘扬民族优秀文化传统、发展社会主义精神文明建设方面，发挥了重要作用。

在国际问题研究方面，我院有关研究所对美、日全球战略，西方大国关系，第三世界的发展，国际新秩序，世界经济区域化与国际化，世界多极化，中国与周边国家关系，发达国家与发展中国家现代化进程等问题均取得了显著的研究成果。

我院的学术地位要求我们不断加强同国际学术界的交流与联系，了解国际上人文社会科学研究的新理论、新观点和新的代表人物，学习和借鉴其中一切有用的东西，使它成为我国人文社会科学研究事业发展的营养。

我院授予井上清教授名誉博士的称号，是代表中国社会科学院对井上先生在历史学领域所做出的杰出贡献表示褒奖与敬意。我希望井上先生在安度晚年的同时，能够继续把自己的学术智慧贡献给我院的科学研究事业。中国社会科学院有一大批自己的老专家、老教授，又有一大批中青年的专家、教授，现在又有这么多国外的知名学者关心、支持我们的学术研究事业，我相信中国社会科学院的学术研究事业是会得到进一步发展的，中国社会科学院成为世界一流的人文和社会科学研究机构是可以预期的。

谢谢！

1997年7月2日

在怀念黎澍及祝贺其书出版会议上的发言①

1998 年

今天，我没有发言的资格，我因有约先谈几句。我们大家怀着同样的心情，来怀念黎澍同志也祝贺他的书出版。我是 1952 年头一次与他见面，当时中国科学院有个活动，叫思想改造运动，实际主持的是中宣部，有一个党组负责人是赵沨同志和光远，是一个单位的科学处。赵沨是书记，我是副书记。这个会第一次就请黎澍同志来参加。这个会就在东厂胡同 2 号召开。为什么在这里召开？因为科学院党组几个成员主要住在 2 号。会议期间我请他发言，赵沨说不要叫他发言。他说，我们这些人都是管实际的事情，头脑发热，让他冷静冷静。黎澍这个人是冷静的，让他冷静冷静。以后，胡绳、田家英、黎澍作为我们所的学术委员，便开始联系了，交往也多了，有学术的、有组织的。后来 1960 年到近代史所工作，担任《历史研究》主编。那时，《历史研究》由尹达主编，我是副主编。是越办越不像样，我们自己都觉得实在办不下去。记得中宣部开会，康生主持，谈到几个刊物，我不知道光远是否记得，有一次说我们的刊物“好”“不好”，我记得，你说办得最不好的是《经济研究》，胡绳说办得最不好的是《历史研究》。陈伯达有一个很奇怪的主意，要吴晗来当主编，吴晗是市长，怎么能当主编呢？我和尹达同黎澍本人商量，后来找过科学处，林涧青、光远他们向中宣部汇报，中宣部决定由黎澍当主编。从此以后到近代史所工作。

他到近代史所工作后，分工是干部培养，这一方面他下了很多功夫，青年人对他都是很感谢的，他做了很多工作。如果说年轻人在当时还读了一些书，那时主要是搞运动，还在学术上得些益，黎澍同志起了主要作用。一块共事、甘肃“四清”，生活艰苦，李永至同志帮了个忙，从大队调到县里主

---

① 未刊手稿，作于 1998 年 12 月。该会全称是“黎澍同志逝世十周年暨《黎澍自选集》出版座谈会”，这次会议由中国社会科学院近代史研究所和中国社会科学杂志社联合主办。——编者注

编县志。然后是“文化大革命”。

“文革”中，我们都有两个共同点。一个是：你们这些走资派，修正主义的这个那个，你们要互相揭发，是很严重的压力，我们两个谁也没有揭发过谁一条。因为实在是没有谁可揭发的，也没有指责对方什么，一次都没有。还有一个是：外调的很多，外调的人说这事你知道，所以经常和外调的人发生争吵。有一次我说，党有党纪，国有国法，该怎么办就怎么办。他有一次同外调的人发生争吵，几乎动武。干校时，我们住在一个房子里，他的头是对着我的脚。就是这样度过了干校时光。可以说我和黎澍共过艰苦，共过患难。应该说是同志，也应该说是战友吧。这样的生活过去了，几十年，什么时候回忆，都是值得怀念的。

至于学术上，同志们评价了。我觉得有两条，一条是他写文章总是讲一点新意的，不管文章大小，总要讲点新意，没有新意，他便觉得文章没什么值得写的。往往给新来的同志出主意，他有主意不一定自己写。其中有篇文章实际上是他的主意，就是邓拓讲毛泽东思想的文章，这篇文章他有这样的主意告诉邓拓写的。还有一条，是他有独立的文风，一个青年同志讲，“文革”后期历史所让他起草一个批判稿，交给黎澍时黎澍十分不满意，他便说，黎澍的写法我们学不了。50年代后期，黎澍在《学习》杂志批评侯外庐语气不明确，多次地使用“性”字，什么人民性、革命性等，侯外庐也愉快地接受了。

这是黎澍的风格。是不是他的观点大家都同意，也不是。不同意不一定是不好的多。文章既没有赞成的也没有反对的，这样的文章没有味道。有意见的文章引起争论才是好文章。几年前，北京图书馆召开了一个会议，光远有次讲道：我们的观点都是留给后人批判的。我觉得我们写的东西也的确是留给后人批判的，我们不是经常批判前人的东西吗？那么我们不批判也未必都对，也无非是留给后人批判，所以有争论不是坏事，黎澍的文章能引起讨论，不仅对学术界，对黎澍本人也是好事。

评议与选择

——在中日历史研究中国专家委员会与日本评议委员会见面会上的发言①

1998 年

中国专家委员会与日本评议委员会举行第一次见面会，是我们一起工作的开始。加强中日关系历史研究是很有意义的。学术界有理由对我们的工作表示关心和寄予期望，注意中日关系史研究的其他人也会表示关心和寄予期望。中方专家委员会的学者是抱着积极热忱态度来参加这次会见的。我们愿意与评议委员会的学者合作，努力做好这项工作。拿我个人来说，早已超过能够工作的年龄了，实际上做不了什么事。但有感于隅谷先生和各位的盛情，我还是愿意来走一趟，会见老朋友和新朋友，表示一下自己对有益于两国学术界的事业的热心。

我们两个委员会，中方叫专家委员会，日方叫评议委员会。不管名称叫什么，工作内容是一回事，那就是对研究者申请的课题进行评议，加以选择。评议和选择的工作，自然是由两个委员会分别进行的，不需要双方经常在一起就学术问题进行讨论。但是，我想这决不是说，我们就没有共同的要在学术问题上沟通思想，交流看法的地方了，就没有在如何评议选择的重要问题上取得共识的需要了。我们的目标、任务是共同性的。我们共同性的目标、任务是推进中日关系历史的研究，让两国人民根据客观的历史知识，认识过去，面对现实，选择未来。这和大家常说的中日两国人民要世世代代友好下去，密切相关。因此，我们如何去评议与选择课题，就不能不在若干重要问题上沟通思想，交流看法。照我想，如果我们能够在抓住中日关系史的关键问题上和在要求研究者遵循通常的学术准则问题上，取得共识，那将极大地促进我们共同性的目标和任务的实现，事半功倍。什么是中日关系史的关键?

① 未刊稿。——编者注

中国抗日战争或日本学者说的十五年战争，是中日关系史的关键。学术界在与此有关的问题上研究深入了，其他问题就容易解决了。什么是遵循通行的学术研究准则？历史学的基础是客观事实，历史学的研究坚持以事实为根据，是通行的学术研究准则。日本对中国进行的战争是日本军国主义侵略中国的战争，这是无法改变的客观事实。要改变它，就像孟子所说的“挟泰山以超北海”那样，是办不到的。而且假设那段历史是不存在的，那么，战后半个多世纪的中日关系，又何以演变成现在这个样子的，是无法解释的；《中日和平友好条约》的历史根据在哪里，以及何以它在两国人民的现实生活中成为必要的，也是无法解释的。我们要求研究者遵循以事实为根据的通常的学术准则，而不过问他们的研究结论，这是合乎逻辑的，也是明智的。我这样说，不是无的放矢。至少从1982年日本文部省规定修改历史教科书以来，日本言论界和出版物上，极力否认日本对中国的战争是日本军国主义侵略中国的战争的种种说法，愈出愈奇。历史研究委员会编的《大东亚战争的总结》一书，恐怕可以说，是这方面的集大成者。尽管它与学术界研究不沾边，仍然很引起人们的注意。在学言学，就史论史，我主张知无不言，更希望领教各位学者的高论。

两个委员会的学者第一次见面和恳谈的时机很好。中日双方正在祝贺《中日和平友好条约》签订20周年。我国国家主席江泽民不久将对贵国进行历史上第一次国事访问。日本报纸报道，届时中日两国的联合文件将要载明“历史认识”的内容。这一些，对于我们现在开始的工作，都是有利的条件。两个会的存在将要持续若干年，这也不妨叫作一项跨世纪的活动。中日两国人民需要在不断增进的和平友好的关系中进入21世纪。我们应该推进中日关系史的研究，让它在一个新的起点上进入21世纪。

在中国史学会五十周年座谈会上讲话[①]

1999 年

中国史学会与中华人民共和国诞生同龄。中华人民共和国 50 周年，值得我们热烈庆祝，我们史学会也沾光，当然也要祝贺。今天这个会也算是个祝贺会吧。

中国史学会第一代领导人，是我们国家开国的一代，或者说开国者在史学方面负有领导责任的一些人。我们国家历史悠久，但真正剧烈的变动是在近代，是在他们参与活动的那个时代。当然，现在的变动可能比那个时候还要迅速。他们那一代人做了他们应该做的工作，一代人只能完成一代人的任务，应该说他们那一代人比较好地完成了他们的任务，是有成绩的，这是大家都有定评的。那么，50 年过去以后，领导工作就由在座的各位同志和后来的同志，或者不在座的广大的中年、青年同志担任，我们这些人就是名誉了，责任在各位同志身上。我们相信，现在的领导同志，后来的年青一代的同志，会胜过前一代，中国人都懂得青出于蓝而胜于蓝，是指师生，金冲及同志刚才讲的也是师生，学生要胜过老师，后一代要胜过前一代。我们希望后一代胜过前一代，胜过前一代做什么？历史研究的基本任务就是把历史真正作为一门科学研究的对象去研究，这是我们的根本任务，过去是，现在是，今后还是。我们史学会的领导人过去做过很多工作，50 年来，我们的学术界做了很多工作。但我们还有更多的工作在后面，要靠大家来做，靠下一代人来做，靠更多的中年、青年都来做，真正把历史作为科学来研究，把历史作为科学对象来研究，这个事情做起来非常难。但如果不这样历史学就不成为一门科学，就不成为一门真正吸引人，能够启发人，能够使人认识过去、展望未来的一门学问。前一代人完成了他们应该做的事，希望现在、未来的同志们在这方面取得更好的成就。这算我的感想，我的祝愿，希望 50 年以后，我们年青的一代再来庆祝历史科学的真正成就。

---

① 原载《中国史学会成立五十周年座谈会发言摘要》，中国史学会秘书处编《中国史学会五十年》，海燕出版社 2004 年 4 月，第 602—603 页。——编者注